에듀윌과 함께 시작하면,
당신도 합격할 수 있습니다!

비전공자여서 망설였지만
한 달 만에 합격해 자신감을 얻은 20대

새로운 도전으로 ERP MASTER 자격증을 취득해
취업에 성공한 30대

아이들에게 당당한 모습을 보여주고 싶어
ERP, 전산세무회계 자격증 9개를 취득한 40대 주부

누구나 합격할 수 있습니다.
시작하겠다는 '다짐' 하나면 충분합니다.

마지막 페이지를 덮으면,

에듀윌과 함께
ERP 정보관리사 합격이 시작됩니다.

ERP 정보관리사 회계 2급 합격 플래너

		차례	페이지	공부한 날
이론	PART 01	CHAPTER 01 경영혁신과 ERP	p.14	___월 ___일
	PART 02	CHAPTER 01 회계의 기초 및 회계정보의 질적 특성	p.44	___월 ___일
		CHAPTER 02 재무제표	p.47	___월 ___일
		CHAPTER 03 회계순환과정	p.58	___월 ___일
		CHAPTER 04 유동자산	p.65	___월 ___일
		CHAPTER 05 비유동자산	p.83	___월 ___일
		CHAPTER 06 부채	p.92	___월 ___일
		CHAPTER 07 자본	p.101	___월 ___일
		CHAPTER 08 수익과 비용	p.110	___월 ___일
		CHAPTER 09 재무제표 분석	p.123	___월 ___일
실무	PART 03	CHAPTER 01 iCUBE 핵심ERP 프로그램 설치 방법	p.128	___월 ___일
		CHAPTER 02 시스템관리 실습하기	p.133	___월 ___일
		CHAPTER 03 회계관리 실습하기	p.149	___월 ___일
		CHAPTER 04 고정자산관리 실습하기	p.172	___월 ___일
		CHAPTER 05 결산/재무제표관리 실습하기	p.180	___월 ___일
		CHAPTER 06 자금관리 실습하기	p.193	___월 ___일
		CHAPTER 07 예산관리 실습하기	p.202	___월 ___일
		CHAPTER 08 부가가치세관리 실습하기	p.212	___월 ___일
		CHAPTER 09 업무용승용차관리 실습하기	p.239	___월 ___일
기출	PART 04	2025년 1회	p.250	___월 ___일
		2024년 6회	p.256	___월 ___일
		2024년 5회	p.262	___월 ___일
		2024년 4회	p.268	___월 ___일
		2024년 3회	p.274	___월 ___일

수험생 빈출 질문 모음!
실무 프로그램 FAQ

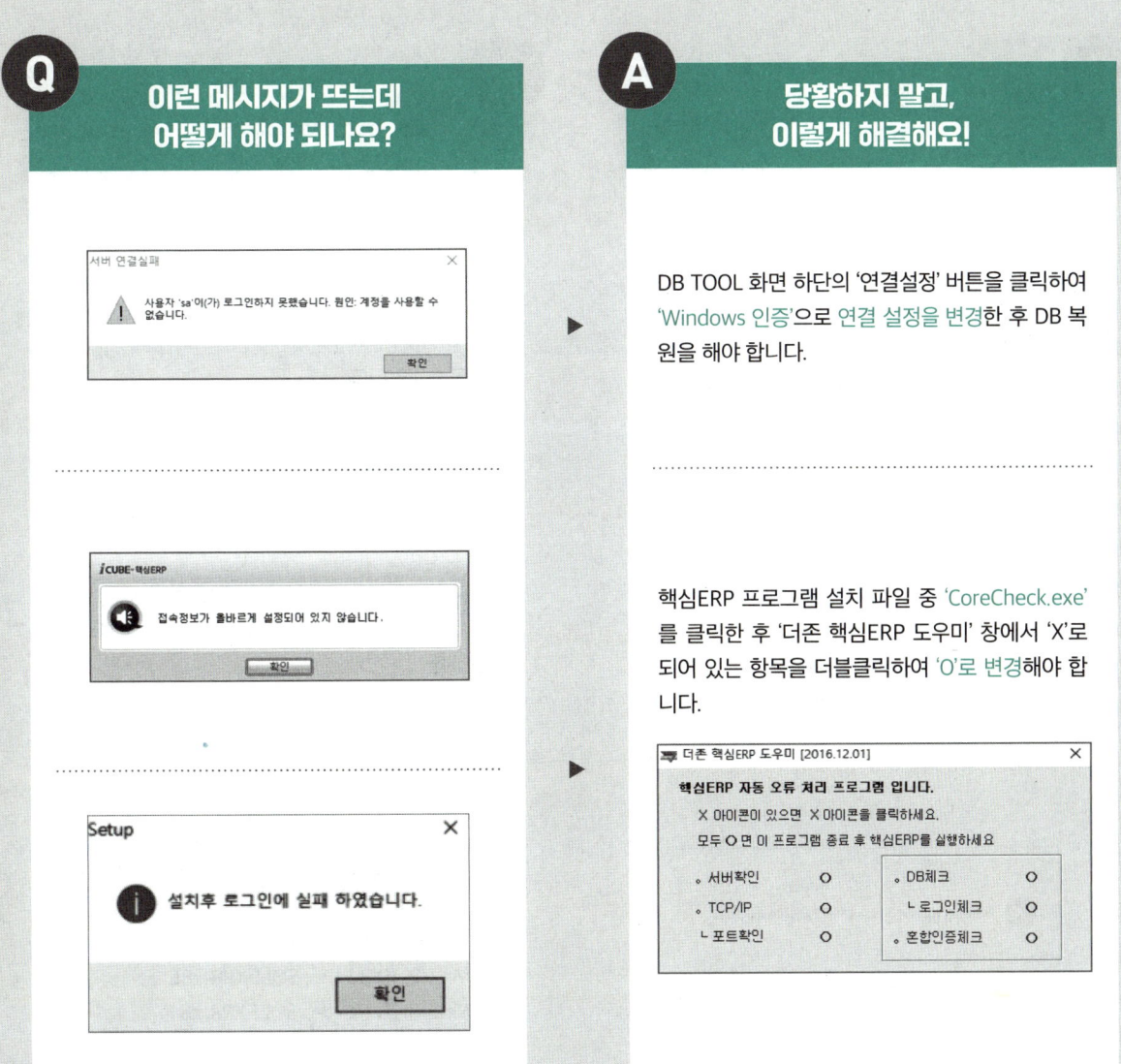

더 많은
FAQ
바로 보기
(에듀윌 제공)

프로그램
설치 매뉴얼
바로 보기
(더존 제공)

*PC 다운로드 경로: 에듀윌 도서몰(book.eduwill.net) - 도서자료실 - 부가학습자료

Q 이런 메시지가 뜨는데 어떻게 해야 되나요?

A 당황하지 말고, 이렇게 해결해요!

▶ 최신 버전의 프로그램에서 이전 연도의 DB를 복원했기 때문입니다. 교재 내 실무 시뮬레이션 DB는 2025 버전, 기출문제 DB는 2024 버전 프로그램을 사용해야 합니다.

▶ 다운로드한 프로그램 설치 파일은 반드시 압축을 해제한 다음에 'CoreCubeSetup.exe'를 실행해야 합니다.

▶ ERP 프로그램 설치 파일 SQLEXPRESS 폴더에서 PC 운영체제에 맞는 SQL 파일을 확인하고 더블클릭하여 직접 설치해야 합니다.
- Win7, 8, 10 32비트: SQLEXPR_x86
- Win7, 8, 10 64비트: SQLEXPR_x64

에듀윌
ERP 정보관리사
회계 2급 한권끝장 + 무료특강

PREFACE
머리말

"ERP 정보관리사는 기업 업무 프로세스를 선행할 수 있는 유일한 자격증"

ERP 프로그램에 대한 기업들의 관심이 높아져 과거 단순한 회계 프로그램을 사용하던 기업이 이제는 회계, 인사, 생산, 물류까지 모두 컨트롤할 수 있는 ERP 프로그램을 사용하고 있다. 실무에서의 변화 덕분에 회계 전문가뿐만 아니라 회계를 접하는 특성화 고등학교 학생 및 세무·회계 전공자 그리고 자기계발을 하는 일반인들까지도 ERP에 관심을 두고 있다.

이 책의 특징은 다음과 같다.

첫째, 2025년 출제기준과 프로그램을 반영하였다. 방대한 양을 공부하는 수험생의 부담을 줄이고자 TIP, 밑줄, 중요 표시 등을 통해 중요한 내용을 한눈에 확인할 수 있도록 하였다.

둘째, 이론 학습 후 기출&확인 문제를 배치하여 바로 문제를 확인할 수 있도록 구성하였다. 반복학습으로 자연스럽게 이해하고 좀 더 빠른 암기가 가능하도록 하였다.

셋째, 실제 기출 백데이터와 유사하게 실무 시뮬레이션을 구성하였다. 백데이터를 복원한 후 조회하는, 기출문제와 흡사한 방식으로 수록하여 기출문제 유형에 익숙해지도록 하였다.

본 교재를 통해 ERP 정보관리사를 준비하는 수험생이 단기간에 꼭 합격할 수 있길 바라며, 출간까지 온 마음을 다해 도움을 주신 에듀윌 출판사업본부 직원들에게 감사의 말씀을 드린다. 마지막으로 일 욕심 많은 아내, 엄마, 딸로 인해 고생한 남편 김광모, 오늘도 씩씩하게 하루를 시작한 나의 딸 김나윤 그리고 늘 마음을 다해 도와주시는 부모님께 사랑한다는 말을 전한다.

유슬기

| 약력 |
- 충남대학교 회계학과 학사
- 서울시립대학교 경영대학원 석사
- 직업훈련교사 3급
- (現) 일타클래스교육그룹 온라인 강사
- (現) 휴넷 사이버 평생교육원 세법강좌 첨삭지도 교수
- (前) 더조은아카데미 강사
- (前) 삼육대학교 ERP 컨설턴트 육성과정 강사
- (前) 평택대학교 ERP 강사
- (前) 이패스코리아 온라인 강사
- (現) 동서울대학교 마케팅과 ERP 강사

GUIDE
시험안내

1. 시험 방법

시험 과목	응시교시	응시교시	비고
회계 1·2급	1교시	• 입실: 08:50 • 이론: 09:00~09:40(40분) • 실무: 09:45~10:25(40분)	※ 시험시간은 정기시험기준으로 시험 일정에 따라 변경될 수 있습니다. ※ 같은 교시의 과목은 동시 응시 불가(예: 회계, 생산 모듈은 동시 응시 불가) ※ 시험 준비물: 수험표, 신분증, 필기구, 계산기(공학용, 윈도우 계산기 사용 불가)
생산 1·2급			
인사 1·2급	2교시	• 입실: 10:50 • 이론: 11:00~11:40(40분) • 실무: 11:45~12:25(40분)	
물류 1·2급			

2. 합격기준

구분	합격점수	문항 수
1급	70점 이상(이론, 실무형 각 60점 이상)	이론 32문항(인사 33문항), 실무 25문항(이론문제는 해당 과목의 심화 내용 수준 출제)
2급	60점 이상(이론, 실무형 각 40점 이상)	이론 20문항, 실무 20문항(이론문제는 해당 과목의 기본 내용 수준 출제)

3. 응시료

구분	1과목	2과목	납부방법	비고
1급	40,000원	70,000원	전자결제	※ 동일 등급 2과목 응시 시 응시료 할인(단, 등급이 다를 경우 할인 불가) ※ 최대 2과목 접수 가능(단, 같은 교시의 과목은 1과목만 접수 가능)
2급	28,000원	50,000원		

4. 2025 시험일정

회차	원서접수		수험표 공고	시험일	성적 공고
	온라인	방문			
제1회	24.12.26.~25.01.02.	25.01.02.	01.16.~01.25.	01.25.	02.11.~02.18.
제2회	02.19.~02.26.	02.26.	03.13.~03.22.	03.22.	04.08.~04.15.
제3회	04.23.~04.30.	04.30.	05.15.~05.24.	05.24.	06.10.~06.17.
제4회	06.25.~07.02.	07.02.	07.17.~07.26.	07.26.	08.12.~08.19.
제5회	08.27.~09.03.	09.03.	09.18.~09.27.	09.27.	10.14.~10.21.
제6회	10.22.~10.29.	10.29.	11.13.~11.22.	11.22.	12.09.~12.16.

※ ERP 영림원은 5월, 11월 정기 시험 시 시행
※ 시험주관처에 따라 시험일정이 변동될 수 있습니다.

5. 이론 세부 출제범위

구분	내용	
1. 회계의 기초개념	(1) 회계의 정의와 회계의 목적	회계의 정의
		회계의 목적
	(2) 회계의 분류	재무회계
		관리회계
2. 재무제표와 구성요소	재무상태표	
	손익계산서	
3. 회계공준 및 회계정보의 질적 특성	회계기본전제에 대해 설명할 수 있다.	
	회계기본전제의 의미를 이해할 수 있다.	
	회계정보의 질적 특성의 의의에 대해 설명할 수 있다.	
	회계정보의 질적 특성의 내용을 설명할 수 있다.	
4. 재무제표	(1) 재무상태표(대차대조표)	재무상태표의 개념
		재무상태표의 작성양식
		재무상태표의 분류
	(2) 손익계산서(포괄손익계산서)	손익계산서의 개념
		손익계산서의 작성양식
		손익계산서의 분류
	(3) 현금흐름표	현금흐름표의 개념에 대해 설명할 수 있다.
		현금흐름표의 종류에 대해 설명할 수 있다.
5. 회계순환과정	회계순환과정의 의의	
	회계순환과정의 내용	
	계정의 의의와 기능	
	기중절차	
	기말절차	
	회계장부와 전표	
6. 회계정보의 계정별 처리	(1) 유동자산	현금 및 현금성자산
		단기금융자산
		단기매매증권
		매출채권
	(2) 재고자산	재고자산의 의미를 이해할 수 있다.
		재고자산의 취득원가를 결정할 수 있다.
		재고자산의 평가 및 원가의 흐름을 이해할 수 있다.
		재고자산평가방법의 장단점을 구분할 수 있다.
	(3) 비유동자산	유형자산
		무형자산
		투자자산
	(4) 부채	유동부채
		비유동부채
	(5) 자본	자본금(법정자본금)
		자본잉여금
		이익잉여금
		수익과 비용

6. 실제 시험 프로그램 화면

ERP 정보관리사는 이론, 실무 모두 시험이 CBT(Computer Based Testing) 방식으로 진행되며, 컴퓨터상에서 문제를 읽고 풀며 답안을 작성한다. 단, 계산문제가 있으므로 기본형 계산기와 간단한 필기구를 준비하는게 좋다.

• ERP 정보관리사 시험 로그인 화면

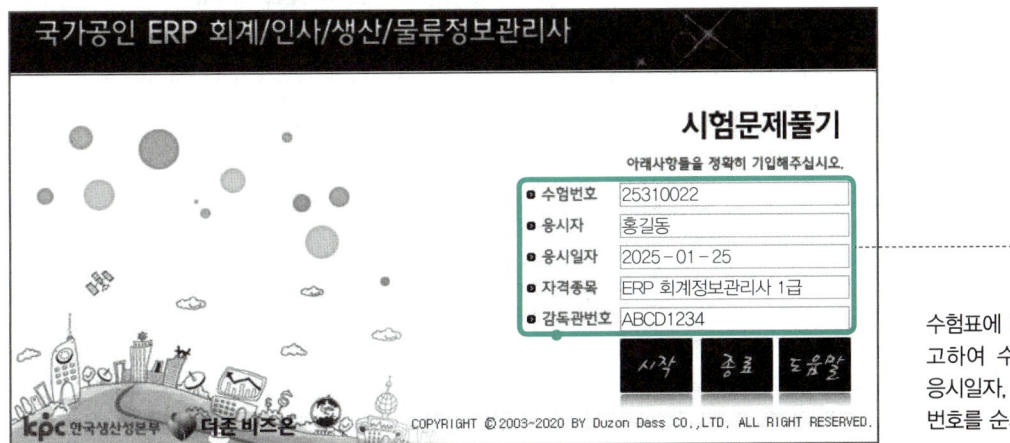

수험표에 기재된 내용을 참고하여 수험번호, 응시자, 응시일자, 자격종목, 감독관번호를 순서대로 입력한다.

• ERP 정보관리사 로그인 후 화면

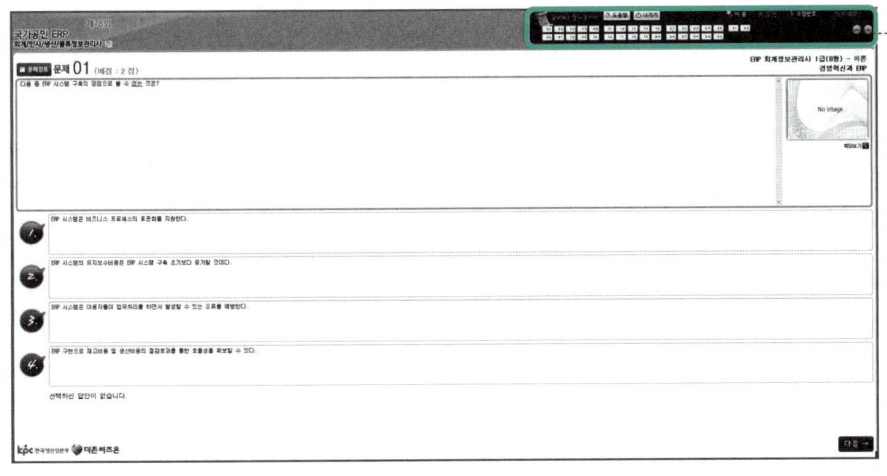

로그인 후 시험이 시작되면 문제를 읽고 답안을 체크한 후, '다음' 버튼을 누른다. 우측 상단의 '답안체크 및 바로가기'에서 원하는 문항을 선택하면 해당 문항으로 바로 이동할 수 있다.

STRUCTURE
구성과 특징

시험에 출제된 내용만 담은 이론!

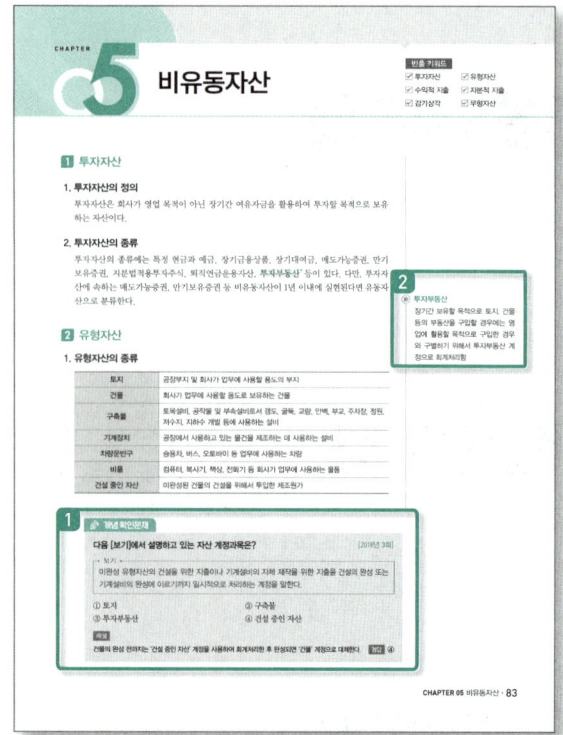

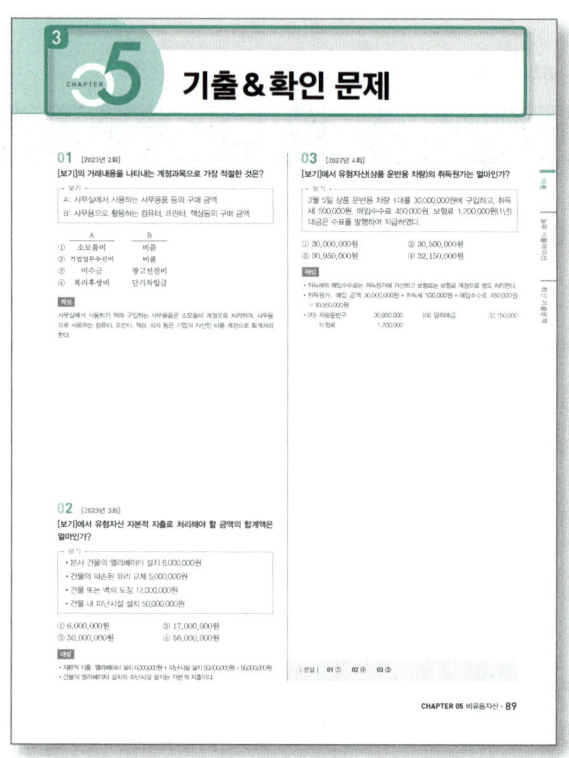

1 개념 확인문제

이론과 관련된 문제를 수록하여 학습한 내용을 바로 확인할 수 있다.

3 기출&확인 문제

각 CHAPTER별로 기출&확인 문제를 수록하여 기출 유형을 파악하고 학습 내용을 점검할 수 있다.

2 용어 및 개념 설명

어려운 용어 및 개념은 바로 설명하여 해당 내용을 이해하는 데 어려움이 없도록 하였다.

실전 감각을 키울 수 있는 실무 시뮬레이션! 최신 기출문제 5회분으로 확실한 마무리!

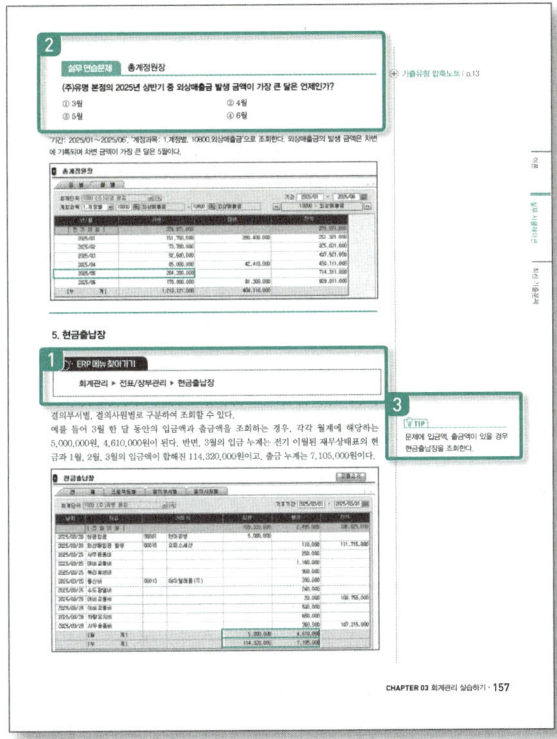
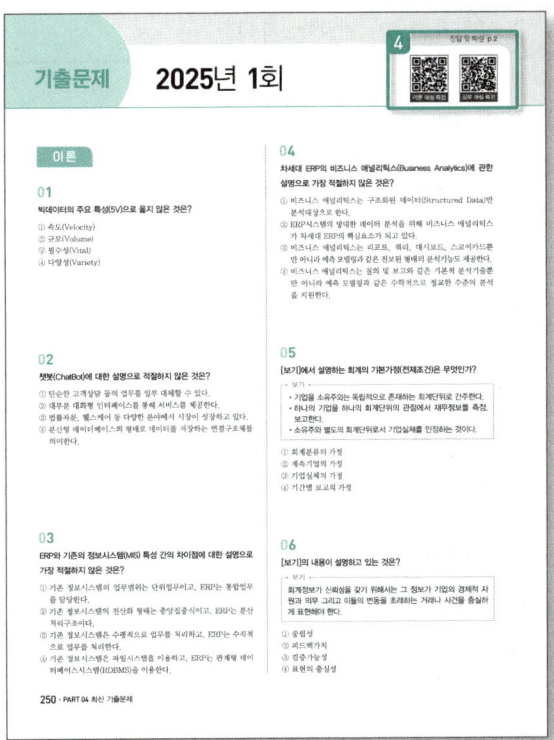

1 ERP 메뉴 찾아가기

생소한 프로그램을 보다 빠르게 익힐 수 있도록 해당 메뉴의 경로를 제시하였다.

3 저자 TIP

저자가 직접 제시하는 TIP을 수록하여 효율적인 학습을 할 수 있다.

2 실무 연습문제

실무 연습문제를 통해 ERP 프로그램에 익숙해질 수 있도록 하여 실전에 대비할 수 있다.

4 기출문제 해설 특강

2024년 3회부터 2025년 1회까지 최신 기출문제 5회분의 해설 특강을 수록하였다.

➕ 유형별 완벽 대비 가능한 기출유형 압축노트(부록)

[PART 03 실무 시뮬레이션]과 함께 더 많은 기출문제를 학습할 수 있도록 유형별로 기출문제를 구성하였다.

CONTENTS 차 례

이론

PART 01 | 경영혁신과 ERP

| CHAPTER 01 | 경영혁신과 ERP | 14 |

PART 02 | 재무회계의 이해

CHAPTER 01	회계의 기초 및 회계정보의 질적 특성	44
CHAPTER 02	재무제표	47
CHAPTER 03	회계순환과정	58
CHAPTER 04	유동자산	65
CHAPTER 05	비유동자산	83
CHAPTER 06	부채	92
CHAPTER 07	자본	101
CHAPTER 08	수익과 비용	110
CHAPTER 09	재무제표 분석	123

실무 시뮬레이션

PART 03 | 실무 시뮬레이션

CHAPTER 01	iCUBE 핵심ERP 프로그램 설치 방법	128
CHAPTER 02	시스템관리 실습하기	133
CHAPTER 03	회계관리 실습하기	149
CHAPTER 04	고정자산관리 실습하기	172
CHAPTER 05	결산/재무제표관리 실습하기	180
CHAPTER 06	자금관리 실습하기	193
CHAPTER 07	예산관리 실습하기	202
CHAPTER 08	부가가치세관리 실습하기	212
CHAPTER 09	업무용승용차관리 실습하기	239

최신 기출문제

PART 04 | 최신 기출문제

	문제	정답
2025년 1회	250	2
2024년 6회	256	19
2024년 5회	262	35
2024년 4회	268	54
2024년 3회	274	68

PART 01

경영혁신과 ERP

CHAPTER 01 경영혁신과 ERP

Enterprise
Resource
Planning

CHAPTER 01

경영혁신과 ERP

빈출 키워드
- ☑ ERP의 발전과정
- ☑ ERP의 도입
- ☑ BPR
- ☑ ERP의 구축 절차

1 ERP의 개요

1. ERP의 정의

ERP(Enterprise Resource Planning)란 자재, 생산, 판매, 회계, 인사 등 기업 전반의 업무를 재구축하거나 하나의 체계로 통합하여 관련 정보를 서로 공유하며, 신속한 의사결정 및 업무가 가능하도록 선진 업무 프로세스(Best Practice)를 기반으로 IT를 활용하여 설계된 고성능 업무용 소프트웨어이다. 이는 전사적 자원관리라고도 한다.

2. MIS(경영 정보 시스템)와 ERP의 비교

MIS(경영 정보 시스템)는 기업 경영 의사결정의 효율성을 증대시키기 위하여 경영 관련 정보를 대량으로 수집, 전달, 저장, 활용할 수 있도록 편성한 시스템이다. 기능별로 최적화되어 있으나 데이터 통합성이 결여되어 있다.

구분	MIS	ERP
시스템 구조	폐쇄성	개방성, 확장성, 유연성
업무처리	수직적	수평적
업무처리 방식	부분 최적화(기능 및 일 중심)	전체 최적화(프로세스 중심)
업무 범위	단위 업무	통합 업무
생산 형태	소품종 대량생산	다품종 소량생산
전산화 형태	중앙집중식 구조	분산처리 구조
의사결정 방식	Bottom – Up	Top – Down
데이터베이스 형태	파일 시스템	관계형 데이터베이스, 원장형 통합 데이터베이스

> **TIP**
> MIS는 과업, 일(Task) 중심으로 업무를 처리하지만, ERP는 프로세스(Process) 중심으로 처리한다.

개념 확인문제

ERP에 대한 설명으로 적절하지 않은 것은? [2019년 6회]

① 프로세스 중심의 업무처리 방식을 갖는다.
② 개방성, 확장성, 유연성이 특징이다.
③ 의사결정 방식은 Bottom-Up 방식이다.
④ 경영혁신의 수단으로 사용된다.

해설
Bottom – Up 방식은 MIS의 의사결정 방식이며 ERP의 의사결정 방식은 Top – Down 방식이다.

정답 ③

3. ERP의 역할

① 산업별 선진 업무 프로세스(Best Practice)를 내재화하여 업무 프로세스 혁신을 지원할 수 있다.
② 기업의 다양한 경영활동에 대한 시스템을 **통합적으로 구축**하여 생산성을 극대화시킨다.
③ 기업 내에서 분산된 모든 자원을 부서 단위가 아닌 기업 전체의 흐름에서 최적관리가 가능하도록 하는 통합 시스템이다.
④ 기업 내의 모든 인적·물적자원을 효율적으로 관리하여 기업의 경쟁력을 강화시킨다.
⑤ 글로벌 환경에 쉽게 대응할 수 있다.
⑥ 신속한 의사결정이 가능하도록 실시간으로 정보를 제공한다.
⑦ 실시간으로 경영 현황이 처리되는 경영 정보를 제공하고 경영 조기경비체계를 구축하여 **투명경영의 수단**이 된다.
⑧ 기업은 ERP를 도입함으로써 기업 내 경영활동에 해당되는 생산, 판매, 재무, 회계, 인사관리 등의 활동을 통합적으로 개발·운영하여 전체를 최적화시킨다.

개념 확인문제

다음 중 ERP에 대한 설명으로 옳지 않은 것은? [2020년 1회]

① ERP가 구축되어 성공하기 위해서는 경영자의 관심과 기업 구성원 전원의 참여가 필요하다.
② ERP는 투명경영의 수단으로 활용되며 실시간으로 경영 현황이 처리되는 경영 정보를 제공하고 경영 조기경비체계를 구축한다.
③ ERP란 기업 내에 분산된 모든 자원을 부서 단위가 아닌 기업 전체의 흐름에서 최적관리가 가능하도록 하는 통합 시스템이다.
④ 기업은 ERP를 도입함으로써 기업 내 경영활동에 해당되는 생산, 판매, 재무, 회계, 인사관리 등의 활동을 각 시스템별로 개발·운영하여 전체를 최적화시킨다.

해설
ERP를 도입함으로써 각 시스템별이 아닌 통합적으로 개발·운영하여 전체를 최적화시킨다.   **정답** ④

4. ERP 시스템의 획득 방식

(1) ERP 시스템 획득

ERP 시스템을 직접 만들거나 구매하여 확보하는 행위를 뜻한다.

(2) 자체 개발

자체 개발이란 회사가 내부에 개발 인력을 두고 시스템을 직접 개발하여 구축하는 방식이다. 회사가 전문 인력을 채용하여 직접 프로그램을 설계하고 구축하는 방식으로, 규모가 있는 기업에서 주로 사용한다. 프로그램 구축 후 수정사항이 발생할 경우 빠른 시간 내에 수정이 가능하며 프로그램 유지 보수도 지속할 수 있다.

(3) IT 아웃소싱(IT Outsourcing)

전문회사로부터 IT 관련 운영, 유지 보수, 통신, 소프트웨어 개발, 데이터베이스 지원 등 일부 또는 모든 서비스를 제공받는 방식이다. 기업이 가지지 못한 지식의 획득, 인적자원의 절약, 비용 절감, 기술력 부족 등의 위험요소 제거 등의 장점이 있다. 또한 구현기간 및 위험부담을 최소화하며 업그레이드가 원활하다.

2 ERP의 발전과정

MRP Ⅰ → MRP Ⅱ → ERP → 확장형 ERP

1. MRP I(Material Requirement Planning)

MRP I(자재소요량계획, 1970년대)은 종속적인 수요를 가지는 품목의 재고관리 시스템이다. 구성 품목의 수요를 산출하고 중요한 시기를 추적하며, 품목의 생산 혹은 구매에 사용되는 리드 타임(Lead Time)*을 고려하여 작업주문 혹은 구매주문을 발주하기 위해 개발된 재고통제 시스템이다.

2. MRP II(Manufacturing Resource Planning)

MRP II(생산자원계획, 1980년대)는 생산에 필요한 모든 자원의 효율적인 관리를 위해 이전 단계의 개념에 대한 시스템이 보다 확장된 것으로 생산능력, 마케팅, 재무 등의 영역과 다양한 모듈, 특징들이 추가된 새로운 개념이다.

3. ERP(Enterprise Resource Planning)

ERP(전사적 자원관리, 1990년대)는 MRP II(생산자원계획)의 경영혁신을 위해 개발된 시스템이다.

4. 확장형 ERP(Extended Enterprise Resource Planning)

확장형 ERP(2000년대)는 기존 ERP보다 확대된 경영혁신을 지원하며 시스템의 고유 기능과 선진 정보화 지원기술이 추가된 것을 의미한다.

> **리드 타임(Lead Time)**
> 제품 설계가 끝나고 생산이 시작되기까지의 시간으로, ERP 도입 시 리드 타임이 감소할 것으로 예상됨

> **TIP**
> 재료를 구매(MRP I)하고 생산(MRP II)을 고민하며, 이후 좀 더 효율적으로 생산하여 판매(ERP)하며 그 과정을 혁신적으로(확장형 ERP) 하기 위해서 발전해 나갔다고 생각하며 암기한다.

3 ERP의 도입

1. ERP 도입의 최종 목적

ERP 도입의 **최종 목적은 고객만족과 이윤 극대화**이다. 이 외에도 기업의 다양한 업무 지원, 효율적 의사결정을 위한 지원 기능, 선진 업무 프로세스(Best Practice) 도입, **통합 정보 시스템 구축**, 재고비용 절감, 정보 공유, 투명경영, 기업의 경쟁력 강화를 목적으로 한다.

📝 개념 확인문제

다음은 ERP 도입의 의의를 설명한 내용이다. 옳지 않은 것은? [2018년 5회]

① 기업의 프로세스를 재검토하여 비즈니스 프로세스를 변혁시킨다.
② 공급사슬의 단축, 리드 타임의 감소, 재고비용의 절감 등을 이룩한다.
③ 기업의 입장에서 ERP 도입을 통해 업무 프로세스를 개선함으로써 업무의 비효율을 줄일 수 있다.
④ 전반적인 업무 프로세스를 각각 개별 체계로 구분하여 관리하기 위해 도입한다.

해설
전반적인 업무 프로세스를 개별 체계가 아닌 통합 관리하기 위해 ERP를 도입한다.   **정답** ④

2. ERP 도입의 선택 기준

① 기업의 상황에 맞는 패키지 선택
② 경영진의 확고한 의지
③ 경험이 많고 유능한 컨설턴트 활용
④ 전사적인 전 임직원의 참여 유도
⑤ 현업 중심의 프로젝트 진행
⑥ 최고의 엘리트 사원들로 TFT* 구성
⑦ 커스터마이징의 최소화
⑧ 총소유비용*의 합리성

➕ 커스터마이징(또는 커스터마이제이션)

'Customize(주문 제작하다)'에서 유래된 말로 생산업체, 수공업자들이 고객의 요청에 따라 제품을 제작해 주는 맞춤제작 서비스이다. 최근 IT 산업의 발전으로 개발된 솔루션이나 기타 서비스를 소비자의 요구에 따라 재구성·재설계하여 판매한다는 의미로 확장되었으며 타사의 솔루션을 가져와 자사 제품에 결합하여 서비스하는 것 또한 커스터마이징이라고 한다. ERP 도입 시 커스터마이징이 최소화되는 방향으로 선택해야 한다.

📝 개념 확인문제

다음 중 ERP를 도입할 때의 선택 기준으로 옳지 않은 것은? [2021년 5회]

① 경영진의 확고한 의지가 있어야 한다.
② 경험 있는 유능한 컨설턴트를 활용해야 한다.
③ 전사적으로 전 임직원의 참여를 유도해야 한다.
④ 다른 기업에서 가장 많이 사용하는 패키지를 선택하는 것이 좋다.

해설
타사와 상관없이 자사에 맞는 패키지를 선정해야 한다.

정답 ④

3. ERP 도입의 성공

(1) ERP 도입의 성공 요인

① 업무 단위별로 추진하지 않는다.
② 커스터마이징은 가급적 최소화한다.
③ IT 업체 중심으로 프로젝트를 진행하지 않는다.
④ 경영자의 관심과 기업 구성원 전원의 참여가 필요하다.
⑤ 자사에 맞는 패키지를 선정한다. (단, 상용화 패키지를 선정할 경우 자체 개발 인력을 보유하지 않아도 된다)
⑥ 현업 중심의 프로젝트를 진행한다.
⑦ TFT는 최고의 엘리트 사원으로 구성한다.
⑧ 데이터의 신뢰도를 높이기 위해 관리를 철저히 한다.
⑨ 원활한 사용을 위해 지속적인 교육 및 워크숍 등의 노력이 필요하다.
⑩ 장기간의 효과 위주로 구현한다.

✱ TFT(Task Force Team)
회사의 새로운 프로젝트 또는 중요한 업무를 추진할 때 각 부서에서 선발된 인재들로 임시 팀을 만들어 활동하는 것으로, 회사의 TFT는 유능한 엘리트 사원들로 구성하여 ERP의 효과적인 도입을 추구함

✱ 총소유비용
ERP 시스템에 대한 투자비용의 개념으로, 라이프사이클(Life-cycle)을 통해 발생하는 전체 비용을 계량화하는 것

▶ ERP 패키지 선정 기준
시스템 보안성, 요구사항 부합 정도, 커스터마이징(Customizing) 가능 여부 등

💡 TIP
효과적인 ERP 교육이 되기 위해서는 사용 방법에만 초점을 맞춘 트랜잭션이 아닌 비즈니스 프로세스에 초점을 맞춰 사용 방법과 업무처리 방식을 모두 교육해야 한다.

개념 확인문제

다음 중 상용화 패키지에 의한 ERP 시스템 구축 시, 성공과 실패를 좌우하는 요인으로 보기 어려운 것은? [2021년 3회]

① 시스템 공급자와 기업 양쪽에서 참여하는 인력의 역량
② 기업 환경을 최대한 고려하여 개발할 수 있는 자체 개발 인력 보유 여부
③ 제품이 보유한 기능을 기업의 업무환경에 얼마나 잘 적용하는지에 대한 요인
④ 사용자의 입장에서 ERP 시스템을 충분히 이해하고 사용할 수 있는 반복적인 교육훈련

해설
상용화 패키지는 상당 부분 개발되어 있으므로 자체 개발인력을 보유하지 않아도 성공적으로 구축할 수 있다.

정답 ②

(2) ERP 도입의 성공 여부 – BPR

① **BPR의 정의**: BPR(Business Process Re-Engineering*)이란 원가(비용), 품질, 서비스, 속도와 같은 주요 성과측정치의 극적인 개선을 위해 업무 프로세스를 <u>급진적으로 재설계하는 것</u>이다. BPR을 실시한 후 ERP를 구축하는 방법, BPR과 ERP의 구축을 병행하는 방법 중 선택하여 진행할 수 있다. 단, ERP 구축 전 BPR을 수행해야 구축 성과가 극대화될 수 있다.

② **BPR의 필요성**
- 지속적인 경영환경 변화에 대한 대응방안 모색
- 정보 IT 기술을 통한 새로운 기회 모색
- 조직의 복잡성 증대와 효율성 저하에 대한 대처방안 모색

> *** Re-Engineering(리엔지니어링)**
> 기업경영의 핵심과 과정을 전면 개편함으로써 경영성과를 향상시키기 위한 경영기법으로, 매우 신속하고 극단적이며 전면적 혁신을 강조

➕ BPI(Business Process Improvement)

BPR의 반대 개념으로 ERP 구축 전에 수행하는 것이다. 단계적 시간의 흐름에 따라 비즈니스 프로세스를 점증적으로 개선해 가는 방식을 의미한다.

개념 확인문제

다음 중 ERP 도입의 성공전략으로 옳지 않은 것은? [2019년 5회]

① 현재의 업무 방식을 그대로 고수하지 말아야 한다.
② 최고 경영진이 참여하는 프로젝트로 진행해야 한다.
③ ERP 구현 후 진행되는 BPR에 대비하면서 도입하여야 한다.
④ 업무상의 효과보다 소프트웨어의 기능성 위주로 적용대상을 판단하지 말아야 한다.

해설
ERP 시스템이 구축되기 전에 BPR(업무 재설계)을 수행해야 ERP 구축 성과가 극대화될 수 있다.

정답 ③

4. ERP 도입의 장점 및 효과

① 비즈니스 프로세스 표준화(데이터 일관성 유지) 지원, 단순화, 코드화가 가능하다.
② 통합 업무 시스템을 구축하고 투명한 경영이 가능하다.
③ 다양한 산업에 대한 최적의 업무 관행인 선진 업무 프로세스(Best Practice)를 추구한다.
④ 업무에서 발생할 수 있는 오류를 예방하고 업무 프로세스 단축으로 업무의 정확도가 증대하고 비효율은 감소한다.
⑤ 업무시간이 단축되고, 필요인력과 필요자원이 절약된다.
⑥ 불필요한 재고를 없애고 재고물류비용을 절감(재고관리 능력 향상)할 수 있다.
⑦ 결산작업과 공급사슬*이 단축되고, 리드 타임(Lead Time) 및 사이클 타임(Cycle Time)*이 감소된다.
⑧ 재고비용 및 생산비용의 절감효과를 통해 효율성을 확보할 수 있다.
⑨ 기업의 모든 업무 프로세스를 개별 부서원들이 분산처리함과 동시에 중앙에서 개별 기능의 통합적 관리가 가능하다.
⑩ 최신 정보기술을 도입하여 클라이언트/서버 컴퓨팅 구현으로 시스템 성능이 최적화된다.
⑪ 차세대 ERP는 인공지능 및 빅데이터 분석기술과의 융합으로 분석도구가 추가되어 선제적 예측과 실시간 의사결정 지원이 가능하다.

> **TIP**
> ERP 도입의 예상효과는 대부분 단축 또는 감소한다는 특징이 있다.

※ 공급사슬
원재료를 획득하여 중간재나 최종재로 변환하여 최종 제품을 고객에게 유통시키기 위한 비즈니스 프로세스의 네트워크. ERP 도입 시 공급사슬이 단축될 것으로 예상됨

※ 사이클 타임(Cycle Time)
원자재를 투입해서 완성될 때까지의 모든 시간

개념 확인문제

다음 중 ERP 도입의 예상효과로 볼 수 없는 것은?   [2021년 5회]
① 투명한 경영
② 고객서비스 개선
③ 결산작업의 증가
④ 재고물류비용 감소

해설
ERP를 도입하면 결산작업이 감소할 것으로 예상된다.   정답 ③

4 ERP의 특징

1. ERP의 기능적 특징

① 다국적, 다통화, 다언어 지원
② 중복적, 반복적으로 처리하던 업무 감소
③ 실시간으로 데이터 입·출력이 이루어지는 정보처리체계 구축으로 신속한 정보 사용
④ 정부의 효과적인 세원 파악 및 증대, 기업의 투명회계 구현 성과 달성
⑤ 파라미터 지정(Parameter Setting)*에 의한 프로세스의 정의

2. ERP의 기술적 특징

① 4세대 프로그래밍 언어(4GL) 활용
② 관계형 데이터베이스 관리 시스템(RDBMS) 채택
③ 객체지향기술(Object Oriented Technology)* 사용

※ 파라미터 지정(Parameter Setting)
ERP 시스템은 시스템 유지 보수 부담에 있어 파라미터 지정을 통해 프로세스 조정이 가능하여 다양한 업종·규모의 기업에 적용할 수 있으며 각 기업들의 고유한 프로세스를 구현할 수 있도록 파라미터를 변경하여 고객화시킬 수 있게 구성해야 함

※ 객체지향기술(Object Oriented Technology)
각 모듈이 독립된 개체로서의 역할을 하며, 전체 시스템의 효율성을 향상시키는 기술

5 ERP 시스템의 구축 절차

> 분석단계 → 설계단계 → 구축단계 → 구현단계

1. 분석단계
현재 업무 파악(AS-IS* 분석), 현재 시스템의 문제 파악, 현업 요구사항 분석, 목표와 범위 설정, 주요 성공요인 도출, 경영전략 및 비전 도출, TFT(프로젝트팀) 구성

2. 설계단계
패키지 설치, TO-BE* 프로세스 도출, GAP 분석(패키지 기능과 TO-BE 프로세스의 차이 분석), 인터페이스 문제 논의, 커스터마이징 실행, 추가 개발 및 수정·보완 문제 논의

3. 구축단계
모듈 조합화, 출력물 제시, 테스트 및 추가 개발 또는 수정 기능 확정

4. 구현단계
시험가동(Prototyping), 시스템 평가, 데이터 전환(Data Conversion), 교육, 유지 보수, 향후 일정 수립

* **AS-IS**
현재의 상황을 의미하며, 분석단계에서 회사의 현재 업무와 상황을 파악하는 작업을 함

* **TO-BE**
이상적인 지향점을 의미하며, 설계단계에서 미래에 구현하고자 하는 업무 프로세스를 도출하는 작업을 함

개념 확인문제
ERP 구축 절차 중 모듈 조합화, 테스트 및 추가 개발 또는 수정 기능을 확정하는 단계는?
[2021년 5회]
① 구축단계　　② 구현단계
③ 분석단계　　④ 설계단계

해설
모듈 조합화, 테스트 및 추가 개발 또는 수정 기능을 확정하는 단계는 구축단계이다.

정답 ①

6 확장형 ERP

1. e-Business 지원 시스템
(1) 전자상거래(EC) 시스템

(2) 의사결정지원 시스템(DSS)

(3) 고객관계관리(CRM) 시스템

기업이 고객과 관련된 자료를 분석·통합하며 고객 구매 관련 활동을 지수화하고 이를 바탕으로 고객 특성에 맞게 마케팅 활동을 계획·지원·평가하는 과정이다. ERP 시스템이 비즈니스 프로세스를 지원하는 백오피스 시스템(Back-Office System)이라면 CRM은 고객대응활동을 지원하는 프런트오피스 시스템(Front-Office System)이다.

(4) 공급망관리(SCM)

확장된 ERP 시스템 내에서 물류흐름을 계획하고 관리하는 것이다. SCM은 물건과 정보가 공급자부터 소비자까지 이어지는 물류, 자재, 제품, 서비스, 정보의 흐름 전반에 걸쳐 실시간 정보 공유를 통해 수요와 공급의 일치를 최적으로 운영하고 관리한다.

2. 전략적 부분 지원 시스템 – 전략적 기업 경영(SEM) 시스템

(1) **성과측정관리(BSC; Balanced Score Card)**
  기업의 비전과 전략 실행을 관리하고, 단기와 중장기에 걸친 경영성과 관리를 가능하게 한다.

(2) **활동기준경영(ABM; Activity – Based Management)**
  활동기준 원가계산(ABC)을 통한 수익성 분석을 기반으로 전략적 운영 의사결정을 지원한다.

(3) **부가가치경영(VBM; Valued – Based Management)**
  가치 창출 요인을 관리하고, 가치 중심의 사업 운영을 지원하게 한다.

> **지식관리 시스템(KMS)**
> 지식관리 시스템(KMS; Knowledge Management System)은 정보기술을 이용하여 개인 및 조직의 지식 생성과 활용, 축적에 이르는 활동을 디지털화하고 인터넷을 통해 최적의 지식을 사용할 수 있도록 프로세스를 효과적으로 통합, 지원해주는 정보 시스템이다.

개념 확인문제

다음 중 e – Business 지원 시스템을 구성하는 단위 시스템이 아닌 것은? [2021년 6회]
① 성과측정관리(BSC)
② 전자상거래(EC) 시스템
③ 의사결정지원시스템(DSS)
④ 고객관계관리(CRM) 시스템

해설
성과측정관리(BSC)는 활동기준경영(ABM), 부가가치경영(VBM)과 함께 전략적 기업 경영(SEM) 시스템에 해당한다.
정답 ①

3. 클라우드 ERP

(1) **클라우드 ERP의 등장배경**
  과거에는 회사 내부의 컴퓨터에서 ERP 프로그램을 운용하였으나 비즈니스 환경의 변화로 장소 및 경제적 개선의 필요성에 따라 클라우드 ERP가 등장하였다.

(2) **클라우드 ERP의 정의**
  클라우드 컴퓨팅(Cloud Computing)이란 인터넷 기술을 활용하여 가상화된 IT 자원을 서비스로 제공하는 컴퓨팅 기술이다. 사용자가 클라우드 컴퓨팅 네트워크에 접속하여 응용 프로그램, 운영체제, 저장장치, 유틸리티 등 IT 자원을 원하는 시점에 필요한 만큼 사용하고 사용량에 대한 대가를 지불해야 한다.

(3) **클라우드 ERP의 장점**
  ① 안정적이고 효율적인 데이터관리: 대량의 데이터를 이용하는 기업의 경우 클라우드 ERP로 안정적이고 효율적으로 데이터를 관리할 수 있다.
  ② IT 자원관리의 효율화: 모든 데이터와 소프트웨어가 클라우드 컴퓨팅 내부에 집중되고 다른 기종 장비 간의 상호 연동이 유연하기 때문에 손쉽게 다른 장비로 데이터와 소프트웨어를 이동할 수 있다. 그 결과 장비 관리 업무와 PC 및 서버 자원 등을 줄일 수 있다.
  ③ 초기 도입비용 및 관리비용의 절감: 사용자는 하드웨어를 직접 구입, 설치하지 않고 서버 및 소프트웨어를 클라우드 컴퓨팅 네트워크에 접속하여 제공받을 수 있으므로 사용자의 IT 투자비용이 줄어든다.

④ 원격근무 환경 구현을 통한 스마트워크 환경 정착: 사용자가 하드웨어나 소프트웨어를 직접 디바이스에 설치할 필요 없이 필요에 따라 언제든지 컴퓨팅 자원을 사용할 수 있다.

(4) 클라우드 ERP의 단점
① 개인정보 취급의 취약성: 서버 공격 및 손상으로 인해 개인정보가 유출·유실될 수 있다.
② 애플리케이션 서비스의 제약: 모든 애플리케이션을 보관할 수 없으므로 사용자가 필요로 하는 애플리케이션을 지원받지 못하거나 애플리케이션을 설치하는 데 제약이 있을 수 있다.

(5) 클라우드 컴퓨팅(Cloud Computing)의 제공 서비스

종류	내용
SaaS (Software as a Service)	클라우드 컴퓨팅 서비스 사업자가 클라우드 컴퓨팅 서버에 소프트웨어를 제공하고, 사용자가 원격으로 접속해 해당 소프트웨어를 활용하는 모델이다. 예 각종 솔루션, 소프트웨어를 클라우드 형태로 제공
PaaS (Platform as a Service)	사용자가 ERP 소프트웨어를 개발할 수 있는 토대를 제공해 주는 서비스 모델이다. 예 웹 프로그램, 제작 툴, 개발도구지원, 과금모듈, 사용자관리모듈, 카드결제 처리 플랫폼 등
IaaS (Infrastructure as a Service)	서버 인프라를 서비스로 제공하는 것으로, 클라우드를 통하여 저장장치(Storage) 또는 컴퓨팅 능력을 인터넷을 통한 서비스 형태로 제공하는 서비스 모델이다. 예 데이터베이스 클라우드 서비스, 스토리지 클라우드 서비스

개념 확인문제

다음 중 클라우드 서비스 기반 ERP와 관련된 설명으로 옳지 않은 것은?

① 저장장치, 컴퓨팅 능력과 같은 ERP 구축에 필요한 IT 인프라 자원을 클라우드 서비스로 빌려 쓰는 형태를 IaaS라고 한다.
② 사용자가 ERP 소프트웨어를 개발할 수 있도록 토대를 제공하는 것을 PaaS라고 한다.
③ PaaS에는 데이터베이스 클라우드 서비스와 스토리지 클라우드 서비스가 있다.
④ 기업의 핵심 애플리케이션인 ERP, CRM 솔루션 등의 소프트웨어를 클라우드 서비스를 통해 제공받는 것을 SaaS라고 한다.

해설
데이터베이스 클라우드 서비스와 스토리지 클라우드 서비스는 IaaS에 속한다. **정답** ③

(6) 클라우드 ERP의 특징
클라우드에서 SaaS, PaaS, IaaS를 통해 ERP를 제공받을 수 있다. 4차 산업혁명 시대에 맞춰 기업의 경쟁력 강화를 위해 지능형 기업이 요구되며, 클라우드 ERP 운용으로 지능형 기업을 운영할 수 있다.
① 클라우드 도입을 통해 ERP 도입의 진입장벽을 획기적으로 낮출 수 있다.
② 클라우드를 통한 ERP 도입은 전문 컨설턴트의 도움 없이 설치 및 운영이 가능하다.
③ 디지털 지원, 인공지능(AI), 기계학습, 예측분석 등 지능형 기술을 통해 미래를 대비할 수 있다.

(7) 클라우드 서비스 비즈니스 모델

클라우드 서비스의 비즈니스 모델에는 퍼블릭(Public, 공개형) 클라우드, 사설(Private, 폐쇄형) 클라우드, 하이브리드(Hybrid, 혼합형) 클라우드 등이 있다.

구분	내용
퍼블릭(공개형) 클라우드	• 공개형 클라우드는 사용량에 따라 사용료를 지불하며 규모의 경제를 통해 경쟁력 있는 서비스 단가를 제공하는 방식 • 전 세계의 소비자, 기업고객, 공공기관 및 정부 등 모든 주체가 클라우드 컴퓨팅을 사용
사설(폐쇄형) 클라우드	• 특정한 기업의 구성원만 접근할 수 있는 전용 클라우드(internal cloud)서비스 • 초기 투자비용이 높으며, 주로 데이터의 보안 확보와 프라이버시 보장이 필요한 경우 사용
하이브리드(혼합형) 클라우드	특정 업무 또는 데이터 저장은 폐쇄형 클라우드 방식을 이용하고 기타 덜 중요한 부분은 공개형 클라우드 방식을 이용

개념 확인문제

다음 중 클라우드 ERP와 관련된 설명으로 옳지 않은 것은? [2022년 1회]

① 클라우드를 통해 ERP 도입에 관한 진입장벽을 높일 수 있다.
② IaaS 및 PaaS를 활용한 ERP를 하이브리드 클라우드 ERP라고 한다.
③ 서비스형 소프트웨어 형태의 클라우드로 ERP를 제공하는 것을 SaaS ERP라고 한다.
④ 클라우드 ERP는 고객의 요구에 따라 필요한 기능을 선택·적용하여 맞춤형 구성이 가능하다.

해설
클라우드 도입을 통해 ERP 도입의 진입장벽을 획기적으로 낮출 수 있다.

정답 ①

7 4차 산업혁명 기술이 적용된 스마트 ERP

미래의 스마트 ERP는 4차 산업혁명의 핵심기술인 사물인터넷(IoT), 인공지능(AI), 빅데이터(Big Data), 블록체인(Block Chain) 등의 신기술과 융합하여 보다 지능화된 기업경영이 가능한 통합정보시스템으로 발전할 것이다.

1. 사물인터넷(IoT; Internet of Things)

인터넷을 통해서 모든 사물을 서로 연결하여 정보를 상호 소통하는 지능형 정보기술 및 서비스이다. 사물인터넷 기기들은 내장된 센서를 통해 데이터를 수집하고 인터넷을 연결하여 통신하며 수집된 정보를 기반으로 자동화된 프로세스나 제어기능을 수행할 수 있다. 따라서 스마트 가전, 스마트 홈, 스마트 의료, 원격검침, 교통 분야 등 일상생활 및 다양한 산업분야에 적용할 수 있다. 더 나아가 만물인터넷(IoE; Internet of Everything)의 개념으로 사물, 사람, 데이터, 프로세스 등 연결 가능한 모든 만물을 인터넷에 연결하여 소통하며 새로운 가치 창출을 하는 기술로 발전하게 된다.

2. 인공지능(AI; Artificial Intelligence)

인공지능은 4차 산업혁명의 핵심기술로 인간의 학습능력, 추론능력, 지각능력, 자연어 이해능력 등을 컴퓨터 프로그램으로 실현한 기술이다.

인공지능 기술은 대량의 정보를 빠르게 분석하여 실시간으로 최적의 의사결정을 내릴 수 있으므로 기존의 사회구조, 운영방법 등의 측면에서 사회와 산업 전반에 많은 영향을 미치게 된다.

3. 빅데이터(Big Data)

빅데이터 또한 인공지능과 같이 4차 산업혁명의 핵심기술로 규모가 방대한 디지털 데이터이며, 수치, 문자, 이미지, 영상데이터를 포함한 다양하고 거대한 양의 데이터의 집합을 말한다. 수치나 문자를 처리하는 전통적인 데이터베이스 시스템과는 달리, 복잡성과 대량의 규모를 갖는 빅데이터를 처리하기 위해서는 특별한 처리 도구와 기술이 필요하다.

가트너 그룹(Gartner Group)은 빅데이터의 특성으로 규모(Volume), 속도(Velocity), 다양성(Variety), 정확성(Veracity), 가치(Value)의 5V를 제시하였다.

구분	내용
규모(Volume)	• 기존보다 데이터 양이 급격하게 증가(대용량화) • 현재 데이터관리 시스템의 성능적 한계 도달
속도(Velocity)	• 소셜 데이터, IoT 데이터, 스트리밍 데이터 등 실시간 성질 데이터 증가 • 대량 데이터의 신속하고 즉각적인 분석 요구
다양성(Variety)	• 데이터의 종류와 근원 확대(다양화) • 로그 기록, 소셜, 위치, 센서 데이터 등 데이터 종류가 다양해짐 (반정형, 비정형데이터의 증가)
정확성(Veracity)	• 데이터의 신뢰성, 정확성, 타당성 보장이 필수 • 데이터 분석에서 고품질 데이터를 활용하는 것이 분석의 정확도(예측정확도)에 영향을 줌
가치(Value)	• 빅데이터는 가치 창출을 추구 • 빅데이터 분석을 통해 도출된 최종 결과물은 기업이 당면하고 있는 문제를 해결하는데 통찰력 있는 정보 제공

 개념 확인문제

빅데이터의 주요 특성(5V)으로 옳지 않은 것은? [2025년 1회]

① 속도(Velocity)
② 규모(Volume)
③ 필수성(Vital)
④ 다양성(Variety)

해설
빅데이터의 주요 특성으로 규모(Volume), 속도(Velocity), 다양성(Variety), 정확성(Veracity), 가치(Value)의 5V를 제시하였다.

정답 ③

4. ERP와 혁신기술과의 관계

① **빅데이터 분석 가능**: 생산관리 시스템(MES), 전사적 자원관리(ERP), 제품수명주기관리(PLM) 시스템 등을 통해 각 생산과정을 체계화하고 관련 데이터를 한 곳으로 모아 빅데이터 분석이 가능하다.

② **과학적이고 합리적인 의사결정 지원 가능**: 인공지능 기반의 빅데이터 분석을 통해 도출된 최적화와 예측분석 결과를 이용해 과학적이고 합리적인 의사결정 지원이 가능하다.

③ **생산 자동화 구현 및 실시간 의사결정**: 제조업에서는 빅데이터 처리 및 분석기술을 기반으로 생산 자동화를 구현하고 ERP와 연계하여 생산계획의 선제적 예측과 실시간 의사결정이 가능해진다.

④ **새로운 분야 개척 및 비즈니스 간 융합 지원**: ERP에서 생성되고 축적된 빅데이터를 활용하여 기업의 새로운 업무 개척이 가능해지고, 비즈니스 간 융합을 지원하는 시스템으로 확대가 가능하다.

⑤ **상위 계층의 의사결정 지원**: 인공지능 및 빅데이터 분석기술과의 융합으로 전략경영 등의 분석도구를 추가하여 상위 계층의 의사결정을 지원할 수 있는 스마트 시스템으로 발전하고 있다.

개념 확인문제

다음 중 ERP와 인공지능(AI), 빅데이터(Big Data), 사물인터넷(IoT) 등 혁신기술과의 관계에 대한 설명으로 옳지 않은 것은? [2024년 3회]

① 현재 ERP는 기업 내 각 영역의 업무 프로세스를 지원하고 단위별 업무처리의 강화를 추구하는 시스템으로 발전하고 있다.
② 제조업에서는 빅데이터 분석기술을 기반으로 생산 자동화를 구현하고 ERP와 연계하여 생산계획의 선제적 예측과 실시간 의사결정이 가능하다.
③ 현재 ERP는 인공지능 및 빅데이터 분석기술과의 융합으로 전략경영 등의 분석도구를 추가하여 상위 계층의 의사결정을 지원할 수 있는 지능형 시스템으로 발전하고 있다.
④ ERP에서 생성되고 축적된 빅데이터를 활용하여 기업의 새로운 업무 개척이 가능해지고, 비즈니스 간 융합을 지원하는 시스템으로 확대가 가능하다.

해설
ERP는 모든 기업의 업무 프로세스를 개별 부서원이 분산처리함과 동시에 중앙에서 개별 기능들을 통합적으로 관리할 수 있다.

정답 ①

5. ERP의 비즈니스 애널리틱스(BA; Business Analytics)

(1) 비즈니스 애널리틱스의 정의
의사결정을 위한 데이터 및 정량분석과 광범위한 데이터의 이용을 말한다.

(2) 비즈니스 애널리틱스의 지원분야
① 기존의 데이터를 기초로 최적 또는 현실적 의사결정을 위한 모델링을 이용하도록 지원한다.
② 질의 및 보고와 같은 기본적인 분석기술과 예측 모델링과 같은 수학적으로 정교한 수준의 분석을 지원한다.
③ 과거 분석과 이를 통한 새로운 제안과 미래 사업을 위한 시나리오를 제공한다.
④ 구조화된 데이터(Structured Data)*와 비구조화된 데이터(Unstructured Data)*를 동시에 이용하도록 지원한다.

※ **구조화된 데이터(Structured Data)**
파일이나 레코드 내에 저장된 데이터로, 스프레드시트와 관계형 데이터베이스(RDBMS)를 포함

※ **비구조화된 데이터(Unstructured Data)**
전자메일, 문서, 소셜미디어 포스트, 오디오 파일, 비디오 영상, 센서데이터 등

⑤ 미래 예측을 지원해 주는 데이터 패턴 분석과 예측 모델을 위한 데이터 마이닝(Data Mining)을 통해 고차원 분석 기능을 포함한다.
⑥ 리포트, 쿼리, 알림, 대시보드, 스코어카드뿐만 아니라 데이터 마이닝 등의 예측 모델링과 같은 진보된 형태의 분석 기능을 제공한다.

개념 확인문제

다음 중 차세대 ERP의 비즈니스 애널리틱스(Business Analytics)에 대한 설명으로 옳지 않은 것은? [2024년 5회]

① 비즈니스 애널리틱스는 구조화된 데이터(Structured Data)만을 활용한다.
② ERP 시스템 내의 방대한 데이터 분석을 위한 비즈니스 애널리틱스가 ERP의 핵심요소가 되었다.
③ 질의 및 보고와 같은 기본적 분석기술과 예측 모델링과 같은 수학적으로 정교한 수준의 분석을 지원한다.
④ 리포트, 쿼리, 대시보드, 스코어카드뿐만 아니라 예측 모델링과 같은 진보된 형태의 분석 기능도 제공한다.

해설
비즈니스 애널리틱스는 구조화된 데이터(Structured Data)와 비구조화된 데이터(Unstructured Data)를 동시에 이용한다.

정답 ①

8 제조업의 스마트화와 스마트팩토리

1. 스마트팩토리의 구축 필요성

최근, 해외로 이전한 제조 시설이 다시 자국으로 돌아오는 경향이 나타나고 있다. 국가경제의 핵심적인 요소인 제조업은 이러한 제조기업의 경쟁력을 향상시키기 위해 스마트팩토리 구축을 적극 지원하고 있다.

스마트팩토리의 도입 목적은 생산성·유연성 향상을 통한 생산시스템의 지능화, 유연화, 최적화, 효율화 구현에 있다. 세부적으로는 고객서비스 향상, 비용 절감, 납기 향상, 품질 향상, 인력 효율화, 맞춤형 제품생산, 통합된 협업생산시스템, 최적화된 동적생산시스템, 새로운 비즈니스 창출, 제품 및 서비스의 생산통합, 제조의 신뢰성 확보 등의 목적을 갖는다.

2. 스마트팩토리의 구성영역과 기술요소

스마트팩토리는 제품개발, 현장자동화, 공장운영관리, 기업자원관리, 공급사슬관리영역으로 구성된다.

구분	내용
제품개발	제품의 개발, 생산, 유지보수, 폐기까지의 모든 과정을 체계적으로 관리 * 제품 수명 주기 관리(PLM) 시스템을 이용
현장자동화	인간과 협업하거나 독자적으로 제조 작업을 수행하는 시스템 * 공정자동화, IoT, 설비제어장치(PLC), 산업로봇, 머신비전 등 기술 이용
공장운영관리	자동화된 생산설비로부터 실시간으로 가동정보를 수집하여 효율적으로 공장 운영에 필요한 생산계획 수립, 재고관리, 제조자원관리, 품질관리, 공정관리, 설비제어 등 * 제조실행시스템(MES), 창고관리시스템(WMS), 품질관리시스템(QMS) 기술 이용
기업자원관리	고객 주문, 생산실적 정보 등을 실시간으로 수집하여 효율적인 기업 운영에 필요한 원가, 재무, 영업, 생산, 구매, 물류관리 등을 담당 * ERP 기술 이용
공급사슬관리	제품생산에 필요한 원자재 조달에서부터 고객에게 제품을 전달하는 전체 과정의 정보를 실시간으로 수집하여 효율적인 물류시스템 운영, 고객만족을 목적 * SCM 기술 이용

3. 스마트팩토리와 ERP

(1) 빅데이터와 ERP

스마트팩토리는 공정별 자동화 설비와 응용시스템(ERP, MES, PLM 등)을 실시간 연결하고 인공지능에 의한 데이터 분석을 통해 공장운영을 최적화하는 지능형 공장운영 체계 구현을 목표로 한다.

스마트팩토리는 ERP, MES, PLM 등 기존 시스템으로부터 기준정보, 실적정보, 설비상태, 검사정보 등의 실시간 운영데이터와 현장 센서·설비로부터 수집되는 정형·비정형 빅데이터를 모두 통합하여 이를 기반으로 제조 빅데이터 분석을 수행한다.

제조 빅데이터 분석은 스마트팩토리에서 생성되는 정형·비정형 데이터를 인공지능기법(신경망 등)을 이용하여 예측, 추측, 최적화 문제를 해결하는 것이다.

(2) 사이버 물리 시스템(CPS)과 ERP

사이버 물리 시스템(CPS; Cyber Physical System)은 가상(Cyber) 공간에 실제의 물리적인 제품, 생산설비, 공정, 공장을 그대로 구현하고 서로 긴밀하게 통합되어 동작하는 통합시스템이다. 제조 빅데이터를 기반으로 사이버모델을 구축하고 이를 활용하여 최적의 설계 및 운영을 수행하는 방식으로 업무 프로세스를 지원한다.

(3) 제품 수명 주기 관리(PLM)와 ERP

제품 수명 주기 관리(PLM; Product Lifecycle Management)는 제품 수명 주기의 모든 단계에 관련된 프로세스와 관련 정보를 통합 관리하는 응용시스템이며 사람, 기술, 프로세스 및 모범사례로 구성되는 통합된 정보 지향적 접근방식을 의미한다.

제품 수명 주기 관리는 제품의 설계, 속성, 관련 문서 등의 정보를 관리하고 제품 중심의 수명 주기 관리에 초점을 두어 제품 수명 주기에 따른 프로세스를 계획하고 효과적으로 관리한다. ERP는 기업 전반의 자원 및 프로세스를 통합적으로 관리하는 데 중점을 두고 있으므로 제품의 생산, 유통, 재무 프로세스를 효율화하는 데 PLM과 ERP가 상호작용이 가능하며 설계, 조달, 제조, 생산 프로세스의 효율화와 원가 절감에 활용이 가능하다.

개념 확인문제

[보기]는 무엇에 대한 설명인가? [2024년 6회]

> **보기**
> 실제의 물리적인 제품, 생산설비, 공정, 공장을 사이버 공간에 그대로 구현하고 서로 긴밀하게 통합되어 동작하는 통합시스템으로, 공장운영 전반의 데이터를 실시간으로 수집하여 공장운영현황을 모니터링하고 설비와 공정을 제어함으로써 공장운영의 최적화를 수행하는 것

① 제조실행시스템(MES)
② 전사적자원관리(ERP)
③ 사이버물리시스템(CPS)
④ 제품수명주기관리(PLM)

해설
사이버 물리 시스템(CPS; Cyber Physical System)은 가상(Cyber) 공간에 실제의 물리적인 제품, 생산설비, 공정, 공장을 그대로 구현하고 서로 긴밀하게 통합되어 동작하는 통합시스템이다.

정답 ③

9 인공지능과 비즈니스혁신

1. 인공지능의 개요

인공지능의 기술발전

인공지능의 기술발전 단계는 계산주의 시대부터 연결주의 시대를 거쳐 딥러닝 시대로 구분된다.

① 1단계: 계산주의(Computationalism) 시대

계산주의 시대는 인공지능 초창기 시대이다. 계산주의는 인간이 보유한 지식을 컴퓨터로 표현하고 이를 활용해 현상을 분석하거나 문제를 해결하는 지식기반시스템(Knowledge Based System)을 말한다.

컴퓨팅 성능 제약으로 인한 계산기능(연산기능)과 논리체계의 한계, 데이터 부족 등의 한계를 극복하지 못하였다.

② 2단계: 연결주의(Connetionism) 시대

계산주의로 인공지능 발전에 제약이 생기면서 연결주의가 새롭게 대두되었다. 연결주의는 인간의 두뇌를 모사하는 인공신경망(Artificial Neural Network)을 기반으로 한 모델로 지식을 직접 제공하기보다 지식과 정보가 포함된 데이터를 제공하고 컴퓨터가 스스로 필요한 정보를 학습하도록 한다.

연결주의는 우수한 컴퓨팅 성능과 대용량 학습데이터가 필수적임에도 불구하고 결국 학습에 필요한 빅데이터와 컴퓨팅 파워의 부족이라는 한계를 극복하지 못하였다.

③ 3단계: 딥러닝(Deep Learning)의 시대

계산주의와 연결주의 시대의 한계점인 대용량의 계산문제 대부분을 해결한 딥러닝은 기계학습방법 중 하나로 컴퓨터가 방대한 데이터를 이용해 사람처럼 스스로 학습할 수 있도록 심층신경망* 기술을 이용한 기법이다.

현재 딥러닝은 음성인식, 이미지인식, 자동번역, 무인주행(자동차, 드론) 등에 큰 성과를 나타내고 있으며 의료, 법률, 세무, 교육, 예술 등 다양한 범위에서 활용되고 있다.

* **심층신경망(Deep Neural Networks)**
입력층(input layer)과 출력층(output layer) 사이에 다수의 숨겨진 은닉층(hidden layer)으로 구성된 신경망이다.

2. 인공지능과 빅데이터 분석기법

빅데이터 분석을 위해 인공지능 기술이 활용된다. 대표적인 인공지능 기반 빅데이터 분석 기법으로 기계학습, 데이터 마이닝, 텍스트 마이닝 등이 있다.

(1) 기계학습(Machine Learning, 머신러닝)

① 기계학습(머신러닝)의 유형

방대한 데이터를 분석해 미래를 예측하는 기술로, 일반적으로 생성(발생)된 데이터를 정보와 지식(규칙)으로 변환하는 컴퓨터 알고리즘을 의미한다.

구분	내용
지도학습 (Supervised Learning)	• 학습 데이터로부터 하나의 함수를 유추해내기 위한 방법 • 학습 데이터로부터 주어진 데이터의 예측 값을 올바르게 추측해 내는 것 • 지도학습 방법: 분류모형, 회귀모형
비지도학습 (Unsupervised Learning)	• 데이터가 어떻게 구성되었는지를 알아내는 문제의 범주 • 지도학습 및 강화학습과 달리 입력 값에 대한 목표치가 주어지지 않음 • 비지도학습 방법: 군집분석, 오토인코더, 생성적 적대신경망(GAN)
강화학습 (Reinforcement Learning)	• 선택 가능한 행동들 중 보상을 최대화하는 행동 혹은 순서를 선택 • 강화학습: 게임 플레이어 생성, 로봇 학습 알고리즘, 공급망 최적화 등

② 기계학습(머신러닝) 워크플로우(Machine Learning Workflow)
데이터를 수집하고 머신러닝을 수행하는 과정인 머신러닝 워크플로우는 6단계로 구성된다.

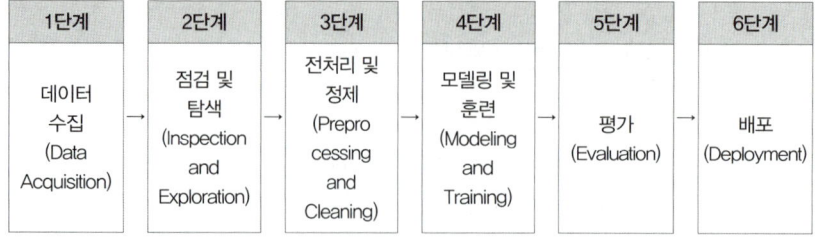

(2) 데이터 마이닝(Data Mining)
축적된 대용량 데이터를 통계기법 및 인공지능기법을 이용하여 분석하고 이에 대한 평가를 거쳐 일반화시킴으로써 새로운 자료에 대한 예측 및 추측을 할 수 있는 의사결정을 지원하고, 대규모로 저장된 데이터 안에서 다양한 분석기법을 활용하여 전통적인 통계학 이론으로는 설명이 힘든 패턴과 규칙을 발견한다.

(3) 텍스트 마이닝(Text Mining)
축적된 대용량 데이터를 통계기법 및 인공지능기법을 이용하여 분석하고 이에 대한 평가를 거쳐 일반화시킴으로써 새로운 자료에 대한 예측 및 추측을 할 수 있는 의사결정을 지원하고, 대규모로 저장된 데이터 안에서 다양한 분석기법을 활용하여 전통적인 통계학 이론으로는 설명이 힘든 패턴과 규칙을 발견한다.

> **텍스트 마이닝**
> 온라인 쇼핑몰 제품 리뷰(구매후기)로부터 제품에 대한 정보를 수집, 분석하여 구매자의 행동예측과 제품 선호도 등을 분석할 수 있다.

3. RPA(로봇 프로세스 자동화)
RPA의 적용단계
RPA(Robotic Process Automation, 로봇 프로세스 자동화)는 소프트웨어 프로그램이 사람을 대신해 반복적인 업무를 자동 처리하는 기술이다. RPA는 기초프로세스 자동화, 데이터 기반의 머신러닝(기계학습) 활용, 인지자동화의 세 단계 활동으로 구성된다.

구분	내용
1단계: 기초프로세스 자동화	정형화된 데이터 기반의 자료 작성, 단순 반복 업무 처리, 고정된 프로세스 단위 업무 수행
2단계: 데이터 기반의 머신러닝 활용	이미지에서 텍스트 데이터 추출, 자연어 처리로 정확도와 기능성을 향상시키는 단계
3단계: 인지자동화	업무 프로세스를 스스로 학습하면서 자동화하는 단계이며, 빅데이터 분석을 통해 사람이 수행하는 더 복잡한 작업과 의사결정을 내리는 수준

4. 챗봇(ChatBot)
채팅(Chatting)과 로봇(Robot)의 합성어인 챗봇(ChatBot)은 로봇의 인공지능을 대화형 인터페이스에 접목한 기술로 인공지능을 기반으로 사람과 상호작용하는 대화형 시스템을 지칭한다.
챗봇은 채팅을 하듯이 질문을 입력하면 인공지능이 빅데이터 분석을 통해 일상 언어로 사람과 소통하는 대화형 메신저이다.

5. 블록체인(Block Chain)

블록체인(Block Chain)이란 분산형 데이터베이스(Distributed Database)의 형태로 데이터를 저장하는 연결구조체이며, 모든 구성원이 네트워크를 통해 데이터를 검증 및 저장하여 특정인의 임의적인 조작이 어렵도록 설계된 저장플랫폼이다.
- 블록(Block): 거래 건별 정보가 기록되는 단위이다.
- 체인(Chain): 블록이 시간의 순서에 따라 연결된 상태이다.

6. 인공지능 비즈니스 적용 프로세스

기업 경쟁력 향상을 위한 인공지능 비즈니스 적용 프로세스 5단계이다.

> 비즈니스 영역 탐색 → 비즈니스 목표 수립 → 데이터 수집 및 적재 → 인공지능 모델 개발 → 인공지능 배포 및 프로세스 정비

7. 인공지능 규범(AI code)

세계경제포럼(World Economic Forum)에서 인공지능 규범(AI code)의 5개 원칙을 발표하였다.
① 인공지능은 인류의 공동 이익을 위해 개발되어야 한다.
② 인공지능은 투명성과 공정성의 원칙에 따라 작동해야 한다.
③ 인공지능이 개인, 가족, 지역 사회의 데이터 권리 또는 개인정보를 감소시켜서는 안된다.
④ 모든 시민은 인공지능을 통해서 정신적, 정서적, 경제적 번영을 누리도록 교육받을 권리를 가져야 한다.
⑤ 인간을 해치거나 파괴하거나 속이는 자율적 힘을 인공지능에 절대로 부여해서는 안된다.

개념 확인문제

세계경제포럼(World Economic Forum)에서 발표한 인공지능 규범(AI code)의 5개 원칙에 해당하지 않는 것은? [2024년 6회]

① 인공지능은 투명성과 공정성의 원칙에 따라 작동해야 한다.
② 인공지능은 인류의 공동 이익을 위해 개발되어야 한다.
③ 인공지능이 개인, 가족, 지역 사회의 데이터 권리 또는 개인정보를 감소시켜야 한다.
④ 인간을 해치거나 파괴하거나 속이는 자율적 힘을 인공지능에 절대로 부여하지 않는다.

해설
인공지능이 개인, 가족, 지역 사회의 데이터 권리 또는 개인정보를 감소시켜서는 안 된다.

정답 ③

기출 & 확인 문제

01 [2018년 4회]
다음 중 ERP의 특징으로 옳지 않은 것은?

① 통합 업무 시스템으로 중복 업무에 들어가는 불필요한 요소를 줄일 수 있다.
② 원장형 통합 데이터베이스를 통하여 자동으로 가공된 데이터가 저장된다.
③ 각종 업무에서 발생하는 데이터를 하나의 데이터베이스로 저장하여 정보 공유에 용이하다.
④ 다양한 운영체제하에서도 운영이 가능하고 시스템을 확장하거나 다른 시스템과의 연계도 가능하다.

해설
원장형 통합 데이터베이스란 하나의 정보는 한 번만 입력하며, 입력된 정보는 가공되지 않은 데이터로 어느 부서에서나 참조할 수 있도록 데이터베이스를 보관하는 것을 의미한다.

02 [2020년 5회]
다음 중 ERP와 기존의 정보 시스템(MIS)의 차이점에 대한 설명으로 옳지 않은 것은?

① 기존 정보 시스템의 업무범위는 단위 업무이고, ERP는 통합 업무를 담당한다.
② 기존 정보 시스템의 전산화 형태는 중앙집중식이고, ERP는 분산처리 구조이다.
③ 기존 정보 시스템은 수평적으로 업무를 처리하고, ERP는 수직적으로 업무를 처리한다.
④ 기존 정보 시스템의 데이터베이스 형태는 파일 시스템이고, ERP는 관계형 데이터베이스 시스템(RDBMS)이다.

해설
기존 정보 시스템(MIS)은 수직적으로 업무를 처리하고, ERP는 수평적으로 업무를 처리한다.

03 [2021년 4회]
ERP를 기업의 경영활동과 연계하여 볼 때 그 의미로 옳지 않은 것은?

① 산업별 Best Practice를 내재화하여 업무 프로세스 혁신을 지원할 수 있다.
② 기업 경영활동에 대한 시스템을 통합적으로 구축함으로써 생산성을 극대화시킨다.
③ 기업 내의 모든 인적, 물적자원을 효율적으로 관리하여 기업의 경쟁력을 강화시켜 주는 역할을 한다.
④ ERP는 패키지화되어 있어서 신기술을 도입하여 적용시키는 것은 어렵다.

해설
차세대 ERP에는 인공지능이나 빅데이터 등 신기술이 적극적으로 도입된다.

04
ERP 아웃소싱(Outsourcing)에 대한 설명으로 적절하지 않은 것은?

① ERP 자체개발에서 발생할 수 있는 기술력 부족을 해결할 수 있다.
② ERP 아웃소싱을 통해 기업이 가지고 있지 못한 지식을 획득할 수 있다.
③ ERP 개발과 구축, 운영, 유지보수에 필요한 인적 자원을 절약할 수 있다.
④ ERP 시스템 구축 후에는 IT아웃소싱 업체로부터 독립적으로 운영할 수 있다.

해설
IT 아웃소싱 업체에 종속성(의존성)이 생길 수 있다.

05 [2019년 6회]
다음 중 ERP의 발전과정으로 적절한 것은?

① MRP Ⅱ → MRP Ⅰ → ERP → 확장형 ERP
② ERP → 확장형 ERP → MRP Ⅰ → MRP Ⅱ
③ MRP Ⅰ → ERP → 확장형 ERP → MRP Ⅱ
④ MRP Ⅰ → MRP Ⅱ → ERP → 확장형 ERP

해설
MRP Ⅰ(자재소요량계획) → MRP Ⅱ(생산자원계획) → ERP(전사적 자원관리) → 확장형 ERP

| 정답 | 01 ② 02 ③ 03 ④ 04 ④ 05 ④

06 [2017년 4회]
다음 중 ERP 시스템의 역할로 볼 수 없는 것은?

① 기업의 다양한 업무 지원
② 고객만족 및 서비스 증진 효과
③ 조직원의 관리, 감독, 통제 기능 강화
④ 효율적 의사결정을 위한 지원 기능

해설
조직원의 관리, 감독, 통제 기능 강화는 ERP의 도입 목적이 아니다.

07 [2018년 6회]
다음 중 ERP 도입의 최종 목적으로 적절한 것은?

① 해외 매출의 확대
② 관리자의 리더십 향상
③ 경영 정보의 분권화
④ 고객만족과 이윤 극대화

해설
ERP 도입의 최종 목적은 고객만족과 기업의 이윤 극대화 달성에 있다.

08 [2020년 1회]
ERP 도입을 고려할 때 선택 기준으로 옳지 않은 것은?

① 자사에 맞는 패키지를 선정한다.
② 경영진이 확고한 의지를 가지고 진행한다.
③ 현업 중심의 프로젝트를 진행한다.
④ 업무 효율성 향상이 중요하므로 수익성 개선은 고려하지 않는다.

해설
ERP 도입의 목적은 고객만족과 이윤 극대화에 있다. 따라서 수익성 개선을 반드시 고려해야 한다.

09
다음 중 ERP 구축을 위한 ERP 패키지 선정 기준으로 옳지 않은 것은?

① 시스템 보안성
② 요구사항 부합 정도
③ 사용자 복잡성
④ 커스터마이징 가능 여부

해설
ERP 패키지를 선정하는 기준에는 시스템이 회사 정보보안이 어느 정도 가능한지, 회사의 요구사항에 대해 얼마나 충족시킬 수 있는지 부합 정도와 커스터마이징 가능 여부를 고려하여 선정한다. 커스터마이징을 최소화하도록 하는 것이지 커스터마이징을 제공하지 않는 것이 아니므로 커스터마이징의 가능 여부도 선정 기준이 된다.

10 [2022년 6회, 2022년 5회]
ERP를 자체 개발하는 방법과 비교해 ERP 패키지를 선택하는 방법의 장점으로 옳지 않은 것은?

① 시스템의 수정과 유지 보수가 지속적으로 이루어질 수 있다.
② 검증된 기술과 기능으로 위험 부담을 최소화할 수 있다.
③ 검증된 방법론의 적용으로 구현 기간의 최소화가 가능하다.
④ 향상된 기능과 최신의 정보기술이 적용된 버전(Version)으로 업그레이드(Upgrade)가 가능하다.

해설
시스템의 수정과 유지 보수가 지속적으로 이루어지는 것은 ERP 자체 개발 방식에 대한 설명이다. ERP 자체 개발 방식은 사용자 요구사항을 충실하게 반영할 수 있다.

11 [2024년 4회]
ERP 시스템에 대한 투자비용과 관련해 시스템 전체의 라이프사이클(Life-cycle)을 통해 발생하는 전체 비용을 계량화하는 것은?

① 유지 보수 비용(Maintenance Cost)
② 시스템 구축비용(Construction Cost)
③ 총소유비용(Total Cost of Ownership)
④ 소프트웨어 라이선스비용(Software License Cost)

해설
총소유비용(Total Cost of Ownership)에 대한 설명이다.

12
ERP 시스템의 프로세스, 화면 등 거의 모든 부분을 기업의 요구사항에 맞춰 구현하는 방법은?

① 트랜잭션(Transaction)
② 커스터마이제이션(Customization)
③ 컨피규레이션(Configuration)
④ 정규화(Normalization)

해설
① 트랜잭션(Transaction): 데이터베이스의 상태를 변환시키는 작업의 논리적 단위 또는 데이터베이스 내에서 한번에 수행되어야 할 일련의 연산 단위이다.
③ 컨피규레이션(Configuration): 사용자가 원하는 작업 방식으로 소프트웨어를 구성하는 것으로, 파라미터(Parameter)를 선택하는 과정이다.
④ 정규화(Normalization): 관계형 데이터베이스의 설계에서 중복을 최소화하도록 데이터를 구조화하는 프로세스이다.

| 정답 | 06 ③ | 07 ④ | 08 ④ | 09 ③ | 10 ① | 11 ③ | 12 ② |

13
ERP를 구축할 때 컨설턴트를 고용함으로써 얻을 수 있는 장점으로 옳지 않은 것은?

① 숙달된 소프트웨어 구축방법론으로 실패를 최소화할 수 있다.
② 프로젝트 주도권이 컨설턴트에게 있으므로 주요한 의사결정도 컨설턴트가 한다.
③ ERP의 기능과 관련된 필수적인 지식을 기업에 전달할 수 있다.
④ 컨설턴트는 편견이 없고 목적 지향적이기 때문에 최적의 패키지를 선정하는 데 도움이 된다.

해설
컨설턴트를 고용하더라도 주요 의사결정은 ERP 시스템을 도입하는 회사가 한다.

14 [2019년 3회]
다음 중 기업에서 ERP 시스템을 도입할 때의 고려사항으로 옳은 것은?

① 시스템 도입 TFT는 IT 분야의 전문가들로만 구성해야 한다.
② 구축방법론에 의해 체계적으로 프로젝트를 진행해야 한다.
③ 단기적이고 가시적인 성과만을 고려하여 ERP 패키지를 도입한다.
④ 도입하려는 기업과 유사한 매출규모를 가진 기업에서 사용하는 패키지를 선정한다.

해설
① TFT는 최고의 엘리트 사원으로 구성해야 한다.
③ 장기적인 성과를 고려하여 도입해야 한다.
④ 타사와 상관없이 자사에 맞는 패키지를 선정해야 한다.

15 [2018년 4회]
다음 중 성공적인 ERP 구축의 지침으로 옳지 않은 것은?

① 현재의 업무 방식만을 고수해서는 안 된다.
② IT 중심으로만 프로젝트를 추진해서는 안 된다.
③ 기업의 업무 프로세스별로 추진해서는 안 된다.
④ 기존 업무에 대한 고정관념에서 ERP 시스템을 보면 안 된다.

해설
기존의 방식이 커스터마이징 형태였다면, ERP는 기업의 업무 프로세스를 정보 시스템에 맞추는 형태로 프로세스별 추진이 가능하다.

16 [2018년 3회]
ERP의 성공적인 구축을 위한 주요 요인으로 볼 수 없는 것은?

① IT 중심의 프로젝트로 추진하지 않도록 한다.
② 최고 경영층이 프로젝트에 적극적 관심을 갖도록 유도한다.
③ 회사 전체적인 입장에서 통합적 개념으로 접근하도록 한다.
④ 기업이 수행하고 있는 현재 업무 방식만을 그대로 시스템에 잘 반영하도록 한다.

해설
ERP 시스템은 현재 업무 방식이 아닌 새로운 업무 혁신을 위해 도입한다.

17 [2024년 3회]
ERP 도입 기업의 사원들을 위한 ERP 교육을 계획할 때, 고려사항으로 가장 적절하지 않은 것은?

① 지속적인 교육이 필요함을 강조한다.
② 전사적인 참여가 필요함을 강조한다.
③ 최대한 ERP 커스터마이징이 필요함을 강조한다.
④ 자료의 정확성을 위한 철저한 관리가 필요함을 강조한다.

해설
효과적인 ERP 교육을 위해 계획할 때 교육도구를 다양하게 사용하며, 충분한 시간을 들여 교육하고, 트랜잭션이 아닌 비즈니스 프로세스에 초점을 맞춰 진행한다. 커스터마이징은 최소화함을 강조한다.

18 [2018년 5회]
경영환경 변화에 대한 대응방안 및 정보기술을 통한 새로운 기회 창출을 위해 기업경영의 핵심과 과정을 전면 개편함으로써 경영성과를 향상시키기 위한 경영기법은?

① MRP
② MBO
③ JIT
④ BPR

해설
기업경영의 핵심과 과정을 전면 개편함으로써 경영성과를 향상시키는 것은 BPR이다.

| 정답 | 13 ② | 14 ② | 15 ③ | 16 ④ | 17 ③ | 18 ④ |

19 [2022년 4회, 2021년 4회]
다음 중 [보기]의 ( ) 안에 들어갈 용어로 옳은 것은?

> **보기**
> ERP 도입의 성공 여부는 ( )을(를) 통한 업무 개선이 중요하며 이것은 원가, 품질, 서비스, 속도와 같은 주요 성과측정치의 극적인 개선을 위해 업무 프로세스를 급진적으로 재설계하는 것이라고 정의할 수 있다.

① MRP ② BPR
③ CRP ④ MIS

해설
BPR(Business Process Re-Engineering)에 대한 설명이다.

20 [2022년 5회]
BPR(Business Process Re-Engineering)이 필요한 이유로 옳지 않은 것은?

① 복잡한 조직 및 경영 기능의 효율화
② 지속적인 경영환경 변화에 대한 대응
③ 정보 IT 기술을 통한 새로운 기회 창출
④ 정보보호를 위해 닫혀 있는 업무환경 확보

해설
BPR을 통해 부서 간 열려 있는 업무환경을 조성하여 정보를 주고 받는다.

21 [2022년 6회]
ERP 구축 전에 수행되는 것으로 시간의 흐름에 따라 단계적으로 비즈니스 프로세스를 개선해 가는 점증적 방법론은 무엇인가?

① ERD(Entity Relationship Diagram)
② BPR(Business Process Re-Engineering)
③ BPI(Business Process Improvement)
④ MRP(Material Requirement Program)

해설
BPR이 급진적으로 비즈니스 프로세스를 재설계하는 방식인 반면, BPI는 점증적으로 비즈니스 프로세스를 개선하는 방식이다.

22 [2018년 6회]
다음은 조직의 효율성을 제고하기 위해 업무흐름뿐만 아니라 전체 조직을 재구축하려는 혁신전략기법들이다. 주로 정보기술을 통해 기업경영의 핵심과 과정을 전면 개편함으로써 경영성과를 향상시키려는 경영기법으로 매우 신속하고 극단적, 전면적인 혁신을 강조하는 기법은 무엇인가?

① 지식경영 ② 벤치마킹
③ 리스트럭처링 ④ 리엔지니어링

해설
기업경영의 핵심과 과정을 전면 개편하여 경영성과를 향상시키는 신속하고 극단적인 혁신기법은 리엔지니어링이다.

23 [2020년 1회]
다음 중 Best Practice 도입을 목적으로 ERP 패키지를 도입하여 시스템을 구축하고자 할 경우 바람직하지 않은 방법은?

① BPR과 ERP 시스템 구축을 병행하는 방법
② ERP 패키지에 맞추어 BPR을 추진하는 방법
③ 기존 업무처리에 따라 ERP 패키지를 수정하는 방법
④ BPR을 실시한 후에 이에 맞도록 ERP 시스템을 구축하는 방법

해설
기존 업무처리 방식이 아닌 BPR을 추진하는 방법으로 시스템을 도입해야 한다.

| 정답 | 19 ② | 20 ④ | 21 ③ | 22 ④ | 23 ③ |

24 [2019년 4회]
다음 중 ERP 도입 효과로 옳지 않은 것은?

① 불필요한 재고를 없애고 물류비용을 절감할 수 있다.
② 업무의 정확도가 증대되고 업무 프로세스가 단축된다.
③ 의사결정의 신속성으로 정보 공유의 시간적 한계가 있다.
④ 업무시간을 단축할 수 있고 필요인력과 필요자원을 절약할 수 있다.

해설
의사결정의 신속성으로 정보 공유의 시간적 한계를 해소할 수 있다.

25 [2019년 6회]
다음 중 ERP의 도입 목적으로 볼 수 없는 것은?

① 재고관리 능력의 향상
② 시스템 표준화를 통한 데이터 일관성 유지
③ 폐쇄형 정보 시스템 구성으로 자율성, 유연성 극대화
④ 클라이언트/서버 컴퓨팅 구현으로 시스템 성능의 최적화

해설
ERP는 폐쇄형 정보 시스템이 아닌 개방형·통합형 업무 시스템을 구축한다.

26
다음 중 ERP의 장점 및 효과에 대한 설명으로 옳지 않은 것은?

① ERP 시스템 구축 후 업무 재설계(BPR)를 수행하여 ERP의 구축 성과를 극대화할 수 있다.
② ERP는 다양한 산업에 대한 최적의 업무 관행인 선진 업무 프로세스(Best Practice)를 추구한다.
③ 재고비용 및 생산비용 절감을 통해 효율성을 확보한다.
④ 차세대 ERP는 인공지능 및 빅데이터 분석기술과의 융합으로 선제적 예측과 실시간 의사결정 지원이 가능하다.

해설
ERP 시스템 구축 전에 업무 재설계(BPR)를 수행해야 ERP의 구축 성과를 극대화할 수 있다.

27
다음 중 ERP 시스템 구축의 장점이 아닌 것은?

① ERP 시스템은 이용자들이 업무처리를 하면서 발생할 수 있는 오류를 예방한다.
② ERP 시스템의 유지 보수 비용은 ERP 시스템 구축 초기보다 증가할 것이다.
③ ERP 시스템 구축을 통해 결산작업과 리드 타임을 단축시킬 수 있다.
④ ERP는 기업의 업무를 부서원들이 개별적으로 처리함과 동시에 중앙에서 통합적으로 관리가 가능하다.

해설
유지 보수 비용의 증가는 단점에 해당한다.

28 [2021년 5회]
다음 중 ERP의 기술적 특징으로 볼 수 없는 것은?

① 4세대 프로그래밍 언어를 사용하여 개발되었다.
② 대부분의 ERP는 객체지향기술을 사용하여 설계한다.
③ 기업 내부의 데이터가 집합되므로 보안을 위해 인터넷 환경하에서의 사용은 자제한다.
④ 일반적으로 관계형 데이터베이스 시스템(RDBMS)이라는 소프트웨어를 사용하여 모든 데이터를 관리한다.

해설
기업 내부의 데이터에도 사용자 권한에 따라 정보가 제한되므로 인터넷 환경과는 관계가 없다.

| 정답 | 24 ③ | 25 ③ | 26 ① | 27 ② | 28 ③ |

29 [2024년 4회]
ERP의 특징에 대한 설명으로 가장 옳지 않은 것은?

① Open Multi-vendor: 특정 H/W 업체에만 의존하는 Open 형태를 채용, C/S형의 시스템 구축이 가능하다.
② 통합업무시스템: 세계유수기업이 채용하고 있는 Best Practice Business Process를 공통화, 표준화 시킨다.
③ Parameter 설정에 의한 단기간의 도입과 개발이 가능: Parameter 설정에 의해 각 기업과 부문의 특수성을 고려할 수 있다.
④ 다국적, 다통화, 다언어: 각 나라의 법률과 대표적인 상거래 습관, 생산방식이 시스템에 입력되어 있어서 사용자는 이 가운데 선택하여 설정할 수 있다.

해설
Open 형태는 특정 H/W 업체에만 의존하지 않고 다양한 H/W 업체를 이용한다.

30 [2023년 2회]
ERP의 특징에 관한 설명 중 가장 적절하지 않은 것은?

① 세계적인 표준 업무절차를 반영하여 기업 조직구성원의 업무수준이 상향평준화된다.
② ERP 시스템의 안정적인 운영을 위하여 특정 H/W와 S/W 업체를 중심으로 개발되고 있다.
③ 정확한 회계데이터 관리로 인하여 분식결산 등을 사전에 방지하는 수단으로 활용이 가능하다.
④ Parameter 설정에 의해 기업의 고유한 업무환경을 반영하게 되어 단기간에 ERP 도입이 가능하다.

해설
특정 H/W와 S/W 업체에만 의존하지 않고 다양한 H/W와 S/W 업체를 이용한다.

31 [2020년 6회]
ERP를 구축할 때 설계단계에 해당하지 않는 것은?

① TO-BE 프로세스 도출
② GAP 분석
③ 인터페이스 문제 논의
④ TFT 구성

해설
TFT(프로젝트팀) 구성은 분석단계에서 진행한다.

32 [2022년 5회]
ERP 시스템 구축 절차 중 시험가동 및 유지 보수는 주로 어느 단계에서 진행되는가?

① 설계단계
② 구축단계
③ 구현단계
④ 분석단계

해설
시험가동(Prototyping), 데이터 전환(Data Conversion), 시스템 평가, 교육, 유지 보수, 향후 일정 수립 등을 진행하는 것은 ERP 구축 절차 중 구현단계에 해당한다.

33 [2021년 4회]
다음 중 ERP 도입 시 구축 절차에 따른 방법에 대한 설명으로 옳은 것은?

① 분석단계에서는 패키지 기능과 TO-BE 프로세스와의 차이를 분석한다.
② 설계단계에서는 AS-IS를 파악한다.
③ 구축단계에서는 패키지를 설치하고 커스터마이징을 진행한다.
④ 구현단계에서는 시험가동 및 시스템 평가를 진행한다.

해설
ERP 구축 절차 중 구현단계는 실제 데이터를 입력한 후 테스트하는 시스템 운영단계이며, 시험가동(Prototyping), 데이터 전환(Data Conversion), 시스템 평가, 교육, 유지 보수, 향후 일정 수립 등을 진행한다.

| 정답 | 29 ① | 30 ② | 31 ④ | 32 ③ | 33 ④ |

34

다음 중 [보기]의 (　) 안에 들어갈 용어는 무엇인가?

> 보기
> 확장된 ERP 시스템 내의 (　) 모듈은 공급자부터 소비자까지 이어지는 물류, 자재, 제품, 서비스, 정보의 흐름 전반에 걸쳐 계획하고 관리함으로써 수요와 공급의 일치를 최적으로 운영하고 관리하는 활동이다.

① ERP(Enterprise Resource Planning)
② SCM(Supply Chain Management)
③ CRM(Customer Relationship Management)
④ KMS(Knowledge Management System)

해설
공급자부터 소비자까지 수요와 공급의 일치를 최적으로 운영하고 관리하는 것은 SCM에 대한 설명이다.

35

다음 중 ERP와 CRM의 관계에 대한 설명으로 옳지 않은 것은?

① CRM은 기업의 고객대응활동을 지원하는 프런트오피스(Front-Office) 시스템이다.
② ERP 시스템은 비즈니스 프로세스를 지원하는 백오피스(Back-Office) 시스템이다.
③ ERP와 CRM의 통합으로 비즈니스 프로세스의 투명성과 효율성을 확보할 수 있다.
④ CRM은 조직 내의 인적자원들이 축적하고 있는 개별적인 지식을 체계화하고 공유하기 위한 정보 시스템으로 ERP 시스템의 비즈니스 프로세스를 지원한다.

해설
조직 내의 인적자원들이 축적하고 있는 개별적인 지식을 체계화하고 공유하기 위한 정보 시스템은 지식관리 시스템(KMS; Knowledge Management System)이다.

36 [2024년 4회]

ERP시스템의 SCM 모듈을 실행함으로써 얻는 장점으로 가장 적절하지 않은 것은?

① 공급사슬에서의 가시성 확보로 공급 및 수요변화에 대한 신속한 대응이 가능하다.
② 정보투명성을 통해 재고수준 감소 및 재고회전율(inventory turnover) 증가를 달성할 수 있다.
③ 공급사슬에서의 계획(plan), 조달(source), 제조(make) 및 배송(deliver) 활동 등 통합 프로세스를 지원한다.
④ 마케팅(marketing), 판매(sales) 및 고객서비스(customer service)를 자동화함으로써 현재 및 미래 고객들과 상호작용할 수 있다.

해설
고객과의 상호작용을 자동화하여 기업의 효율성을 높이고 고객 경험을 개선하기 위한 CRM(고객 관계 관리) 시스템에 대한 설명이다.

37 [2022년 4회]

다음 중 클라우드 ERP의 특징 및 효과에 대한 설명으로 볼 수 없는 것은?

① 안정적이고 효율적인 데이터관리
② IT 자원관리의 효율화와 관리비용의 절감
③ 원격근무 환경 구현을 통한 스마트워크 환경 정착
④ 폐쇄적인 정보 접근성을 통한 데이터 분석 기능

해설
클라우드 ERP는 클라우드에 정보가 저장되므로 폐쇄적인 정보 접근성이라고 볼 수 없다.

38 [2024년 3회]

클라우드 서비스 사업자가 클라우드 컴퓨팅 서버에 ERP 소프트웨어를 제공하고, 사용자가 원격으로 접속해 ERP 소프트웨어를 활용하는 서비스를 무엇이라 하는가?

① IaaS
② PaaS
③ SaaS
④ DaaS

해설
SaaS(Software as a Service)란 클라우드 컴퓨팅 서비스 사업자가 클라우드 컴퓨팅 서버에 소프트웨어를 제공하고, 사용자가 원격으로 접속하여 해당 소프트웨어를 활용하는 모델이다.

| 정답 | 34 ② | 35 ④ | 36 ④ | 37 ④ | 38 ③ |

39 [2025년 1회]
다음 [보기]에서 설명하는 클라우드 서비스 유형은 무엇인가?

> 보기
> 기업의 업무처리에 필요한 서버, 스토리지, 데이터베이스, 네트워크 등의 IT 인프라 자원을 클라우드 서비스로 빌려 쓰는 형태이다.

① SaaS(Supply as a Service)
② SaaS(Software as a Service)
③ PaaS(Platform as a Service)
④ IaaS(Infrastructure as a Service)

해설
IaaS(인프라형 서비스)는 기업의 업무처리에 필요한 서버, 스토리지, 데이터베이스, 네트워크 등의 IT 인프라 자원을 클라우드 서비스로 빌려 쓰는 형태이다.

40 [2024년 6회]
스마트팩토리의 주요 구축 목적이 아닌 것은?

① 생산성 향상
② 유연성 향상
③ 고객서비스 향상
④ 제품 및 서비스의 이원화

해설
스마트팩토리는 제품 및 서비스의 생산통합을 목적으로 한다.

41 [2025년 1회]
기계학습에 대한 설명으로 옳은 것은?

① 비지도학습 방법에는 분류모형과 회귀모형이 있다.
② 지도학습은 입력 값에 대한 목표치가 주어지지 않는다.
③ 지도학습은 학습 데이터로부터 하나의 함수를 유추해내기 위한 방법이다.
④ 강화학습은 선택 가능한 행동들 중 보상을 최소화하는 행동 또는 순서를 선택하는 방법이다.

해설
① 분류모형과 회귀모형은 지도학습 방법이다.
② 입력 값에 대한 목표치가 주어지지 않는 것은 비지도학습이다.
④ 강화학습은 선택 가능한 행동들 중 보상을 최대화하는 행동 또는 순서를 선택하는 방법이다.

42 [2024년 6회]
다음 중 인공지능 비즈니스 적용 프로세스의 순서로 옳은 것은?

① 비즈니스 목표 수립 → 비즈니스 영역 탐색 → 데이터 수집 및 적재 → 인공지능 모델 개발 → 인공지능 배포 및 프로세스 정비
② 비즈니스 목표 수립 → 비즈니스 영역 탐색 → 데이터 수집 및 적재 → 인공지능 배포 및 프로세스 정비 → 인공지능 모델 개발
③ 비즈니스 영역 탐색 → 비즈니스 목표 수립 → 데이터 수집 및 적재 → 인공지능 모델 개발 → 인공지능 배포 및 프로세스 정비
④ 비즈니스 영역 탐색 → 비즈니스 목표 수립 → 인공지능 배포 및 프로세스 정비 → 데이터 수집 및 적재 → 인공지능 모델 개발

해설
인공지능 비즈니스 적용 프로세스(5단계)는 비즈니스 영역 탐색, 비즈니스 목표 수립, 데이터 수집 및 적재, 인공지능 모델 개발, 인공지능 배포 및 프로세스 정비이다.

43 [2024년 6회]
클라우드 서비스의 비즈니스 모델에 관한 설명으로 옳지 않은 것은?

① 공개형 클라우드는 전용 인프라로 인해 데이터 보안과 프라이버시가 강화된다.
② 폐쇄형 클라우드는 특정한 기업 내부 구성원에게만 제공되는 서비스(internal cloud)를 말한다.
③ 공개형 클라우드는 사용량에 따라 사용료를 지불하며 규모의 경제를 통해 경쟁력 있는 서비스 단가를 제공한다는 장점이 있다.
④ 혼합형 클라우드는 특정 업무는 폐쇄형 클라우드 방식을 이용하고 기타 업무는 공개형 클라우드 방식을 이용하는 것을 말한다.

해설
전용 인프라로 인해 데이터 보안과 프라이버시가 강화되는 것은 폐쇄형 클라우드에 대한 설명이다.

| 정답 | 39 ④ | 40 ④ | 41 ③ | 42 ③ | 43 ① |

44 [2025년 1회]

4차 산업혁명 시대의 스마트 ERP에 대한 설명으로 적절하지 않은 것은?

① 정교한 수준의 예측 모델을 제시할 수 있다.
② ERP와 연계하여 생산계획의 선제적 예측과 실시간 의사결정이 가능해진다.
③ 스마트 ERP는 인공지능 등의 기술을 활용하여 지능화된 기업경영을 가능하게 하는 통합 정보시스템이다.
④ 모든 비즈니스 간의 융합을 지원하지 않으나 전략경영분석 도구를 통해 특정 산업에서 상위 계층의 의사결정을 돕는데 적용된다.

해설

ERP에서 생성되고 축적된 빅데이터를 활용하여 기업의 새로운 업무 개척이 가능해지고, 비즈니스 간 융합을 지원하는 시스템으로 확대가 가능하다.

45 [2024년 6회]

다음 [보기]에서 설명하는 RPA(Robotic Process Automation, 로봇 프로세스 자동화) 적용단계는 무엇인가?

→ 보기 ←

이것은 RPA가 업무 프로세스를 스스로 학습하면서 자동화하는 단계이며, 빅데이터 분석을 통해 사람이 수행하는 더 복잡한 의사결정을 내리는 수준이다.

① 기초프로세스 자동화
② 데이터 기반의 머신러닝(기계학습) 활용
③ 인지자동화
④ 데이터 전처리

해설

RPA 적용단계는 1단계 기초프로세스 자동화, 2단계 데이터 기반의 머신러닝(기계학습) 활용, 3단계 인지자동화로 구성된다. 3단계 인지자동화는 RPA가 업무 프로세스를 스스로 학습하면서 자동화하는 단계이며, 빅데이터 분석을 통해 사람이 수행하는 더 복잡한 의사결정을 내리는 수준이다.

46 [2025년 1회]

머신러닝 워크플로우 프로세스의 순서로 가장 적절한 것은?

① 데이터 수집 → 전처리 및 정제 → 모델링 및 훈련 → 평가 → 배포 → 점검 및 탐색
② 점검 및 탐색 → 데이터 수집 → 전처리 및 정제 → 모델링 및 훈련 → 평가 → 배포
③ 데이터 수집 → 전처리 및 정제 → 점검 및 탐색 → 모델링 및 훈련 → 평가 → 배포
④ 데이터 수집 → 점검 및 탐색 → 전처리 및 정제 → 모델링 및 훈련 → 평가 → 배포

해설

1단계 데이터 수집(Data Acquisition) → 2단계 점검 및 탐색(Inspection and Exploration) → 3단계 전처리 및 정제(Preprocessing and Cleaning) → 4단계 모델링 및 훈련(Modeling and Training) → 5단계 평가(Evaluation) → 6단계 배포(Deployment)

47 [2025년 1회]

[보기]는 무엇에 대한 설명인가?

→ 보기 ←

- 축적된 대용량 데이터를 통계기법 및 인공지능기법을 이용하여 분석하고 이에 대한 평가를 거쳐 일반화시킴으로써 새로운 자료에 대한 예측 및 추측을 할 수 있는 의사결정을 지원한다.
- 대규모로 저장된 데이터 안에서 다양한 분석기법을 활용하여 전통적인 통계학 이론으로는 설명이 힘든 패턴과 규칙을 발견한다.
- 분류(classification), 추정(estimation), 예측(prediction), 유사집단화(affinity grouping), 군집화(clustering)등의 다양한 기법이 사용된다.

① 챗봇(ChatBot)
② 블록체인(Block Chain)
③ 스마트계약(Smart Contract)
④ 데이터마이닝(Data Mining)

해설

인공지능 기반 빅데이터 분석기법 중 데이터마이닝(Data Mining)에 대한 설명이다.

| 정답 | 44 ④ | 45 ③ | 46 ④ | 47 ④ |

48 [2024년 6회]

인공지능 기반의 빅데이터 분석기법에 대한 설명으로 적절하지 않은 것은?

① 텍스트마이닝 분석을 실시하기 위해서는 불필요한 정보를 제거하는 데이터 전처리(Data Preprocessing) 과정이 필수적이다.
② 텍스트마이닝은 자연어(Natural Language) 형태로 구성된 정형데이터에서 패턴 또는 관계를 추출하여 의미 있는 정보를 찾아내는 기법이다.
③ 데이터마이닝은 대규모로 저장된 데이터 안에서 다양한 분석기법을 활용하여 전통적인 통계학 이론으로는 설명이 힘든 패턴과 규칙을 발견한다.
④ 데이터마이닝은 분류(Classification), 추정(Estimation), 예측(Prediction), 유사집단화(Affinity Grouping), 군집화(Clustering)의 5가지 업무영역으로 구분할 수 있다.

해설

텍스트마이닝은 자연어(natural language) 형태로 구성된 비정형 또는 반정형 텍스트데이터에서 패턴 또는 관계를 추출하여 의미 있는 정보를 찾아내는 기법이다.

49 [2025년 1회]

챗봇(ChatBot)에 대한 설명으로 적절하지 않은 것은?

① 단순한 고객상담 등의 업무를 일부 대체할 수 있다.
② 대부분 대화형 인터페이스를 통해 서비스를 제공한다.
③ 법률자문, 헬스케어 등 다양한 분야에서 시장이 성장하고 있다.
④ 분산형 데이터베이스의 형태로 데이터를 저장하는 연결구조체를 의미한다.

해설

분산형 데이터베이스의 형태로 데이터를 저장하는 연결구조체는 블록체인(Block Chain)에 대한 설명이다.

50 [2025년 1회]

[보기]는 무엇에 대한 설명인가?

보기
- 분산형 데이터베이스(distributed database)의 형태로 데이터를 저장하는 연결구조체
- 모든 구성원이 네트워크를 통해 데이터를 검증 및 저장하여 특정인의 임의적인 조작이 어렵도록 설계된 저장플랫폼

① 챗봇(ChatBot)
② 블록체인(Block Chain)
③ 메타버스(Metaverse)
④ RPA(Robotic Process Automation)

해설

블록체인(Block Chain)에 대한 설명이다.

| 정답 | 48 ② | 49 ④ | 50 ② |

PART 02 재무회계의 이해

CHAPTER 01	회계의 기초 및 회계정보의 질적 특성
CHAPTER 02	재무제표
CHAPTER 03	회계순환과정
CHAPTER 04	유동자산
CHAPTER 05	비유동자산
CHAPTER 06	부채
CHAPTER 07	자본
CHAPTER 08	수익과 비용
CHAPTER 09	재무제표 분석

Enterprise
Resource
Planning

I NCS 능력단위 요소

- ☑ 전표관리 0203020101_20v4
- ☑ 결산처리 0203020104_20v4
- ☑ 전표처리 0203020201_20v5
- ☑ 결산관리 0203020202_20v5

CHAPTER 01 회계의 기초 및 회계정보의 질적 특성

빈출 키워드
- ☑ 회계의 정의
- ☑ 회계연도
- ☑ 목적적합성
- ☑ 신뢰성

1 회계의 기초

1. 회계의 정의
회계는 정보이용자가 합리적인 판단이나 경제적인 의사결정을 할 수 있도록 경제적 정보를 식별, 측정, 전달하는 과정이다.

2. 회계단위와 회계연도

(1) 회계단위
회계사건으로 인한 재산의 증감 변화와 원인을 기록하고 계산하는 장소적 범위를 의미한다.

(2) 회계연도
재무상태와 경영성과를 파악하기 위한 기간을 의미하며 회계기간이라고도 한다.

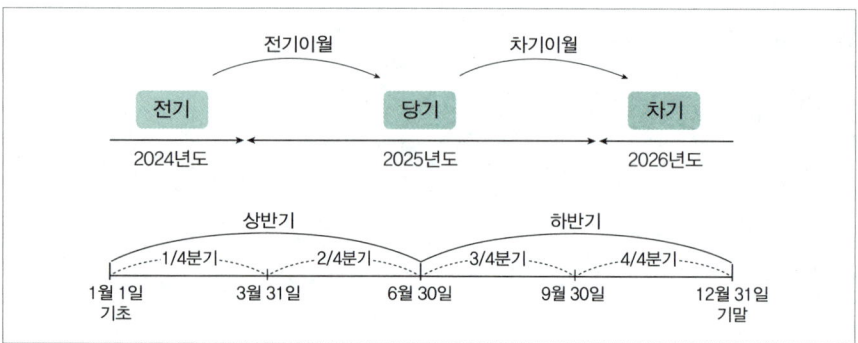

3. 재무보고의 목적
재무보고의 주된 목적은 투자 및 신용 의사결정, 기업실체의 미래 현금흐름을 예측하는 데 유용한 정보를 제공하는 것이다. 미래 현금흐름을 예측하기 위해서는 재무상태, 경영성과, 자본변동에 대한 정보가 제공되어야 하며 이러한 재무정보는 경영자의 수탁책임을 평가하는 측면에서 활용될 수 있다.

4. 회계정보의 제약 요인

(1) 비용과 효익
어떤 항목이 인식될 때 기대되는 효익이 그 정보를 제공하고 이용하는 데 소요될 비용보다 커야 한다.

(2) 중요성 중요
어떤 항목이 인식될 때 기대되는 효익보다 그 정보를 제공하고 이용하는 데 소요될 비용이 크거나 특정 항목의 성격 및 크기가 정보이용자의 의사결정에 영향을 미칠 정도로 중요한 것이 아니라면, 중요성의 원칙에 따라 그 항목이 재무제표에 별도로 인식될 필요는 없다.

예를 들어, 소모품의 미사용분을 자산으로 처리하고 사용분을 비용으로 구분하여 처리하는 것이 효익이 떨어지고, 그 금액이 의사결정에 중대한 영향을 미치지 않는다면 구입 시점에 소모품비로 인식한다.

(3) 안전성(보수주의)

특정 거래나 경제적 사건에 대하여 두 가지 이상의 대체적인 회계처리 방법을 선택할 수 있는 경우, 재무적 기초를 견고히 하는 관점에서 이익을 낮게 보고하는 방법을 선택한다.

2 회계정보의 질적 특성

질적 특성이란 재무정보가 유용하기 위해 갖추어야 할 주요 속성을 말하며, 재무정보 유용성의 판단 기준이 된다. 크게 목적적합성과 신뢰성으로 분류되며, 비용과 효익 그리고 중요성의 제약요인하에서 고려되어야 한다.

1. 목적적합성 [중요]

회계정보가 정보이용자의 의사결정에 유용하기 위해서는 그 정보가 의사결정의 목적과 연관되어야 한다.

> **TIP**
> 회계정보의 질적 특성과 각각의 하부 구조에 대한 문제가 자주 출제된다.

구분	내용
예측가치	정보이용자가 기업실체의 미래 재무상태, 경영성과, 현금흐름 등을 예측할 때 정보가 활용될 수 있는 능력이다.
피드백가치	회계정보가 기업실체의 재무상태, 경영성과, 현금흐름 등에 대한 정보이용자의 당초 기대치(예측치)를 확인 또는 수정할 수 있게 함으로써 의사결정에 영향을 미칠 수 있는 능력이다.
적시성	• 의사결정을 하는 시점에 정보가 존재해야 한다. • 적시성 있는 정보를 제공하기 위해서는 신뢰성을 희생해야 하는 경우가 있으므로 경영자는 정보의 적시성과 신뢰성 간의 균형을 고려하여야 한다.

2. 신뢰성 [중요]

회계정보가 정보이용자의 의사결정에 유용하기 위해서는 신뢰할 수 있는 정보여야 한다.

구분	내용
표현의 충실성	• 측정치인 정보와 측정 대상인 거래나 사건이 일치하는 정도를 나타낸다. • 회계정보가 표현의 충실성을 확보하기 위해서는 회계처리 대상이 되는 거래 및 사건의 형식보다는 경제적 실질에 따라 회계처리하고 보고하여야 한다.
검증가능성	서로 다른 다수의 측정자들이 동일한 경제적 사건이나 거래를 동일한 방법으로 측정할 경우 유사한 결론에 도달할 수 있어야 한다.
중립성	의도한 결과나 성과를 유도할 목적으로 재무제표에 특정 정보를 표시함으로써 정보이용자의 의사결정이나 판단에 영향을 미치지 않아야 한다.

> **＋ 비교가능성**
>
> 비교가능성은 목적적합성과 신뢰성만큼 중요한 질적 특성은 아니나, 목적적합성과 신뢰성을 갖춘 정보가 기업실체 간 비교가 가능하거나 또는 기간별 비교가 가능할 경우 재무정보의 유용성이 제고될 수 있다.

기출 & 확인 문제

01 [2019년 2회, 2018년 1회]

회계의 목적에 대한 설명으로 옳지 않은 것은?

① 미래 현금흐름 예측에 유용한 정보 제공
② 내부자의 투자 의사결정에 대한 보안 강화
③ 재무상태, 경영성과 및 자본변동에 관한 정보 제공
④ 경영자의 수탁책임 평가에 유용한 정보 제공

해설
회계는 내부 정보이용자뿐만 아니라 외부 정보이용자도 이용할 수 있다. 따라서 내부자의 투자 의사결정에 대한 보안 강화라는 표현은 부적절하다.

02 [2019년 4회]

다음 중 일반기업회계기준상 회계정보의 질적 특성 중 신뢰성에 해당하는 내용이 아닌 것은?

① 이전의 예측치에 대해서 확인 및 수정이 가능하다.
② 경제적 자산과 이에 대한 변동에 대해 충실하게 표현한다.
③ 동일한 사건에 대해 동일한 측정 방법을 적용할 경우 동일 또는 유사한 결론에 도달한다.
④ 어느 한편에 치우치지 않는 중립성을 가진다.

해설
이전의 예측치에 대해 확인 및 수정이 가능한 것은 목적적합성의 피드백가치에 해당한다. ②는 표현의 충실성, ③은 검증가능성, ④는 중립성에 대한 설명으로 모두 신뢰성에 해당한다.

03 [2018년 2회]

다음 중 회계정보의 질적 특성인 목적적합성과 직접 관련이 많은 것은?

① 표현의 충실성　　② 중립성
③ 예측가치와 피드백가치　　④ 검증가능성

해설
목적적합성의 하부구조에는 예측가치, 피드백가치, 적시성이 있다.

04 [2018년 5회]

(주)생산성은 경영계획을 수정하기 위해서 다음 주까지 분기재무제표를 요구하였다. 이와 가장 밀접하게 관련된 회계정보의 특성은?

① 중립성　　② 적시성
③ 중요성　　④ 검증가능성

해설
경영계획 수정이라는 목적을 달성하기 위해 필요한 시점에 장부가 준비되어야 하므로 목적적합성의 적시성과 관련이 있다.

| 정답 | 01 ② | 02 ① | 03 ③ | 04 ② |

CHAPTER 02

재무제표

빈출 키워드
☑ 재무제표의 기본가정
☑ 재무상태표 ☑ 손익계산서
☑ 현금흐름표 ☑ 자본변동표

1 재무제표

1. 재무제표의 개념과 종류

재무제표는 가장 핵심적인 재무보고 수단으로써 기업실체의 경제적 자원과 의무, 그리고 자본과 이들의 변동에 관한 정보를 제공한다. 또한 외부의 정보이용자에게 재무정보를 전달하는 핵심적 수단이다. 재무제표는 일반적으로 <mark>재무상태표, 손익계산서, 자본변동표, 현금흐름표로 구성되며 주석을 포함한다.</mark>

> **TIP**
> 재무제표 구성에 대해 자주 출제되므로 반드시 재무제표의 종류를 암기해야 한다.

📝 개념 확인문제

일반기업회계기준에서 규정하고 있는 재무제표의 종류로 옳지 않은 것은?
① 계정별원장 ② 재무상태표
③ 현금흐름표 ④ 자본변동표

해설
재무상태표, 손익계산서, 현금흐름표, 자본변동표, 주석을 재무제표로 분류하고 있다.

정답 ①

2. 재무제표의 기본가정

재무제표는 기업실체, 계속기업 및 기간별 보고의 가정하에서 작성한다.

(1) 기업실체

기업을 소유주와 별개로, 독립적으로 존재하는 회계단위로 간주하고 이 회계단위의 관점에서 그 경제활동에 대한 재무정보를 측정·보고하는 개념이다.

(2) 계속기업

기업실체는 그 목적과 의무를 이행하기에 충분할 정도로 장기간 존속한다고 가정한다.

(3) 기간별 보고

기업실체의 존속기간을 일정한 회계기간 단위로 구분하고 각 회계기간에 대한 재무제표를 작성하여 기간별로 재무상태, 경영성과, 현금흐름, 자본변동 등에 대한 정보를 제공한다.

3. 발생주의 회계

재무제표는 발생기준에 따라 작성하는 것으로 기업실체의 경제적 사건과 관련된 거래를 현금의 유입, 유출 시점이 아닌 발생한 시점에 인식하여 장부에 기록하고 재무제표에 표시한다. 이러한 발생주의는 현금주의와 대비되는 방식이며 단, 현금흐름표는 현금주의에 따라 작성된다.

4. 재무제표 정보의 특성과 한계

재무제표를 통해 제공되는 정보는 다음과 같은 특성과 한계가 있다.
① 화폐단위로 측정된 정보를 주로 제공한다.
② 대부분 과거에 발생한 거래나 사건에 대한 정보를 나타낸다.
③ 추정에 의한 측정치를 포함하고 있다.
④ 특정 기업실체에 관한 정보를 제공하며, 산업 또는 경제 전반에 관한 정보를 제공하지는 않는다.

2 재무상태표(B/S; Balance Sheet)

1. 재무상태표의 특징

재무상태표는 일정 시점에 현재 기업이 보유하고 있는 경제적 자원인 자산과 경제적 의무인 부채, 그리고 소유자 지분인 자본에 대한 정보를 제공하는 정태적 재무보고서로서, 정보이용자들이 기업의 유동성, 재무적 탄력성, 수익성과 위험 등을 평가하는 데 유용한 정보를 제공한다.

2. 재무상태표의 기본구조

재무상태표의 구성요소인 자산, 부채, 자본은 각각 다음과 같이 구분한다.

(1) 자산

자산은 과거의 거래나 사건의 결과로서 현재 기업실체에 의해 지배되고 미래의 경제적 효익이 기업에 유입될 것으로 기대되는 자원으로 자금의 운용상태를 나타낸다. 자산은 1년을 기준으로 크게 유동자산과 비유동자산으로 구분하며 유동자산은 당좌자산과 재고자산으로, 비유동자산은 투자자산, 유형자산, 무형자산, 기타 비유동자산으로 구분한다.

구분	내용
유동자산	• 사용의 제한이 없는 현금 및 현금성자산 • 기업의 정상적인 영업주기 내에 실현될 것으로 예상되거나 판매 목적 또는 소비 목적으로 보유하고 있는 자산 • 단기매매 목적으로 보유하는 자산 • 보고기간 종료일로부터 1년 이내에 현금화 또는 실현될 것으로 예상되는 자산(현금 및 현금성자산과 단기매매 목적으로 보유하는 자산 제외)
비유동자산	유동자산을 제외한 모든 자산

(2) 부채

채권자로부터 조달된 자금을 상환할 의무가 발생한 경우 부채로 인식한다. 부채는 1년을 기준으로 유동부채와 비유동부채로 구분한다.

(3) 자본

자금이 주주로부터 조달된 경우 자본으로 인식한다. 자본은 자본금, 자본잉여금, 자본조정, 기타포괄손익누계액 및 이익잉여금(또는 결손금)으로 구분한다.

> 📝 **개념 확인문제**

재무상태표의 기본구조에 관한 설명으로 가장 적절하지 않은 것은? [2023년 2회]

① 유동자산은 당좌자산과 재고자산으로 구분한다.
② 비유동자산은 투자자산, 유형자산, 무형자산으로만 구분한다.
③ 자산과 부채는 유동성이 큰 항목부터 배열하는 것을 원칙으로 한다.
④ 자본은 자본금, 자본잉여금, 자본조정, 기타포괄손익누계액, 이익잉여금(또는 결손금)으로 구분한다.

해설
비유동자산은 투자자산, 유형자산, 무형자산, 기타 비유동자산으로 구분한다.

정답 ②

3. 재무상태표의 작성기준

구분	내용
구분표시 원칙	재무상태표는 자산, 부채, 자본으로 구분한다. 자산은 유동자산과 비유동자산으로, 부채는 유동부채와 비유동부채로, 자본은 자본금, 자본잉여금, 자본조정, 기타포괄손익누계액, 이익잉여금(또는 결손금)으로 각각 구분한다.
총액주의	자산, 부채, 자본은 총액으로 기재하는 것을 원칙으로 한다. 자산의 항목과 부채 또는 자본의 항목을 상계함으로써 그 전부 또는 일부를 재무상태표에서 제외해서는 안 된다.
1년 기준	자산과 부채는 1년을 기준으로 하여 유동자산과 비유동자산, 유동부채와 비유동부채로 구분하는 것을 원칙으로 한다.
유동성 배열법	자산과 부채 항목은 유동성 배열법에 의해 유동성이 큰 순서부터 배열하는 것을 원칙으로 한다.
잉여금 구분원칙	자본 항목의 구분에서 잉여금은 자본거래에서 발생한 자본잉여금과 손익거래에서 발생한 이익잉여금을 별도로 구분하여 표시한다.
미결산 항목 및 비망 계정 표시 금지원칙	가지급금, 가수금 등의 미결산 항목은 그 내용을 나타내는 적절한 과목으로 표시하고 임시 계정은 재무상태표의 자산 및 부채 항목으로 표시하여서는 안 된다.

> 💡 **TIP**
>
> 재무상태표는 일정 시점의 재무상태(재산상태)를 나타내며, 유동성 배열법에 따라 유동성이 큰 순서대로 배열한다.

3 손익계산서(I/S; Income Statement)

1. 손익계산서의 구성

손익계산서는 일정 기간 동안 기업실체의 경영성과에 대한 정보를 제공하는 동태적 재무보고서이다. 포괄주의 관점에서 작성한 손익계산서는 일정 기간 동안 소유주와의 자본거래를 제외한 모든 원천에서 순자산이 증가하거나 감소한 정도와 그 내역에 대한 정보를 제공한다. 손익계산서의 매출원가 산출과정은 손익계산서 본문에 표시하거나 주석으로 기재한다.

> ➕ **포괄손익계산서**
>
> 손익계산서에 기타포괄손익의 개념을 포함할 경우 포괄손익계산서가 작성된다. 현재 기업회계기준은 포괄손익계산서를 손익계산서의 주석으로 공시하도록 하고 있다. 포괄손익계산서는 미래 현금흐름의 예측을 가능하게 하고 과세소득의 기초자료로 활용할 수 있으며, 기업 경영활동의 성과를 측정할 수 있는 유용성이 있다.

개념 확인문제

다음 재무제표 중 일정 기간을 중심으로 기업의 경영성과 정보를 불특정 다수의 이해관계자들에게 전달하는 보고서는? [2020년 1회]

① 재무상태표
② 손익계산서
③ 자본변동표
④ 현금흐름표

해설
① 재무상태표: 일정 시점에 기업이 보유하고 있는 자산, 부채, 자본에 관한 정보 제공
③ 자본변동표: 일정 기간 동안 발생한 자본변동에 대한 정보 제공
④ 현금흐름표: 일정 기간 동안 기업실체의 현금 유입과 현금 유출에 관한 정보 제공

정답 ②

2. 손익계산서의 작성기준

구분	내용
총액표시	수익과 비용은 총액에 의하여 기재함을 원칙으로 하고, 수익 항목과 비용 항목을 직접 상계함으로써 그 전부 또는 일부를 손익계산서에서 제외하여서는 안 된다.
구분표시	손익계산서는 매출총손익, 영업손익, 법인세비용차감전(계속사업)순손익 및 당기순손익 등으로 구분표시하여야 한다. 다만, 제조업, 판매업 및 건설업 이외의 기업에 있어서는 매출총손익의 구분표시를 생략할 수 있다.
발생주의	기업실체의 경제적 거래나 사건과 관련된 수익과 비용을 당해 거래나 사건이 발생한 기간에 정당하게 배분되도록 처리하는 것이다(↔ 현금주의).
수익·비용 대응의 원칙	수익과 비용은 그 발생원천에 따라 명확하게 분류하고, 각 수익을 인식할 때 수익 획득 과정에서 발생한 관련 비용을 함께 인식하여야 한다. 수익·비용 대응의 원칙을 따르는 회계처리에는 대손상각, 퇴직급여충당부채 등이 있다.
실현주의	수익은 실현주의를 기준으로 하며 미실현수익은 당기의 손익계산에 산입하지 않는다.

개념 확인문제

다음 중 일반적으로 인정된 회계원칙(GAAP)이 아닌 것은?

① 상계주의
② 발생주의
③ 취득원가주의
④ 수익실현의 원칙

해설
상계주의는 총액주의에 반대되는 의미로 일반적으로 인정된 회계원칙이 아니다.

정답 ①

3. 손익계산서의 계정구분 중요

```
           (순)매출액
         - 매출원가
         ─────────────
           매출총이익(매출총손실)
         - 판매비와 관리비
         ─────────────
           영업이익(영업손실)
         + 영업외수익
         - 영업외비용
         ─────────────
           법인세차감전순이익(법인세차감전순손실)
         - 법인세비용
         ─────────────
           당기순이익(당기순손실)
         ─────────────
           주당순이익(당기순이익/주식수)
```

당기순이익(당기순손실)에 기타포괄손익을 가감하여 산출한 포괄손익(포괄손익계산서)은 주석으로 기재한다. 포괄손익이란 주주와의 자본거래를 제외한 기타 경제적 사건으로 발생한 모든 순자산의 변동을 측정한 것으로 순자산 변동 중 일부는 손익계산서로 표시되고 일부는 재무상태표 자본에 별도로 표시한다. (예 매도가능증권평가이익)

➕ 주당순이익(EPS)과 주가수익률(PER)

- **주당순이익(EPS; Earning Per Share)**: 기업의 현재 당기순이익을 발행주식 수로 나눈 것이다. 한 회계연도 동안 주당 얼마의 이익을 벌었는지 확인하는 방법으로 1주당 귀속되는 주주의 몫을 나타낸다. 따라서 주당순이익이 높다는 것은 경영실적이 양호하다는 것을 의미한다.

$$주당순이익(EPS) = \frac{당기순이익}{발행주식\ 수}$$

- **주가수익률(PER; Price Earning Ratio)**: 기업의 현재 주가와 주당순이익(EPS)의 비율을 나타낸다.

$$주가수익률(PER) = \frac{현재\ 주가}{EPS}$$

✏️ 개념 확인문제

다음 중 일반기업회계기준에 의해 (　　)에 들어갈 항목은?　　　　　[2020년 3회]

> 보기
> - 매출액 − 매출원가 = 매출총이익
> - 매출총이익 − 판매비 및 일반관리비 = (　　　)

① 영업이익　　　　　　　　　② 법인세비용차감전순이익
③ 매출원가　　　　　　　　　④ 영업외수익

해설
매출총이익 − 판매비 및 일반관리비 = 영업이익　　　　　　　　　　　정답 ①

4. 재산법과 손익법

(1) 재산법

- 자산 = 부채 + 자본
- 자산 − 부채 = 자본
- 기초자산 − 기초부채 = 기초자본
- 기말자산 − 기말부채 = 기말자본
- 기말자본 − 기초자본 = 당기순이익(당기순손실)
- 기말자본 = 기초자본 + 추가출자액(주식발행) − 기업주 인출금 − 현금배당 + 당기순이익

➕ 자본의 변동

기중 자본의 변동사항이 없을 경우 기말자본과 기초자본의 차이는 당기순손익만큼 발생한다. 기중에 주식발행 및 배당 등 자본의 변동사항이 있을 경우 주식발행은 자본을 증가시키고 현금배당은 자본을 감소시킨다.

> 💡 **TIP**
> 재산법과 손익법으로 각각 계산했을 때 당기순이익은 항상 동일해야 한다.

(2) 손익법

$$총수익 − 총비용 = 당기순이익(당기순손실)$$

4 현금흐름표

1. 현금흐름표의 정의

현금흐름표는 일정 기간 동안 기업실체의 현금 유입과 현금 유출에 대한 정보를 제공하는 재무보고서이다. 즉, 현금흐름표는 기업의 현금창출 능력에 관한 정보를 제공함으로써 재무제표 이용자가 미래의 현금흐름을 추정할 수 있게 하고, 기업의 부채 상환 및 배당금 지급능력과 자금의 유동성을 평가할 수 있도록 정보를 제공한다.

2. 현금흐름표의 구성

(1) 영업활동

영업활동 현금흐름은 사업활동의 지속, 차입금 상환, 배당금 지급 및 신규투자 등에 필요한 현금을 외부로부터 조달하지 않고 제품의 생산과 판매활동, 상품과 용역의 구매와 판매활동 및 관리활동 등 자체적인 영업활동(매출 등 수익활동으로부터의 유입액, 매입 및 종업원에 대한 유출액, 이자수익 유입액, 이자비용 유출액, 법인세의 지급)으로부터 얼마나 창출하였는지에 대한 정보를 제공한다.

(2) 투자활동

투자활동 현금흐름은 미래 영업의 현금흐름을 창출할 자원의 확보와 처분과 관련된 현금흐름에 대한 정보를 제공한다. 투자활동은 투자부동산, 비유동자산에 속하는 지분증권, 유형자산 및 무형자산의 취득과 처분활동 등을 포함한다.

(3) 재무활동

재무활동 현금흐름은 자금을 조달하는 과정에서 발생하며 현금의 차입과 상환 및 금융비용 지급, 신주발행과 배당금의 지급, 재무자산의 취득과 처분, 재무자산의 보유수익에 따른 현금 유입 등을 포함한다.

개념 확인문제

다음 중 투자활동으로 인한 현금흐름에 해당하는 것은? [2019년 3회]

① 자기주식의 처분
② 차입금의 상환
③ 공장 건물의 처분
④ 제품의 현금매출

해설
① 자기주식의 처분, ② 차입금의 상환은 재무활동으로 인한 현금흐름이며 ④ 제품의 현금매출은 영업활동에 따른 현금흐름에 해당한다. **정답** ③

5 자본변동표

자본변동표는 일정 기간 동안 발생한 자본의 변동에 대한 재무활동 정보를 제공하며, 그러한 변동의 원천에는 소유주의 투자와 소유주에 대한 분배, 그리고 포괄이익이 포함된다.

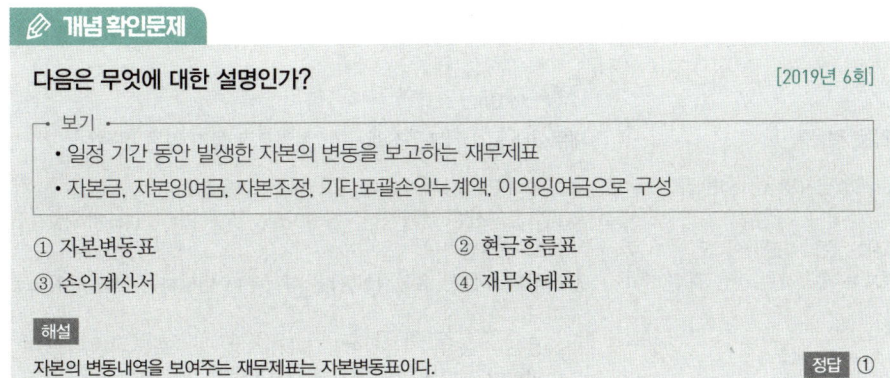

6 주석

재무제표의 작성기준 및 유의적인 거래와 회계사건의 회계처리에 적용한 회계정책, 일반기업회계기준에서 주석 공시를 요구하는 사항 및 재무상태표, 손익계산서, 현금흐름표 및 자본변동표의 본문에 표시되지 않는 사항으로서, 재무제표를 이해하는 데 필요한 추가 정보를 주석사항으로 기재한다.

7 재무제표 요소의 측정

재무상태표와 손익계산서에 인식하고 기록할 금액을 측정하는 기준을 적용하여 자산, 부채, 수익, 비용의 측정치가 산출된다. 측정기준은 역사적 원가, 공정가치, 사용가치(이행가치), 현행원가 등이 있다.

구분	내용
역사적 원가	자산을 취득하거나 창출할 때의 발생한 원가로, 지급한 대가와 거래원가를 포함하며 역사적 원가로 측정할 경우 가치변동이 있어도 원가를 그대로 유지한다.
공정가치	측정일에 시장참여자 사이의 정상거래에서 자산을 매도할 때 받거나 부채를 이전할 때 지급하게 될 가격이다.
사용가치	자산을 사용할 때와 처분을 할 때 얻어질 것으로 기대되는 현금흐름 또는 경제적 효익의 현재가치이다.
이행가치	부채를 이행할 때 이전해야 하는 현금이나 그 밖의 경제적 자원의 현재가치를 의미한다.
현행원가	측정일 현재 동등한 자산의 원가로, 측정일에 지급할 대가와 그 날에 발생할 거래원가를 포함한다.

기출&확인 문제

01 [2018년 2회]
다음 중 재무회계에 관한 설명으로 옳지 않은 것은?

① 재무제표에는 재무상태표, 손익계산서, 제조원가명세서, 현금흐름표가 있다.
② 일정 기간의 경영성과를 나타내는 보고서는 손익계산서이다.
③ 기업의 외부 이해관계자에게 유용한 정보를 제공하는 것을 주된 목적으로 한다.
④ 일반적으로 인정된 회계법칙의 지배를 받는다.

해설
재무제표는 재무상태표, 손익계산서, 자본변동표, 현금흐름표로 구성되며 주석을 포함한다.

02 [2020년 1회]
다음 [보기]는 무엇에 대한 설명인가?

보기
자산이나 부채, 자본, 수익, 비용의 변동을 가져오는 거래의 발생시점과 관계없이 실제 현금이 들어오고 나갈 때를 기준으로 장부를 기록하는 것이다.

① 저가주의 ② 보수주의
③ 발생주의 ④ 현금주의

해설
현금주의는 자산이나 부채, 자본, 수익, 비용의 변동을 가져오는 거래의 발생시점과 관계없이 실제 현금이 들어오고 나갈 때를 기준으로 장부를 기록하는 것이며 현금의 입·출금 시점이 아닌 발생한 시점에 기록하는 발생주의와 대비된다.

03 [2018년 3회]
다음 [보기]는 재무회계의 개념체계에 대한 내용이다. 회계의 기본 가정 중 무엇에 대한 설명인가?

보기
기업을 소유주와는 독립적으로 존재하는 회계단위로 간주하고 이 회계단위의 관점에서 그 경제활동에 대한 재무정보를 측정·보고 하는 것

① 연결재무제표 ② 발생주의 가정
③ 계속기업의 가정 ④ 기업실체의 가정

해설
기업을 소유주와 분리해서 독립적인 실체로 간주하는 것은 기업실체의 가정에 기반한 것이다.

04 [2020년 4회]
재무상태표의 기본구조에 관한 설명으로 옳지 않은 것은?

① 유동자산은 당좌자산과 재고자산으로 구분한다.
② 비유동자산은 투자자산, 유형자산, 무형자산, 기타 비유동자산으로 구분한다.
③ 자산과 부채는 유동성이 작은 항목부터 배열하는 것을 원칙으로 한다.
④ 자본은 자본금, 자본잉여금, 자본조정, 기타포괄손익누계액 및 이익잉여금(또는 결손금)으로 구분한다.

해설
자산과 부채는 유동성 배열법에 따라 유동성이 큰 항목부터 배열하는 것을 원칙으로 한다.

05 [2021년 6회]
재무상태표는 어떤 내용을 나타내는 재무제표인가?

① 일정 시점 회사의 경영성과
② 일정 기간 동안 회사의 재무상태
③ 일정 시점 회사의 재무상태
④ 일정 기간 동안 회사의 경영성과

해설
일정 시점 회사의 재무상태를 나타내는 재무보고서는 재무상태표이다.

06 [2023년 2회]
자산 항목 중 유동성이 높은 순서대로 나열한 것은?

① 상품 > 토지 > 미수금
② 상품 > 미수금 > 토지
③ 외상매출금 > 토지 > 제품
④ 외상매출금 > 제품 > 기계장치

해설
유동성이 높은 자산은 당좌자산(외상매출금) > 재고자산(제품) > 유형자산(기계장치)의 순서이다.

| 정답 | 01 ① | 02 ④ | 03 ④ | 04 ③ | 05 ③ | 06 ④ |

07 [2018년 5회]
다음 중 자산의 본질적인 특징으로 볼 수 없는 것은?

① 자산은 미래에 경제적 효익을 제공하여야 한다.
② 자산의 통제권이 해당 기업에 반드시 있어야 한다.
③ 자산에 대한 판매가치가 객관적으로 보장되어야 한다.
④ 자산은 과거의 거래나 사건으로부터 취득한 것이어야 한다.

해설
자산은 과거의 거래나 사건의 결과로 현재 기업실체에 의해 지배되고 미래에 경제적 효익을 창출할 것으로 기대되는 자원이다. 자산 중 금융자산에 대해서는 통제권이 기업에 있어야 자산으로 인식한다.

08 [2021년 5회]
다음 재무제표 중 일정 시점의 기업 정보를 불특정 다수의 이해관계자들에게 전달하는 보고서는?

① 재무상태표
② 현금흐름표
③ 손익계산서
④ 자본변동표

해설
일정 시점의 정보를 제공하는 보고서는 재무상태표이다.
② 현금흐름표, ③ 손익계산서, ④ 자본변동표는 일정 기간의 정보를 제공한다.

09 [2018년 4회]
다음 일반기업회계기준에 의한 손익계산서에 대한 설명으로 옳지 않은 것은?

① 매출원가의 산출과정은 손익계산서 본문에만 표시하고 주석으로 기재할 수 없다.
② 수익과 비용은 각각 총액으로 보고하는 것을 원칙으로 한다.
③ 손익계산서는 당해 회계기간의 경영성과를 나타낼 뿐만 아니라 기업의 미래 현금흐름과 수익창출 능력 등의 예측에 유용한 정보를 제공한다.
④ 모든 수익과 비용은 그것이 발생한 시기에 정당하게 배분되도록 처리해야 한다.

해설
매출원가의 산출과정은 손익계산서 본문에 표시하거나 주석으로 기재한다.

10 [2019년 4회]
다음 중 포괄손익계산서의 유용성으로 볼 수 없는 것은?

① 미래 현금흐름의 예측
② 과세소득의 기초자료 활용
③ 기업 경영활동의 성과 측정
④ 소유자 지분에 대한 정보 제공

해설
포괄손익계산서는 미래 현금흐름의 크기와 시기를 예측 가능하게 하고 경영활동에 대한 성과평가 및 과세소득의 기초자료로 활용할 수 있다는 유용성이 있다.
④는 재무상태표와 관련된 내용이다.

11 [2024년 1회]
[보기]는 무엇에 대한 설명인가?

> **보기**
> 수익과 비용을 현금의 수입 또는 지급 시점과 관계없이 회계상 거래나 사건이 발생한 회계기간에 수익과 비용으로 인식하는 방법이다. 기업거래의 대부분이 신용거래를 통해 이루어지고 있는 상황에서 실제 현금수입이나 지출이 있기 전까지 수익이나 비용을 인식하지 않는다면 기간별로 구분하여 보고되는 재무제표에는 정확한 당해 기간의 경영성과가 표시되지 못할 것이다. 이것은 실현된 수익과 비용을 적절하게 대응시켜 주므로 현금주의에 비해 경영성과를 정확하게 계산할 수 있고, 미래 현금흐름을 보다 정확하게 예측할 수 있도록 한다.

① 일관주의
② 통일주의
③ 발생주의
④ 현금주의

해설
발생주의는 현금주의와 상반된 개념으로 현금의 수수와는 관계없이 수익은 실현되었을 때 인식하고, 비용은 발생되었을 때 인식하는 개념이다. 기업의 기간손익을 계산함에 있어서 수익과 비용을 대응시켜야 하고 이에 따라 수익과 비용을 경제가치량의 증가 또는 감소의 사실이 발생한 때를 기준으로 하여 인식하는 것을 말한다.

12 [2021년 4회]
다음 중 기업회계기준에서 규정한 손익계산서의 작성기준으로 옳지 않은 것은?

① 2025년 7월 1일에 선급한 1년 간 보험료 10,000원을 발생주의 원칙에 따라 5,000원은 비용으로 인식하고, 나머지 5,000원은 자산으로 처리하였다.
② 2025년 12월 29일 납품한 물품에 대해 대금회수일인 2026년 1월 15일에 매출로 인식하였다.
③ 2025년 1월 1일에 50,000원을 주고 취득한 기계장치(내용연수 5년, 잔존가치 없음, 정액법 상각)에 대해 당기 감가상각비 10,000원을 인식하였다.
④ 총액주의 원칙에 따라 2025년 12월 31일 외화예금에서 발생한 외화환산이익 10,000원과 외화차입금에서 발생한 외화환산손실 7,000원을 각각 인식하였다.

해설
수익의 인식은 현금주의가 아니라 실현주의에 따라 대금회수일이 아닌 납품일인 2025년 12월 29일에 매출로 인식하여야 한다.

| 정답 | 07 ③ | 08 ① | 09 ① | 10 ④ | 11 ③ | 12 ② |

13 [2020년 6회]

다음은 손익계산서 계산구조이다. (가)와 (나)에 적절한 단어는?

> 보기
> - 매출액 − (라) = (다)
> - (다) − 판매비와 관리비 = (가)
> - (가) + 영업외수익 − (나) = 법인세차감전순이익
> - 법인세차감전순이익 − 법인세비용 = 당기순이익

	(가)	(나)
①	영업이익	영업외비용
②	매출총이익	영업외비용
③	매출원가	매출총이익
④	영업외비용	영업이익

해설
- 매출액 − 매출원가 = 매출총이익
- 매출총이익 − 판매비와 관리비 = 영업이익
- 영업이익 + 영업외수익 − 영업외비용 = 법인세차감전순이익
- 법인세차감전순이익 − 법인세비용 = 당기순이익

14 [2019년 3회]

다음의 재무상태 변동내용에 따라 기초의 부채 금액을 계산하면 얼마인가?

구분	기초	기말
자산	145,000원	180,000원
부채	?	100,000원
기중 변동내역	주식발행 20,000원	
	현금배당 5,000원	

① 70,000원 ② 80,000원
③ 90,000원 ④ 100,000원

해설
- 기말자본: 기말자산 180,000원 − 기말부채 100,000원 = 80,000원
- 기초자본: 기말자본 80,000원 − 기중 변동내역(주식발행 20,000원 − 현금배당 5,000원) = 65,000원
- ∴ 기초부채: 기초자산 145,000원 − 기초자본 65,000원 = 80,000원

15 [2021년 2회]

다음 자료를 참고로 기초자본금을 계산하면 얼마인가?

> 보기
> - 기말자본금 50,000,000원
> - 추가출자금 5,000,000원
> - 인출금 3,000,000원
> - 당기순이익 4,500,000원
> - 총수익 8,900,000원

① 37,500,000원 ② 39,000,000원
③ 40,000,000원 ④ 43,500,000원

해설
인출금 3,000,000원 + 기말자본금 50,000,000원
= 기초자본금 + 추가출자금 5,000,000원 + 당기순이익 4,500,000원
∴ 기초자본금 = 43,500,000원

16 [2021년 4회]

주당순이익(EPS)에 대한 설명으로 옳지 않은 것은?

① 당기순이익을 그 기업이 발행한 유통보통주식수로 나누어 산출한다.
② 회사가 일정 기간 동안 올린 수익에 대해 주식 1주당 귀속되는 주주의 몫을 나타내는 지표이다.
③ 주당순이익은 주가수익률(PER) 계산과는 관계가 없다.
④ 주당순이익이 높을수록 경영실적이 양호하다고 할 수 있다.

해설
- 주당순이익(EPS)은 주가수익률(PER) 계산의 기초자료가 된다.
- 주당순이익(EPS; Earning Per Share) = $\dfrac{당기순이익}{발행주식 수}$
- 주가수익률(PER; Price Earning Ratio) = $\dfrac{현재 주가}{주당순이익(EPS)}$

17 [2023년 2회]

현금흐름표에 관한 설명으로 가장 적절하지 않은 것은?

① 현금 흐름은 영업활동, 재무활동, 투자활동으로 구분하여 보고한다.
② 현금흐름표는 일정 기간 동안 기업의 현금흐름과 일정 시점의 현금보유액을 나타내는 재무제표이다.
③ 재무활동이란 현금의 차입 및 상환활동, 신주발행이나 배당금의 지급활동과 같이 부채 및 자본 계정에 영향을 미치는 거래이다.
④ 영업활동이란 현금의 대여와 회수활동, 유가증권, 투자자산, 유형자산 및 무형자산의 취득·처분과 같이 영업을 준비하는 활동이다.

해설
현금의 대여와 회수활동, 유가증권, 투자자산, 유형자산 및 무형자산의 취득과 처분과 같이 영업을 준비하는 활동은 투자활동이다.

| 정답 | 13 ① | 14 ② | 15 ④ | 16 ③ | 17 ④ |

18 [2020년 3회]
다음 중 영업활동을 통한 현금흐름에 해당하는 사항으로 옳은 것은?

① 재화와 용역의 구입에 따른 현금 유출
② 유형자산 처분에 따른 현금 유입
③ 제3자에 대한 대여금
④ 주식이나 기타 지분 상품의 발행에 따른 현금 유입

해설
영업활동을 통한 현금흐름은 기업이 일정 기간 동안 상품과 서비스를 제공하고 이익을 얻는 활동으로 생산, 구매, 판매 등의 활동을 말한다.
②, ③은 투자활동에 의한 현금흐름이며, ④는 재무활동에 의한 현금흐름에 해당한다.

19 [2019년 2회]
다음 중 현금흐름표에 대한 설명으로 옳지 않은 것은?

① 현금흐름표는 다른 재무제표와 달리 발생주의에 의해 작성되지 않는다.
② 현금흐름표는 특정 기간의 현금흐름을 보여주는 보고서이다.
③ 영업상 어려움으로 인한 자금의 차입은 영업활동에 의한 현금흐름에 해당한다.
④ 상품의 구매에 의한 현금흐름은 영업활동에 의한 현금흐름에 해당한다.

해설
자금의 차입은 재무활동에 의한 현금흐름에 해당한다.

20 [2019년 3회]
다음 중 재무활동 내용만을 나타내는 재무제표는?

① 주석　　　　② 손익계산서
③ 현금흐름표　④ 자본변동표

해설
재무제표 중 주석과 손익계산서, 현금흐름표는 영업활동과 투자활동, 재무활동에 대한 과정과 결과를 나타내며 자본변동표는 재무활동을 구성하는 부채와 자본조정 중 자본의 변동내용만을 나타낸다.

21 [2018년 3회]
다음 (가), (나)에 해당하는 재무제표로 옳은 것은?

보기
(가) 기업의 현금흐름을 나타내는 표로서 현금의 변동내용을 명확하게 보고하기 위하여 당해 회계기간에 속하는 현금의 유입과 유출 내용을 적정하게 표시하여야 한다.
(나) 자본에 대한 일정 기간 동안 변동내용을 일목요연하게 정리하여 보여주는 재무보고서이다.

	(가)	(나)
①	재무상태표	현금흐름표
②	재무상태표	자본변동표
③	현금흐름표	손익계산서
④	현금흐름표	자본변동표

해설
(가) 현금의 유출·입은 현금흐름표에서, (나) 자본의 변동내역은 자본변동표에서 확인할 수 있다.

22 [2021년 3회]
재무제표의 종류와 각각의 재무제표를 통해 알 수 있는 정보를 연결한 내용으로 옳지 않은 것은?

① 재무상태표 – 일정 기간 동안 기업의 자산, 부채, 자본 변동내용
② 손익계산서 – 일정 기간 동안 기업의 수익, 비용 등 경영성과
③ 현금흐름표 – 일정 기간 동안 기업의 활동별 현금흐름
④ 자본변동표 – 기업의 자본 변동내역

해설
재무상태표는 일정 기간이 아닌 결산일 현재 시점(일정 시점)의 재무상태를 나타낸다.

| 정답 | 18 ① | 19 ③ | 20 ④ | 21 ④ | 22 ① |

CHAPTER 03 회계순환과정

빈출 키워드
- ☑ 회계상 거래
- ☑ 거래의 8요소
- ☑ 분개
- ☑ 시산표

1 회계순환과정 및 장부

1. 회계순환과정의 의의

회계담당자가 기업에서 발생한 경제적 사건을 식별, 측정하고 기록, 요약, 보고를 매기 반복하며 정보이용자의 의사결정에 유용한 정보를 제공하는 과정을 회계순환과정이라고 한다.

2. 회계순환과정의 내용

```
거래   →   수정전시산표   →   ┌ 예비 절차: 기말수정분개, 수정후시산표
 ↓                              │
분개   →      결산           ├ 마감 절차: ① 손익 계정(수익, 비용) 마감
 ↓            ↑                 │          ② 재무상태표 계정(자산, 부채, 자본) 마감
전기   →   총계정원장 작성    └ 작성 절차: 손익계산서 → 재무상태표 작성
```

3. 주요장부와 보조장부

회계의 장부는 회계상 인식된 모든 거래를 기록, 계산하여 보관하는 수단을 의미한다. 장부는 회계연도 중 모든 거래를 발생 순서대로 기록하는 주요장부와 주요장부를 보충하는 보조장부로 나눌 수 있다.

회계장부	주요장부	분개장
		총계정원장*
	보조장부	현금출납장, 당좌예금출납장, 매입장, 매출장, 받을어음기입장, 지급어음기입장, 재고수불부, 매입처원장, 매출처원장

※ 총계정원장
분개장 기입이 끝난 모든 거래를 해당 계정에 전기하는 장부로, 모든 계정이 설정되어 있으며 분개장과 함께 주요장부에 속함

📝 개념 확인문제

다음 중 주요장부에 해당하는 장부는? [2021년 1회]

① 거래처원장 ② 총계정원장
③ 상품재고장 ④ 받을어음기입장

해설
회계연도 중에 발생하는 모든 거래를 발생 순서대로 기록하고 계산하는 분개장, 총계정원장은 주요장부에 해당하며 거래처원장, 상품재고장, 받을어음기입장 등은 보조장부에 해당한다.

정답 ②

4. 거래

(1) 거래의 의의

회계상의 거래로 인식되기 위해서는 우선 기업의 자산, 부채, 자본에 변화가 있어야 하며 그 변화를 금액으로 측정할 수 있어야 한다. 화재로 인해 재고가 손실된 경우 거래 상대방이 존재하지 않아도 회계상 거래로 인식하는 것처럼 거래 시 반드시 상대방이 존재할 필요는 없다.

일상생활 거래 ○, 회계상 거래 ×	일상생활 거래 ×, 회계상 거래 ○
주문, 계약, 약속, 담보, 보관, 채용 등	홍수, 화재, 도난, 분실 등

회계기준에서 거래가 될 수 없는 경우	회계기준에서 거래가 되는 경우
• 상품 구매 계약을 체결하였다. • 매출처로부터 상품을 주문받았다. • 영업용 건물에 대해 임대차 계약을 하였다. • 영업부에 새로운 직원을 채용하였다.	• 신용카드로 우편요금을 지급하였다. • 사무실 임대료 2개월분을 받지 못했다. • 직원의 급여를 미지급하였다. • 수재민 돕기 성금으로 제품을 기부하였다.

개념 확인문제

다음 중 회계상의 거래에 해당하지 않는 것은? [2021년 6회]

① 대표이사에게 현금 40,000원을 단기 대여하다.
② (주)생산성으로부터 외상매출금 중 70,000원을 현금으로 회수하다.
③ 주주에게 배당으로 현금 600,000원을 지급하다.
④ 종업원에게 월정급여 200,000원을 지급하는 조건으로 고용하여 업무에 투입하다.

해설
종업원의 고용, 상품의 주문, 임대차 계약 등은 회계상의 거래가 아니다.
① (차) 단기대여금　　40,000　　(대) 현금　　　　40,000
② (차) 현금　　　　　70,000　　(대) 외상매출금　70,000
③ (차) 미지급배당금　600,000　　(대) 현금　　　600,000

정답 ④

(2) 거래의 8요소

회계에서 거래는 자산, 부채, 자본의 증가·감소와 수익 및 비용 발생 요소의 결합에 의하여 발생한다. 이때 반드시 한 가지 이상의 차변 요소와 한 가지 이상의 대변 요소가 결합하여 발생한다.

차변	대변
자산의 증가	자산의 감소
부채의 감소	부채의 증가
자본의 감소	자본의 증가
비용의 발생	수익의 발생

거래는 손익발생 여부에 따라 교환거래, 손익거래, 혼합거래로 분류한다.
① 교환거래: 자산, 부채, 자본의 증감만 발생하는 거래이다.
② 손익거래: 한 변에 자산, 부채, 자본 항목 1개와 다른 한 변에 수익, 비용 항목 1개가 발생하는 거래이다.
③ 혼합거래: 교환거래와 손익거래가 동시에 발생하는 거래이다.

5. 분개

거래를 차변과 대변으로 나누어 계정*과목과 금액으로 기록하는 것을 분개라고 한다. 분개는 반드시 한 개 이상의 차변과 한 개 이상의 대변으로 구성되며 복식부기 방식에 따라 차변과 대변의 금액은 반드시 합계를 일치시켜 기록해야 한다. 이러한 분개를 기록하는 장부를 분개장이라 한다.

| (차) 계정과목 | ××× | (대) 계정과목 | ××× |

> **계정**
> 자산, 부채, 자본의 증감 변화와 수익, 비용의 발생을 구체적인 항목을 세워 기록하고 계산, 정리하기 위하여 설정된 단위

➕ 복식부기의 특징

- 회계상 거래가 발생할 때마다 장부에 동일한 금액을 차변과 대변에 나누어 기록하는 방식을 복식부기라고 한다.
- **거래의 이중성**: 분개에서 몇 개의 요소가 결합되는지는 상관없지만, 반드시 차변과 대변의 요소가 1개 이상은 구성되어야 한다.
- **대차평균의 원리**: 차변 금액의 합계와 대변 금액의 합계가 반드시 일치해야 한다.
- **자기검증기능**: 거래의 이중성과 대차평균의 원리를 이용하여 장부의 기록과 계산을 검증하는 것이다.

✏️ 개념 확인문제

다음 중 회계상 거래가 발생할 때마다 장부에 동일한 금액을 차변과 대변으로 나누어 기록하는 방법은? [2020년 3회]

① 복식부기 ② 단식부기
③ 연식부기 ④ 삼식부기

해설
회계상 거래가 발생할 때마다 장부에 동일한 금액을 차변과 대변에 나누어 기록하는 방식을 복식부기라 한다. 거래의 이중성과 대차평균의 원리를 이용하여 장부의 기록과 계산을 검증할 수 있는데 이를 복식부기의 자기검증기능이라 한다.

정답 ①

6. 전기

회계 순환과정 중 분개 이후 작성된 분개장 내역을 계정별로 분류하여 각 해당 계정에 옮겨 정리하는 것을 전기라고 한다.

```
거래: 1월 15일에 상품 100,000원을 현금으로 지급하며 구매했다.
분개: 1월 15일  (차) 상품      100,000    (대) 현금    100,000
전기:
           상품                              현금
  현금  100,000                    │  상품  100,000
```

총계정원장:

일자	번호	계정	차변 금액	대변 금액
01.15.	1	상품	100,000	
01.15.	1	현금		100,000

2 기중/기말절차

1. 결산서류 준비하기

(1) 결산의 목적
경영자는 기업의 회계 정보이용자 및 이해관계자에게 기업에 대한 의사결정을 원활하게 하도록 일정 기간 동안의 영업활동에 대해 수시로 보고를 해야 한다. 또한 일정 시점에 영업이 일시정지되었다고 가정하여 기간에 따라 3개월(분기), 6개월(반기), 1년(연차)의 보고서를 작성하는 과정에서 회사의 재무상태와 경영성과를 파악하고 알려주기 위해 회계기간 중 기록한 거래를 요약 및 정리하여 재무제표로 만들기 위해 결산을 한다.

(2) 결산의 절차 및 제반서류
결산은 수정전시산표를 작성하고 결산수정분개를 한 후 수정후시산표 및 정산표를 작성한다. 수익과 비용인 손익 계정은 집합손익으로 마감을 하여 잉여금에 반영하며 자산, 부채, 자본 항목에 대해 차기이월로 재무상태표 요소들도 마감한다. 이후 손익계산서와 재무상태표를 포함한 재무제표를 작성한다.

> **개념 확인문제**
>
> 다음 결산절차 중 첫 번째로 수행하는 절차는? [2018년 2회]
> ① 결산수정분개
> ② 수정전시산표의 작성
> ③ 재무상태표 계정의 마감
> ④ 손익계산서 계정의 마감
>
> **해설**
> '수정전시산표의 작성 → 결산수정분개 → 손익계산서 계정의 마감 → 재무상태표 계정의 마감'의 순서로 진행한다.
>
> 정답 ②

(3) 시산표(T/B; Trial Balance)
① 시산표의 정의: 거래가 발생하면 그것을 회계적 표현인 분개로 바꾸고 총계정원장에 전기한다. 그리고 기록된 총계정원장의 차변 합계 금액과 대변 합계 금액이 정확하게 기록되었는지에 대해 검산하는 보고서를 작성하는데, 이를 시산표라고 한다.

② 금액 표기방식에 따른 시산표의 종류
- **잔액시산표**: 총계정원장의 각 계정 잔액만을 집계하여 작성
- **합계시산표**: 총계정원장의 각 계정 합계액으로 작성
- **합계잔액시산표**: 잔액시산표와 합계시산표를 복합시킨 시산표로 대차 합계 금액과 잔액으로 작성

③ 시산표의 작성단계: 수정전시산표 → 수정후시산표 → 이월시산표

④ 시산표의 오류 중요

시산표에서 발견할 수 있는 오류	시산표에서 발견할 수 없는 오류
• 차변과 대변에 다른 금액을 기입해서 차액이 있는 경우 • 대차 어느 한 쪽에 전기를 누락한 경우 • 시산표상에서의 계산 오류	• 거래를 분개장에 기록하지 않거나 전기가 누락된 경우 • 대차 양편에 틀린 금액을 같이 전기한 경우 • 대차를 반대로 전기한 경우 • 거래를 이중으로 분개한 경우

시산표에서 오류가 발생한 경우 오류를 확인하기 위해서 장부를 검토할 때 회계의 순환과정 역순인 '시산표 → 총계정원장 → 보조원장 → 전표'로 검토하는 것이 가장 효율적이다.

⑤ 시산표의 등식

$$기말자산 + 총비용 = 기말부채 + 기초자본 + 총수익$$

개념 확인문제

대차평균의 원리, 자기검증기능을 이용하여 총계정원장에 전기할 때 오류가 없는지를 검토하기 위해 작성하는 것은 무엇인가? [2017년 1회]

① 재무상태표
② 결산수정분개
③ 시산표
④ 결산

해설
시산표의 대차 합계 금액에 차이가 있는 경우 회계처리 및 전기가 잘못되었음을 발견할 수 있다.

정답 ③

기출 & 확인 문제

01 [2021년 4회]
회계순환과정이란 거래를 기록하고 요약하여 재무제표를 작성하는 과정을 의미한다. 다음을 회계순환과정에 따라 나열할 경우 가장 먼저 수행해야 할 과정은?

① 총계정원장에 전기
② 전표 작성(분개)
③ 시산표 작성
④ 재무제표 작성

해설
회계순환과정은 '전표 작성(분개) → 총계정원장에 전기 → 시산표 작성 → 재무제표 작성'의 순서로 진행한다.

02 [2023년 3회]
회계순환과정의 내용 중 결산 전에 발생하는 절차로 가장 적절한 것은?

① 장부마감
② 수정후시산표 작성
③ 회계기간 중 분개
④ 재무제표 작성

해설
회계기간 중 분개는 결산 전에 발생하는 절차이다.
'거래 → 분개 → 전기 → 총계정원장 작성 → 결산 → 수정전시산표의 작성 → 결산수정분개 → 손익계산서 계정의 마감 → 재무상태표 계정의 마감'의 순서로 진행한다.

03 [2023년 2회]
회계 용어에 대한 설명 중 가장 적절하지 않은 것은?

① 회계기말에 모든 장부를 마감하여 일정 시점의 재무상태와 일정 기간 동안의 경영성과를 정확하게 파악하는 것을 결산이라 한다.
② 자산, 부채, 자본의 증감 변화와 수익, 비용의 발생을 구체적인 항목을 세워 기록, 계산, 정리하기 위하여 설정된 단위를 계정이라 한다.
③ 거래가 발생하여 어느 계정에 기입하고, 그 계정의 어느 (차, 대)변에 기입할 것인가, 얼마의 금액을 기입할 것인가를 미리 결정하는 절차를 전기라 한다.
④ 모든 거래는 어떤 계정의 차변과 다른 계정의 대변에 같은 금액을 기입하므로, 많은 거래가 기입되더라도 차변 합계액과 대변 합계액이 항상 일치하는 것을 대차평균의 원리라 한다.

해설
거래가 발생하여 어느 계정에 기입하고, 그 계정의 어느 (차, 대)변에 기입할 것인가, 얼마의 금액을 기입할 것인가를 미리 결정하는 절차를 분개라고 한다.

04 [2019년 4회]
다음 중 회계상 거래인 것은?

① 종업원 채용
② 자동차 구입 계약
③ 배상책임 법률 자문
④ 홍수로 인한 상품의 유실

해설
회계상 거래는 기업의 재무상태에 변동을 가져오는 거래를 의미한다. 종업원 채용, 계약, 법률 자문 등의 경우에는 재무상태에 변동을 가져오지 않으므로 일반적 거래에 해당한다. 반면에 상품의 유실은 자산의 손실이 발생하므로 회계상 거래에 해당한다.

05 [2021년 5회]
다음 중 회계상 거래가 아닌 것은?

① 기계의 고장수리
② 창고 보관 중 상품 분실
③ 부동산 매매 계약
④ 비품의 감가상각

해설
회계상 거래가 되기 위해서는 재화 또는 화폐의 이동이 이루어져야 한다. 따라서 부동산 매매 계약은 회계상 거래가 될 수 없다.

06 [2019년 2회]
다음 중 자산이 증가하는 거래를 분개할 때 나타날 수 있는 항목은?

① 수익 계정의 발생
② 부채 계정의 감소
③ 자본 계정의 감소
④ 비용 계정의 발생

해설
거래의 8요소에 따라 자산의 증가는 차변 요소이므로 대변 요소에는 자산의 감소, 부채의 증가, 자본의 증가, 수익의 발생이 나타날 수 있다.

| 정답 | 01 ② | 02 ③ | 03 ③ | 04 ④ | 05 ③ | 06 ① |

07 [2019년 2회]
다음 중 손익발생 여부에 따라 분류된 회계상 거래가 아닌 것은?

① 교환거래 ② 손익거래
③ 대체거래 ④ 혼합거래

해설
손익발생 여부에 따라 분류된 회계상 거래에는 수익과 비용이 발생하지 않고 자산, 부채, 자본의 증감변동을 가져오는 교환거래와 수익과 비용이 발생하는 손익거래, 자산, 부채, 자본의 증감변동과 수익과 비용이 동시에 발생하는 혼합거래가 있다.

08 [2023년 3회]
다음 중 계정의 차변에 기입해야 할 거래의 유형으로 옳지 않은 것은?

① 비품을 외상으로 매입하는 경우의 비품 계정
② 차입금을 현금으로 상환하는 경우의 차입금 계정
③ 상품을 외상으로 매출한 경우의 매출채권 계정
④ 빌려준 돈에 대한 이자를 받는 경우의 이자수익 계정

해설
빌려준 돈에 대한 이자를 받는 경우 이자수익 계정을 수익발생 항목으로 대변에 기입한다.
　　　　(차) 현금　　　(대) 이자수익
① (차) 비품　　　(대) 미지급금
② (차) 차입금　　(대) 현금
③ (차) 매출채권　(대) 상품매출

09 [2017년 6회]
결산절차에서 결산 예비절차로 적절한 것은?

① 시산표의 작성　　② 감가상각누계액의 설정
③ 퇴직급여충당부채의 설정　④ 장부의 마감과 이월

해설
결산절차 중 시산표의 작성, 보조장부와의 대조, 재고조사표 작성은 예비절차에 해당한다.

10 [2018년 6회]
다음 중 결산과정을 순서대로 바르게 나열한 것은?

> **보기**
> (1) 결산 손익계산서의 작성
> (2) 분개장/보조부의 마감
> (3) 총계정원장의 마감
> (4) 수정전시산표의 작성

① (1) → (2) → (3) → (4)
② (4) → (2) → (3) → (1)
③ (2) → (3) → (4) → (1)
④ (4) → (1) → (2) → (3)

해설
결산수정분개를 하기 전에 수정전시산표를 먼저 작성하며 보조부 마감 후 주요부에 해당하는 총계정원장을 마감한다. 마지막으로 손익계산서와 재무상태표를 작성한다.

11 [2022년 1회]
시산표를 작성한 결과 차변 잔액과 대변 잔액이 일치하지 않았다. 오류를 확인하기 위해서 장부를 검토할 경우 가장 효율적인 검토 순서는?

① 전표 → 보조원장 → 총계정원장 → 시산표
② 시산표 → 총계정원장 → 보조원장 → 전표
③ 전표 → 총계정원장 → 보조원장 → 시산표
④ 시산표 → 보조원장 → 총계정원장 → 시산표

해설
시산표에 포함된 오류를 검토하기 위해서는 시산표에서 출발하여 회계순환과정의 역순으로 검토하는 것이 효율적이다.

| 정답 | 07 ③　08 ④　09 ①　10 ②　11 ② |

CHAPTER 04 유동자산

빈출 키워드
- ☑ 당좌자산
- ☑ 현금 및 현금성자산
- ☑ 단기투자자산
- ☑ 매출채권
- ☑ 재고자산
- ☑ 재고자산의 단가결정방법

1 당좌자산

1. 현금 및 현금성자산

현금 및 현금성자산은 기업의 유동성을 판단하는 데 있어서 매우 중요한 항목이며 현금, 당좌예금, 보통예금, 현금성자산으로 구성되어 있다. 따라서 현금, 당좌예금, 보통예금, 현금성자산을 별도의 항목으로 구분하여 표시한다.

(1) 현금

① 통화(화폐): 지폐, 동전
② 통화대용증권: 자기앞수표, 타인(동점)발행 당좌수표, 가계수표, 여행자수표, 송금수표, 우편환증서, 소액환증서, 전신환증서, 만기가 된 국공사채 이자표, 배당금지급통지표, 국고송금통지서

> **개념 확인문제**
>
> 다음 중 통화대용증권으로 분류할 수 없는 항목은? [2021년 1회]
> ① 타인발행수표
> ② 자기앞수표
> ③ 우편환증서
> ④ 당점발행수표
>
> **해설**
> 당점발행수표는 당좌예금 계정으로 처리한다.   정답 ④

- 당점발행 당좌수표: 당좌예금
- 동점발행 당좌수표: 현금

(2) 당좌예금

당좌예금은 보통예금과 함께 요구불예금으로 불린다. 당좌예금 개설 시 보증금이 필요한데, 당좌개설보증금은 '특정 현금과 예금' 계정을 사용한다. 당좌예금은 예금한 금액을 초과해서 출금이 가능하다는 점에서 보통예금과 구분된다. 당좌예금 잔액을 초과하여 출금되는 것을 당좌차월이라고 하며, 회계처리 시 단기차입금 계정을 사용한다.

> **TIP**
> 당좌예금 거래에서 회사 장부상의 잔액과 은행 장부상의 잔액이 차이가 발생한 경우 은행계정조정표를 작성하여 차이를 조정한다.

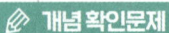

개념 확인문제

다음 [보기]의 거래가 순서대로 반영될 경우 기말 당좌차월 금액은 얼마인가? (단, 당좌차월 계약 한도 범위액은 10,000,000원임) [2021년 1회]

┌ 보기
│ 1. 기초 당좌예금 잔액   20,000,000원
│ 2. 기중 상품매출 당좌예금 입금액   13,000,000원
│ 3. 기중 원재료 매입 당좌예금 출금액 7,000,000원
│ 4. 기중 당좌수표 발행액   30,000,000원

① 1,000,000원 ② 1,500,000원
③ 2,000,000원 ④ 4,000,000원

해설
기말 잔액: 기초 잔액 20,000,000원 + 입금액 13,000,000원 − 출금액 7,000,000원 − 수표 발행액 30,000,000원 = −4,000,000원(당좌차월 4,000,000원)   정답 ④

(3) 보통예금

보통예금은 요구불예금으로 당좌예금과 달리 입금된 금액 범위 내에서만 입·출금이 자유롭다는 특징이 있다. 타행으로 이체를 하는 경우에는 타행이체 수수료가 발생할 수 있으며, 이때 발생한 수수료에 대해서는 수수료비용(또는 지급수수료) 계정을 사용한다.

(4) 현금성자산

현금성자산은 앞에서 설명한 현금, 당좌예금, 보통예금을 제외하고, 현금의 성질을 가지면서 큰 거래비용 없이 현금으로 전환이 용이하고, 이자율 변동에 따른 가치변동의 위험이 중요하지 않은 유가증권 및 단기금융상품 등으로서 취득일(또는 상환일)로부터 만기가 3개월 이내인 채권, 상환우선주, 환매채 등을 말한다.
① 투자신탁의 계약기간이 3개월 이내인 초단기수익증권
② 3개월 이내의 환매조건인 환매채
③ 취득 당시 만기가 3개월 이내에 도래하는 채권, 상환우선주

(5) 현금 및 현금성자산이 아닌 항목

다음 사항에 대해서는 현금 및 현금성자산으로 처리하지 않는다.

선일자수표	수표 결제일이 발행일보다 미래시점으로 설정되어 있는 경우를 의미하며, 받을어음 또는 미수금으로 처리한다.
수입인지·우표	수입인지는 세금과공과, 우표는 통신비로 처리한다.
당좌차월	당좌예금의 (−) 잔액으로, 회계처리는 단기차입금(부채) 계정을 사용한다.
종업원가불금·차용증서	임직원 등 단기채권 또는 장(단)기대여금으로 처리한다.

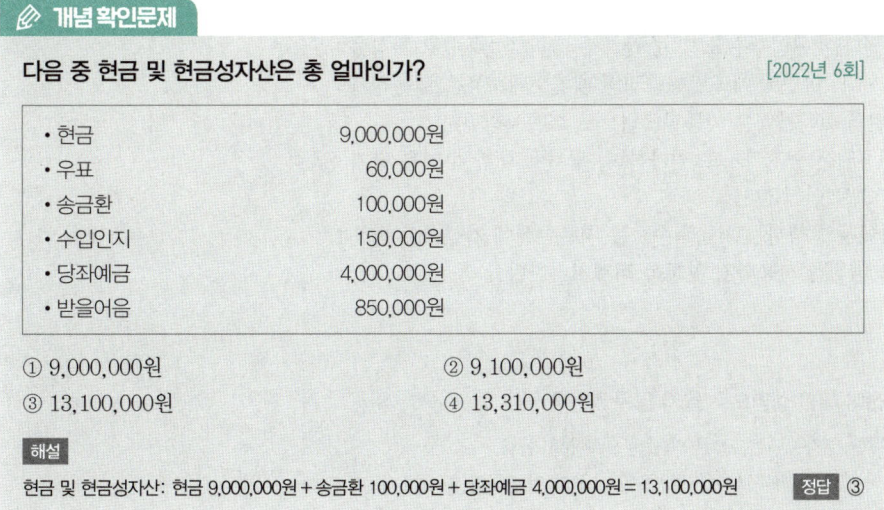

2. 단기투자자산

(1) 단기매매증권

① **유가증권의 종류**: 유가증권은 재산권을 나타내는 증권을 말하며, 실물이 발행되는 경우도 있고 명부만 등록되는 경우도 있다. 유가증권에는 지분증권(주식)과 채무증권(사채, 국채, 공채 등)이 포함된다. 유가증권의 채무증권은 취득한 후 만기보유증권, 단기매매증권, 그리고 매도가능증권 중의 하나로 분류한다.

구분	내용
단기매매증권	주로 단기간 내의 매매차익을 목적으로 취득한 유가증권으로서 매수와 매도가 적극적이고 빈번하게 이루어지는 경우
매도가능증권	단기매매증권이나 만기보유증권으로 분류할 수 없는 유가증권
만기보유증권	만기가 확정된 채무증권으로서 상환 금액이 확정되었거나 확정이 가능한 채무증권을 만기까지 보유할 적극적인 의도와 능력이 있는 경우
지분법 적용 투자주식	특정 회사의 지배를 목적으로 보유하는 유가증권으로 소유회사의 지분을 20% 이상 취득한 경우도 해당함

② 유가증권 종류에 따른 평가

구분	해당증권	평가방법	평가손익	손상차손
단기매매증권	지분증권, 채무증권	공정가치	단기매매증권평가손익 (영업외손익)	–
매도가능증권			매도가능증권평가손익 (기타포괄손익)	인식 가능
만기보유증권	채무증권	상각후원가	–	
지분법 적용 투자주식	지분증권	지분법	–	

③ 단기매매증권의 취득: 단기매매증권의 취득원가는 주식 수를 공정가치로 측정한 금액을 의미하며 매입 과정에서 발생하는 매입수수료 및 증권거래세는 지급수수료 계정을 사용하여 영업외비용으로 처리한다. 반면에 매도가능증권의 매입부대비용은 취득원가에 포함한다. 또한 단기매매증권의 취득가액은 이동평균법으로 회계처리한다.
④ 단기매매증권의 평가: 단기매매증권은 공정가치로 평가하며, 평가에 대한 손익은 당기손익(영업외수익과 영업외비용)으로 인식한다.
⑤ 단기매매증권의 처분: 처분과정에서 발생하는 처분수수료는 처분손실에 가산하고 처분이익에서는 차감하여 따로 비용 계정을 사용하지 않도록 회계처리한다.

개념 확인문제

다음 중 일반기업회계기준상 금융자산에 대한 설명으로 옳지 않은 것은? [2023년 1회]

① 단기간 내에 매매차익 목적으로 취득한 유가증권은 단기매매증권으로 분류한다.
② 채무증권은 단기매매증권으로 분류가 안되면 만기보유증권으로만 분류가 가능하다.
③ 단기매매증권 취득 시 매입수수료는 당기비용으로 처리한다.
④ 만기보유증권 취득 시 매입수수료는 취득원가에 가산한다.

해설
채무증권은 단기매매증권으로 분류가 안되면 만기보유증권이나 매도가능증권으로 분류할 수 있다.

정답 ②

유가증권의 평가 및 처분

구분	평가(공정가치)	처분
단기매매증권	I/S (영업외수익, 영업외비용)	I/S (영업외수익, 영업외비용)
매도가능증권	B/S (자본: 기타포괄손익누계액)	I/S (영업외수익, 영업외비용)

매도가능증권에 대한 미실현 보유손익은 기타포괄손익누계액으로 처리하고, 당해 유가증권에 대한 기타포괄손익누계액은 그 유가증권을 처분하거나 손상차손을 인식하는 시점에 일괄하여 당기손익에 반영한다.

개념 확인문제

다음 일반기업회계기준에 의한 유가증권 관련 계정 중 당기 손익에 영향을 미치지 않는 계정과목은? [2018년 3회]

① 단기매매증권평가손실
② 단기매매증권처분이익
③ 매도가능증권처분이익
④ 매도가능증권평가손실

해설
매도가능증권평가손익은 자본의 기타포괄손익누계액 계정으로 손익에 영향을 미치지 않는다.

정답 ④

> **취득수수료 및 증권거래세**
> - 단기매매증권: 지급수수료(비용)
> - 매도가능증권: 취득원가에 포함
> - 단기매매증권평가손익: 영업외손익(손익계산서)
> - 매도가능증권평가손익: 기타포괄손익누계액(재무상태표)

(2) 단기대여금

단기대여금은 회사가 보고기간 종료일로부터 1년 이내의 기간 동안 금전을 대여하는 것을 의미한다. 1년 이상의 기간 동안 대여하는 경우에는 장기대여금(비유동자산)으로 회계처리한다. 반대 계정은 단기차입금(부채)이다.

(3) 단기금융상품

단기금융상품이란 재무상태표일로부터 만기가 1년 이내인 금융상품을 의미한다. 만기가 1년 이내인 정기예금 및 정기적금, 기타금융상품으로 양도성예금증서(CD), 어음관리계좌(CMA) 등이 있다.

3. 매출채권

(1) 매출채권

매출채권이란 일반적 상거래에서 발생한 외상거래로서 외상매출금과 받을어음을 통합한 계정이다. 일반적 상거래란 회사의 재고자산 거래를 의미하는 것으로 상품, 제품, 원재료 등의 거래를 의미한다. 그 이외의 거래에 대한 외상거래는 미수금 계정으로 회계처리한다. 반대 계정으로는 외상매입금과 지급어음을 통합한 매입채무 계정이 있다.

구분	채권(자산)		채무(부채)	
일반적 상거래 ○	외상매출금	받을어음	외상매입금	지급어음
일반적 상거래 ×	미수금		미지급금	

개념 확인문제

다음 중 매출채권에 해당하는 것은? [2018년 6회]

① 외상매출금 ② 외상매입금
③ 미수금 ④ 가수금

해설
매출채권은 일반적 상거래에서 발생한 외상거래로 외상매출금과 받을어음이 해당한다.

정답 ①

(2) 받을어음 할인

어음의 할인이란 회사의 자금 및 여러 가지 문제로 어음이 만기되기 전에 은행 및 금융기관에 어음에 대한 권리를 담보로 하거나 매각하여 자금을 조달하는 행위이다. 매각거래로 인식할 경우 은행에 지불하게 되는 수수료와 은행이 보유하는 기간에 대한 할인료를 매출채권처분손실로 처리한다. 할인료 계산은 '어음 금액 × 연이자율 × 은행보유기간/12개월'이다.

개념 확인문제

소유하고 있는 약속어음 365,000원을 은행에서 할인받고, 할인료를 차감한 실수금을 당좌예금에 입금하였다. 매출채권처분손실은 얼마인가? (단, 할인일수는 60일, 할인율은 연 20%임)

[2020년 6회]

① 10,000원   ② 11,000원
③ 12,000원   ④ 13,000원

해설

매출채권처분손실(할인료): 약속어음 365,000원×20%×60일/365일 = 12,000원

정답 ③

(3) 대손상각

① **대손설정**: 대손이란 회수 불가능한 채권, 즉 매출채권 및 미수금, 대여금 등의 금액을 수령할 수 없게 된 경우 그 금액을 의미한다. 채권의 종류에 따라 대손상각의 분류가 다르므로 구분을 명확히 하여 회계처리한다.

구분	채권 계정	비용 계정
일반적 상거래 ○	매출채권(외상매출금, 받을어음)	대손상각비(I/S: 판매비와 관리비)
일반적 상거래 ×	미수금, 대여금	기타의 대손상각비(I/S: 영업외비용)

대손은 결산일에 남은 채권의 잔액을 기준으로 보충법에 따라 설정하도록 정하고 있다.

매출채권 잔액(B/S)×대손율 - 대손충당금 잔액 > 0 [(차) 대손상각비   (대) 대손충당금]
                                          < 0 [(차) 대손충당금   (대) 대손충당금환입]

이외에도 대손설정 방법으로 채권의 연령에 따라 다른 대손율을 반영해서 대손충당금을 설정하는 연령분석법이 있다. 연령분석법으로 계산한 대손충당금도 회계처리는 동일하다.

② **대손확정**: 매출채권을 법적으로 회수할 수 없는 상황이 확실한 경우(파산, 부도 6개월 경과, 소멸시효 완성 등) 대손이 확정되는 상황에 채권을 대손처리하게 된다. 대손처리 당시 대손충당금의 잔액이 존재하면 대손충당금으로 처리하며, 부족할 경우 대손상각비(또는 기타의 대손상각비) 계정을 사용한다.

(차) 대손충당금	×××	(대) 매출채권	×××
대손상각비	×××		

📝 개념 확인문제

[보기]의 거래 자료를 기반으로 한 분개로 옳은 것은? [2022년 6회]

> **보기**
> 5월 1일 외상매출금 200,000원이 거래처 파산으로 회수 불능 채권으로 확정되었다. (단, 대손충당금 잔액은 50,000원이다)

①	(차) 대손충당금	200,000	(대) 외상매출금	200,000	
②	(차) 대손상각비	250,000	(대) 외상매출금	250,000	
③	(차) 대손충당금	250,000	(대) 외상매출금	250,000	
④	(차) 대손충당금	50,000	(대) 외상매출금	200,000	
	대손상각비	150,000			

해설
- 회수 불능 채권은 대손충당금 잔액으로 먼저 처리한 후 잔액을 대손상각비로 인식한다.
- (차) 대손충당금　　50,000　　(대) 외상매출금　　200,000
  　　대손상각비　　150,000

정답 ④

4. 기타 당좌자산

(1) 미수금과 미수수익

① 미수금: 상거래 이외의 거래에서 외상으로 거래하거나 약속어음을 수취했을 경우에 사용한다.

② 미수수익: 발생주의에 의해 당기에 발생했지만 차기에 받기로 한 수익을 나타내는 자산 계정이다.

(2) 선급금과 선급비용

① 선급금: 원재료 및 자산을 취득하기 위하여 계약금 등으로 먼저 지급하는 금액을 말하며 물건을 인도받기 전까지 지불한 계약금의 권리가 지급인에게 있기 때문에 자산으로 처리한다.

② 선급비용: 발생주의에 의해 당기에 지급한 비용을 차기로 이연시키는 자산 계정이다.

(3) 선납세금

소득을 제공받는 입장에서 소득을 얻는 회사가 납부할 세금을 소득 제공자가 먼저 신고·납부하기 위해 원천징수 당하는 경우와 법인세를 중간에 납부하는 경우에 쓰이는 계정과목이다.

2 재고자산

1. 재고자산의 정의

재고자산이란 유동자산에 속하는 자산으로, 생산 및 판매를 목적으로 보유하는 회사의 자산을 의미한다. 재고자산에는 원재료(부재료), 재공품, 반제품, 저장품, 제품, 상품, 미착품, 적송품, 시송품 등이 있으며 회사의 업태와 종목에 따라 재고자산의 종류가 다양하게 결정될 수 있다.

> **재고자산**
> 생산(원재료, 재공품, 제품) 및 판매(상품)를 목적으로 보유하는 자산

2. 재고자산의 종류

(1) 원재료, 재공품, 제품, 상품
원재료는 판매할 제품의 생산에 소비될 재화, 재공품은 생산공정 중에 있는 것, 제품은 판매를 목적으로 제조한 재화, 상품은 판매할 목적으로 구입한 재화를 말한다.

(2) 미착품 중요
아직 도착하지 않은 상품을 의미한다. 회사의 재고창고에 보관하고 있지 않고 운송 중인 경우에도 회사의 재고자산에 포함되는 경우가 있다.
① **도착지 인도조건: 운송 중인 경우 판매자의 미착품**
② **선적지 인도조건: 운송 중인 경우 구매자의 미착품**

(3) 적송품
위탁자(공장)가 수탁자(대리점)에게 판매를 부탁해서 보낸 재고자산을 의미한다. 수탁자는 재고자산을 구매하여 판매하는 것이 아닌 판매에 대한 수수료만을 수익으로 인식한다. 따라서 수탁자가 미판매 상태로 보유 중인 재고는 위탁자의 재고자산이다.

(4) 시송품
시범적으로 사용한 후 구매자가 구매의사를 표시하는 시용판매에서의 재고자산을 의미한다. 판매자는 재고자산을 고객에게 인도하였어도 구매자가 매입의사를 표시하기 전이라면 반품기간이 종료될 때까지 판매자의 재고자산으로 보고해야 한다.

개념 확인문제

다음 중 재고자산에 포함될 수 없는 것은? [2021년 6회]
① 제품 생산에 투입되기 위하여 보관 중인 원재료
② 공장 신축을 위하여 보유 중인 공장부지
③ 생산이 완료되어 창고에 보관 중인 제품
④ 판매 목적으로 보유하고 있는 상품

해설
공장 신축을 위하여 보유 중인 공장부지는 토지 계정으로 비유동자산(유형자산)에 속한다. 정답 ②

---

3. 재고자산의 취득
재고자산의 취득원가는 매입 금액에 매입운임, 하역료, 보험료 등 취득과정에서 정상적으로 발생한 부대원가를 가산하고, 매입과 관련된 할인, 에누리 및 기타 유사한 항목은 차감한다. 성격이 상이한 재고자산을 일괄구입한 경우 총매입원가를 각 재고자산의 공정가치 비율에 따라 배분하여 개별 재고자산의 매입원가를 결정한다. 자가제조의 경우 제조원가를 취득원가로 한다.

> 취득원가 = 매입 금액 + 매입부대비용(운반비, 수수료, 하역비 등)

4. 재고자산의 평가

(1) 재고자산의 수량결정방법
재고자산의 수량을 결정하는 방법에는 계속기록법과 실지재고조사법이 있다. 이 두 가지 방법 모두 오류가 발생하므로 더 우월한 방법은 없다. 따라서 기업회계기준에서는 두 가지 방법을 병행하는 혼합법을 사용하고 있다.

① 계속기록법: 장부상에 남아 있는 재고자산 수량을 기말재고자산 수량으로 결정하는 방법이다. 재고자산의 장부상 수량과 금액을 언제든지 파악할 수 있다는 장점이 있으나, 재고자산의 입출내역을 기록, 유지하는 것이 매우 번거롭다는 단점이 있다. 매출원가로 기록한 금액 이외에는 기말재고로 간주하므로 감모수량이 기말재고에 포함된다(감모손실만큼 기말수량이 과대계상됨).

② 실지재고조사법: 기말에 실제 조사한 수량을 기말재고수량으로 결정하는 방법이다. 재고자산에 대한 출고기록을 하지 않기 때문에 간편하다는 장점이 있으나, 실사를 하지 않고서는 재고자산의 수량과 금액을 파악하는 것이 불가능하다는 단점이 있다. 실사에 포함되지 않은 부분은 모두 당기 중에 판매된 것으로 가정하므로 감모수량이 매출원가에 포함된다(감모손실만큼 판매수량이 과대계상됨).

③ 혼합법: 계속기록법과 실지재고조사법을 병행하는 것으로 기업회계기준에서 채택하고 있다.

> **계속기록법**
> 매입 시 상품 계정으로 기록하고 매출이 발생할 때마다 매출에 대응하는 매출원가로 기록하는 방법

> **실지재고조사법**
> 상품 매입 시 상품 계정이 아닌 매입 계정을 사용하며 매출 시 매출원가를 기록하지 않고 매출 계정으로 처리, 매출원가는 기말 재고조사를 통해 파악하는 방법

(2) 재고자산의 단가결정방법

동일한 재고자산을 취득할 때 취득시기에 따라 단가가 계속 변동하는 경우 판매된 자산이 어떤 단가의 자산인지 결정하는 것을 원가흐름의 가정이라고 한다. 기업회계기준에서는 개별법, 선입선출법, 후입선출법, 가중평균법(이동평균법, 총평균법)만을 인정하고 있다. 단, 유통업의 경우 매출가격환원법(소매재고법)도 인정하고 있다.

구분	내용
개별법	재고자산 각각에 대하여 구입한 가격을 기록해 두었다가 재고자산이 판매되었을 때 그 재고자산의 가격을 정확하게 매출원가로 기록하는 방법
선입선출법	먼저 매입된 상품이 먼저 매출하였다고 가정하는 방법 • 일반적인 물량흐름과 일치 • 물가 상승 시 당기순이익이 높게 계상 • 기말 재고금액이 최근 구입한 원가로 보고되어 재무상태표 재고자산 금액이 시가를 반영 • 최근의 수익과 과거 원가가 대응되므로 수익·비용의 대응이 어려움
후입선출법	가장 최근에 매입된 상품이 먼저 매출하였다고 가정하는 방법 • 최근의 수익에 최근의 원가가 대응되므로 수익·비용의 대응이 적절 • 기말재고액이 과거 원가로 계상되므로 물가 상승 시 기말재고액이 낮게 계상
이동평균법	매입일 단가를 결정해서 다음 매입까지의 단가를 하나의 단가로 통일하는 방법
총평균법	재고자산의 가격을 하나의 가격으로 통일하여 판매한 재고자산, 기말재고자산의 단가를 동일하게 계산하는 방법
매출가격환원법 (소매재고법)	기말재고 판매가에 원가율을 곱하여 기말재고 원가를 산정하는 방법

➕ 물가 상승 시 단가결정방법에 따른 특징

매출총이익, 기말재고자산, 법인세비용이 큰 방법	선입선출법 > 이동평균법 ≥ 총평균법 > 후입선출법
매출원가가 가장 큰 보수적인 방법	후입선출법 > 총평균법 ≥ 이동평균법 > 선입선출법

> **개념 확인문제**
>
> 다음 중 기말재고자산 단가를 결정하는 방법은? [2019년 6회]
>
> ① 이동평균법 ② 계속기록법
> ③ 총액법   ④ 실지재고조사법
>
> **해설**
> 단가결정방법은 개별법, 선입선출법, 후입선출법, 이동평균법, 총평균법으로 구분할 수 있다.
> ② 계속기록법, ④ 실지재고조사법은 재고자산의 수량결정방법이다.
>
> 정답 ①

(3) 기말재고자산의 수량·가격 변화

① **수량 변화**: 수량의 감소는 정상적 감소와 비정상적 감소로 나뉜다. 정상적 감모란 회사가 일상적 영업을 하면서 감소할 수 있다고 판단하는 범위를 의미하며, 정상감모손실은 매출원가에 포함한다. 비정상적 감모는 도난이나 분실 또는 파손으로 인한 정상적 감모손실을 제외한 나머지 부분으로, 비정상감모손실은 영업외비용으로 처리한다.

② **가격 변화**: 가격의 변화는 순실현가능가치와 장부 금액을 비교하여 낮은 가격에 맞추어 가격을 조정하도록 되어 있다. 가격의 변화에는 저가법만을 따르기 때문에 재고자산평가이익이라는 표현은 없다. 가격의 하락에 따른 재고자산평가충당금은 재고자산을 차감하는 형식으로 기록하며 재고자산평가손실은 매출원가에 포함한다. 추후 가격이 회복되었을 시에만 최초의 취득원가를 한도로 회복을 인식한다.

> **+ 저가법**
>
> - 재고자산의 손상, 장기체화, 진부화 등의 사유로 시가가 취득원가보다 하락한 경우 시가로 장부가액을 기록하는 방식
> - 재고자산 평가 시 시가는 순실현가능가치를 의미함
> - 재고자산은 항목별로 저가법으로 평가하는 것이 원칙이며 예외적으로 유사 항목으로 통합할 수 있고 저가법은 총액기준으로 사용할 수 없음

5. 재고자산의 판매

재고자산의 처분과정은 판매를 통해 소멸되는 경우와 다른 계정으로 대체되어 소멸되는 경우로 나누어 볼 수 있다.

(1) 매출액의 계산

손익계산서에 기록되는 매출액은 순매출액을 의미하며 매출과정에서 발생한 매출환입, 매출에누리, 매출할인을 차감한 금액이다. 또한 매출원가를 산출하는 과정에서 사용되는 매입액은 순매입액으로 총매입액에서 매입환출, 매입에누리, 매입할인을 차감한 금액이다.

매출	매출환입(반품)	불량품의 발생으로 매출한 재고자산이 반품되는 금액
	매출에누리(하자)	매출한 재고자산에 하자(이상)가 발생하여 가격을 인하해 주는 금액
	매출할인(일찍)	약속기일보다 일찍 외상값을 회수하는 경우 할인해 주는 금액
매입	매입환출(반품)	불량품의 발생으로 매입한 재고자산을 반품하는 금액
	매입에누리(하자)	매입한 재고자산에 하자(이상)가 발생하여 가격을 인하해 받는 금액
	매입할인(일찍)	약속기일보다 일찍 외상값을 상환하는 경우 할인받는 금액

	(순)매출액	= 총매출액 − 매출환입 − 매출에누리 − 매출할인
−	매출원가(500번대)	= 기초상품재고액 + 당기순매입액 − 기말상품재고액 = 판매가능상품액 − 기말상품재고액
	매출총이익	
−	판매비와 관리비(800번대)	~비, ~료, ~여, ~과
	영업이익	
+	영업외수익(900번대)	
	영업외비용(900번대)	~비용, ~손실, 기부금, 기타의 대손상각비
	법인세차감전순이익	
−	법인세비용(900번대)	
	당기순이익	

(2) 매출원가의 계산

> 매출원가 = 기초상품재고액 + 당기순매입액 − 기말상품재고액
> = 판매가능상품액 − 기말상품재고액

상품(자산)	
차변(증가)	대변(감소)
기초상품재고액 타계정에서 대체액 당기상품순매입액	매출원가 타계정으로 대체액 기말상품재고액

＋ 기말재고 과대측정

- 기말재고수량이 과대측정 시 '매출원가 = 기초재고 + 매입액 − 기말재고'이므로 매출원가가 과소계상된다. 매출원가의 과소는 매출총이익, 당기순이익을 과대계상하여 기말자본을 과대보고하게 된다.
- 기말재고 과대 → 매출원가 과소 → 매출총이익(당기순이익) 과대 → 이익잉여금 과대 → 자본 과대

📝 개념 확인문제

다음 정보를 통해 매출원가를 구하면? [2020년 5회]

보기
- 기초재고액: 200,000원
- 당기매입액: 600,000원
- 기말재고액: 300,000원

① 200,000원 ② 300,000원
③ 400,000원 ④ 500,000원

해설
매출원가: 기초재고액 200,000원 + 당기매입액 600,000원 − 기말재고액 300,000원 = 500,000원

정답 ④

> **TIP**
> 상품의 계정을 이용한 계산 문제가 자주 출제되고 있으므로, 상품 계정을 숙지한 후 문제를 많이 풀어보는 것이 좋다. 제시된 자료를 모두 활용해야 하는 것은 아니며 자료가 많더라도 답을 쉽게 구할 수 있는 경우가 있다. 또한 복잡한 계산 문제의 경우 전략적으로 가장 마지막에 푸는 것이 좋다.

기출 & 확인 문제

01 [2021년 4회]
다음 [보기]에서 현금 및 현금성자산을 계산하면 얼마인가?

┌─ 보기 ─────────────────────────────┐
• 현금   1,700,000원   • 우표   35,000원
• 수입인지   200,000원   • 받을어음   900,000원
• 보통예금   2,000,000원   • 외상매출금 1,100,000원
• 당좌예금   3,000,000원
└────────────────────────────────────┘

① 5,000,000원 ② 6,500,000원
③ 6,700,000원 ④ 6,900,000원

해설
- 현금 및 현금성자산: 현금 1,700,000원 + 보통예금 2,000,000원 + 당좌예금 3,000,000원 = 6,700,000원
- 수입인지는 세금과공과, 우표는 통신비, 받을어음 및 외상매출금은 매출채권에 해당한다.

02 [2021년 6회]
다음 [보기]의 거래가 순서대로 반영될 경우 기말 재무상태표상 단기차입금 금액은 얼마인가? (단, 당좌차월 계약 한도 범위액은 5,000,000원임)

┌─ 보기 ─────────────────────────────┐
1. 기초 당좌예금 잔액: 4,000,000원
2. 기중 상품매출 당좌예금 계좌 입금액: 2,000,000원
3. 기중 원재료 매입 당좌예금 계좌 출금액: 3,500,000원
4. 기중 당좌수표 발행액: 5,000,000원
└────────────────────────────────────┘

① 2,000,000원 ② 2,500,000원
③ 3,500,000원 ④ 5,000,000원

해설
- 당좌예금 잔액: 기초 당좌예금 4,000,000원 + 당좌예금 입금액 2,000,000원 − 당좌예금 출금액 3,500,000원 = 2,500,000원
- 단기차입금(당좌차월): 당좌예금 잔액 2,500,000원 − 수표 발행액 5,000,000원 = −2,500,000원

03 [2018년 4회]
다음 내용은 (주)대한의 단기매매증권에 대한 결산일 현재 내역이다. 단기매매증권 관련 결산 회계처리의 누락이 재무제표에 미치는 영향으로 옳은 설명은?

회사명	주식 수	장부 금액	기말 평가 금액
(주)민국	1,000주	10,000,000원	12,000,000원
(주)진주	200주	6,000,000원	4,500,000원

① 자산이 500,000원 과대계상된다.
② 당기손익이 2,000,000원 과소계상된다.
③ 당기손익이 1,500,000원 과대계상된다.
④ 자본이 500,000원 과소계상된다.

해설
- 평가이익: (주)민국 평가이익 2,000,000원 − (주)진주 평가손실 1,500,000원 = 500,000원
- 평가이익 500,000원의 누락으로 '수익 과소 → 이익 과소 → 이익잉여금 과소 → 자본 과소'가 발생한다. 단기매매증권의 가치도 누락되었으므로 자본 500,000원이 과소계상된다.

| 정답 | 01 ③ 02 ② 03 ④

04 [2019년 6회]

다음은 단기간 매매차익을 목적으로 보유하고 있는 단기매매증권에 대한 내용이다. 2025년 12월 31일 결산 시점의 단기매매증권 평가손익을 계산하면 얼마인가?

— 보기 —
- 2024년 9월 1일 단기간 매매차익을 목적으로 A주식 10,000주를 @1,000원(액면 @5,000원)에 현금으로 취득하다.
- 2024년 12월 31일 현재 보유 중인 A주식의 공정가치를 @950원으로 평가하다.
- 2025년 12월 31일 현재 보유 중인 A주식의 공정가치를 @1,100원으로 평가하다(단, 다른 조건은 없다고 가정함).

① 단기매매증권평가손실 500,000원
② 단기매매증권평가이익 1,500,000원
③ 단기매매증권평가손실 1,500,000원
④ 단기매매증권평가이익 1,000,000원

해설

- 2024년 9월 1일

| (차) 단기매매증권 | 10,000,000 | (대) 현금 | 10,000,000 |

- 2024년 12월 31일

| (차) 단기매매증권평가손실 | 500,000 | (대) 단기매매증권 | 500,000 |

- 2025년 12월 31일

| (차) 단기매매증권 | 1,500,000 | (대) 단기매매증권평가이익 | 1,500,000 |

05 [2023년 2회]

[보기]의 내용을 결산 시, 회계처리로 가장 적절한 것은?

— 보기 —
- 결산 시 현재 보유 중인 단기매매증권은 2025년 3월 1일에 취득한 주식 50주이다.
- 취득 금액이 주당 5,000원이고 결산일 현재 공정가치가 주당 4,500원이다.

① (차) 단기매매증권 25,000 (대) 단기매매증권평가이익 25,000
② (차) 단기매매증권평가손실 225,000 (대) 단기매매증권 225,000
③ (차) 단기매매증권 225,000 (대) 단기매매증권평가이익 225,000
④ (차) 단기매매증권평가손실 25,000 (대) 단기매매증권 25,000

해설
단기매매증권 평가손실: 50주×(취득단가 5,000원 − 주당 공정가치 4,500원)= 25,000원

06 [2021년 1회]

장부가액이 180,000원이고 액면가액이 100,000원인 단기매매증권을 처분하고 100,000원을 지급받은 경우 단기매매증권처분손익은 얼마인가?

① 이익 80,000원
② 손실 80,000원
③ 이익 100,000원
④ 손실 100,000원

해설

| (차) 현금 | 100,000 | (대) 단기매매증권 | 180,000 |
| 단기매매증권처분손실 | 80,000 | | |

07 [2018년 6회]

다음의 거래를 분개하는 경우 발생할 수 없는 계정과목은?

— 보기 —
- 10월 20일 외상매출금 5,000,000원 중 1,000,000원은 당점이 발행한 당좌수표를 받았으며, 잔액은 동점이 발행한 어음으로 받았다.
- 10월 21일 외상매입금 1,000,000원을 수표를 발행하여 지급하였다.
- 10월 22일 상품 5,000,000원을 매출하고 외상으로 하였다.

① 당좌예금
② 대손상각비
③ 외상매입금
④ 받을어음

해설

- 10월 20일

| (차) 당좌예금 | 1,000,000 | (대) 외상매출금 | 5,000,000 |
| 받을어음 | 4,000,000 | | |

- 10월 21일

| (차) 외상매입금 | 1,000,000 | (대) 당좌예금 | 1,000,000 |

- 10월 22일

| (차) 외상매출금 | 5,000,000 | (대) 상품매출 | 5,000,000 |

| 정답 | 04 ② 05 ④ 06 ② 07 ②

08 [2022년 2회]

[보기]의 자료를 사용하여 당 회계기간의 상품매출액을 추정하면 얼마인가?

┌─ 보기 ─────────────────────────────┐
- 기초의 외상매출금 잔액   50,000원
- 기말의 외상매출금 잔액   60,000원
- 외상매출금 회수액   300,000원
- 현금매출액   150,000원
└────────────────────────────────────┘

① 430,000원　　　　　② 460,000원
③ 490,000원　　　　　④ 510,000원

해설
- 외상매출액: 기말 60,000원 + 회수액 300,000원 − 기초 50,000원 = 310,000원
∴ 매출액: 외상매출액 310,000원 + 현금매출액 150,000원 = 460,000원

09 [2022년 2회]

회사에서 소유하고 있는 약속어음 3,500,000원을 은행에서 할인받고, 할인료를 차감한 실수금을 당좌예금에 입금하였다. 매출채권처분손실을 계산하면 얼마인가? (단, 할인일수 90일, 할인율은 연 10%, 1년은 360일)

① 75,200원　　　　　② 79,000원
③ 87,500원　　　　　④ 92,000원

해설
매출채권처분손실: 3,500,000원×10%×90일/360일 = 87,500원

10 [2020년 1회]

다음 [보기]의 자료를 이용하여 계산한 2025년 말 재무상태표에 표시될 대손충당금액은 얼마인가?

┌─ 보기 ─────────────────────────────┐
1. 2025년 중 거래처 (주)생산성의 매출채권 20,000원이 회수 불가능한 것으로 확정되었다.
2. 2025년 말 회사는 보유하고 있던 3,000,000원의 매출채권 중에서 3%가 회수 불가능할 것으로 판단하였다.
└────────────────────────────────────┘

① 0원　　　　　　　　② 20,000원
③ 40,000원　　　　　④ 90,000원

해설
대손충당금액: 2025년 말 대손충당금 매출채권 잔액 3,000,000원×3% = 90,000원

11 [2023년 1회, 2022년 3회]

다음 자료를 참고하여 영업외비용인 기타의 대손상각비를 1%로 계산하면 얼마인가?

┌─ 보기 ─────────────────────────────┐
- 외상매출금   10,000,000원　- 장기차입금 4,550,000원
- 선급금   3,000,000원　- 가수금   1,000,000원
- 단기대여금   1,000,000원
└────────────────────────────────────┘

① 30,000원　　　　　② 40,000원
③ 50,000원　　　　　④ 100,000원

해설
기타의 대손상각비: (선급금 3,000,000원 + 단기대여금 1,000,000원)×1% = 40,000원

12 [2019년 4회]

[보기]는 어떤 기업의 대손 관련 거래이다. 12월 31일 결산일에 해당 기업이 수행해야 할 회계처리의 대변 항목으로 옳은 것은? (단, 기초 대손충당금은 100,000원임)

┌─ 보기 ─────────────────────────────┐
- 7월 1일 거래처의 도산으로 외상매출금 60,000원이 회수 불능되었다.
- 12월 31일 외상매출금 기말 잔액 5,000,000원에 대해 1%의 대손을 추산하다.
└────────────────────────────────────┘

① 외상매출금 60,000원　　② 대손충당금환입 60,000원
③ 대손상각비 10,000원　　④ 대손충당금 10,000원

해설
- 7월 1일

| (차) 대손충당금 | 60,000 | (대) 외상매출금 | 60,000 |

- 12월 31일

| (차) 대손상각비 | 10,000 | (대) 대손충당금 | 10,000* |

*5,000,000원×1% − (100,000원 − 60,000원) = 10,000원

| 정답 | 08 ② | 09 ③ | 10 ④ | 11 ② | 12 ④ |

13 [2023년 3회]

[보기]의 거래 자료를 기반으로 한 분개로 옳은 것은?

> 보기
> 6월 1일 미수금 150,000원이 회수불능 미수금으로 확정되었다.
> (대손충당금 잔액은 50,000원 있음)

① (차) 대손충당금 150,000원 (대) 미수금 150,000원
② (차) 대손상각비 100,000원 (대) 미수금 100,000원
③ (차) 대손충당금 100,000원 (대) 미수금 100,000원
④ (차) 대손충당금 50,000원 (대) 미수금 150,000원
　　　기타의대손상각비 100,000원

해설
대손충당금을 우선 상계처리하고 잔액에 대해서는 영업외비용에 해당하는 기타의 대손상각비로 처리한다.

| (차) 대손충당금 | 50,000 | (대) 미수금 | 150,000 |
| 기타의 대손상각비 | 100,000 | | |

14 [2023년 2회]

[보기]는 (주)생산의 대손충당금 자료이다. (주)생산의 결산 시점 대손충당금 잔액은 얼마인가?

> 보기
> • 기초 대손충당금 잔액 50,000원
> • 당기 중 매출채권 20,000원 대손처리
> • 기말 결산 시 대손상각비 15,000원 추가 계상

① 10,000원　　② 15,000원
③ 30,000원　　④ 45,000원

해설
• 기말 대손충당금 잔액: 기초 50,000원 − 대손처리 20,000원 + 추가계상 15,000원 = 45,000원
• 대손처리 분개: (차) 대손충당금 20,000 (대) 매출채권 20,000
• 추가계상 분개: (차) 대손상각비 15,000 (대) 대손충당금 15,000

15 [2019년 6회]

다음 중 '기업 고유의 사업 목적 이외의 자산을 판매하고 회수되지 않은 금액'의 계정과목으로 옳은 것은?

① 외상매출금　　② 가지급금
③ 미수금　　　　④ 선급금

해설
'기업 고유의 사업 목적 이외'는 일반적 상거래 이외의 거래를 의미하므로 미수금에 해당한다.

16 [2019년 6회]

다음 [보기]의 내용을 회계처리할 경우 적절한 계정과목은?

> 보기
> 거래처에 상품을 주문하고 상품 대금의 일부를 계약금으로 미리 지급하는 경우 그 금액

① 예수금　　② 선수금
③ 선수수익　④ 선급금

해설
계약금을 미리 지급하는 경우에 사용하는 계정과목은 선급금이다.

17 [2019년 6회]

다음 [보기]에서 당좌자산은 얼마인가?

> 보기
> • 매도가능증권　500,000원　• 토지　　5,000,000원
> • 영업권　　　　3,000,000원　• 미수금　2,000,000원
> • 단기매매증권　1,000,000원　• 개발비　500,000원
> • 받을어음　　　700,000원　　• 재고자산 2,000,000원
> • 자본금　　　　3,500,000원

① 3,700,000원　　② 4,500,000원
③ 4,700,000원　　④ 6,700,000원

해설
• 당좌자산: 미수금 2,000,000원 + 단기매매증권 1,000,000원 + 받을어음 700,000원 = 3,700,000원
• 매도가능증권은 투자자산, 토지는 유형자산이며 영업권, 개발비는 무형자산, 자본금은 자본에 해당한다.

18 [2021년 3회]

다음 중 재고자산에 대한 설명으로 옳지 않은 것은?

① 재고자산이란 영업활동 과정에서 판매 목적으로 보유하고 있는 자산이다.
② 재고자산의 종류에는 상품, 제품, 재공품뿐만 아니라 아직 생산에 투입하지 않은 원재료도 포함된다.
③ 선적지 인도조건인 경우에는 상품이 목적지에 도착하여 매입자가 인수한 시점에 소유권이 매입자에게 이전된다.
④ 재고자산의 취득원가에는 매입가액뿐만 아니라 매입부대비용까지 포함된다.

해설
선적지 인도조건의 경우 상품을 선적하는 시점에 해당 재고자산의 소유권이 매입자에게 이전된다. ③은 도착지 인도조건에 대한 설명이다.

| 정답 | 13 ④ | 14 ④ | 15 ③ | 16 ④ | 17 ① | 18 ③ |

19 [2018년 1회]
다음 [보기] 중 일반기업회계기준상 기말재고자산에 포함될 항목을 모두 고른 것은?

> **보기**
> a. 장기할부 조건으로 판매한 재화의 일부
> b. 시용판매용으로 제공한 재화에 대해 매입의사를 표시해 온 것
> c. 위탁판매용으로 수탁자에게 제공한 재화 중 수탁자가 보관 중인 것
> d. 도착지 인도조건으로 운송 중인 판매재화

① a, b
② b, c
③ b, d
④ c, d

해설
c. 수탁자는 재고자산의 소유권이 없으므로 수탁자가 보관 중인 자산도 위탁자의 자산이다.
d. 도착지 인도조건은 도착 시점에 판매로 인식하므로 아직 운송 중인 재화는 판매자의 자산이다.
a. 할부판매는 재화를 인도한 때에 판매로 인식하고 재고자산은 감소한다.
b. 시용판매는 구매자가 매입의사를 표시하면 판매로 인식한다.

20 [2022년 2회, 2020년 1회]
다음 중 재고자산의 수량결정방법에 해당하는 것은?

① 후입선출법
② 계속기록법
③ 총평균법
④ 선입선출법

해설
재고자산의 수량결정방법에는 계속기록법과 실지재고조사법이 있다.
① 후입선출법, ③ 총평균법, ④ 선입선출법은 재고자산의 단가결정방법이다.

21 [2023년 3회]
재고자산의 취득원가에서 차감하는 것은?

① 매입운임
② 매입할인
③ 매출운반비
④ 매입 관련 보험료

해설
매입할인은 재고자산의 취득원가에서 차감한다. 매입운임과 매입관련 보험료는 취득원가에 가산한다. 매출운반비는 판매비와 관리비로 처리한다.

22 [2018년 1회]
다음 [보기]는 무엇에 대한 설명인가?

> **보기**
> 저가이면서 다량의 상품을 취급하는 업체에 적합하나, 재고감모손실(도난, 파손, 유실 등)을 알 수 없다는 단점이 있다.

① 실지재고조사법
② 계속기록법
③ 선입선출법
④ 평균법

해설
실지재고조사법은 '기초재고 + 매입액 − 기말재고 = 매출원가'로 기말재고를 계산하는 방식이다. 계속기록법은 '기초재고 + 매입액 − 매출상품 = 기말재고'를 산출하여 장부상 기말재고와 실지 기말재고수량의 차이에 대해 도난, 파손, 유실 등을 밝혀낼 수 있지만 실지재고조사법은 밝혀내기 어렵다.

23 [2019년 4회]
[보기]의 거래를 올바르게 분개한 것은?

> **보기**
> 어떤 기업은 실지재고조사법을 적용하고 있다. 기중에 이 기업은 5,000,000원의 원재료를 외상으로 매입하였다. 매입에 소요된 운송비는 200,000원, 보험료는 100,000원으로 확인되었다.

① (차) 상품 5,000,000   (대) 외상매입금 5,000,000
② (차) 매입 5,300,000   (대) 외상매입금 5,300,000
③ (차) 매입 5,000,000   (대) 외상매입금 5,000,000
④ (차) 상품 5,300,000   (대) 외상매입금 5,300,000

해설
실지재고조사법 적용 시 기중에는 매입 계정과 매출 계정만 사용하며 결산 시에 재고자산 계정을 사용한다. 또한 재고자산 취득 시 구입가격과 취득과정에서 발생한 부대비용은 취득원가에 가산한다.

| 정답 | 19 ④   20 ②   21 ②   22 ①   23 ② |

24 [2023년 2회]

[보기]는 (주)생산의 5월 중 상품매매 관련 자료이다. 선입선출법에 의해 계산한 (주)생산의 5월말 재고금액은 얼마인가? (단, 계속기록법에 의함)

보기

일자	내역	수량	단가
5월 1일	전월이월	200개	2,000원
5월 2일	매입	300개	3,000원
5월 15일	매출	400개	4,000원

① 200,000원
② 300,000원
③ 400,000원
④ 500,000원

해설

판매된 400개 중 200개는 전월이월된 수량에서 판매되었고, 나머지 200개는 5월 2일 매입분에서 판매된 것이므로 남은 수량은 5월 2일 100개다.
5월말 재고금액: 재고수량 100개 × 5월 2일 단가 3,000원 = 300,000원

25 [2018년 5회]

다음 [보기]는 무엇에 대한 설명인가?

보기

재고자산의 실지재고조사를 통해 파악된 재고량이 장부상의 재고량보다 작은 경우의 차액으로, 운반 또는 보관 중의 분실, 도난, 파손 등으로 인하여 발생하는 비용이다.

① 재고자산감모손실
② 재고자산평가손실
③ 재해손실
④ 잡손실

해설

재고자산의 분실, 도난, 파손으로 수량이 감소한 경우 재고자산감모손실로 인식한다.
② 재고자산평가손실은 가격이 하락했을 경우 인식하는 계정이다.

26 [2020년 4회]

(주)생산성 본부는 장부상의 기말상품이 100개였으나 실제로 재고조사를 한 결과 90개가 남아 있었다. 기말상품의 단가는 200원이고, 감모손실은 정상적으로 발생한 것이다. 재고자산감모손실 금액과 분류로 옳은 것은?

① 2,000원, 영업외비용
② 20,000원, 영업외비용
③ 2,000원, 매출원가
④ 20,000원, 매출원가

해설

- 재고자산감모손실: 장부상 재고자산 100개×200원 − 실제 재고자산 90개×200원 = 20,000원 − 18,000원 = 2,000원
- 정상적으로 발생한 감모손실은 매출원가에 가산하고, 비정상적으로 발생한 감모손실은 영업외비용으로 분류한다.

27 [2020년 6회]

재고자산을 평가하려고 한다. 저가법 적용 시 틀린 것은?

① 진부화되어 판매가치가 하락된 경우 적용 가능하다.
② 재고자산의 평가기준은 순실현가능가치이다.
③ 총액기준도 사용 가능하다.
④ 재고자산평가손실은 매출원가에 가산한다.

해설

저가법 적용 시 종목별 기준이 원칙이므로 총액기준은 사용할 수 없다.

28 [2018년 2회]

외국에 제품을 수출하기 위해 수출업자에게 제품을 500,000원에 외상매출하면서 30일 이내에 대금을 지급하면 5%를 할인해 주기로 하였다. 실제로 30일 이내에 대금을 받았다면 기업회계기준상 매출액은 얼마인가?

① 450,000원
② 475,000원
③ 500,000원
④ 525,000원

해설

순매출액: 총매출액(외상매출금) 500,000원 − 매출할인(500,000원×5%) = 475,000원

29 [2021년 1회]

기초상품재고액이 5억원이고 당기 중 매입상품이 10억원일 경우, 손익계산서의 매출원가가 12억원이라면 기말상품재고액은 얼마인가?

① 3억원
② 10억원
③ 12억원
④ 15억원

해설

기말상품재고액: 기초상품재고액 5억원 + 당기 매입상품 10억원 − 매출원가 12억원 = 3억원

| 정답 | 24 ② | 25 ① | 26 ③ | 27 ③ | 28 ② | 29 ① |

30 [2023년 3회]

[보기]의 오류가 당기 손익계산서에 미치는 영향으로 가장 적절한 것은?

> 보기
> 정확한 기말재고금액은 120,000원이지만, 기말재고자산을 150,000원으로 잘못 계상하였다.

	매출원가	당기순이익
①	과대	과대
②	과대	과소
③	과소	과소
④	과소	과대

해설
기말재고자산이 30,000원 과대계상되면 매출원가는 30,000원 과소계상, 당기순이익은 30,000원 과대계상된다.

31 [2023년 3회]

[보기]의 회계처리로 가장 적절한 것은?

> 보기
> 컴퓨터 판매업을 하는 회사 '생산컴퓨터'에서 판매용 컴퓨터(10대, 1,000,000원) 10,000,000원은 외상으로 구입하고, 영업부 직원사무용 컴퓨터(1대, 2,500,000원) 2,500,000원은 수표 발행하여 지급하였다.

① (차) 상품 12,500,000 (대) 외상매입금 12,500,000
② (차) 상품 10,000,000 (대) 당좌예금 12,500,000
　　　비품 2,500,000
③ (차) 비품 12,500,000 (대) 외상매입금 10,000,000
　　　　　　　　　　　　　당좌예금 2,500,000
④ (차) 상품 10,000,000 (대) 외상매입금 10,000,000
　　　비품 2,500,000 　　당좌예금 2,500,000

해설
판매용 컴퓨터는 상품으로, 직원 업무용 컴퓨터는 비품으로 회계처리한다.

(차) 상품	10,000,000	(대) 외상매입금	10,000,000
비품	2,500,000	당좌예금	2,500,000

32 [2020년 1회]

다음 [보기]의 자료를 활용하여 매출총이익을 계산하면 얼마인가?

> 보기
> • 상품매출액　　2,000,000원　• 상품매입액　　900,000원
> • 매출할인　　　　70,000원　• 매입에누리　　 80,000원
> • 매입환출　　　　10,000원　• 기초상품재고액　500,000원
> • 기말상품재고액　250,000원

① 870,000원　② 1,060,000원
③ 1,930,000원　④ 2,000,000원

해설
• 순매출액: 상품매출액 2,000,000원 − 매출할인 70,000원 = 1,930,000원
• 매출원가: 기초상품재고액 500,000원 + (당기상품매입액 900,000원 − 매입에누리 80,000원 − 매입환출 10,000원) − 기말상품재고액 250,000원 = 1,060,000원
∴ 매출총이익: 순매출액 1,930,000원 − 매출원가 1,060,000원 = 870,000원

33 [2020년 6회]

다음 [보기]의 자료를 활용하여 상품매출원가를 계산하면 얼마인가?

> 보기
> • 상품매출액　　10,000,000원　• 기초상품재고액　9,000,000원
> • 기말상품재고액　6,500,000원　• 당기상품매입액　4,800,000원
> • 매입에누리　　　700,000원　• 매출에누리　　　400,000원
> • 매입할인　　　　500,000원

① 3,900,000원　② 5,700,000원
③ 6,100,000원　④ 6,900,000원

해설
• 상품매출원가: 기초상품재고액 9,000,000원 + 당기상품매입액 4,800,000원 − 매입에누리 700,000원 − 매입할인 500,000원 − 기말상품재고액 6,500,000원 = 6,100,000원
• 상품매출액과 매출에누리는 매출액 계산 시 활용한다.

| 정답 | 30 ④ | 31 ④ | 32 ① | 33 ③ |

CHAPTER 05 비유동자산

빈출 키워드
- ☑ 투자자산
- ☑ 유형자산
- ☑ 수익적 지출
- ☑ 자본적 지출
- ☑ 감가상각
- ☑ 무형자산

1 투자자산

1. 투자자산의 정의
투자자산은 회사가 영업 목적이 아닌 장기간 여유자금을 활용하여 투자할 목적으로 보유하는 자산이다.

2. 투자자산의 종류
투자자산의 종류에는 특정 현금과 예금, 장기금융상품, 장기대여금, 매도가능증권, 만기보유증권, 지분법적용투자주식, 퇴직연금운용자산, **투자부동산*** 등이 있다. 다만, 투자자산에 속하는 매도가능증권, 만기보유증권 등 비유동자산이 1년 이내에 실현된다면 유동자산으로 분류한다.

> ⁕ **투자부동산**
> 장기간 보유할 목적으로 토지, 건물 등의 부동산을 구입할 경우에는 영업에 활용할 목적으로 구입한 경우와 구별하기 위해서 투자부동산 계정으로 회계처리함

2 유형자산

1. 유형자산의 종류

토지	공장부지 및 회사가 업무에 사용할 용도의 부지
건물	회사가 업무에 사용할 용도로 보유하는 건물
구축물	토목설비, 공작물 및 부속설비로서 갱도, 굴뚝, 교량, 안벽, 부교, 주차장, 정원, 저수지, 지하수 개발 등에 사용하는 설비
기계장치	공장에서 사용하고 있는 물건을 제조하는 데 사용하는 설비
차량운반구	승용차, 버스, 오토바이 등 업무에 사용하는 차량
비품	컴퓨터, 복사기, 책상, 전화기 등 회사가 업무에 사용하는 물품
건설 중인 자산	미완성된 건물의 건설을 위해서 투입한 제조원가

개념 확인문제

다음 [보기]에서 설명하고 있는 자산 계정과목은? [2018년 3회]

> **보기**
> 미완성 유형자산의 건설을 위한 지출이나 기계설비의 자체 제작을 위한 지출을 건설의 완성 또는 기계설비의 완성에 이르기까지 일시적으로 처리하는 계정을 말한다.

① 토지 ② 구축물
③ 투자부동산 ④ 건설 중인 자산

해설
건물의 완성 전까지는 '건설 중인 자산' 계정을 사용하여 회계처리한 후 완성되면 '건물' 계정으로 대체한다. | **정답** ④

2. 유형자산의 취득

(1) 유형자산의 취득

① **매입부대비용**: 유형자산의 취득원가는 유형자산 자체의 가격뿐만 아니라 해당 자산을 회사가 원하는 용도로 사용할 때까지 취득하는 과정에서 발생한 비용(수수료, 운반비, 설치비, 시운전비, 수입관세, 취득세, 등록세 등)을 모두 포함하여 결정된다. 매입할인 등이 있는 경우에는 이를 차감하여 취득원가를 산출한다.

> **➕ 매입부대비용에 포함되는 항목**
> - 설치장소 준비를 위한 지출
> - 외부 운송 및 취급비
> - 설치비
> - 시운전비
> - 설계 관련 전문가 수수료
> - 자본화 대상인 차입원가
> - 취득세, 등록세 등 유형자산의 취득과 직접 관련된 제세공과금
> - 유형자산의 취득과 관련하여 국·공채 등을 불가피하게 매입하는 경우 당해 채권의 매입 금액과 현재가치와의 차액
> - 해당 유형자산의 경제적 사용이 종료된 후에 원상회복을 위하여 그 자산을 제거, 해체하거나 부지를 복원하는 데 소요될 것으로 추정되는 복구원가

② **토지의 취득**: 토지의 취득과 관련해서 정지비를 지출한 경우 및 토지를 회사가 원하는 용도로 사용하기 위해 불가피하게 지출한 비용은 토지의 취득원가에 포함한다. 토지의 취득과정에서 건물이 있는 경우 건물을 사용하면 토지와 건물을 각각 자산으로 회계처리한다. 하지만 건물을 사용하지 않고 바로 철거하는 경우 건물의 철거비용은 토지의 취득원가로 처리한다.

③ **이종자산의 교환**: 다른 종류의 자산과의 교환으로 취득한 유형자산의 취득원가는 교환을 위하여 제공한 자산의 공정가치로 측정한다.

④ **동종자산의 교환**: 동일한 업종 내에서 유사한 용도로 사용되고 공정가치가 비슷한 동종자산과의 교환으로 유형자산을 취득하거나, 동종자산에 대한 지분과의 교환으로 유형자산을 매각하는 경우에는 제공된 유형자산으로부터의 수익창출 과정이 아직 완료되지 않았기 때문에 교환에 따른 거래손익을 인식하지 않는다. 또한 교환으로 받은 자산의 원가는 제공한 자산의 장부 금액으로 한다.

⑤ **정부보조금**: 정부보조 등에 의해 유형자산을 무상 또는 공정가치보다 낮은 대가로 취득한 경우 그 유형자산의 취득원가는 취득일의 공정가치로 한다. 정부보조금 등은 유형자산의 취득원가에서 차감하는 형식으로 표시하고 그 자산의 내용연수에 걸쳐 감가상각누계액과 상계하며, 해당 유형자산을 처분하는 경우에는 그 잔액을 처분손익에 반영한다.

⑥ **인식시점 이후의 측정**: 인식시점 이후에는 원가모형*이나 재평가모형* 중 하나를 회계정책으로 선택하여 유형자산 분류별로 동일하게 적용한다.

✴ 원가모형
최초 인식 후 유형자산은 원가에서 감가상각누계액과 손상차손누계액을 차감한 금액을 장부 금액으로 함

✴ 재평가모형
최초 인식 후 공정가치를 신뢰성 있게 측정할 수 있는 유형자산은 재평가일의 공정가치에서 이후의 감가상각누계액과 손상차손누계액을 차감한 재평가 금액을 장부 금액으로 함. 재평가는 보고기간 말에 자산의 장부 금액이 공정가치와 중요하게 차이가 나지 않도록 주기적으로 수행

개념 확인문제

(주)생산성은 회사사옥 건립을 목적으로 기존 건물이 있는 토지를 400,000원에 취득하였다. 해당 토지의 취득과정에서 [보기]와 같이 추가지출과 수입이 발생했을 때, 토지의 취득원가는 얼마인가? [2023년 2회]

보기
- 기존 건물 철거비용: 15,000원
- 취득세와 등록세: 9,000원
- 철거건물 부산물 매각액: 5,000원
- 토지의 구획정리비용: 4,000원

① 403,000원 ② 423,000원
③ 443,000원 ④ 473,000원

해설
- 기존 건물의 철거비용은 토지 취득원가에 가산하지만, 철거 건물의 부산물 매각액이 있을 경우 이 금액을 차감한다.
- 토지취득원가: 토지 매입액 400,000원 + 취득세와 등록세 9,000원 + 토지의 구획정리비용 4,000원 + 철거비용 15,000원 − 부산물 매각액 5,000원 = 423,000원

정답 ②

- 취득세, 등록세: 취득원가에 포함
- 자동차세: 세금과공과로 비용처리

(2) 후속지출 − 수익적 지출, 자본적 지출

유형자산을 취득한 후에도 자산을 위한 지출이 발생할 수 있다. 취득 후 지출이 발생한 경우 그 특성에 따라서 비용과 자산으로 구분하고 있다. 비용으로 처리하는 것을 수익적 지출이라고 하며, 자산으로 처리하는 것을 자본적 지출이라고 한다.

수익적 지출 (비용 증가)	• 자산의 현상유지, 능률유지, 원상회복 • 유리창의 교환, 페인트칠, 부품교체, 자동차 부품교체 등 • 회계처리: (차) 수선비 ××× (대) 현금 등 ×××
자본적 지출 (자산 증가)	• 자산의 내용연수 및 사용연수, 사용가치의 증가, 생산량의 증대 • 엘리베이터의 설치, 건물의 증축, 중앙냉난방장치의 설치 등 • 회계처리: (차) 해당 자산 ××× (대) 현금 등 ×××

TIP
차량에 대한 수익적 지출은 차량유지비 계정을 사용한다.

- 수익적 지출: 현상유지, 능률유지, 원상회복 → 비용에 가산
- 자본적 지출: 내용연수 및 사용연수, 사용가치 증가, 생산량 증대 → 취득원가에 가산

개념 확인문제

다음 중 일반적으로 자본적 지출에 해당하는 것은? [2021년 1회]

① 타이어 교체 ② 건물 외벽 페인트 공사
③ 난방장치의 설치 ④ 마모된 부품교체

해설
타이어 교체, 페인트 공사, 마모된 부품교체는 일반적으로 자산의 능률유지(현상유지)를 위한 것으로 수익적 지출로 처리한다. 자본적 지출로 처리하기 위해서는 자산의 효율성 또는 내용연수를 증가시켜야 한다.

정답 ③

3. 유형자산 평가 − 감가상각

(1) 감가상각의 의의

유형자산은 수익·비용 대응의 원칙에 따라 취득원가를 기간에 배분하기 위해 결산일에 감가상각을 실시한다. 토지와 건설 중인 자산을 제외한 유형자산이 감가상각의 대상이며, 감가상각 방법으로 정액법, 정률법, 연수합계법, 생산량비례법 등이 있다. 감가상각은 체계적이고 합리적이어야 하며, 정당한 사유가 없는 한 매기 지속되어야 한다.

유형자산의 감가상각은 자산이 사용 가능한 때부터 시작한다. 사용을 중단하고 처분, 폐기 예정인 경우 감가상각을 실시하지 않으며, 자산의 분류를 투자자산으로 변경한다. 하지만 미래에 사용할 예정인 경우에는 감가상각을 실시하며, 영업외비용으로 처리한다.

(2) 감가상각의 회계처리

감가상각에 대한 회계처리는 직접법과 간접법이 있다. 직접법은 감가상각 자산을 직접 감소시키는 처리방법이며, 간접법은 자산의 차감적 평가 계정인 감가상각누계액을 해당 자산에 차감하는 형식으로 재무상태표에 표기하는 방법이다. 유형자산의 경우 신규자산과 감가상각이 진행된 자산을 구분하기 위하여 간접법으로 기록한다.

| [간접법] (차) 감가상각비 ××× (대) 감가상각누계액* ××× |

자산의 취득원가에서 감가상각누계액을 차감한 금액을 장부가액이라고 한다.

> ★ **감가상각누계액**
> 감가상각비 금액이 더해진 금액을 의미하며 계속 증가

(3) 감가상각의 계산방법

구분	계산방법
정액법	• 자산의 내용연수 동안 일정액의 감가상각액을 인식하는 방법이다. • (취득원가 − 잔존가치) ÷ 내용연수
정률법	• 자산의 내용연수 동안 감가상각액이 매기간 감소하는 방법이다. • (취득원가 − 감가상각누계액) × 상각률(정률)
연수합계법	• 자산의 내용연수 동안 감가상각액이 매기간 감소하는 방법이다. • (취득원가 − 잔존가치) × $\dfrac{\text{내용연수의 역순}}{\text{내용연수의 합}}$
생산량비례법	• 자산의 예상조업도 또는 예상생산량에 근거하여 감가상각액을 인식하는 방법이다. • (취득원가 − 잔존가치) × $\dfrac{\text{당기생산량}}{\text{총예정생산량}}$

> ▶ 감가상각의 3요소: 취득원가, 내용연수, 잔존가치
>
> ▶ • 정액법: 매년 같은 금액이 감가상각됨(월할상각의 경우 주의)
> • 정률법, 연수합계법: 감가상각비 금액이 초기에는 크고 점점 감소함
> • 취득한 초기에 정액법을 적용할 경우 정률법에 비해 감가상각비 인식액은 적게, 이익과 장부 금액은 크게 표시됨

개념 확인문제

다음 중 감가상각방법에 해당되지 않는 것은? [2019년 1회]

① 정액법 ② 정률법
③ 직접법 ④ 생산량비례법

해설
직접법은 간접법과 함께 감가상각을 회계처리할 때 사용하는 방법이다. **정답** ③

4. 유형자산의 처분

유형자산의 폐기 또는 처분으로부터 발생하는 손익은 처분 금액과 장부 금액의 차액으로 결정하며, 손익계산서에 당기손익으로 인식한다. 장부 금액보다 많은 대가를 받으면 유형자산처분이익(영업외수익)으로 인식하고, 장부 금액보다 적은 대가를 받으면 유형자산처분손실(영업외비용)으로 인식한다.

개념 확인문제

(주)생산성은 2024년 초 취득원가 20,000,000원, 잔존가치 0원, 내용연수 5년인 기계장치를 취득하였다. 정액법을 적용하여 감가상각하던 중 2025년 6월 30일 12,000,000원에 처분하였다. (주)생산성이 2025년 손익계산서에 계상해야 할 유형자산처분손익은 얼마인가?

[2021년 2회]

① 이익 2,000,000원 ② 이익 4,000,000원
③ 손실 2,000,000원 ④ 손실 4,000,000원

해설
- 유형자산 장부가액: 취득원가 20,000,000원 - 감가상각누계액(4,000,000원 + 2,000,000원) = 14,000,000원
- ∴ 유형자산처분손실: 장부가액 14,000,000원 - 처분가액 12,000,000원 = 2,000,000원

정답 ③

3 무형자산

1. 무형자산의 정의

무형자산이란 재화의 생산이나 용역의 제공, 타인에 대한 임대 또는 관리에 사용할 목적으로 기업이 보유 및 통제하고 있으며, 물리적 형체가 없지만 식별 가능하고, 미래 경제적 효익이 있는 비화폐성 자산이다. 무형자산을 인식하기 위해서는 자산의 취득원가를 신뢰성 있게 추정할 수 있어야 한다.

2. 무형자산의 종류

무형자산의 종류에는 개발비, 영업권, 산업재산권(특허권, 실용신안권, 디자인권, 상표권), 라이선스와 프랜차이즈, 저작권, 컴퓨터 소프트웨어, 임차권리금, 광업권, 어업권 등이 있다.

(1) 개발비

비용 발생시점 및 요건	연구단계	개발단계	
		자산요건 미충족	자산요건 충족
계정과목	연구비	경상개발비	개발비
계정처리	판매비와 관리비	판매비와 관리비	무형자산

무형자산을 창출하기 위한 지출을 연구단계와 개발단계로 구분할 수 없는 경우, 그 지출은 모두 연구단계에서 발생한 것으로 본다.

(2) 영업권

영업권이란 기업의 특별한 기술, 지식, 경영능력 등을 의미하며 미래에 기대되는 초과수익력을 나타낸다. 내부적으로 창출된 영업권과 외부에서 구입한 영업권 두 가지로 나눌 수 있으나, 내부적으로 창출된 영업권은 취득원가를 객관적으로 인식할 수 없으므로 인정하지 않고 외부에서 유상취득한 경우만 영업권으로 인식한다.

영업권 = 합병과정에서 대가로 지급한 금액 - 취득한 회사의 순자산의 공정가치

3. 무형자산의 평가

(1) 무형자산의 감가상각기간

무형자산의 미래 경제적 효익은 시간의 경과에 따라 소비되기 때문에 상각을 통하여 장부금액을 감소시킨다. 또한 무형자산의 상각대상 금액은 그 자산의 추정내용연수 동안 체계적인 방법에 의하여 비용으로 배분하는데, 무형자산의 상각기간은 독점적·배타적인 권리를 부여하고 있는 관계 법령이나 계약에 따라 정해진 경우를 제외하고는 20년을 초과할 수 없다. 상각은 자산을 사용 가능한 때부터 시작한다. 무형자산의 공정가치 또는 회수가능액*이 증가하더라도 상각은 원가에 기초한다.

※ **회수가능액**
자산의 순공정가치와 사용가치 중 큰 금액

(2) 무형자산의 상각방법 및 잔존가치

무형자산의 상각방법은 자산의 경제적 효익이 소비되는 행태를 반영한 합리적인 방법이어야 한다. 정액법, 체감잔액법(정률법 등), 연수합계법, 생산량비례법 등이 있으며 합리적인 상각방법을 정할 수 없는 경우에는 정액법을 사용한다. 무형자산의 잔존가치는 없는 것을 원칙으로 한다. 무형자산 상각에 대한 회계처리는 직접법으로 회계처리하고 감가상각누계액은 주석으로 기재한다.

> • 무형자산의 상각기간: 최대 20년
> • 무형자산의 감가상각: 합리적인 방법이 없을 경우 정액법
> • 무형자산의 잔존가치: 없음

[직접법] (차) 무형자산상각비	×××	(대) 무형자산	×××

📝 **개념 확인문제**

다음은 일반기업회계기준에 따른 무형자산에 대한 설명이다. 옳지 않은 것은? [2020년 5회]

① 물리적 형태는 없지만 식별 가능하고 기업이 통제하고 있으며 미래 경제적 효익이 있는 비화폐성 자산을 의미한다.
② 내부적으로 창출한 영업권은 무형자산으로 인정하지 않는다.
③ 무형자산의 상각 시에는 일반적으로 정액법이 사용된다.
④ 무형자산의 상각기간은 제한 없이 선택할 수 있다.

해설
무형자산의 상각기간은 독점적·배타적인 권리를 부여하고 있는 관계 법령이나 계약에 의해 정해진 경우를 제외하고 20년을 초과할 수 없다.
정답 ④

CHAPTER 05 기출&확인 문제

01 [2023년 2회]
[보기]의 거래내용을 나타내는 계정과목으로 가장 적절한 것은?

┌─ 보기 ──────────────────────────────┐
│ A: 사무실에서 사용하는 사무용품 등의 구매 금액 │
│ B: 사무용으로 활용하는 컴퓨터, 프린터, 책상등의 구매 금액 │
└─────────────────────────────────────┘

	A	B
①	소모품비	비품
②	기업업무추진비	비품
③	미수금	광고선전비
④	복리후생비	단기차입금

해설
사무실에서 사용하기 위해 구입하는 사무용품은 소모품비 계정으로 처리하며, 사무용으로 사용하는 컴퓨터, 프린터, 책상, 의자 등은 기업의 자산인 비품 계정으로 회계처리한다.

02 [2023년 3회]
[보기]에서 유형자산 자본적 지출로 처리해야 할 금액의 합계액은 얼마인가?

┌─ 보기 ──────────────────────────────┐
│ • 본사 건물의 엘리베이터 설치 6,000,000원 │
│ • 건물의 파손된 유리 교체 5,000,000원 │
│ • 건물 또는 벽의 도장 12,000,000원 │
│ • 건물 내 피난시설 설치 50,000,000원 │
└─────────────────────────────────────┘

① 6,000,000원　　② 17,000,000원
③ 50,000,000원　④ 56,000,000원

해설
- 자본적 지출: 엘리베이터 설치 6,000,000원 + 피난시설 설치 50,000,000원 = 56,000,000원
- 건물의 엘리베이터 설치와 피난시설 설치는 자본적 지출이다.

03 [2022년 4회]
[보기]에서 유형자산(상품 운반용 차량)의 취득원가는 얼마인가?

┌─ 보기 ──────────────────────────────┐
│ 3월 5일 상품 운반용 차량 1대를 30,000,000원에 구입하고, 취득세 500,000원, 매입수수료 450,000원, 보험료 1,200,000원(1년) 대금은 수표를 발행하여 지급하였다. │
└─────────────────────────────────────┘

① 30,000,000원　　② 30,500,000원
③ 30,950,000원　　④ 32,150,000원

해설
- 취득세와 매입수수료는 취득원가에 가산하고 보험료는 보험료 계정으로 별도 처리한다.
- 취득원가: 매입 금액 30,000,000원 + 취득세 500,000원 + 매입수수료 450,000원 = 30,950,000원
- (차) 차량운반구　　30,950,000　　(대) 당좌예금　　32,150,000
　　　보험료　　　　 1,200,000

| 정답 | 01 ① 　02 ④ 　03 ③ |

04 [2022년 3회]

유형자산의 취득원가에 포함되는 항목으로 옳지 않은 것은?

① 하역비
② 취득세
③ 재산세
④ 시운전비

해설
재산세는 세금과공과(비용)로 처리한다. 재고자산의 취득원가는 매입 금액에 하역비, 취득세, 시운전비 등 정상적으로 발생한 부대비용을 포함한다.

05 [2020년 5회]

1월 1일 비품을 4,000만원에 취득하였고 내용연수는 5년이다. 다음 해 12월 31일 결산 시 계상하여야 할 감가상각비는? (단, 감가상각법은 정률법이며 잔존가액은 없다. 정률 상각률은 0.45임)

① 8,000,000원
② 9,900,000원
③ 12,500,000원
④ 40,000,000원

해설
- 취득 시점 감가상각비: 취득가액 40,000,000원×상각률 0.45 = 18,000,000원
- ∴ 다음 해 감가상각비: (40,000,000원 − 18,000,000원)×상각률 0.45 = 9,900,000원

06 [2019년 5회]

다음 자료를 이용하여 2025년 10월 1일 처분 시점의 차량운반구 장부가액을 계산하면 얼마인가?

보기
- 2024년 1월 1일 영업부 차량운반구를 30,000,000원에 현금으로 구입하였다(내용연수는 10년, 잔존가치는 0원, 정액법을 적용하여 감가상각하며, 결산일은 12월 31일임).
- 2025년 10월 1일 영업부 차량운반구를 현금 20,000,000원을 받고 중고차 매매상에게 매각하였다.

① 20,750,000원
② 23,000,000원
③ 24,750,000원
④ 30,000,000원

해설

- 2024년 1월 1일

| (차) 차량운반구 | 30,000,000 | (대) 현금 | 30,000,000 |

- 2024년 12월 31일

| (차) 감가상각비 | 3,000,000* | (대) 감가상각누계액 | 3,000,000 |

*2024년 감가상각비: (취득원가 30,000,000원 − 잔존가치 0원)÷10년 = 3,000,000원

- 2025년 10월 1일

(차) 현금	20,000,000	(대) 차량운반구	30,000,000
감가상각누계액	5,250,000*		
유형자산처분손실	4,750,000		

*감가상각누계액: 2024년 감가상각비 3,000,000원+2025년 감가상각비((취득원가 30,000,000원 − 잔존가치 0원)÷10년×9개월/12개월) = 5,250,000원

∴ 차량운반구 장부 금액: 취득가액 30,000,000원 − 감가상각누계액 5,250,000원 = 24,750,000원

| 정답 | 04 ③ 05 ② 06 ③

07 [2021년 2회]

(주)생산성은 2025년 7월 1일 (주)적선을 합병하면서 현금 20,000,000원을 지급하였다. (주)생산성의 2025년 7월 1일 현재 자산의 공정가치는 13,000,000원, 부채의 공정가치는 8,000,000원이다. 합병 시 (주)생산성이 취득한 영업권의 가액은 얼마인가?

① 7,000,000원
② 12,000,000원
③ 13,000,000원
④ 15,000,000원

해설

영업권: 합병 등의 대가로 지급한 금액 20,000,000원 − 취득한 순자산의 공정가치 (13,000,000원 − 8,000,000원) = 15,000,000원

08 [2022년 4회]

물리적 형체는 없지만 식별 가능하고 기업이 통제하고 있으며 미래 경제적 효익이 있는 비화폐성 자산에 해당하는 계정과목은?

① 상표권
② 선급금
③ 재고자산
④ 단기대여금

해설

무형자산에 대한 설명으로 산업재산권인 특허권, 실용신안권, 디자인권, 상표권 등이 무형자산에 해당한다.
② 선급금, ④ 단기대여금은 당좌자산에 해당한다.

09 [2019년 1회]

다음 중 영업외비용에 해당되지 않는 것은?

① 단기매매증권처분손실
② 단기매매증권평가손실
③ 외화환산손실
④ 연구비

해설

연구비는 판매비와 관리비로 분류된다.

10 [2022년 2회]

무형자산인 영업권을 상각하는 분개로 옳은 것은?

① (차) 감가상각비   ×××   (대) 감가상각누계액   ×××
② (차) 무형자산상각비   ×××   (대) 영업권   ×××
③ (차) 감가상각비   ×××   (대) 영업권   ×××
④ (차) 무형자산상각비   ×××   (대) 감가상각누계액   ×××

해설

무형자산상각비에 대한 회계처리는 직접법으로 회계처리하며 취득원가와 감가상각누계액은 주석으로 기재한다.

| 정답 | 07 ④ 08 ① 09 ④ 10 ② |

CHAPTER 06 부채

빈출 키워드
- ☑ 유동부채
- ☑ 비유동부채
- ☑ 충당부채
- ☑ 퇴직급여충당부채

1 부채의 정의 및 종류

1. 부채의 정의

부채는 과거의 거래나 사건의 결과로 현재 기업실체가 부담하고 있고, 미래에 자원의 유출 또는 사용이 예상되는 의무이다.

부채는 상환기간 1년을 기준으로 유동부채와 비유동부채로 구분하며, 유동부채는 1년 이내에 상환해야 하는 의무가 있는 부채이다. 다만, 정상적인 영업주기 내에 소멸할 것으로 예상되는 매입채무와 미지급비용 등은 보고기간 종료일로부터 1년 이내에 결제되지 않더라도 유동부채로 분류한다. 유동부채로 분류하지 않은 부채는 비유동부채로 분류한다.

2. 부채의 종류

(1) 유동부채

1년 이내에 상환해야 하는 의무가 있는 부채이다. 매입채무(외상매입금, 지급어음), 미지급금, 미지급비용, 선수금, 선수수익, 단기차입금, 유동성 장기부채, 미지급법인세, 예수금 등이 있다.

(2) 비유동부채

상환기간이 1년 이상인 부채를 의미한다. 사채, 장기차입금, 각종 충당부채(퇴직급여충당부채), 임대보증금 등이 있다.

개념 확인문제

다음 중 유동부채로 분류할 수 없는 것은? [2020년 1회]

① 선수수익 ② 미지급비용
③ 퇴직급여충당부채 ④ 지급어음

해설
퇴직급여충당부채는 비유동부채에 해당한다.

정답 ③

---

2 유동부채

1. 매입채무

(1) 외상매입금

일반적 상거래, 즉 재고자산 거래에 대해 외상으로 매입을 한 경우 외상매입금 계정을 사용한다. 원재료를 외상으로 매입할 경우 차변에 원재료(재고자산)가 증가하며, 대변에 외상매입금(부채) 계정이 증가한다.

(2) 지급어음

일반적 상거래에서 어음을 발행하면 지급어음 계정을 사용한다. 어음에 기입된 날짜까지 대금의 지급을 유예할 수 있다. 원재료를 매입하고 어음을 발행한 경우 차변에 원재료(재고자산) 계정이 증가하고 대변에 지급어음(부채) 계정이 증가한다. 어음의 만기일에 상환을 하면 차변에 지급어음이 기록된다.

2. 미지급금과 미지급비용

(1) 미지급금

일반적 상거래 이외의 거래에 대해 외상으로 매입하거나 어음을 발행한 경우, 또는 카드로 지급한 경우에 사용한다. 유형자산을 매입하면서 절반은 외상으로 매입하고, 절반은 어음을 발행하였다면 차변에 유형자산의 증가를 기록하고, 대변에 미지급금 계정으로 통합해서 회계처리한다.

(2) 미지급비용

발생주의에 따라 당기에 발생된 비용이 차기에 지급될 예정일 경우 미지급비용 계정을 사용한다.

3. 선수금과 선수수익

(1) 선수금

상품 및 자산 등을 판매하기 위하여 먼저 수령하는 계약금 등으로, 물건을 인도하기 전에 수령한 계약금의 권리는 지급인에게 있기 때문에 부채로 처리한다.

(2) 선수수익

발생주의에 의해 당기에 수령한 수익 중 차기에 실현될 부분을 정리하는 계정과목이다.

4. 단기차입금과 유동성 장기부채

(1) 단기차입금

보고기간 종료일로부터 1년 이내에 상환되어야 하는 차입금을 단기차입금이라고 한다.

(2) 유동성 장기부채

상환기간이 1년 이상인 장기차입금을 보고기간 종료일 기준으로 1년 이내에 상환해야 할 경우에 유동부채인 유동성 장기부채로 처리한다.

5. 미지급법인세와 예수금

(1) 미지급법인세

결산일에 결정된 법인세비용을 결산서에 반영하기 위해 회계처리를 한다. 이때 법인세가 납부되는 것은 아니므로 미지급법인세를 사용한다.

(2) 예수금

회사가 지불하는 비용에 대해 거래 상대방이 납부할 의무가 있는 세금을 원천징수하게 될 때 사용하는 계정과목이다. 급여 지급 시 직원이 부담할 국민연금, 건강보험료, 근로소득세 등을 예수금으로 처리한다.

개념 확인문제

매입채무에 해당하는 것은? [2022년 4회]

① 미수금
② 가수금
③ 외상매입금
④ 외상매출금

해설
매입채무는 지급어음과 외상매입금의 합계를 말한다.

정답 ③

3 비유동부채

1. 충당부채의 인식

과거 사건이나 거래의 결과에 의한 현재 의무(법적 의무, 의제 의무)로서, 지출의 시기나 금액이 불확실하지만 그 의무를 이행하기 위하여 자원의 유출 가능성이 매우 높고 당해 금액을 신뢰성 있게 추정할 수 있을 때 충당부채(비유동부채)로 인식한다.

자원의 유출 가능성	금액의 추정 가능성	
	신뢰성 있게 추정 가능	추정 불가능
매우 높음	충당부채로 인식	우발부채로 주석 공시
어느 정도 있음	우발부채로 주석 공시	
거의 없음	공시하지 않음	공시하지 않음

> **TIP**
> 우발자산도 자산으로 인식하지 않고 자원의 유입 가능성이 높은 경우에만 주석에 기재한다.

개념 확인문제

다음 중 충당부채 설정요건으로 가장 거리가 먼 것은? [2018년 6회]

① 장래에 지출될 것이 확실해야 한다.
② 당기에 수익에 대응하는 비용이어야 한다.
③ 의무이행 금액을 신뢰성 있게 추정할 수 있어야 한다.
④ 과거 사건의 결과로 존재하는 현재 의무는 법적 의무에 한정된다.

해설
충당부채의 현재 의무는 법적 의무뿐만 아니라 의제 의무를 포함한다. 의제 의무란 경영방침이나 과거의 실무관행에 따른 의무를 표명함으로써 상대가 책임을 이행할 것이라는 기대를 갖게 되는 경우 발생하는 의무를 말한다.

정답 ④

2. 사채

기업이 외부에서 장기간 동안 자금을 조달하려고 할 경우 사채를 발행하게 되면 회사에 부채가 증가하며, 채권자가 모집되지만 이자와 원금에 대한 수령을 할 뿐 회사에 대한 의결권을 갖지는 않는다. 사채는 액면이자율과 시장이자율의 차이에 따라 액면발행, 할인발행, 할증발행으로 나뉘며 유효이자율법에 의해 상각한다.

액면발행	액면이자율	=	시장(유효)이자율
할인발행	액면이자율	<	시장(유효)이자율
할증발행	액면이자율	>	시장(유효)이자율

(1) 사채의 발행 중요

① **사채발행**: 사채가 발행되었다는 것은 회사가 돈을 조달하고 부채가 증가했다는 의미이다. 차변에 사채를 발행한 가액으로 기록하고, 대변에 사채의 금액을 항상 액면가액으로 기록한다. 사채가 할인발행된 경우 대변에 기록한 액면 금액보다 부족한 금액을 차변에 사채할인발행차금으로 처리하며, 사채가 할증발행된 경우 대변에 기록한 액면 금액을 초과하는 금액을 대변에 사채할증발행차금으로 기록한다.

② **사채발행비**: 사채발행 시 사채의 발행에 소요된 비용으로 사채권인쇄비, 광고비, 발행수수료 등이 있다. 사채발행가액은 사채발행비를 차감한 후의 금액으로 사채할인발행차금에 가산하고, 사채할증발행차금에서는 차감한다.

(2) 사채할인발행

사채의 액면이자율이 유효이자율보다 작은 경우에는 할인발행이 된다. 할인발행은 발행가액이 액면가액보다 작다. 재무상태표의 사채 계정은 액면가액으로 기록되며 사채할인발행차금은 차감적 평가 계정으로 차감하는 형태로 기록된다. 사채할인발행차금 상각액은 유효이자율법에 따라 상각되며 상각액은 매년 증가한다. 사채가 할인발행된 경우에도 만기에는 액면가액과 동일한 금액이 되도록 장부 금액이 증가한다.

① **사채발행**: 액면가액이 1,000,000원인 사채를 유효이자율 12%, 액면이자율 10%, 만기 3년으로 발행하였다. 이자는 매년 말 지급하기로 하고 사채발행비는 없다.

3년 후 지급할 액면가액 1,000,000원의 현재가치(0.7118)	711,800원
매년 말에 지급할 이자 100,000원의 현재가치(연금 2.4018)	240,180원
합계	951,980원

(차) 현금	951,980	(대) 사채	1,000,000
사채할인발행차금	48,020		

② **사채이자 지급**

• 유효이자율 상각표

일자	유효이자(12%)	액면이자(10%)	상각액	장부 금액
20×1.1.1.				951,980원
20×1.12.31.	114,238원	100,000원	14,238원	966,218원
20×2.12.31.	115,946원	100,000원	15,946원	982,164원
20×3.12.31.	117,836원	100,000원	17,836원	1,000,000원
합계	348,020원	300,000원	48,020원	

• 20×1.12.31.

(차) 이자비용	114,238	(대) 현금	100,000
		사채할인발행차금	14,238

• 20×2.12.31.

(차) 이자비용	115,946	(대) 현금	100,000
		사채할인발행차금	15,946

> **TIP**
>
> 3년 차 이자율 계산은 남은 차액을 모두 상각액으로 처리하기 위해 액면가 1,000,000원에서 직전 장부가액 982,164원을 차감한 17,836원을 상각액으로 하여 계산한다.

- 20×3.12.31.

(차) 이자비용	117,836	(대) 현금	100,000
		사채할인발행차금	17,836

③ **사채상환**: 만기에 상환하는 경우 액면가액으로 상환한다. 조기에 상환을 하는 경우 장부 금액보다 많은 금액을 상환하면 사채상환손실(영업외비용) 계정으로, 반대로 적은 금액을 상환하면 사채상환이익(영업외수익) 계정으로 처리한다.

- 만기상환

(차) 사채	1,000,000	(대) 현금	1,000,000

- 조기상환(20×1.12.31. 시점에서 970,000원 현금상환 가정)

(차) 사채	1,000,000	(대) 현금	970,000
사채상환손실	3,782	사채할인발행차금	33,782

(3) 사채할증발행

사채의 액면이자율이 유효이자율보다 큰 경우에는 할증발행이 된다. 할증발행은 발행가액이 액면가액보다 크다. 재무상태표에 사채 계정은 액면가액으로 기록되며 사채할증발행차금은 가산적 평가 계정으로 가산하는 형태로 기록된다. 사채할증발행차금 상각액은 유효이자율법에 따라 상각되며 상각액은 매년 증가한다. 사채가 할증발행된 경우에도 만기에는 액면가액과 동일한 금액이 되도록 장부 금액이 감소한다.

① **사채발행**: 액면가액이 1,000,000원인 사채를 유효이자율 10%, 액면이자율 12%, 만기 3년으로 발행하였다. 이자는 매년 말 지급하기로 하고 사채발행비는 없다.

3년 후 지급할 액면가액 1,000,000원의 현재가치(0.7513)	751,300원
매년 말에 지급할 이자 120,000원의 현재가치(연금 2.4869)	298,428원
합계	1,049,728원

(차) 현금	1,049,728	(대) 사채	1,000,000
		사채할증발행차금	49,728

② 사채이자 지급
- 유효이자율 상각표

일자	유효이자(12%)	액면이자(10%)	상각액	장부 금액
20×1.1.1.				1,049,728원
20×1.12.31.	104,973원	120,000원	15,027원	1,034,701원
20×2.12.31.	103,470원	120,000원	16,530원	1,018,171원
20×3.12.31.	101,829원	120,000원	18,171원	1,000,000원
합계	310,272원	360,000원	49,728원	

- 20×1.12.31.

(차) 이자비용	104,973	(대) 현금	120,000
사채할증발행차금	15,027		

- 20×2.12.31.

| (차) 이자비용 | 103,470 | (대) 현금 | 120,000 |
| 사채할증발행차금 | 16,530 | | |

- 20×3.12.31.

| (차) 이자비용 | 101,829 | (대) 현금 | 120,000 |
| 사채할증발행차금 | 18,171 | | |

③ **사채상환**: 만기에 상환하는 경우 액면가액으로 상환한다. 조기에 상환을 하는 경우 장부 금액보다 많은 금액을 상환하면 사채상환손실(영업외비용) 계정으로, 반대로 적은 금액을 상환하면 사채상환이익(영업외수익) 계정으로 처리한다.

- 만기상환

| (차) 사채 | 1,000,000 | (대) 현금 | 1,000,000 |

- 조기상환(20×1.12.31. 시점에서 970,000원 현금상환 가정)

| (차) 사채 | 1,000,000 | (대) 현금 | 970,000 |
| 사채할증발행차금 | 34,701 | 사채상환이익 | 64,701 |

개념 확인문제

다음 중 사채발행에 대한 설명으로 옳지 않은 것은? [2021년 2회]

① 액면이자율이 시장이자율보다 작은 경우에는 액면 금액보다 작은 금액으로 할인발행을 하게 된다.
② 액면이자율이 시장이자율보다 큰 경우에는 액면 금액보다 큰 금액으로 할증발행을 하게 된다.
③ 만기일 전에 사채를 상환하는 것을 조기상환이라 한다.
④ 사채를 할인발행한 경우에는 만기에 액면 금액이 아닌 발행 금액을 상환해야 한다.

해설
사채발행 회사의 신용도에 따라 시장이자율이 결정되므로 액면 금액과 액면이자율이 동일하더라도 발행회사의 신용도에 의해 발행 금액이 달라지게 된다. **정답** ④

3. 퇴직급여충당부채

(1) 퇴직급여 설정

회사는 1년 이상 근속한 직원에 대해서 퇴직금을 지급해야 하는 의무가 있다. 퇴직금의 지급은 퇴직일에 이루어지더라도 매년 결산일 퇴직금 지급 대상 직원을 기준으로 퇴직급여 비용을 인식하며 충당부채를 설정한다.

> 퇴직급여(충당부채 설정액) = 퇴직급여추계액 - (기초 퇴직급여충당부채 - 당기 퇴직금 지급액)

(2) 퇴직급여 지급

퇴직급여는 매 결산일에 퇴직급여충당부채를 보충법을 사용해 설정하며 퇴직일에 퇴직급여충당부채를 차감하는 형식으로 지급한다. 퇴직급여 지급일에 퇴직급여충당부채가 부족할 경우 퇴직급여(비용)를 인식하며 퇴직급여 지급 과정에서 발생하는 퇴직소득세 등의 원천징수 금액은 예수금 계정을 사용하여 회계처리한다.

CHAPTER 06 기출 & 확인 문제

01 [2021년 1회]
다음 중 부채로만 구성된 것은?

① 매입채무, 선급금, 미지급금, 예수금
② 선수금, 외상매입금, 단기차입금, 미수금
③ 미지급금, 선수금, 선수수익, 예수금
④ 외상매입금, 미수금, 선수수익, 선수금

해설
선급금, 미수금은 자산 계정이다.

02 [2019년 3회]
다음 중 유동부채에 관한 설명으로 옳지 않은 것은?

① 원재료를 매입하고 대금을 나중에 지급하기로 하면 외상매입금으로 처리한다.
② 복리후생비를 1년 내에 지급하기로 하면 미지급금으로 처리한다.
③ 상품을 판매하기 전에 미리 계약금으로 받는 금액은 선수수익으로 처리한다.
④ 급여에 대해 소득세를 원천징수하여 잠시 보관하고 있는 경우 예수금으로 처리한다.

해설
상품을 판매하기 전에 미리 계약금으로 받는 금액은 선수금으로 처리한다. 선수수익은 당기에 수령한 수익 중 차기에 실현될 부분을 정리하는 계정과목이다.

03 [2018년 1회]
다음 [보기]의 거래를 보고 바르게 분개한 것은?

보기
거래처 A의 외상매입금 2,000,000원을 지급하기 위해 거래처 B에 상품 판매대금으로 받아 보관 중인 어음 2,000,000원을 배서양도 하였다.

① (차) 외상매입금 2,000,000 (대) 지급어음 2,000,000
② (차) 외상매입금 2,000,000 (대) 받을어음 2,000,000
③ (차) 받을어음 2,000,000 (대) 외상매입금 2,000,000
④ (차) 지급어음 2,000,000 (대) 받을어음 2,000,000

해설

| (차) 외상매입금 | 2,000,000 | (대) 받을어음 | 2,000,000 |

배서양도는 회사가 수취한 어음인 받을어음에 대한 권리를 타인에게 양도하는 것이다.

04 [2022년 2회]
영업용 트럭을 어음을 발행하여 외상으로 구입한 경우, 대변에 기재해야 하는 계정과목은?

① 미수금   ② 선수금
③ 미지급금 ④ 외상매입금

해설

| (차) 차량운반구 | ××× | (대) 미지급금 | ××× |

유형자산인 차량운반구의 외상대금은 미지급금으로 처리하며, 상품 등 재고자산의 거래일 경우 외상매입금 계정을 사용한다.

05 [2022년 6회]
업종별 경영활동 관련 내역이다. 각 회사의 입장에서 수익으로 인식되는 거래로 옳지 않은 것은?

① 호텔은 고객으로부터 객실료를 현금으로 받다.
② 상사는 거래처로부터 외상매입금 전액을 면제받다.
③ 부동산 임대업을 하는 부동산은 기일이 도래한 건물 임대료를 현금으로 받다.
④ 거래처와 상품 판매계약을 체결하는 회사는 계약금액의 20%를 현금으로 먼저 받다.

해설
상품 판매계약의 계약금을 수령한 것은 선수금(부채)로 인식한다.
① 객실료: 매출(수익)
② 외상매입금 전액 면제: 채무면제이익(수익)
③ 임대업을 하는 부동산의 임대료: 매출(수익)

| 정답 | 01 ③ 02 ③ 03 ② 04 ③ 05 ④

06 [2023년 6회]

신안은행으로부터 차입한 장기차입금 10,000,000원에 대한 만기일이 다음과 같이 도래한다. [보기]를 참고할 때, 기말(2025년 12월 31일) 대변의 회계처리로 옳은 것은?

> 보기
> - 대한민국 은행으로부터의 차입일: 2015년 8월 1일
> - 만기일: 2026년 7월 31일
> - 장기차입금 금액: 10,000,000원

	계정과목	금액
①	미지급금	10,000,000원
②	단기차입금	10,000,000원
③	장기차입금	10,000,000원
④	유동성장기부채	10,000,000원

해설
차입일이 2015년이며 만기일이 2026년이므로 차입 시점에 장기차입금으로 처리한다. 2025년 12월 31일 기준 1년 이내에 만기가 도래하므로 유동성 장기부채로 처리한다.

(차) 장기차입금	10,000,000	(대) 유동성 장기부채	10,000,000

07 [2023년 1회]

사채발행에 대한 설명으로 옳지 않은 것은?

① 만기일 전에 사채를 상환하는 것을 조기상환이라 한다.
② 사채를 할인발행한 경우에는 만기에 액면 금액이 아닌 발행 금액을 상환해야 한다.
③ 액면이자율이 시장이자율보다 큰 경우에는 액면 금액보다 많은 금액으로 할증발행을 하게 된다.
④ 액면이자율이 시장이자율보다 작은 경우에는 액면 금액보다 작은 금액으로 할인발행을 하게 된다.

해설
사채발행 회사의 신용도에 따라 시장이자율이 결정되므로 액면 금액과 액면이자율이 동일하더라도 발행회사의 신용도에 의해 발행 금액이 달라진다.

08 [2023년 3회]

[보기]는 사채 할증발행가액에 따른 변동 내역에 대한 내용이다. [보기]의 ㉠, ㉡, ㉢에 들어갈 내용을 바르게 짝지은 것은?

> 보기
> - 상각액: 매년 (㉠)
> - 이자비용: 매년 (㉡)
> - 장부가액: 매년 (㉢)

	㉠	㉡	㉢
①	증가	감소	감소
②	증가	증가	증가
③	감소	감소	감소
④	감소	감소	증가

해설
사채의 할증발행과 할인발행 여부와 관계없이 상각액은 매년 증가하며, 할증발행할 경우 이자비용은 매년 감소하고, 장부가액도 매년 감소한다.

09 [2022년 2회]

(주)적선기업은 2025년 1월 1일 연리 12%, 만기가 5년인 액면 금액 100,000원인 사채를 96,000원에 할인발행하고, 사채발행비용 2,000원을 지급하였다. 사채할인발행차금을 정액법으로 상각할 경우 2025년 12월 31일에 상각해야 할 금액은 얼마인가?

① 1,200원
② 1,400원
③ 1,600원
④ 1,800원

해설
- 사채할인발행차금: 액면 금액 100,000원 − (발행 96,000원 − 사채발행비용 2,000원) = 6,000원
- ∴ 사채할인발행차금 상각액: 사채할인발행차금 6,000원 ÷ 5년 = 1,200원

| 정답 | 06 ④ | 07 ② | 08 ① | 09 ① |

10 [2021년 1회]

다음 [보기]를 참고하여 결산 시점 회계처리 시 차변 계정과목과 금액으로 적절한 것은?

> 보기
> 1. 기초 퇴직급여충당부채: 10,000,000원
> 2. 당기 중 지급된 퇴직급여: 8,000,000원
> 3. 당기 말 결산 시점 회사의 전 임직원이 일시에 퇴직할 경우 지급해야 할 퇴직금추계액: 12,000,000원

① 퇴직급여 2,000,000원
② 퇴직급여충당부채 12,000,000원
③ 퇴직급여 10,000,000원
④ 퇴직급여충당부채 2,000,000원

해설

- 퇴직급여충당부채 추가 설정액: 퇴직금추계액 12,000,000원 − (기초 10,000,000원 − 지급 8,000,000원) = 10,000,000원
- 결산 시 분개는 다음과 같다.

| (차) 퇴직급여 | 10,000,000 | (대) 퇴직급여충당부채 | 10,000,000 |

11 [2023년 1회]

(주)생산은 기말에 퇴직금추계액 전액을 퇴직급여충당부채로 설정하고 있다. 당기 생산팀이 결산 시점에 추가로 설정할 퇴직급여충당부채는 얼마인가?

구분	전기 말 퇴직금추계액	당기 퇴직금지급액 (퇴직급여충당부채와 상계)	당기 말 퇴직금추계액
생산팀	30,000,000원	18,000,000원	45,000,000원
관리팀	45,000,000원	22,000,000원	55,000,000원

① 32,000,000원
② 33,000,000원
③ 65,000,000원
④ 100,000,000원

해설

생산팀 퇴직급여충당부채: 당기 말 퇴직금추계액 45,000,000원 − (전기 말 퇴직금추계액 30,000,000원 − 당기 퇴직금지급액 18,000,000원) = 33,000,000원

12 [2023년 2회]

[보기]에서 제시된 상품 매매와 관련된 자료를 활용하여 계산한 매입채무 잔액은 얼마인가? (단, 기초 매입채무는 잔액이 없다)

> 보기
> • 현금매입액 80,000원
> • 외상매입액 500,000원
> • 외상대금 현금상환액 200,000원
> • 외상대금 조기상환에 따른 할인액 10,000원

① 210,000원
② 280,000원
③ 290,000원
④ 500,000원

해설

매입채무 잔액: 외상매입액 500,000원 − 외상대금 현금상환액 200,000원 − 외상대금 조기상환에 따른 할인액 10,000원 = 290,000원

| (차) 매입채무 | 210,000 | (대) 현금 | 200,000 |
| | | 매입할인 | 10,000 |

| 정답 | 10 ③ | 11 ② | 12 ③ |

CHAPTER 07 자본

빈출 키워드
- ☑ 자본의 구성 ☑ 주식발행
- ☑ 유상감자 ☑ 자기주식
- ☑ 이익잉여금

1 자본의 정의 및 구성

자본은 기업의 자산에서 부채를 차감한 후의 잔여지분으로 자기자본, 순자산, 주주지분이라고도 한다. 자본은 자본금, 자본잉여금, 자본조정, 기타포괄손익누계액, 이익잉여금으로 구성되어 있다.

구분	종류
자본금	보통주 자본금, 우선주 자본금
자본잉여금	주식발행초과금, 감자차익, 자기주식처분이익
자본조정	• 차감: 주식할인발행차금, 감자차손, 자기주식처분손실, 자기주식 • 가산: 미교부주식배당금, 주식매수선택권
기타포괄손익누계액	매도가능증권평가이익, 매도가능증권평가손실, 해외사업환산이익, 해외사업환산손실, 현금흐름회피 파생상품 환산이익, 현금흐름회피 파생상품 환산손실
이익잉여금	이익준비금, 기타법정적립금, 임의적립금, 미처분이익잉여금, 결손보전적립금

2 주식발행

1. 주식발행의 의미

주식은 회사 설립 이후에도 회사가 자금을 필요로 할 경우 신주를 발행할 수 있다. 유상증자라 함은 주주로부터 대가를 수령하고 주식을 발행하는 것을 의미한다. 회사의 주식을 발행한다는 것은 자산이 증가하는 만큼 주주의 소유가 증가한다는 것을 의미하므로 주식발행을 하게 되면 자본금이 증가한다. 자본금은 반드시 액면가액으로 인식해야 한다.

(1) 액면발행

주식발행에서 액면가액과 발행가액이 동일할 경우 액면발행이라고 한다. 회계처리 시 대변에 자본금을 액면가액으로 기록해서 자본의 증가를 인식한다.

(2) 할증발행

주식발행에서 액면가액을 초과하여 대가를 받을 경우 할증발행이라 하며, 액면을 초과하는 금액에 대해 주식발행초과금으로 자본잉여금을 인식한다.

(3) 할인발행

주식발행에서 액면가액보다 적은 대가를 받을 경우 할인발행이라 하며 부족액에 대해서는 주식발행초과금 범위 내에서 상계처리하고 미상계 잔액에 대해 주식할인발행차금으로 자본조정을 인식한다. 이익잉여금(결손금) 처분(처리)으로 상각되지 않은 주식할인발행차금은 이후 발생하는 주식발행초과금과 우선적으로 상계한다.

2. 주식발행 회계처리

① 3월 1일 신주 1,000주(액면가액 @5,000원)를 현금 5,000,000원에 발행하다.

(차) 현금	5,000,000	(대) 자본금	5,000,000

② 3월 3일 신주 1,000주(액면가액 @5,000원)를 현금 6,000,000원에 발행하다.

(차) 현금	6,000,000	(대) 자본금	5,000,000
		주식발행초과금	1,000,000

> **TIP**
> 주식할인발행차금을 인식하기 전에 주식발행초과금이 있다면 우선적으로 상계처리한 후 차액을 주식할인발행차금으로 인식한다.

③ 3월 5일 신주 1,000주(액면가액 @5,000원)를 현금 3,000,000원에 발행하다.

(차) 현금	3,000,000	(대) 자본금	5,000,000
주식발행초과금	1,000,000		
주식할인발행차금	1,000,000		

④ 3월 9일 신주 1,000주(액면가액 @5,000원)를 현금 7,000,000원에 발행하다. 발행하는 과정에서 신주발행비 100,000원을 차감하고 수령하다.

(차) 현금	6,900,000	(대) 자본금	5,000,000
		주식할인발행차금	1,000,000
		주식발행초과금	900,000

> **TIP**
> 신주발행비에 대해서는 별도의 계정을 사용하지 않고 발행가액에서 차감하며 주식발행초과금이 감소하거나 주식할인발행차금이 증가한다. 주식발행초과금을 인식하기 전에 주식할인발행차금을 상계처리한 후 차액을 주식발행초과금으로 인식한다.

📝 개념 확인문제

다음 [보기]를 근거로 회계처리를 할 경우, 자본잉여금 증가 금액은 얼마인가? [2018년 4회]

보기
1. 주당 액면가액: 5,000원
2. 증자 주식 수: 100주
3. 주식발행으로 조달된 현금액: 1,000,000원

① 0원
② 400,000원
③ 450,000원
④ 500,000원

해설

(차) 현금	1,000,000	(대) 자본금	500,000*
		주식발행초과금(자본잉여금)	500,000

*주당 액면가액 5,000원 × 증자 주식 수 100주 = 500,000원

정답 ④

> 자본금은 항상 액면가액으로 기록함

3 자본의 감소(감자) 거래

1. 유상감자

감자는 자본금 총액을 줄이는 거래를 의미한다. 유상감자는 자본 감소가 발생하고, 더불어 일정 금액을 주주에게 반환함으로써 회사의 자산도 같이 감소시킨다.

자본금은 항상 액면가액으로 기록하며 감자로 인해 감소하므로 차변에 기록하고, 유상감자는 대변에 지불하는 금전에 맞게 기록한다. 이 과정에서 액면가액보다 적은 금액이 지급되는 경우 대변에 차액을 감자차익(자본잉여금) 계정으로 인식한다. 반면, 액면가액보다 많은 금액을 지불하는 경우 차변에 감자차손(자본조정) 계정으로 인식한다.

> **무상감자**
>
> 감자에는 실질적 감자인 유상감자, 형식적 감자인 무상감자가 있다. 형식적 감자의 경우 이월결손금 보전을 위해서 자본금을 감소시키는 것으로 지불하는 금전 대신 이월결손금이 감소하게 된다.

2. 감자 회계처리

① 3월 1일 액면가액 5,000원인 주식 1,000주에 대해 현금 4,000,000원을 지불하고 매입소각하다.

(차) 자본금	5,000,000	(대) 현금	4,000,000
		감자차익	1,000,000

② 3월 3일 액면가액 5,000원인 주식 1,000주에 대해 현금 7,000,000원을 지불하고 매입소각하다.

(차) 자본금	5,000,000	(대) 현금	7,000,000
감자차익	1,000,000		
감자차손	1,000,000		

> **TIP**
> 감자차손 인식 전에 감자차익이 있다면 우선적으로 상계처리한 후 차액을 감자차손으로 인식한다.

4 자기주식 거래

1. 자기주식 거래의 유형

① **자기주식 취득**: 회사가 발행한 주식을 재취득하는 것을 의미하며, 자본조정 계정으로 처리하고 매입가액으로 기록한다. 자기주식은 액면가액이 아닌 매입가액으로 기록하는 것에 주의해야 한다.
② **자기주식 소각**: 자기주식을 처분하지 않고 소각하는 경우 자본금이 감소하고, 액면가액보다 작은 금액을 지불한 경우 감소에 따른 차액을 감자차익(자본잉여금)으로 인식한다. 반면, 액면가액보다 큰 금액을 지불할 경우 차액을 감자차손(자본조정)으로 인식한다.
③ **자기주식 처분**: 자기주식을 처분과정에서 취득가액보다 큰 금액에 처분하면 차액을 자기주식처분이익(자본잉여금) 계정으로 처리하고, 취득가액보다 작은 금액에 처분하면 차액을 자기주식처분손실(자본조정) 계정으로 처리한다.

2. 자기주식 회계처리

① 3월 1일 자기주식 1,000주(액면가액 @5,000원)를 현금 6,000,000원에 매입하다.

(차) 자기주식	6,000,000	(대) 현금	6,000,000

② 3월 3일 위 자기주식 1,000주 중 400주를 소각하다.

(차) 자본금	2,000,000*1	(대) 자기주식	2,400,000*2
감자차손	400,000		

*1 자본금: 액면가액 @5,000원 × 400주 = 2,000,000원
*2 '6,000,000원 ÷ 1,000주 = 주당 6,000원'이므로 자기주식은 '취득가액 @6,000원 × 400주 = 2,400,000원'

> **TIP**
> 자기주식 소각에 대한 차액은 자본금의 감소 차이이므로 감자차손으로 인식한다.

③ 3월 5일 위 자기주식 300주를 현금 3,000,000원에 처분하다.

(차) 현금	3,000,000	(대) 자기주식	1,800,000
		자기주식처분이익	1,200,000

④ 3월 9일 위 자기주식 300주를 현금 500,000원에 처분하다.

(차) 현금	500,000	(대) 자기주식	1,800,000
자기주식처분이익	1,200,000		
자기주식처분손실	100,000		

> **TIP**
> 자기주식처분손실 1,300,000원을 인식하기 전에 자기주식처분이익 1,200,000원을 상계처리하고, 나머지 금액에 대해서 자기주식처분손실로 인식한다.

📝 개념 확인문제

다음 중 재무제표상 자본에 해당하지 않는 것은? [2022년 6회]

① 자본조정 ② 자본잉여금
③ 장기성예금 ④ 기타포괄손익누계액

해설
장기성예금은 투자자산에 해당한다.

정답 ③

5 기타포괄손익누계액

1. 기타포괄손익누계액의 구성

포괄손익은 투자 및 주주에 대한 분배가 아닌, 거래나 회계사건으로 인하여 일정 회계기간 동안 발생한 순자산의 변동액을 말한다. 기타포괄손익은 주주와의 거래 결과 또는 당기순이익의 구성요소가 아니면서 순자산의 증가를 초래한 항목을 자본에 별도로 나타내는 것이다. 손익 계정에서는 제외되지만 기타포괄손익에 포함되는 항목에는 매도가능증권평가손익, 해외사업환산손익, 현금흐름회피 파생상품 환산손익 등이 있다.

6 이익잉여금

1. 이익잉여금의 구성

이익잉여금은 회사의 손익 거래를 통해서 발생한 잉여금을 의미하며, 이익잉여금처분계산서는 이익잉여금을 배당 및 각종 적립금 적립으로 처분하는 과정을 나타낸다.
① 이익준비금: 이익이 발생하면 상법상 강제로 회사에 적립해야 하는 법정적립금으로 그 한도는 최소 현금배당(중간배당을 포함한 금전배당)의 10% 이상이며, 최대 자본금의 1/2(50%)까지 적립할 수 있다.
② 기타법정적립금
③ 임의적립금: 사업확장적립금, 감채(기금)적립금, 배당평균적립금, 결손보전적립금
④ 미처분이익잉여금

> **TIP**
> 현금배당액이 문제에 제시되지 않을 경우 '이익준비금 최소 적립액 = 자본금×현금배당률×10%'로 계산한다.

2. 이익잉여금처분계산서

이익잉여금처분계산서(당기) 처분예정일 2026년 2월 27일	
Ⅰ. 미처분이익잉여금	500
1. 전기이월미처분이익잉여금	90
2. 당기순이익	410
Ⅱ. 임의적립금 이입액	
합계	500
Ⅲ. 이익잉여금처분액	320
1. 이익준비금	20
2. 결손보전적립금	
3. 배당금	300
가. 현금배당	200
나. 주식배당	100
4. 사업확장적립금	
5. 감채적립금	
6. 배당평균적립금	
Ⅳ. 차기이월미처분이익잉여금	180

> - 법정적립금: 이익준비금
> - 임의적립금: 사업확장적립금, 감채(기금)적립금, 배당평균적립금, 결손보전적립금

📝 개념 확인문제

회사가 이익잉여금 중 50,000,000원의 현금배당을 실시하려는 경우 자본금의 1/2이 될 때까지 반드시 적립해야 할 적립금의 명칭은? [2018년 5회]

① 이익준비금   ② 임의적립금
③ 확장적립금   ④ 배당평균적립금

해설
이익준비금은 법정적립금으로 최소 현금배당의 10% 이상 적립해야 하므로 현금배당이 있다면 이익준비금을 반드시 적립해야 한다.   **정답** ①

7 배당

1. 배당주는 입장

이익이 발생하면 회사의 주식을 소유한 주주에게 이익을 나눠주는 것을 배당이라고 한다. 배당은 현금을 지급하는 현금배당과 회사의 주식을 추가로 지급하는 주식배당 두 가지로 구분된다.

(1) 현금배당

현금배당이 결정된 결의일에는 이월이익잉여금을 감소시키고, 미지급배당금(부채) 계정으로 기록한 후 추후 현금배당이 지급되면 현금(자산)을 감소시킨다.

① 배당 결의일

| (차) 이월이익잉여금[자본(-)] ××× (대) 미지급배당금(현금배당)[부채(+)] ××× |

② 배당 지급일

| (차) 미지급배당금[부채(-)] ××× (대) 현금[자산(-)] ××× |

> • 현금배당 지급: 이익잉여금 감소, 자산 감소, 자본 감소
> • 주식배당 지급: 이익잉여금 감소, 자본금 증가, 자본 불변

(2) 주식배당

주식배당이 결정된 결의일에는 현금배당과 동일하게 이월이익잉여금이 감소한다. 주식배당은 미교부주식배당금 계정으로 자본 계정이 증가한다. 이후 주식배당이 실시되면 미교부주식배당금은 감소하고 자본금 계정이 증가한다. 주식배당은 결국 이익잉여금의 감소, 자본금의 증가이다. 따라서 자본 전체의 증감은 없으며 대신 주식의 수가 증가한다.

① 배당 결의일

| (차) 이월이익잉여금[자본(-)] ××× (대) 미교부주식배당금[자본(+)] ××× |

② 주식 교부일

| (차) 미교부주식배당금[자본(-)] ××× (대) 자본금[자본(+)] ××× |

2. 배당받는 입장

현금으로 배당을 수령하는 경우에는 배당금수익을 인식한다. 하지만 주식으로 배당을 수령하는 경우에는 주식의 수와 액면가액에 변화가 있을 뿐, 전체 보유하는 유가증권의 가치에 변화가 생기는 것이 아니므로 회계처리하지 않는다.

CHAPTER 07 기출&확인 문제

01 [2023년 2회]
자본의 구성요소에 관한 설명으로 가장 적절하지 않은 것은?

① 자본금은 발행주식 액면금액의 합계액이다.
② 자본조정에는 주식할인발행차금, 자기주식 등이 있다.
③ 자본잉여금은 자본거래로 인한 자본의 증가분으로서 주식발행초과금, 감자차손 등이 있다.
④ 이익잉여금은 손익거래에서 벌어들인 이익 중 배당 등으로 유출되지 않고 사내에 남아 있는 것이다.

해설
자본잉여금은 주식발행초과금과 감자차익 등이 있다. 감자차손은 자본조정에 해당한다.

02 [2019년 5회]
다음 [보기]에서 이익잉여금으로 분류할 수 있는 것은 몇 개인가?

┌─ 보기 ─────────────────────┐
• 주식발행초과금   • 감자차익
• 이익준비금   • 미교부주식배당금
• 주식할인발행차금   • 자기주식처분손실
• 자기주식
└────────────────────────────┘

① 1개 ② 2개
③ 3개 ④ 4개

해설
• 이익잉여금: 이익준비금
• 자본잉여금: 주식발행초과금, 감자차익
• 자본조정: 미교부주식배당금, 주식할인발행차금, 자기주식처분손실, 자기주식

03 [2023년 6회, 2022년 3회]
자본조정 항목은 자본에서 가산되거나 차감하는 형식으로 표시된다. 다음 중 성격이 다른 것은?

① 감자차손   ② 자기주식
③ 주식매수선택권 ④ 주식할인발행차금

해설
• 자본조정의 차감 계정: 자기주식, 감자차손, 자기주식처분손실, 주식할인발행차금
• 자본조정의 가산 계정: 미교부주식배당금, 주식매수선택권

04 [2022년 3회]
회사의 기초자본금은 1억원(액면가 5,000원, 발행주식수 20,000주)이다. 신규 사업 진출을 위해 회사는 주당 10,000원(액면가 5,000원)에 1,000주를 증자하였다. 이때 기말자본금은 얼마인가?

① 100,000,000원   ② 105,000,000원
③ 110,000,000원   ④ 115,000,000원

해설
• 기말자본금: 기초자본금 100,000,000원 + 자본 증자액 5,000,000원 = 105,000,000원
• (차) 현금   10,000,000   (대) 자본금   5,000,000
                                        주식발행초과금   5,000,000

| 정답 | 01 ③ 02 ① 03 ③ 04 ②

05 [2023년 3회]

[보기]를 참고할 때, (주)생산성이 주식발행으로 인해 발생한 주식발행초과금은 얼마인가?

> **보기**
> (주)생산성은 액면가액 5,000원인 보통주 100주를 주당 11,000원에 발행하였다. 발행대금은 전액 당좌예금에 입금하였고, 주식인쇄 등 주식발행과 직접 관련된 비용 20,000원을 현금으로 지급하였다.

① 480,000원
② 500,000원
③ 580,000원
④ 600,000원

해설
주식발행으로 인해 얻은 현금 중 자본금(발행주식 액면금액)초과분이 주식발행초과금이다.

(차) 현금	1,080,000	(대) 자본금	500,000
		주식발행초과금	580,000

06 [2023년 2회]

[보기]의 자료를 근거로 회계처리 할 경우, 감자차익은 얼마인가?

> **보기**
> • 감자주식 수: 100주
> • 주당 액면가액: 7,000원
> • 주식 구입 현금지급액: 500,000원

① 200,000원
② 500,000원
③ 700,000원
④ 1,200,000원

해설

(차) 자본금	700,000	(대) 현금	500,000
		감자차익	200,000*

*감자할 자본금 700,000원 - 감자할 주식 매입액 500,000원 = 200,000원

07 [2017년 6회]

다음은 당기 초에 설립된 (주)대한의 자본 관련 자료이다. (주)대한의 결산일 현재 수정전시산표상 금액으로 옳은 것은?

거래일자	거래내역
8월 1일	주당 액면가 500원인 주식 10주를 발행하여 6,000원을 조달하다.
8월 10일	자기주식 2주를 주당 800원에 취득하다.
8월 15일	자기주식 1주를 700원에 처분하다.
8월 25일	자기주식 1주를 소각하다.

① 자본금 6,000원
② 자기주식 1,600원
③ 자기주식처분이익 100원
④ 감자차손 300원

해설

• 8월 1일

(차) 현금	6,000	(대) 자본금	5,000
		주식발행초과금	1,000

• 8월 10일

(차) 자기주식	1,600	(대) 현금	1,600

• 8월 15일

(차) 현금	700	(대) 자기주식	800
자기주식처분손실	100		

• 8월 25일

(차) 자본금	500	(대) 자기주식	800
감자차손	300		

① 자본금 4,500원, ② 자기주식 0원, ③ 자기주식처분손실 100원

| 정답 | 05 ③ | 06 ① | 07 ④ |

08 [2019년 4회]

[보기]의 이월결손금 보전을 올바르게 분개한 것은?

> 보기
> 이월결손금 2,000,000원을 보전하기 위해 발행주식 수 1,000주(액면가 5,000원)를 500주로 병합하였다.

① (차) 자본금 2,000,000 (대) 이월결손금 2,000,000
② (차) 자본금 5,000,000 (대) 이월결손금 2,000,000
　　　　　　　　　　　　　　자본금 3,000,000
③ (차) 자본금 2,500,000 (대) 이월결손금 2,000,000
　　　　　　　　　　　　　　자기주식처분이익 500,000
④ (차) 자본금 2,500,000 (대) 이월결손금 2,000,000
　　　　　　　　　　　　　　감자차익 500,000

해설
이월결손금을 보전하기 위해 주식을 감자하는 것을 형식적 감자라고 한다. 형식적 감자는 자산을 감소시키지 않으면서 자본 계정 간의 금액만 대체하는 것이다. [보기]의 경우 감소된 자본금은 '액면가 5,000원×500주 = 2,500,000원'이다. 결손금 2,000,000원과 감소된 자본금 2,500,000원의 차액은 결손금 보전을 위해 감자한 결과에 대한 차액이므로 감자차익으로 처리한다.

09 [2018년 3회]

다음 중 자본금이 감소하는 거래는? (단, 1주당 액면가액은 5,000원임)

① 신주발행
② 유상증자
③ 액면분할에 의한 증자
④ 자기주식 소각

해설
자기주식을 소각하는 경우 '(차) 자본금 (대) 자기주식'으로 처리하며 자본금이 감소한다. ① 신주발행, ② 유상증자는 자본금이 증가하며, ③ 액면분할에 의한 증자는 자본금의 변화가 없다.

10 [2022년 5회]

주식회사인 (주)생산성은 이익잉여금 중 80,000,000원의 현금배당을 실시하려고 한다. 이때 적립해야 하는 적립금의 명칭은?

① 임의적립금
② 감채적립금
③ 확장적립금
④ 이익준비금

해설
이익준비금은 상법의 규정에 따라 주식회사가 매 결산 시 이익배당액(금전배당)의 1/10 이상의 금액을 자본금의 1/2에 달할 때까지 적립해야 한다.

| 정답 | 08 ④ | 09 ④ | 10 ④ |

CHAPTER 08 수익과 비용

빈출 키워드
- ☑ 영업외수익
- ☑ 판매비와 관리비
- ☑ 결산
- ☑ 현금과부족
- ☑ 손익 계정의 결산정리

1 수익

1. 영업수익

제조업의 영업수익은 제품매출 계정을 주로 사용하며, 도·소매업은 상품매출 계정을 주로 사용한다. 제품매출 계정과 상품매출 계정은 손익계산서에 반영이 되는 매출액으로 총매출 계정에서 매출환입, 매출에누리, 매출할인 계정을 모두 차감한 순매출액을 기준으로 계산된다.

2. 영업외수익

영업외수익은 기업의 주된 영업 이외에서 발생하는 수익을 말한다. 영업외수익에 포함되는 항목으로는 이자수익, 배당금수익, 임대료, 단기매매증권평가이익, 단기매매증권처분이익, 외환차익, 외화환산이익, 사채상환이익, 유형자산처분이익, 투자자산처분이익, 자산수증이익, 채무면제이익이 있다.

① **외환차익**: 외화거래에서 외화채권을 회수할 때 채권에 적용된 환율보다 회수일의 환율이 상승한 경우, 채무는 상환할 때 채무에 적용된 환율보다 상환일 환율이 하락한 경우 외환차익을 인식한다.

② **외화환산이익**: 외화자산 및 부채를 보유할 경우 결산일에 기준환율에 따라 차손익을 인식한다. 외화자산은 환율이 상승한 경우, 외화부채는 환율이 하락한 경우에 외화환산이익을 인식한다.

③ **자산수증이익**: 회사가 주주나 제3자 등으로부터 자산을 무상으로 증여받을 경우, 공정가치로 자산의 취득을 인식하며 회사가 얻는 이익부분에 대해서 인식하는 계정이다.

④ **채무면제이익**: 회사가 보유한 채무에 대해서 채권자가 면제해 주는 경우에 발생하는 수익 계정이다.

2 비용

1. 제조원가와 매출원가

제조원가란 원재료 관련 지출과 제품 생산과 관련하여 공장, 생산, 제조부에서 발생하는 비용으로, 제품의 원가를 구성하며 자산이 된다. 제조된 제품이 판매가 될 경우 해당 물건의 원가를 매출원가라고 하며, 다음의 계산식을 이용하여 계산한다.

- 상품매출원가 = (기초상품재고액 + 당기순매입액) − 기말상품재고액 − 타계정대체
  = 판매가능상품 − 기말상품재고액 − 타계정대체
- 제품매출원가 = (기초제품재고액 + 당기제품제조원가) − 기말제품재고액 − 타계정대체
  = 판매가능재고액 − 기말제품재고액 − 타계정대체

2. 판매비와 관리비

판매비와 관리비는 본사, 사무실, 사무직, 영업부, 마케팅부서 등에서 발생하는 비용을 의미한다. 계정의 명칭은 대부분 제조원가와 동일하지만 제조에 직·간접적으로 발생하는 비용은 제조원가, 그 외의 비용은 모두 판매비와 관리비로 구분한다.

계정과목의 종류로는 급여, 퇴직급여, 복리후생비, 교육훈련비, 여비교통비, 기업업무추진비, 통신비, 수도광열비, 세금과공과, 감가상각비, 임차료, 수선비, 보험료, 차량유지비, 경상연구개발비, 운반비, 도서인쇄비, 소모품비, 수수료비용(또는 지급수수료), 광고선전비, 대손상각비가 있다.

① **복리후생비**: 회사가 직원을 위해서 지출하는 성격의 금액이다. 사회통념상 타당한 범위의 직원 결혼 축의금, 화환, 직원 회식비, 직원에게 제공하는 피복비 및 안전모, 건강보험료에 대한 회사 부담액 등이 있다.
② **세금과공과**: 재산세, 자동차세, 협회비, 균등할 주민세, 국민연금에 대한 회사 부담액, 간주임대료에 대한 부가가치세, 대표이사 변경 등기료가 있다.
③ **임차료**: 회사가 건물 및 토지를 임차하고 지급한 임차료 지급액을 의미한다. 그 외에도 차량을 빌리는 비용, 복사기, 정수기 등 사용에 대한 대가를 지급하는 것을 포함한다.
④ **차량유지비**: 차량을 보유하며 자동차를 유지하기 위해 지출한 각종 경비를 의미한다. 주차비, 세차비, 점검비, 수리비, 차량 유류대(기름값) 등을 처리하는 계정이다.
⑤ **광고선전비**: 회사의 제품 및 회사를 홍보하기 위해서 발생하는 모든 비용을 의미하며, 판매비와 관리비 계정에서만 사용되고 있다.
⑥ **운반비**: 제품을 판매하는 과정에서 발생하는 배송비용을 의미한다. 다만, 자산을 매입하는 과정에서 발생하며 매입자가 부담하는 운반비는 자산의 취득원가에 가산한다.
⑦ **도서인쇄비**: 명함 제작 및 업무 관련 서적의 구매와 정기 구독료를 처리한다.

> **TIP**
> 판매비와 관리비 계정과목은 대부분 '~비, ~료, ~여, ~과'로 표시된다. 영업외비용과 구분을 해야 하는 문제에서 활용할 수 있다.
> - 판매비와 관리비: ~비, ~료, ~여, ~과
> - 영업외비용: 이자비용, ~손실, 기부금, 기타의 대손상각비

개념 확인문제

[보기]는 (주)생산의 손익계산서 자료이다. (주)생산의 영업이익은 얼마인가? ([보기]에서 제시한 자료만 가지고 정답을 구하시오) [2023년 2회]

보기

비용	금액(원)	수익	금액(원)
매출원가	200,000	제품매출	500,000
급여	150,000		
복리후생비	20,000		
기부금	40,000		
당기순이익	90,000		
합계	500,000	합계	500,000

① 90,000원 ② 130,000원
③ 150,000원 ④ 300,000원

해설
- 매출총이익: 제품매출 500,000원 - 매출원가 200,000원 = 300,000원
- 판매비와 관리비: 급여 150,000원 + 복리후생비 20,000원 = 170,000원
∴ 영업이익: 매출총이익 300,000원 - 판매비와 관리비 170,000원 = 130,000원
기부금은 영업외비용에 해당하는 것으로 영업이익 계산에 영향을 주지 않는다.

정답 ②

3. 영업외비용

영업외비용은 주된 영업활동이 아닌 투자활동이나 재무활동과 관련하여 발생한 비용을 의미한다. 영업외비용 계정과목으로 이자비용, 외환차손, 외화환산손실, 기부금, 매출채권처분손실, 단기매매증권평가손실, 단기매매증권처분손실, 재해손실, 유형자산처분손실, 투자자산처분손실, 재고자산감모손실, 잡손실이 있다.

① **재고자산감모손실**: 재고자산의 기말수량이 감소한 경우 <mark>비정상적인(원가성이 없는) 수량 감소분</mark>에 대해서 인식하는 계정이다. 다만, 재고자산의 정상적인(원가성 있는) 감모라는 표현이 있는 정상감모손실은 매출원가에 가산한다. 또한 가격의 하락에 대한 재고자산평가손실도 매출원가 항목이다.

② **외환차손, 외화환산손실**: 외화거래에서 외화채권을 회수할 때 채권에 적용된 환율보다 회수일의 환율이 하락한 경우, 채무를 상환할 때 채무에 적용된 환율보다 상환일 환율이 상승한 경우 외환차손을 인식한다. 또한 외화자산 및 부채를 보유할 경우 결산일 기준환율에 따라 차손익을 인식한다. 외화자산은 환율이 하락한 경우, 외화부채는 환율이 상승한 경우에 외화환산손실을 인식한다.

> - 재고자산평가손실: 매출원가에 가산
> - 재고자산감모손실: 정상인 경우 매출원가에 가산, 비정상인 경우 영업외비용

💡 **TIP**
재고자산감모손실은 문제에서 정상이라는 언급이 없으면 비정상으로 간주하고 풀이한다.

📝 개념 확인문제

다음 계정과목 중 영업이익 계산과정에서 제외되어야 하는 것은? [2019년 6회]

① 매출원가
② 대손상각비
③ 건물의 감가상각비
④ 매출채권처분손실

해설
매출채권처분손실은 영업외비용이므로 영업이익 산출에 영향을 미치지 않는다.

정답 ④

3 결산

1. 핵심ERP 결산작업 내용

결산은 회계기간을 종료하기 전 마지막 단계로, 12월 31일로 장부를 마감하고 재무제표를 작성하는 과정이다. 결산의 순서는 수정전시산표를 작성하고 결산정리분개를 한 후 수정후시산표 및 정산표를 작성한다. 수익과 비용인 손익 계정을 집합손익으로 우선 마감하여 잉여금에 반영한 후 자산, 부채, 자본 항목에 대해 차기이월로 재무상태표 요소들도 마감한다. 이후 손익계산서와 재무상태표를 포함한 재무제표를 작성한다.

핵심ERP 프로그램에서의 결산작업은 [전표입력] 메뉴에 결산정리 사항을 직접 입력하는 수동입력 방식과 [결산자료입력] 메뉴에 금액을 입력하여 자동으로 회계처리되는 방식으로 구분된다.

구분	내용
수동입력사항	유가증권의 평가(단기매매증권, 매도가능증권 등), 외화자산 및 부채의 평가(외화환산이익, 외화환산손실), 가지급금 및 가수금 정리, 소모품(비) 정리, 현금과부족 정리, 선수수익 및 선급비용 정리, 미수수익 및 미지급비용 정리, 부가가치세 정리 등
자동입력사항	기말재고액 파악 및 매출원가 반영, 감가상각비 계상, 대손상각비 계상, 퇴직급여충당부채 설정, 법인세비용 추산 등

> **전표의 종류**
> - **입금전표**: 현금의 입금거래 즉, 분개 시 차변에 현금 계정만 나타날 때 발행하는 전표
> - **출금전표**: 현금의 출금거래 즉, 분개 시 대변에 현금 계정만 나타날 때 발행하는 전표
> - **대체전표**: 일부 현금거래와 전부 비현금거래. 즉, 차변 또는 대변에 현금 계정과 다른 계정이 동시에 나타나거나 차변 또는 대변에 현금 계정은 나타나지 않고 다른 계정만 나타날 때 발행하는 전표

개념 확인문제

다음 회계연도로 이월되는(차기이월로 마감) 계정으로 옳지 않은 것은? [2023년 1회]

① 예수금　　　　　　　② 미수금
③ 기부금　　　　　　　④ 미지급금

해설
차기이월로 마감되는 것은 자산, 자본, 부채 항목이다. 기부금은 비용 계정으로 손익으로 마감된다.
① 예수금과 ④ 미지급금은 부채, ② 미수금은 자산으로 차기이월로 마감되는 계정이다.

정답 ③

2. 현금과부족

회계기간 중에 현금의 실제 잔액과 장부상 잔액이 어긋남을 발견한 경우 사용하는 임시 계정이다. 현금과부족 계정은 임시 계정이므로 결산일 재무제표를 작성할 때 사유를 밝혀서 적절한 계정으로 대체하며, 사유를 알 수 없는 경우 잡이익 또는 잡손실 계정과목으로 정리한다.

(1) 장부상 현금 잔액 > 실제 현금 잔액

① 회계기간 중 원인을 알 수 없는 차액 발견

(차) 현금과부족	×××	(대) 현금	×××

② 결산일에 위 차액의 원인을 알아내지 못함

(차) 잡손실	×××	(대) 현금과부족	×××

(2) 장부상 현금 잔액 < 실제 현금 잔액

① 회계기간 중 원인을 알 수 없는 차액 발견

(차) 현금	×××	(대) 현금과부족	×××

② 결산일에 위 차액의 원인을 알아내지 못함

(차) 현금과부족	×××	(대) 잡이익	×××

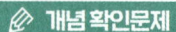 **개념 확인문제**

다음 상황에 대한 분개로 옳은 것은? [2022년 4회]

→ 보기 •
현금과부족의 원인을 조사한 결과 회계 담당자가 실수하여 전화요금 50,000원을 지급한 것이 누락되었음이 발견되었다.

① (차) 현금과부족　　50,000　　(대) 통신비　　　50,000
② (차) 현금과부족　　50,000　　(대) 잡이익　　　50,000
③ (차) 통신비　　　　50,000　　(대) 현금과부족　50,000
④ (차) 잡손실　　　　50,000　　(대) 현금과부족　50,000

해설
• 전화요금은 통신비 계정을 사용하며, 현금과부족 계정은 원인이 판명되면 대변에서 소멸한다.
• (차) 통신비　　　50,000　　(대) 현금과부족　50,000

정답 ③

3. 소모품 미사용액 정리

소모품이란 구입 후 사용하면서 소모되는 품목을 의미하며, 회사의 형광등, 컴퓨터 잉크, 사무용품, 청소도구 등을 예로 들 수 있다. 소모품을 회사가 구입하여 창고에 보관하는 경우에는 자산으로 인식하지만, 사용한 부분은 비용으로 인식해야 한다. 소모품 구입 시에는 자산(소모품) 또는 비용(소모품비)으로 인식한 후 결산일에 사용액과 미사용액을 기준으로 자산과 비용을 정리한다.

(1) 소모품 구입 시 자산(소모품)으로 인식

① 구입일

| (차) 소모품(사용 + 미사용) | ××× | (대) 현금 | ××× |

② 결산일

| (차) 소모품비(사용) | ××× | (대) 소모품(사용) | ××× |

(2) 소모품 구입 시 비용(소모품비)으로 인식

① 구입일

| (차) 소모품비(사용 + 미사용) | ××× | (대) 현금 | ××× |

② 결산일

| (차) 소모품(미사용) | ××× | (대) 소모품비(미사용) | ××× |

> **소모품 회계처리**
> • 구입 시 자산(소모품) 처리
>   → 결산일 사용분을 소모품비 처리
> • 구입 시 비용(소모품비) 처리
>   → 결산일 미사용분을 소모품 처리

개념 확인문제

[보기]에 대해 12월 31일 결산수정분개로 대변에 기록될 계정과목과 금액은? [2020년 1회]

보기
- 2025년 9월 1일 사무용품 1,000,000원을 현금으로 구입하다(구입 시점에 자산처리함).
- 2025년 12월 31일 결산 시까지 소모품 사용액은 250,000원이다.

① 소모품비, 250,000원 ② 소모품, 250,000원
③ 소모품비, 750,000원 ④ 소모품, 750,000원

해설
- 구입 시점에 자산으로 처리한 경우, 기말결산 시에는 사용한 금액을 비용으로 대체하는 분개를 해야 한다.
- 2025년 9월 1일

| (차) 소모품 | 1,000,000 | (대) 현금 | 1,000,000 |

- 2025년 12월 31일

| (차) 소모품비 | 250,000 | (대) 소모품 | 250,000 |

정답 ②

4. 손익 계정의 결산정리

(1) 수익의 이연(선수수익)

발생주의에 의해 회사가 입금받은 돈이 모두 손익계산서상의 수익 계정이 되는 것은 아니다. 당기에 해당하는 수익만 손익계산서 수익 계정에 반영되고, 차기에 해당하는 수령분은 선수수익(부채) 계정으로 재무상태표에 보고된다. 따라서 회사가 회계처리한 수익 계정 중에서 차기분을 선수수익 계정으로 결산일에 정리하는 것이다.

① 1년분 이자를 모두 수령하고 수익(이자수익)으로 인식
  - 이자 수령일(예 9월)

| (차) 현금 | ××× | (대) 이자수익(9월~차기 8월) | ××× |

  - 결산일

| (차) 이자수익(차기 1월~8월) | ××× | (대) 선수수익(차기 1월~8월) | ××× |

I/S 이자수익(당기)				B/S 선수수익(차기)							
9월	10월	11월	12월	1월	2월	3월	4월	5월	6월	7월	8월

② 1년분 이자를 모두 수령하고 부채(선수수익)로 인식
  - 이자 수령일(예 9월)

| (차) 현금 | ××× | (대) 선수수익(9월~차기 8월) | ××× |

  - 결산일

| (차) 선수수익(9월~12월) | ××× | (대) 이자수익(9월~12월) | ××× |

I/S 이자수익(당기)				B/S 선수수익(차기)							
9월	10월	11월	12월	1월	2월	3월	4월	5월	6월	7월	8월

> **이자 회계처리**
> - 1년분 이자를 수익(이자수익) 처리
>   → 결산일 차기분을 선수수익 처리
> - 1년분 이자를 부채(선수수익) 처리
>   → 결산일 당기분을 이자수익 처리

(2) 비용의 이연(선급비용)

발생주의에 의해 회사가 지출한 돈이 모두 손익계산서상의 비용 계정이 되는 것은 아니다. 당기에 해당하는 비용만 손익계산서 비용 계정에 반영되고, 차기에 해당하는 지출부분은 선급비용(자산) 계정으로 재무상태표에 보고된다. 따라서 회사가 회계처리한 비용 계정 중에서 차기에 속하는 부분을 선급비용 계정으로 결산일에 정리하는 것이다.

① 1년분 보험료를 모두 지급하고 비용(보험료)으로 인식
- 보험료 지급일(예 9월)

| (차) 보험료(9월~차기 8월) | ××× | (대) 현금 | ××× |

- 결산일

| (차) 선급비용(차기 1월~8월) | ××× | (대) 보험료(차기 1월~8월) | ××× |

I/S 보험료(당기)				B/S 선급비용(차기)							
9월	10월	11월	12월	1월	2월	3월	4월	5월	6월	7월	8월

② 1년분 보험료를 모두 지급하고 자산(선급비용)으로 인식
- 보험료 지급일(예 9월)

| (차) 선급비용(9월~차기 8월) | ××× | (대) 현금 | ××× |

- 결산일

| (차) 보험료(9월~12월) | ××× | (대) 선급비용(9월~12월) | ××× |

I/S 보험료(당기)				B/S 선급비용(차기)							
9월	10월	11월	12월	1월	2월	3월	4월	5월	6월	7월	8월

> **보험료 회계처리**
> - 지급 시 비용(보험료) 처리
>   → 결산일 미경과분을 선급비용 처리
> - 지급 시 자산(선급비용) 처리
>   → 결산일 경과분을 보험료 처리

➕ 선급비용과 선수수익

선급비용(선수수익)은 첫 거래가 자산(부채)으로 인식되었는지 비용(수익)으로 인식되었는지 명확히 구분해야 한다.
- **선급비용**: 자산 인식 → 비용처리(당기), 비용 인식 → 자산처리(차기)
- **선수수익**: 부채 인식 → 수익처리(당기), 수익 인식 → 부채처리(차기)

✏️ 개념 확인문제

다음 [보기]에 따라 당기 손익계산서에 들어갈 보험료를 계산하면? (단, 결산일은 12월 31일임) [2020년 6회]

보기
- 회사는 보유 중인 자동차에 대한 1년치 보험료로 120만원을 선불로 지불했다.
- 보험기간: 올해 10월 1일~다음 해 9월 30일

① 200,000원 ② 300,000원
③ 900,000원 ④ 1,000,000원

해설
당기 보험료(10월~12월): 1,200,000원×3개월/12개월 = 300,000원

정답 ②

(3) 수익의 예상(미수수익)

발생주의에 의해 수령해야 하는 수익을 약정 및 여러 상황에 의해서 아직 수령하지 못하고 있을 경우 결산일에 인식하는 계정이다. 예를 들어, 대금을 대여해 주고 1년 뒤 만기에 원금과 이자를 일괄 수령하기로 했을 경우 당기에 수령하는 이자는 없지만, 기간이 경과해서 발생한 금액은 손익계산서 수익 계정에 반영한다.

> 미수수익, 미지급비용의 인식은 수익과 비용의 예상 또는 발생이라고 한다.

- 결산일(결산 시 수령한 금액이 없어도 당기수익으로 인식)

(차) 미수수익(9월~12월)	×××	(대) 이자수익(9월~12월)	×××

I/S 이자수익(당기)				(차기)						원금+이자
9월	10월	11월	12월	1월	2월	3월	4월	5월	6월	7월	8월

📝 개념 확인문제

발생주의 회계는 발생과 이연의 개념을 포함한다. 이와 관련 없는 계정과목은? [2018년 2회]
① 선수수익
② 현금
③ 선급비용
④ 미지급비용

해설 ① 선수수익은 수익의 이연, ③ 선급비용은 비용의 이연, ④ 미지급비용은 비용의 발생과 관련이 있다. **정답** ②

(4) 비용의 예상(미지급비용)

발생주의에 의해 지급해야 하는 비용을 약정 및 여러 상황으로 아직 지급하지 못하고 있을 경우 결산일에 인식하는 계정이다. 예를 들어, 대금을 차입하고 1년 뒤 만기에 원금과 이자를 일괄 지급하기로 했을 경우 당기에 지급하는 이자는 없지만, 기간이 경과해서 발생한 금액은 손익계산서 비용 계정에 반영한다.

- 결산일(결산 시 지급한 금액이 없어도 당기비용으로 인식)

(차) 이자비용(4개월)	×××	(대) 미지급비용(4개월)	×××

I/S 이자비용(당기)				(차기)						원금+이자
9월	10월	11월	12월	1월	2월	3월	4월	5월	6월	7월	8월

기출&확인 문제

01 [2021년 3회]
다음 중 복리후생비로 분류할 수 없는 것은?

① 종업원 작업복 구입비용
② 거래처 직원과의 식사비용
③ 종업원 경조사비용
④ 영업부 직원 회식비용

해설
거래처 직원과의 식사비용은 기업업무추진비로 처리한다.

02 [2020년 3회]
다음 중 영업이익에 영향을 미치지 않는 계정과목은?

① 기업업무추진비   ② 이자비용
③ 판매사원 급여   ④ 교육훈련비

해설
이자비용은 영업외비용이므로 영업이익에 영향을 미치지 않는다.
① 기업업무추진비, ③ 판매사원 급여, ④ 교육훈련비는 판매비와 관리비이므로 영업이익에 영향을 미친다.

03 [2019년 4회]
[보기]는 무엇에 대한 설명인가?

> **보기**
> 가. 상품의 판매활동과 기업의 경영관리활동에서 발생하는 비용
> 나. 매출원가에 속하지 않는 비용
> 다. 대손상각비, 기업업무추진비 등

① 매출원가   ② 영업외비용
③ 판매비와 관리비   ④ 법인세비용

해설
판매비와 관리비에 대한 설명이다.

04 [2018년 6회]
원천징수한 4대보험 중 회사에서 부담하는 건강보험료 납부액을 처리하는 계정과목으로 가장 적절한 것은?

① 복리후생비   ② 세금과공과
③ 교육훈련비   ④ 광고선전비

해설
회사에서 부담하는 건강보험료는 직원의 복지를 위해 지불하는 것이므로 복리후생비 계정으로 처리한다.

05 [2023년 2회]
[보기]에 제시된 자료 중 영업외비용은 총 얼마인가?

> **보기**
> • 급여: 1,000,000원
> • 배당금수익: 200,000원
> • 감가상각비: 180,000원
> • 이자비용: 150,000원
> • 외화환산손실: 240,000원
> • 단기매매증권평가손실: 300,000원
> • 기업업무추진비: 200,000원
> • 기부금: 250,000원

① 450,000원   ② 540,000원
③ 690,000원   ④ 940,000원

해설
• 영업외비용: 이자비용 150,000원 + 외화환산손실 240,000원 + 단기매매증권평가손실 300,000원 + 기부금 250,000원 = 940,000원
• 판매비와 관리비: 급여, 감가상각비, 기업업무추진비
• 영업외수익: 배당금수익

| 정답 | 01 ② | 02 ② | 03 ③ | 04 ① | 05 ④ |

06 [2021년 2회]

다음 [보기]를 참고로 매출총이익과 영업이익을 계산하면 얼마인가?

┌─ 보기 ─────────────────────────┐
- 매출액   5,000,000원
- 기초상품재고액   6,000,000원
- 이자수익   700,000원
- 당기상품매입액   1,500,000원
- 통신비   210,000원
- 종업원 급여   500,000원
- 광고선전비   230,000원
- 기말상품재고액   3,600,000원
- 기부금   110,000원
└───────────────────────────────┘

	매출총이익	영업이익
①	1,100,000원	160,000원
②	3,900,000원	940,000원
③	1,000,000원	50,000원
④	940,000원	150,000원

해설

- 매출가: 기초상품재고액 6,000,000원 + 당기상품매입액 1,500,000원 − 기말상품재고액 3,600,000원 = 3,900,000원
  ∴ 매출총이익: 총매출액 5,000,000원 − 매출원가 3,900,000원 = 1,100,000원
- 판매비와 관리비: 통신비 210,000원 + 종업원 급여 500,000원 + 광고선전비 230,000원 = 940,000원
  ∴ 영업이익: 매출총이익 1,100,000원 − 판매비와 관리비 940,000원 = 160,000원

07 [2024년 1회, 2023년 2회]

수익과 비용에 대한 설명으로 가장 옳지 않은 것은?

① 수익은 실현주의에 따라 인식한다.
② 비용은 수익·비용 대응의 원칙에 따라 인식한다.
③ 수익은 기업의 통상적인 경영활동에서 발생하는 경제적 효익의 총유출을 의미한다.
④ 비용은 기업의 주된 영업활동에서 발생한 비용과 일시적 또는 우연적인 거래로부터 발생하는 손실로 분류된다.

해설

수익은 기업의 통상적인 경영활동에서 발생하는 경제적 효익의 총유입을 의미한다.

08 [2020년 5회]

손익계산서상 비용을 매출원가, 판매비와 관리비, 영업외비용으로 구분할 경우 다음 중 동일한 구분에 속하는 비용만으로 나열된 것은?

① 대손상각비, 무형자산상각비, 감가상각비
② 경상개발비, 외환차손, 외화환산손실
③ 통신비, 외화환산손실, 사채상환손실
④ 유형자산처분손실, 사채상환손실, 기업업무추진비

해설

- 판매비와 관리비: 대손상각비, 무형자산상각비, 감가상각비, 경상개발비, 통신비, 기업업무추진비 등
- 영업외비용: 외환차손, 외화환산손실, 사채상환손실, 유형자산처분손실 등

09 [2023년 1회]

손익계산서의 영업외비용으로 옳지 않은 것은?

① 사채상환손실
② 외화환산손실
③ 단기투자자산처분손실
④ 원가성 있는 재고자산감모손실

해설

원가성 있는 재고자산감모손실은 매출원가에 포함되며, 원가성 없는 재고자산감모손실이 영업외비용에 해당한다.

10 [2023년 1회]

[보기]에서 도소매업을 영위하는 기업의 판매비와 관리비로 분류되는 것은 몇 개인가?

┌─ 보기 ─────────────────────────┐
교육훈련비, 기타의 대손상각비, 선급비용, 수도광열비, 이자비용, 기부금, 기업업무추진비, 미지급비용, 복리후생비, 재해손실
└───────────────────────────────┘

① 1개   ② 3개
③ 4개   ④ 6개

해설

- 판매비와 관리비에 해당하는 것은 교육훈련비, 수도광열비, 기업업무추진비, 복리후생비로 4개이다.
- 기타의 대손상각비, 이자비용, 기부금, 재해손실은 영업외비용, 선급비용은 자산, 미지급비용은 부채에 해당한다.

| 정답 | 06 ① 07 ③ 08 ① 09 ④ 10 ③ |

11 [2022년 2회]

당기순손익에 영향을 미치는 계정과목에 해당하지 않는 것은?

① 재해손실
② 자산수증이익
③ 채무면제이익
④ 매도가능증권평가손익

해설

매도가능증권평가손익은 자본의 기타포괄손익누계액에 해당한다.
① 재해손실은 영업외비용, ② 자산수증이익과 ③ 채무면제이익은 영업외수익으로 비용, 수익 계정에 해당한다.

12 [2024년 1회]

기말 결산 시 손익 계정으로 대체되는 계정과목은?

① 예수금
② 받을어음
③ 장기차입금
④ 대손상각비

해설

- 손익 계정으로 대체되는 것은 수익, 비용 계정이다. 대손상각비(비용)는 기말 결산 시 손익 계정으로 대체된다.
- 예수금, 장기차입금은 부채에 해당하고, 받을어음은 자산에 해당한다.

13 [2022년 3회]

기말에 비용 50,000원이 미지급된 거래를 누락시켰을 때 나타날 수 있는 결과는?

① 50,000원만큼의 순이익이 과대계상된다.
② 50,000원만큼의 현금 계정이 과소평가된다.
③ 50,000원만큼의 비용 계정이 과대계상된다.
④ 50,000원만큼의 미지급비용 계정이 과대평가된다.

해설

미지급비용(부채)을 누락하면 비용과 미지급비용이 과소하게 되어 당기순이익이 과대계상된다.

14 [2024년 1회]

(주)생산성에 근무하는 홍길동 사원은 2025년 12월 출장 시, 출장비를 가지급금으로 지급 받고 12월 31일에 여비 정산내역을 보고하고 여비 잔액을 반납하였다. [보기]를 참고하여, 회계처리로 옳은 것은 무엇인가?

보기

- 출장기간: 2025.12.02.~2025.12.03.
- 출장비 지급일자: 2025.12.02.
- 정산일자: 2025.12.31.
- 출장비: 300,000원
- 실제소요액: 숙박비 100,000원, 유류비 60,000원, 식비 60,000원
- 여비반납액: 80,000원

① 2025.12.02.
　(차) 가지급금　　220,000원　　(대) 현금　　220,000원
② 2025.12.02.
　(차) 여비교통비　220,000원　　(대) 현금　　220,000원
③ 2025.12.31.
　(차) 여비교통비　220,000원　　(대) 가지급금　300,000원
　　　현금　　　　 80,000원
④ 2025.12.31.
　(차) 현금　　　　 80,000원　　(대) 현금　　 80,000원

해설

- 2025.12.02.

(차) 가지급금	300,000	(대) 현금	300,000

- 2025.12.31.

(차) 여비교통비	220,000	(대) 가지급금	300,000
현금	80,000		

| 정답 | 11 ④　12 ④　13 ①　14 ③

15 [2022년 3회]
다음 내용을 보고 12월 31일 결산수정분개 이후 손익계산서에 기록될 소모품비는 얼마인가?

> 보기
> - 2025년 9월 1일 사무용품 1,000,000원을 현금으로 구입하다 (사무용품을 구입 시점에 소모품비 계정으로 처리함).
> - 2025년 12월 31일 결산 시까지 소모품 사용액은 900,000원이다.

① 100,000원   ② 900,000원
③ 1,000,000원 ④ 1,900,000원

해설
- 12월 31일 손익계산서에 기록될 소모품비는 사용액 900,000원이다. 비용처리 시 미사용액을 자산으로 정리한다.
- 12월 31일

| (차) 소모품 | 100,000 | (대) 소모품비 | 100,000 |

16 [2019년 4회]
회사는 2025년 10월 1일에 차량 보험을 가입하였고 보험료 2,400,000원을 납부하였다. 보험은 매년 갱신되며 1년분 보험료를 선납하는 조건이다. 2025년 결산 시 당기 보험료로 계상할 금액은 얼마인가?

① 200,000원   ② 600,000원
③ 1,800,000원 ④ 2,400,000원

해설
당기 보험료(10월~12월): 2,400,000원×3개월/12개월=600,000원

17 [2020년 6회, 2018년 5회]
다음 내용에 대한 결산 시점의 분개로 적절한 것은?

> 보기
> - 9월 1일 공장 건물에 대한 화재보험료 2,400,000원을 당좌예금 계좌에서 이체하다(회계담당자는 본 거래에 대해 비용처리함).
> - 12월 31일 결산 시점에 보험료 미경과분 1,600,000원을 계상하다.

① (차) 미지급비용 1,600,000 (대) 보험료   1,600,000
② (차) 선급비용 1,600,000 (대) 보험료   1,600,000
③ (차) 보험료   800,000   (대) 미지급비용 800,000
④ (차) 보험료   800,000   (대) 선급비용 800,000

해설
- 9월 1일

| (차) 보험료 | 2,400,000 | (대) 당좌예금 | 2,400,000 |

- 12월 31일

| (차) 선급비용 | 1,600,000 | (대) 보험료 | 1,600,000 |

18 [2022년 5회]
기부금을 영업외비용이 아닌 판매비와 관리비로 회계처리한 경우 나타나는 현상으로 옳지 않은 것은?

① 매출원가는 불변이다.
② 영업이익은 불변이다.
③ 매출총이익은 불변이다.
④ 법인세차감전순이익은 불변이다.

해설
기부금은 영업외비용에 해당하므로 기부금을 판매비와 관리비로 처리하면 영업이익(매출총이익 - 판매비와 관리비)이 과소계상된다. 하지만 매출총이익(매출 - 매출원가) 및 법인세차감전순이익, 매출원가는 변화가 없다.

| 정답 | 15 ② | 16 ② | 17 ② | 18 ②

19 [2021년 2회]

다음 중 수익의 예상에 해당하는 것은?

① 미수임대료 ② 선급이자
③ 미지급보험료 ④ 선수이자

해설
② 선급이자는 비용의 이연, ③ 미지급보험료는 비용의 예상, ④ 선수이자는 수익의 이연과 관련이 있다.

21 [2023년 1회]

[보기]를 이용하여 결산 시 인식하여야 하는 외화환산이익(손실)을 계산하면 얼마인가?

─ 보기 ─
- 2025년 9월 10일: $20,000(만기 2년) 외화예금 가입
- 환율 정보
  - 2025년 9월 10일: 1,100원/$
  - 2025년 12월 31일: 1,200원/$

① 외화환산이익 1,000,000원
② 외화환산손실 1,000,000원
③ 외화환산이익 2,000,000원
④ 외화환산손실 2,000,000원

해설
- 2025년 9월 10일

| (차) 외화예금 | 22,000,000* | (대) 현금 | 22,000,000 |

*$20,000×1,100원/$=22,000,000원

- 2025년 12월 31일

| (차) 외화예금 | 2,000,000* | (대) 외화환산이익 | 2,000,000 |

*$20,000×(1,200원/$−1,100원/$)=2,000,000원

20 [2020년 1회]

다음 중 회계처리 시 차변에 비용을 인식하게 되는 계정과목은?

① 선수이자 ② 미수임대료
③ 선수금 ④ 미지급비용

해설
미지급비용은 발생주의 원칙에 따라 지급기일이 도래하지 않았지만 수익에 대응하여 당해 연도 비용으로 인식하는 것으로 차변에 비용 계정으로, 대변에 부채 계정인 미지급비용으로 인식한다.
① 선수이자, ② 미수임대료는 수익과 관련된 계정이며, ③ 선수금은 계약금을 수령할 때 사용하는 계정이다.

| 정답 | 19 ① | 20 ④ | 21 ③ |

재무제표 분석

빈출 키워드
- ☑ 유동비율
- ☑ 자기자본비율
- ☑ 매출채권회전율
- ☑ 재고자산회전율

1 단기유동성 분석

1. 유동비율

기업이 1년 이내에 현금화시킬 수 있는 자산을 1년 이내에 상환해야 하는 부채로 나눈 값으로, 회사의 단기간 지급능력을 측정하는 지표이다. 유동비율이 높다는 것은 그만큼 회사가 안정적이라는 의미이다.

$$유동비율(\%) = \frac{유동자산}{유동부채} \times 100$$

2. 당좌비율

기업이 가장 유동화하기 쉬운 당좌자산을 이용하여 얼마나 단기 채무에 충당할 수 있는지 여부를 측정하는 비율이다. 당좌자산은 유동자산에서 재고자산을 제외한 것으로 판매과정을 거치지 않고 바로 현금화가 가능한 당좌자산만을 이용한다.

$$당좌비율(\%) = \frac{당좌자산}{유동부채} \times 100$$

2 장기안정성 분석

1. 자기자본비율

재무구조의 건전성을 나타내는 지표로, 자기자본을 총자산으로 나눈 값이다. 즉, 총자산 중 자기자본이 차지하는 비중을 나타내는 비율이다. 자기자본비율이 높을수록 금융비용(부채의 이자비용)을 부담하지 않고 기업이 장기적으로 운용할 수 있는 안정된 자본비율이 높다는 것을 의미하므로 기업의 재무구조가 건전하다고 판단할 수 있다.

$$자기자본비율(\%) = \frac{자기자본}{총자산(부채와\ 자본\ 총계)} \times 100$$

2. 부채비율

타인자본의 의존도를 나타내는 지표로, 타인자본을 자기자본으로 나눈 값이다. 부채비율이 낮을수록 재무적 안정성을 갖추고 있다고 판단할 수 있다.

$$부채비율(\%) = \frac{부채}{자기자본} \times 100$$

3 매출채권 분석

1. 매출채권회전율

일정 기간 동안 평균적으로 매출채권이 발생하고 현금으로 회수되는 속도이다. 매출채권회전율이 높다는 것은 매출채권 회수가 잘 되고 있다는 의미이다.

$$매출채권\ 회전율 = \frac{매출액}{평균\ 매출채권} = \frac{매출액}{매출채권\ 잔액}$$

2. 매출채권 평균회수기간

매출채권을 회수하는 데 평균적으로 걸리는 기간이다. 평균회수기간이 짧을수록 자금이 빨리 회수된다는 의미이다.

$$매출채권\ 평균회수기간 = \frac{365일}{매출채권회전율}$$

4 재고자산 분석

1. 재고자산회전율

재고자산이 얼마나 빠른 속도로 판매되고 있는가를 나타내는 지표이다. 일반적으로 재고자산회전율이 높으면 기업의 재고자산 보유비율이 양호한 상태이며, 반대로 재고자산회전율이 낮으면 재고자산을 과다하게 구입하여 보유하고 있는 상태임을 의미한다.

$$재고자산회전율 = \frac{매출원가}{평균\ 재고자산}$$

2. 재고자산 평균회전기간

재고자산을 판매하는 데 소요되는 기간을 나타내는 지표이다. 기업의 구매정책을 평가하기 유용한 분석방법이다. 재고자산회전율이 높을수록 재고자산 평균회전기간은 짧아지며, 이는 그만큼 재고자산이 빠른 속도로 판매되는 것을 의미한다.

$$재고자산\ 평균회전기간 = \frac{365일}{재고자산회전율}$$

CHAPTER 09 기출&확인 문제

01 [2021년 5회]
재무비율의 종류와 그 분석 내용의 연결로 옳지 않은 것은?

① 유동비율 – 기업의 단기부채 상환능력 분석
② 자기자본비율 – 기업의 안정성 분석
③ 부채비율 – 기업의 장기적인 지급능력 분석
④ 당좌비율 – 기업 자산의 효율적 운용 여부 분석

해설
당좌비율은 당좌자산을 유동부채로 나눈 값으로, 안정성을 평가하는 지표이다. 자산의 효율적 운용 여부 분석은 유형자산회전율 등으로 평가한다.

02 [2021년 6회]
2025년 1월 1일 매출채권 잔액은 20,000,000원이었고, 2025년 12월 31일 매출채권의 잔액은 40,000,000원이었다. 2025년 매출액이 90,000,000원일 경우, 매출채권 회수기간은 얼마인가? (단, 1년은 360일로 가정하며, 기초 매출채권과 기말 매출채권의 평균금액을 기준으로 산정함)

① 60일   ② 90일
③ 120일 ④ 180일

해설
- 평균 매출채권 = $\dfrac{\text{기초 }20{,}000{,}000원 + \text{기말 }40{,}000{,}000원}{2}$ = 30,000,000원
- 매출채권회전율 = $\dfrac{\text{매출액 }90{,}000{,}000원}{\text{평균 매출채권 }30{,}000{,}000원}$ = 3회
- ∴ 매출채권 회수기간 = $\dfrac{360일}{3회}$ = 120일

03 [2021년 4회]
다음 자료를 참고하여 재고자산회전율을 계산하면 얼마인가?

보기
- 20X1년 평균 재고자산: 130,000,000원
- 20X1년 매출원가: 260,000,000원
- 1년은 360일로 가정함

① 2회   ② 0.5회
③ 150회 ④ 180회

해설
재고자산회전율 = $\dfrac{\text{매출원가 }260{,}000{,}000원}{\text{평균 재고자산 }130{,}000{,}000원}$ = 2회

04 [2022년 1회]
다음은 (주)생산성의 재무정보이다. 다음 자료를 이용하여 (주)생산성의 재고자산 기말 잔액을 구하면 얼마인가? (단, 재고자산회전율은 당기 매출원가를 평균 재고자산으로 나눈 금액임)

보기
- 당기 매출원가: 80,000,000원
- 재고자산 기초 잔액: 4,000,000원
- 당기 재고자산회전율: 10회

① 9,000,000원   ② 10,000,000원
③ 11,000,000원   ④ 12,000,000원

해설
- 재고자산회전율 10회 = 80,000,000원 ÷ 평균 재고자산
- 평균 재고자산 = 8,000,000원
- 평균 재고자산 8,000,000원 = (기초 잔액 4,000,000원 + 기말 잔액) ÷ 2
- ∴ 재고자산 기말 잔액 = 12,000,000원

| 정답 | 01 ④ | 02 ③ | 03 ① | 04 ④ |

PART 03 실무 시뮬레이션

CHAPTER 01	iCUBE 핵심ERP 프로그램 설치 방법		CHAPTER 06	자금관리 실습하기
CHAPTER 02	시스템관리 실습하기		CHAPTER 07	예산관리 실습하기
CHAPTER 03	회계관리 실습하기		CHAPTER 08	부가가치세관리 실습하기
CHAPTER 04	고정자산관리 실습하기		CHAPTER 09	업무용승용차관리 실습하기
CHAPTER 05	결산/재무제표관리 실습하기			

Enterprise Resource Planning

| 프로그램 설치 & 백데이터 복원

☑ [에듀윌 도서몰]-[도서자료실]-[부가학습자료]에서 다운로드
☑ PART 03 → 2025 핵심ERP 프로그램 설치
☑ 백데이터 파일은 반드시 압축 해제 후 복원
☑ 오류 발생 시 플래너 뒷면의 FAQ 참고

CHAPTER 01

iCUBE 핵심ERP 프로그램 설치 방법

QR코드를 촬영해 프로그램 설치 방법을 확인하세요!

1 iCUBE 핵심ERP 프로그램 설치 시 유의사항

아래 컴퓨터 사양보다 낮은 환경에서는 2025 핵심ERP 프로그램을 설치할 수 없다.

설치 가능 OS	Microsoft Windows7 이상(Mac OS X, Linux 등 설치 불가)
CPU	Intel Core2Duo / i3 1.8Ghz 이상
Memory	3GB 이상
DISK	10GB 이상

2 iCUBE 핵심ERP 프로그램 설치 방법

① 에듀윌 도서몰(book.eduwill.net) 홈페이지에 접속한다.
② 로그인 후 [도서자료실]-[부가학습자료]를 클릭한다.

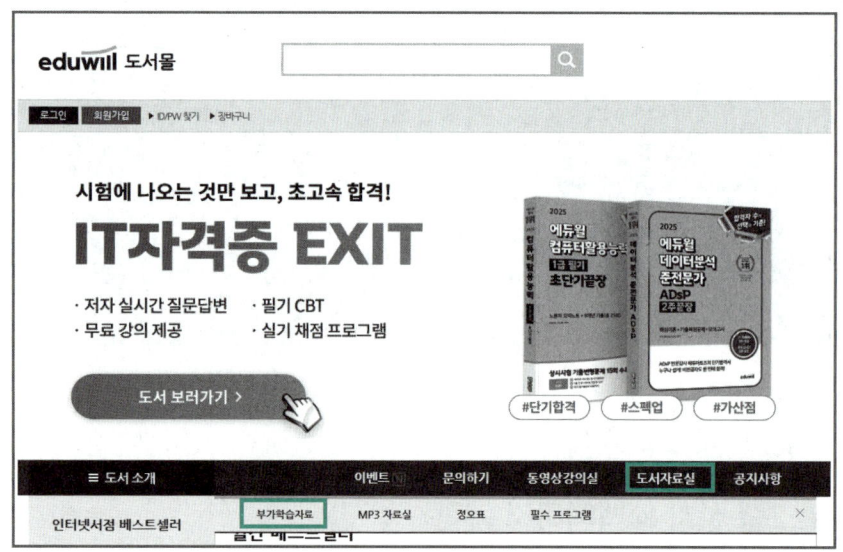

③ 카테고리를 ERP 정보관리사로 선택한 후 검색한다.

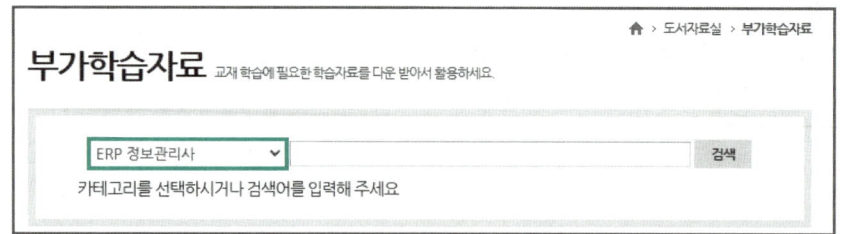

> 💡 TIP
>
> [PART 03 실무 시뮬레이션]은 2025 버전, [PART 04 최신 기출문제]는 2024 버전으로 다운로드하여 학습해야 한다.

④ '2025 에듀윌 ERP 정보관리사 회계 2급' 교재의 다운로드 버튼을 클릭한 후 '2025 핵심ERP 프로그램.zip'을 다운로드한다.
⑤ 다운로드한 파일을 열어 '압축풀기'를 진행한 후 'CoreCubeSetup.exe'를 실행한다. 압축 프로그램이 없는 경우 설치가 필요하다.
⑥ 설치가 진행되면 '핵심ERP 설치 전 사양체크'가 실행된다.

> **TIP**
> 'CoreCube.exe'를 실행한 경우 '지금 실행한 프로그램은 설치 프로그램이 아닙니다'라는 창이 뜨며 설치를 진행할 수 없다.

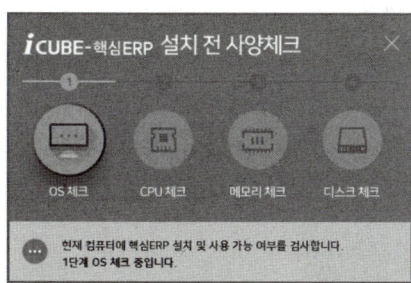

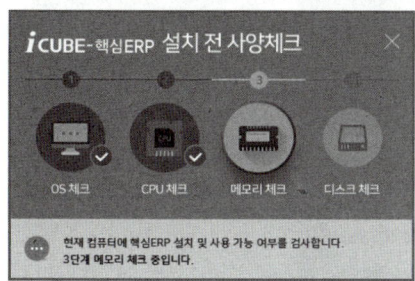
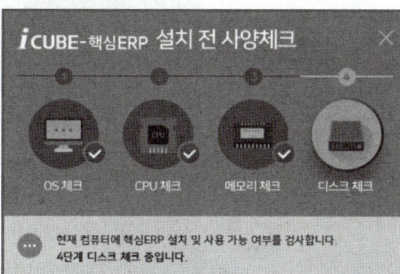

> **TIP**
> 컴퓨터의 사양을 체크하여 핵심ERP 설치 가능 여부를 확인한다. 4단계를 모두 충족해야 설치가 진행된다.

⑦ 설치가 완료되면 'iCUBE 핵심ERP 2025'를 실행한다.

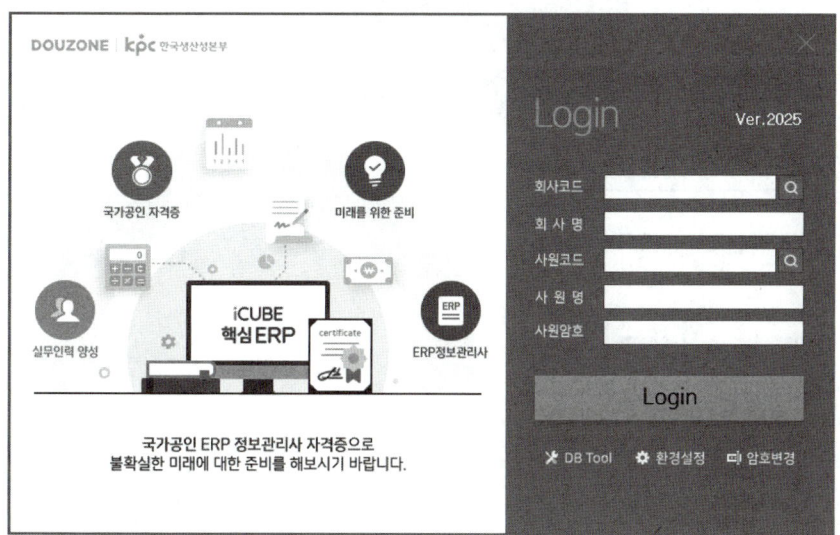

+ 오류 해결방법

설치 중 오류 발생 시 [에듀윌 도서몰]-[도서자료실]-[부가학습자료]-ERP 정보관리사 검색 후 '핵심ERP 프로그램 설치 매뉴얼'을 확인한다.

3 백데이터 설치 방법

① [에듀윌 도서몰]-[도서자료실]-[부가학습자료]-ERP 정보관리사로 검색한다.
② '2025 에듀윌 ERP 정보관리사 회계 2급' 교재의 다운로드 버튼을 클릭한 후 '백데이터'를 다운로드한다.
③ 다운로드된 백데이터의 압축을 풀고 다음 순서를 참고하여 백데이터를 복원한다.

4 백데이터 사용 방법

(1) 백데이터 복원 방법

① iCUBE 핵심ERP 첫 화면에서 'DB Tool' 버튼을 클릭한다.

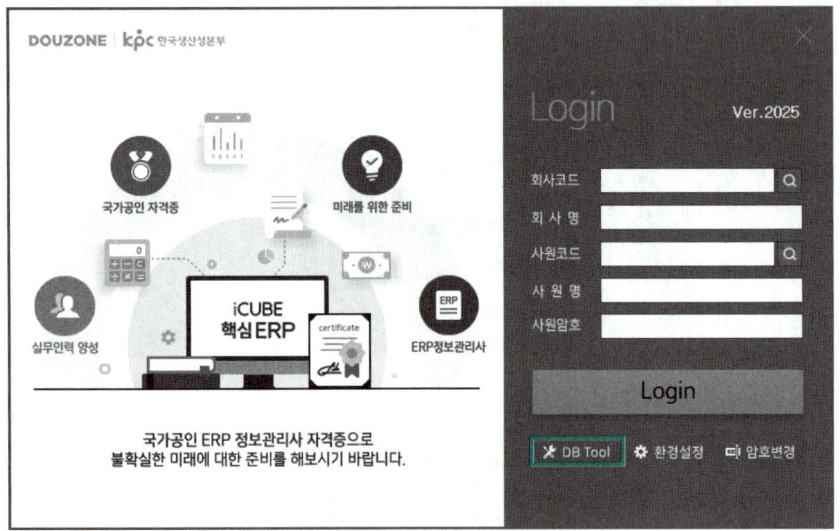

② iCUBE 핵심ERP DB TOOL 화면에서 'DB복원'을 클릭한다.

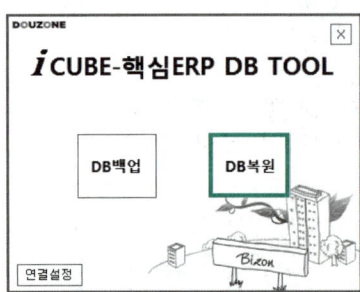

③ • 방법 1 – '기본백업폴더 복원'을 선택하는 경우
   [C:₩iCUBECORE₩iCUBECORE_DB₩BAK] 경로에 있는 백데이터가 복원된다.

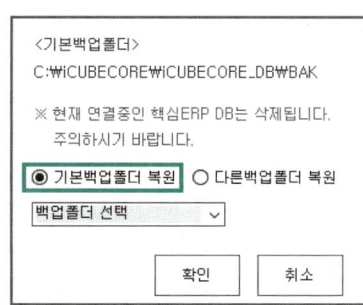

> **TIP**
> 복원 시 현재 작업 중인 백데이터는 모두 삭제되므로 중요한 백데이터는 반드시 백업해 놓아야 한다.

• 방법 2 – '다른백업폴더 복원'을 선택하는 경우
  '폴더 찾아보기' 창에서 복원하고자 하는 폴더를 지정한 후 확인을 클릭하면 지정한 폴더에 있는 백데이터가 복원된다.

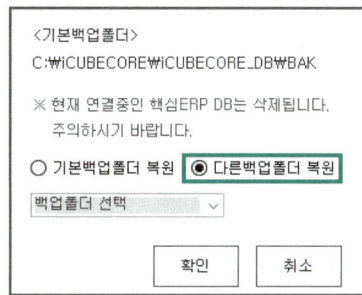

(2) **백데이터 백업 방법**

① iCUBE 핵심ERP 첫 화면에서 'DB Tool' 버튼을 클릭한다.

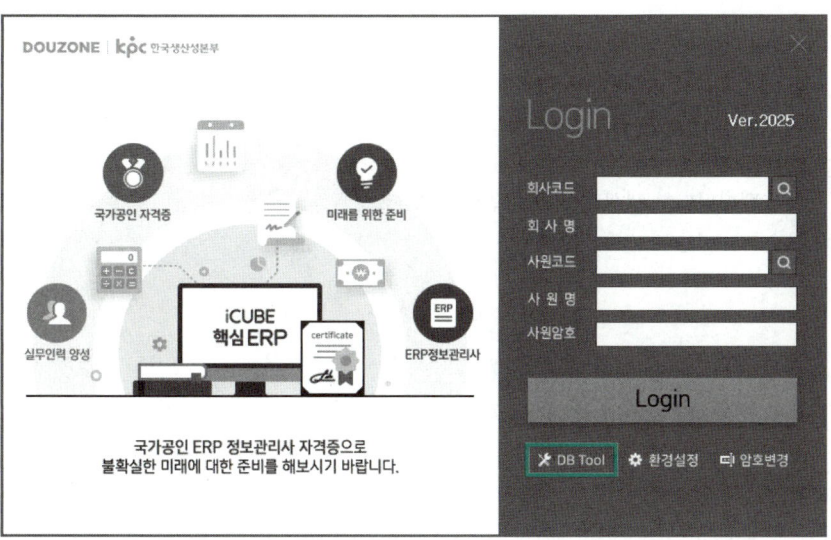

② iCUBE 핵심ERP DB TOOL 화면에서 'DB백업'을 클릭한다.

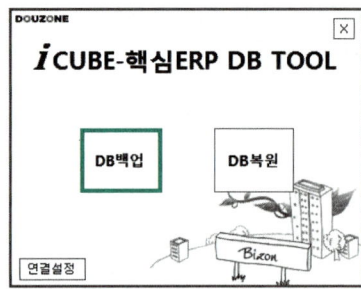

③ • 방법 1 – '기본폴더 백업'을 선택하는 경우
   [C:\CUBECORE\iCUBECORE_DB\BAK] 경로에 백업된다.

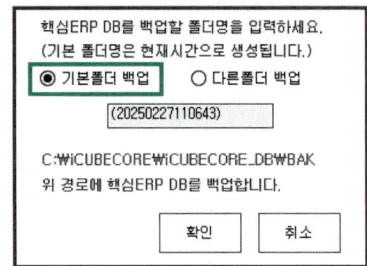

• 방법 2 – '다른폴더 백업'을 선택하는 경우
   '확인' 버튼 클릭 후 백데이터를 저장할 폴더를 직접 지정하여 백업할 수 있다.

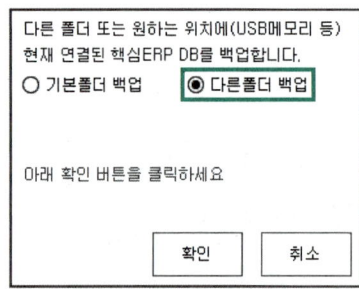

④ 백업 작업이 완료되면 지정한 폴더에 백데이터가 생성된 것을 확인할 수 있다.

CHAPTER 02 시스템관리 실습하기

> **＋ 실습 방법**
>
> 본 챕터는 '[백데이터] PART 03 실무 시뮬레이션'을 복원한 후 '회사: 1002.회사A', '사원: ERP13A02.김은찬'으로 로그인하여 학습하세요(사원암호는 입력하지 않음).
> ※ 2025 버전 핵심ERP 프로그램을 사용하세요.

1 프로그램 실행

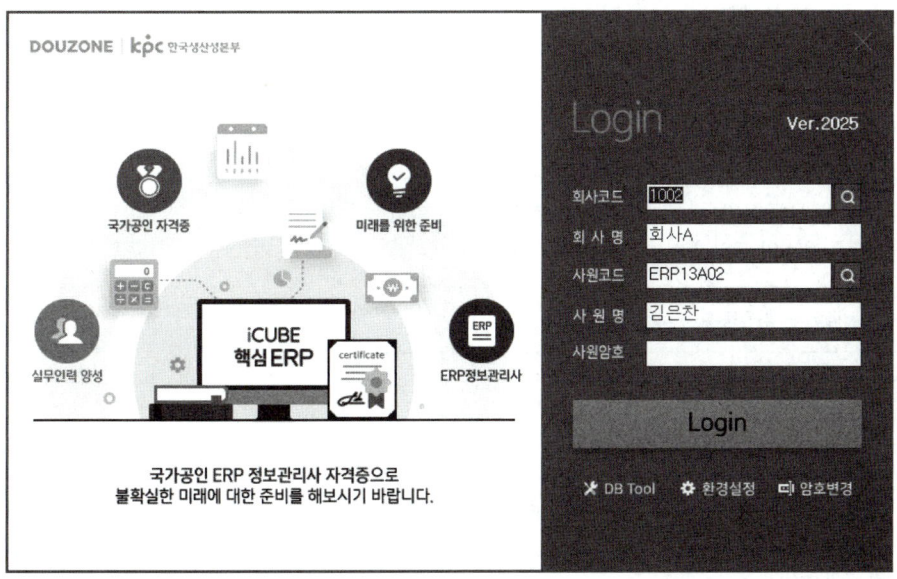

프로그램을 설치한 후 DB를 불러오지 않고 사업자등록증을 토대로 직접 회사를 등록하는 방법도 있다. 하지만 시험에서는 회사를 등록하는 문제가 출제되지 않으며 이미 등록되어 있는 회사를 운용하는 방식으로 출제된다. 따라서 본서는 시험에 가장 적합한 방식으로 기존에 출제된 기출문제 DB를 이용해 학습하도록 집필하였다.

로그인 후 메인 화면은 다음과 같다. 회계 2급에서는 [시스템관리]와 [회계관리] 메뉴만 사용하며 왼쪽 하단에 보이는 메뉴를 클릭하면 각 메뉴의 세부 메뉴들을 확인할 수 있다. 왼쪽 상단의 검색창에 메뉴명을 검색할 수도 있으나 실제 시험에서는 지원하지 않는 기능이므로 메뉴를 직접 찾아서 사용하는 연습을 하는 것이 좋다.

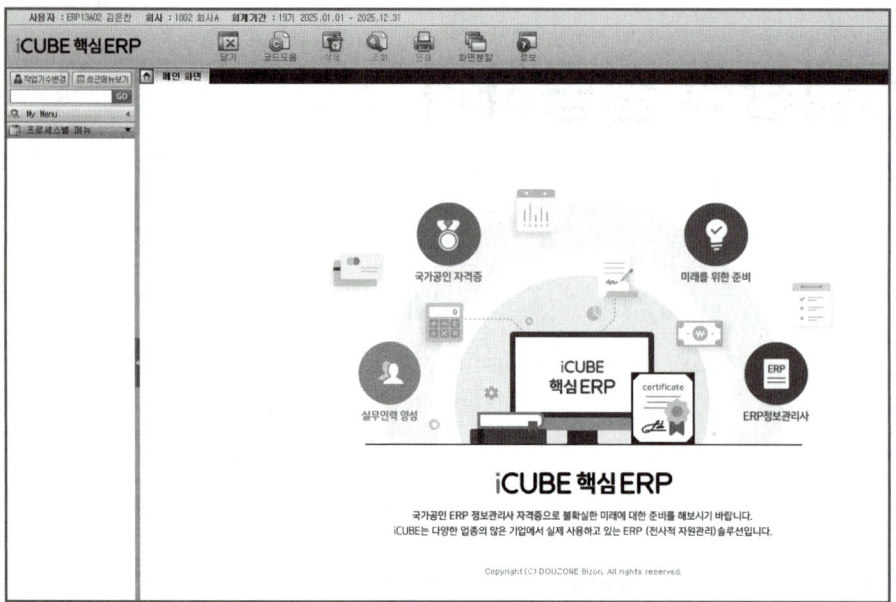

2 시스템관리 프로세스

[시스템관리] 메뉴는 기초환경 설정을 위해서 프로그램 실행 시 가장 먼저 수행해야 하는 메뉴로 회사등록정보, 기초정보관리, 초기이월관리, 마감/데이타관리 메뉴로 구성되어 있다. iCUBE 핵심ERP의 시스템관리 중 회사등록정보의 프로세스는 다음과 같다.

> 회사등록 → 사업장등록 → (부문등록 → 부서등록) → 사원등록 → 시스템환경설정 → 사용자권한설정

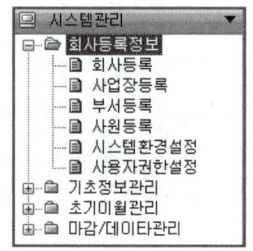

➕ 기출유형 압축노트 | p.2

3 회사등록정보

1. 회사등록

◎ ERP 메뉴 찾아가기

시스템관리 ▶ 회사등록정보 ▶ 회사등록

회사등록은 사업자등록증을 토대로 한다. 프로그램을 처음 설치하면 회사가 등록되어 있지 않다. 초기 등록 시 회사코드와 회사명을 등록하고 '사원코드: SYSTEM, 사원명: 시스템관리자, 사원암호: SYSTEM'으로 설정하여 회사의 세부사항을 입력해야 한다. 시험에서는 회사가 모두 등록된 상태로 출제된다.

다음은 시험에 출제된 회사의 [회사등록] 메뉴 화면과 이를 바탕으로 구현한 사업자등록증이다.

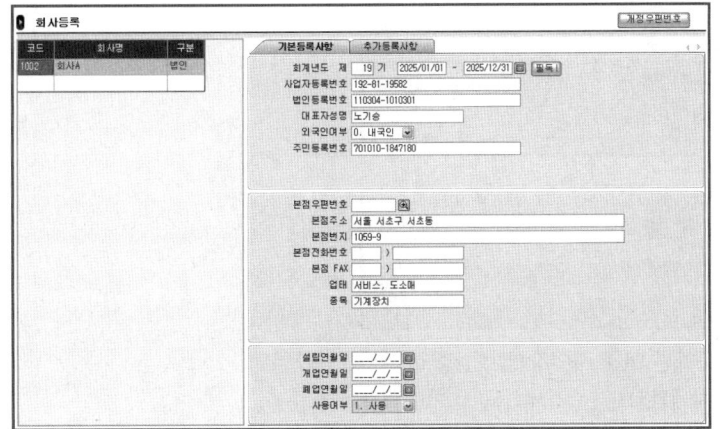

사업자등록증
(법인사업자)

등록번호: 192-81-19582

법인명(단체명) : 회사A	
대　　표　　자 : 노기승(701010-1847180)	
개 업 연 월 일 : 0000년 00월 00일	
법인등록번호 : 110304-1010301	
사업장 소재지 : 서울 서초구 서초동 1059-9	
본 점　소 재 지 : 서울 서초구 서초동 1059-9	
사 업 의　종 류 : [업태] 서비스, 도소매　[종목] 기계장치	

0000년 00월 00일

서초 세무서장 (인)

> TIP
> 실제 사업자등록증에는 개업연월일
> 이 표기되어 있다.

2. 사업장등록

ERP 메뉴 찾아가기

시스템관리 ▶ 회사등록정보 ▶ 사업장등록

부가가치세법상 세금계산서의 발행 및 수취는 사업장별로 구분해서 이루어진다. 즉, 본점과 지점을 두고 있는 기업도 사업장은 각각 사업장마다 등록해야 하며, 최초로 회사를 등록해서 사용하는 경우 회사등록 작업 후 등록된 회사로 재로그인해서 사업장을 등록한다.

[사업장등록] 메뉴에는 본점과 지점이 구분되어 있다. 기본등록사항 탭에는 [회사등록] 메뉴와 달리 관할세무서가 등록되어 있다. 본점의 경우 본점여부가 '1.여'로, 지점의 경우 본점여부가 '0.부'로 등록되어 있다.

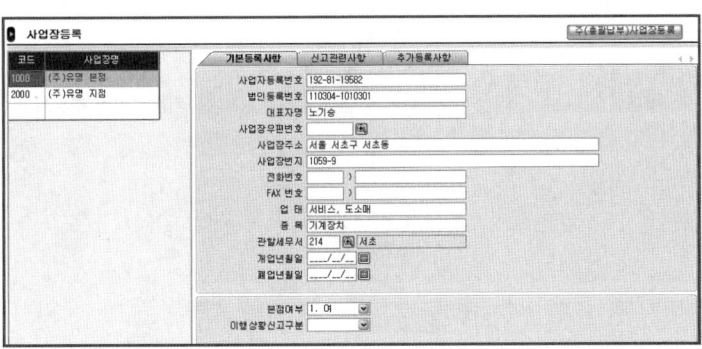

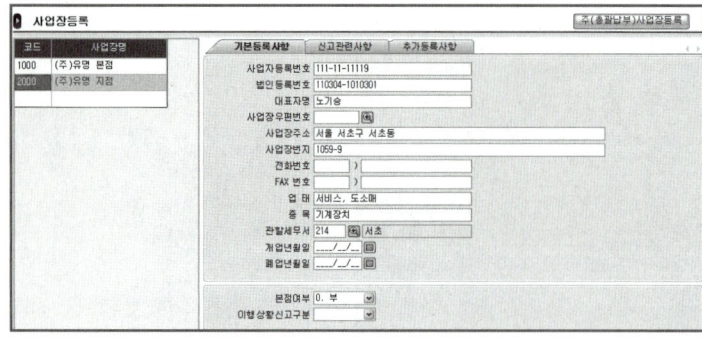

[사업장등록] 메뉴의 신고관련사항 탭으로 이동하면 현재 사업장의 주업종코드를 확인할 수 있다. 해당 주업종코드는 [회계관리]-[부가가치세관리]-[부가세신고서] 메뉴의 과세표준명세서에 반영된다.

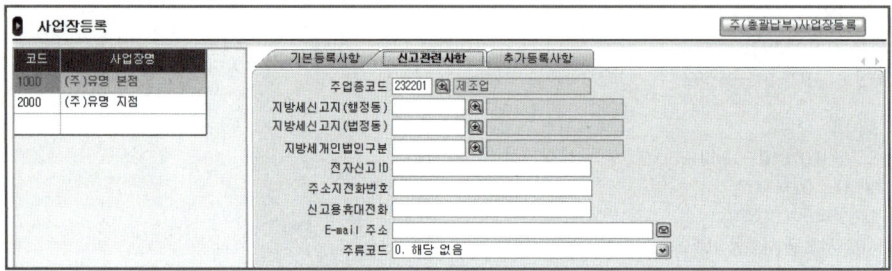

화면 오른쪽 상단에 '주(총괄납부)사업장등록' 버튼이 있다. 주(총괄납부)사업장등록은 두 개 이상의 사업장을 가진 사업자가 신고는 사업장별로 각각 진행하지만 납부(또는 환급)는 한 곳에서 통합하여 진행하는 경우에 사용한다. 관할 과세관청에 주사업장 총괄납부를 신청한 회사는 해당 신청일이 속하는 과세기간부터 총괄하여 납부한다.

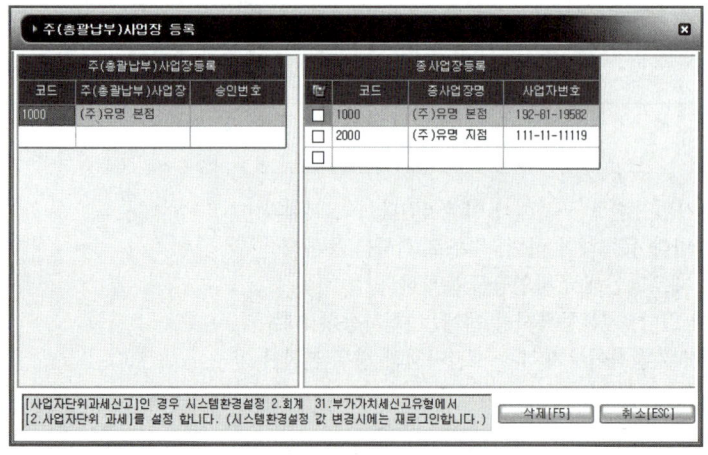

부가가치세신고는 (주)유명 본점과 (주)유명 지점에서 각각 하지만, 납부 또는 환급은 주된 사업장인 (주)유명 본점 관할세무서장에게 총괄하여 한다.

3. 부문 및 부서등록

> ·- ERP 메뉴 찾아가기
>
> 시스템관리 ▶ 회사등록정보 ▶ 부서등록

업무 영역에 따라 재경부, 영업부, 생산부 등으로 나눈 것을 부서라고 한다. 이러한 부서를 등록하기 위해서는 부문등록이 선행되어야 한다. 부문등록에서 부문코드는 수정이 불가능하며 삭제가 필요한 경우 마우스로 클릭한 후 하단의 '삭제' 버튼을 클릭하면 된다. 다만, 해당 부문의 하위에 부서가 등록되어 있으면 삭제할 수 없다.
회사A의 부문과 부서는 아래와 같이 등록되어 있다.

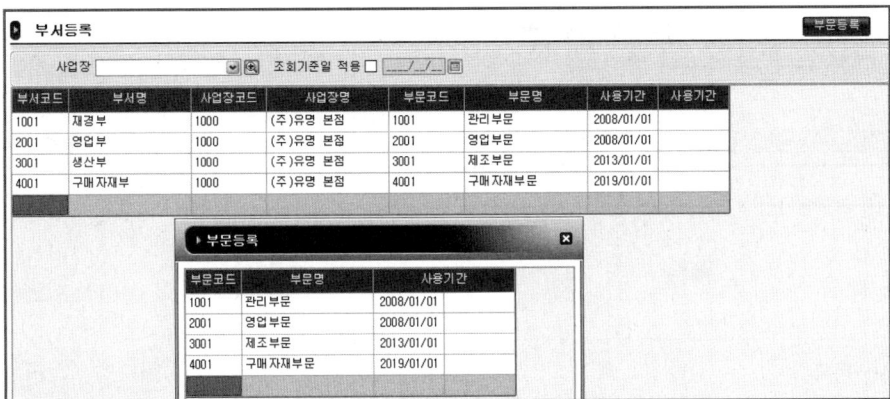

구분	조직명	부서코드	부문코드
부문	관리부문		1001
	영업부문		2001
	제조부문		3001
	구매자재부문		4001
부서	재경부	1001	1001
	영업부	2001	2001
	생산부	3001	3001
	구매자재부	4001	4001

실무 연습문제 부서등록

당사는 사용부서를 관리항목으로 사용하여 재무제표를 부문별로 조회하고 있다. 다음 중 '1001. 재경부'의 부문에 해당하는 것은?

① 1001.관리부문
② 2001.영업부문
③ 3001.제조부문
④ 4001.구매자재부문

정답 ①

'1001.재경부'의 경우 부문코드 '1001.관리부문'으로 조회된다.

부서코드	부서명	사업장코드	사업장명	부문코드	부문명	사용기간	사용기간
1001	재경부	1000	(주)유명 본점	1001	관리부문	2008/01/01	
2001	영업부	1000	(주)유명 본점	2001	영업부문	2008/01/01	
3001	생산부	1000	(주)유명 본점	3001	제조부문	2013/01/01	
4001	구매자재부	1000	(주)유명 본점	4001	구매자재부문	2019/01/01	

4. 사원등록

ERP 메뉴 찾아가기

시스템관리 ▶ 회사등록정보 ▶ 사원등록

회사의 사원을 등록하고 입사일, 퇴사일, 입력방식, 권한부여 등을 하는 메뉴이다. 등록 내용은 [인사정보등록] 메뉴와 연결되며, ERP 시스템을 운용하지 않는 사원이 입사하더라도 인사관리를 위해 반드시 사원등록이 이루어져야 한다. 신서율, 박혜수 사원은 ERP 시스템을 운용하지 않으므로 사용자여부가 '0.부'로 등록되어 있다.

TIP
[사원등록] 메뉴에서 암호 입력 및 변경은 시스템관리자만 할 수 있다.

(1) 회계입력방식

회계입력방식은 0.미결, 1.승인, 2.수정으로 구성되며, 회계모듈 사용권한을 가진 사원인 경우 [전표입력] 메뉴에서 전표입력 시 전표의 승인상태를 정한다.

구분	내용
0.미결	• 전표입력 시 전표상태가 미결로 입력 • 승인권자가 [전표승인해제] 메뉴에서 승인해야 승인 상태로 원장과 재무제표에 반영
1.승인	• 전표입력 시 전표상태가 승인으로 입력 • 승인권자의 별도 승인 불필요하며 미결전표만 수정 가능
2.수정	• 전표입력 시 전표상태가 승인으로 입력 • 승인전표를 수정할 경우 0.미결, 1.승인과 달리 별도의 승인/해제 작업 없이 승인 상태에서 수정 가능

아래 화면은 회사A의 [사원등록] 메뉴이다.

사원코드	사원명	사원명(영문)	부서코드	부서명	입사일	퇴사일	사용자여부	암호	인사입력방식	회계입력방식	조회권한	품의서권한	검수조서권한	비상연락망
ERP13A02	김은찬		1001	재경부	2005/01/01		여		미결	수정	회사	미결	미결	
ERP13A03	전음호		1001	재경부	2015/01/01		여		미결	승인	부서	미결	미결	
ERP13A04	신서율		2001	영업부	2010/01/01		부		미결	미사용	미사용	미결	미결	
ERP13A05	김종민		1001	재경부	2016/01/01		여		미결	미결	사업장	미결	미결	
ERP13A06	박혜수		2001	영업부	2021/09/14		부		미결	미결	미사용	미결	미결	0

현재 검색된 사원 수는 5 명 입니다.

입력된 사원은 김은찬, 전윤호, 신서율, 김종민, 박혜수 사원으로 총 5명이다. 김은찬 사원의 회계입력방식은 '2.수정'으로 전표입력 시 '승인'으로 입력되며 별도의 작업 없이 전표수정이 가능하다. 전윤호 사원의 회계입력방식은 '1.승인'으로 전표입력 시 전표가 '승인'으로 입력되지만, 승인된 전표의 수정은 할 수 없다. 신서율, 김종민, 박혜수 사원의 회계입력방식은 '0.미결'로 전표입력 시 전표상태가 '미결'로 입력되어 이후 전표승인 처리를 해야 하며 승인된 전표를 수정하고자 할 경우 [전표승인해제] 메뉴에서 전표승인을 해제한 후 수정작업을 할 수 있다.

(2) 조회권한

조회권한은 1.회사, 2.사업장, 3.부서, 4.사원으로 구성되어 있다. '1.회사'를 선택할 경우 회사 전체의 조회권한이 부여되며, '2.사업장'은 해당 사업장의 조회권한만을 갖는다. '3.부서', '4.사원'도 마찬가지로 해당 부서, 해당 사원에 대해서만 조회할 수 있다. 위 회사 A 화면을 보면 김은찬 사원의 조회권한은 '1.회사'로 회사 전체의 조회가 가능하나, 전윤호 사원의 조회권한은 '3.부서'로 재경부에 대해서만 조회권한을 갖고 있다.

> 💡TIP
> [사원등록] 메뉴에서는 회계입력방식과 조회권한을 묻는 문제가 출제된다.

실무 연습문제 사원등록

회사A에 등록된 사원 중 신서율 사원의 회계입력방식에 대한 설명으로 옳은 것은?

① ERP를 운용하지 않는 일반사원이다.
② 전표입력 시 승인전표가 생성되며 미결전표만 수정이 가능하다.
③ 전표입력 시 승인전표가 생성되며 미결, 승인전표 모두 수정이 가능하다.
④ 전표입력 시 미결전표가 생성되며 승인권자가 승인해야 장부에 반영된다.

정답 ①

[사원등록] 메뉴에서 '부서'는 빈칸으로 조회한다. 신서율 사원의 사용자여부는 '0.부'로 설정되어 있으므로 ERP를 운용하지 않는 사원이다. ②는 승인, ③은 수정, ④는 미결에 대한 설명으로 사용자여부가 '1.여'일 경우 해당된다.

사원코드	사원명	사원명(영문)	부서코드	부서명	입사일	퇴사일	사용자여부	암호	인사입력방식	회계입력방식	조회권한	품의서권한	결수조서권한	비상연락망
ERP13A02	김은찬		1001	재경부	2005/01/01		여		미결	수정	회사	미결	미결	
ERP13A03	전윤호		1001	재경부	2015/01/01		여		미결	승인	부서	미결	미결	
ERP13A04	신서율		2001	영업부	2010/01/01		부		미결	미결	미사용	미결	미결	
ERP13A05	김종민		1001	재경부	2016/01/01		여		미결	미결	사업장	미결	미결	
ERP13A06	박혜수		2001	영업부	2021/09/14		부		미결	미결	미사용	미결	미결	0

현재 검색된 사원 수는 5 명입니다.

5. 시스템환경설정

ERP 메뉴 찾아가기

시스템관리 ▶ 회사등록정보 ▶ 시스템환경설정

시스템환경설정의 조회구분은 1.공통, 2.회계, 3.인사, 4.물류, 5.원가로 구성되어 있다. '1.공통'은 본지점회계여부, 수량소숫점자리수, 원화단가소숫점자리수 등 프로그램 사용에 대한 전반적인 설정 내용이 담겨 있다. '2.회계'는 예산통제구분, 다국어재무제표 사용, 처분자산상각방법, 부가가치세 신고유형 등을 선택할 수 있다.
회사A의 [시스템환경설정] 메뉴 중 '조회구분: 2.회계'에서 시험에 자주 출제되는 요소에 대한 설명은 다음과 같다.

시스템환경설정

구분	코드	환경요소명	유형구분	유형설정	선택범위	비고
회계	20	예산통제구분	유형	1	0.결의부서 1.사용부서 2.프로젝트	
회계	21	예산관리여부	여부	1	여:1 부:0	
회계	22	입출금전표사용여부	여부	1	여:1 부:0	
회계	23	예산관리개시월	유형	01	예산개시월:01~12	
회계	24	거래처등록보조화면사용	여부	1	여:1 부:0	
회계	25	거래처코드자동부여	여부	0	0-사용안함, 3-10-자동 부여자리수	
회계	26	자산코드자동부여	여부	0	여:1 부:0	
회계	27	전표출력기본양식	유형	4	전표출력기본양식 1~15	
회계	28	다국어재무제표 사용	유형	1	0.사용안함 1.영어 2.일본어 3.중국어	
회계	29	등록자산상각방법	유형	2	1.상각안함 2.월할상각 3.반년법상각	
회계	30	처분자산상각방법	유형	2	1.상각안함 2.월할상각	
회계	31	부가가치세 신고유형	유형	0	0.사업장별 신고 1.사업자단위 신고(폐…	
회계	32	전표입력 품의내역검색 조회…	여부	0	0-사용자 조회권한 적용,1-미적용	
회계	34	전표복사사용여부	여부	1	0.미사용1.사용	
회계	35	금융CMS연동	유형	88	00.일반,03.기업,05.KEB하나(구.외환 CM…	
회계	37	거래처코드자동부여 코드값…	유형	0	0 - 최대값 채번, 1 - 최소값 채번	
회계	39	고정자산 비망가액 존재여부	여부	1	여:1 부:0	
회계	41	고정자산 상각완료 시점까지…	여부	0	1.여 0.부	
회계	45	거래처등록의 [프로젝트/부…	유형	2	0.적용안함, 1.[빠른부가세]입력만 적용…	

코드 및 환경요소명	설명
21.예산관리여부	• '여:1'로 설정되어 있으며 '20.예산통제구분'이 '1.사용부서'로 설정되어 있으므로 사용부서별로 예산을 통제하는 것을 의미한다. • '부:0'로 설정되어 있다면 이 회사는 별도로 예산관리를 하지 않는다.
22.입출금전표사용여부	• '여:1'로 설정되어 있으므로 입금, 출금, 대체전표를 사용한다. • '부:0'로 설정되어 있다면 대체전표만 사용하는 것을 의미한다.
25.거래처코드자동부여	'0.사용안함'으로 설정되어 있으므로 회사가 거래처등록을 하면 3~10자리 이내의 코드를 임의로 부여할 수 있다.
27.전표출력기본양식	'4'로 설정되어 있으므로 4번 양식을 사용한다.
28.다국어재무제표 사용	'1.영어'로 설정되어 있으므로 한글 이외에도 영어 재무제표를 이용할 수 있다.
31.부가가치세 신고유형	• '0.사업장별 신고'로 설정되어 있으며 [사업장등록] 메뉴에서 주사업장총괄 납부에 본점과 지점이 등록되어 있으므로 신고는 본점과 지점에서 각각 하지만 납부는 주사업장 한 곳에서 하게 된다. • '2.사업자단위 과세'로 설정되어 있다면 본점과 지점에 대해 사업자등록 번호를 하나로 통합하여 신고 및 납부를 본점에서만 진행하는 것을 의미한다.

> **TIP**
> 주사업장총괄에 본점과 지점이 등록되어 있지 않을 경우 본점과 지점의 부가가치세신고와 납부를 각각 해야 한다.

실무 연습문제 시스템환경설정

당사의 회계 관련 시스템환경설정에 대한 설명으로 옳지 않은 것은?

① 고정자산등록 시 자산코드가 자동채번된다.
② 외화소숫점자리수는 2자리까지 입력할 수 있다.
③ 영어 재무제표를 조회 및 출력할 수 있다.
④ 전표입력 메뉴에서 전표복사 기능을 사용할 수 있다.

기출유형 압축노트 | p.5

정답 ①

'조회구분: 0.전체'로 조회한다. 26.자산코드자동부여가 '부:0'이므로 당사는 고정자산등록 시 자산코드가 자동채번되지 않는다.

6. 사용자권한설정

ERP 메뉴 찾아가기

시스템관리 ▶ 회사등록정보 ▶ 사용자권한설정

[사원등록] 메뉴에서 프로그램을 사용할 수 있는 권한여부(사용자여부)가 '1.여'로 되어 있는 사원에게 각 사용모듈, 모듈 내 사용메뉴, 메뉴별 사용등급의 권한을 부여한다. 각 사용자의 업무, 권한, 등급에 따라 조회권한, 변경, 삭제, 출력이 자동으로 설정되며 수정도 가능하다. [전표/장부관리] 메뉴가 사용가능한메뉴로 설정되어 있더라도 세부항목을 모두 사용 가능한 것이 아니라 오른쪽에 사용가능한메뉴로 설정된 메뉴만 사용할 수 있으므로 반드시 사용가능한메뉴 항목을 확인해야 한다.

[사용자권한설정] 메뉴에서 모듈구분을 'S.시스템관리'에서 'A.회계관리'로 변경한 후 김은찬 사원의 '사용가능한메뉴'에서 주요 권한을 보면 다음과 같다.

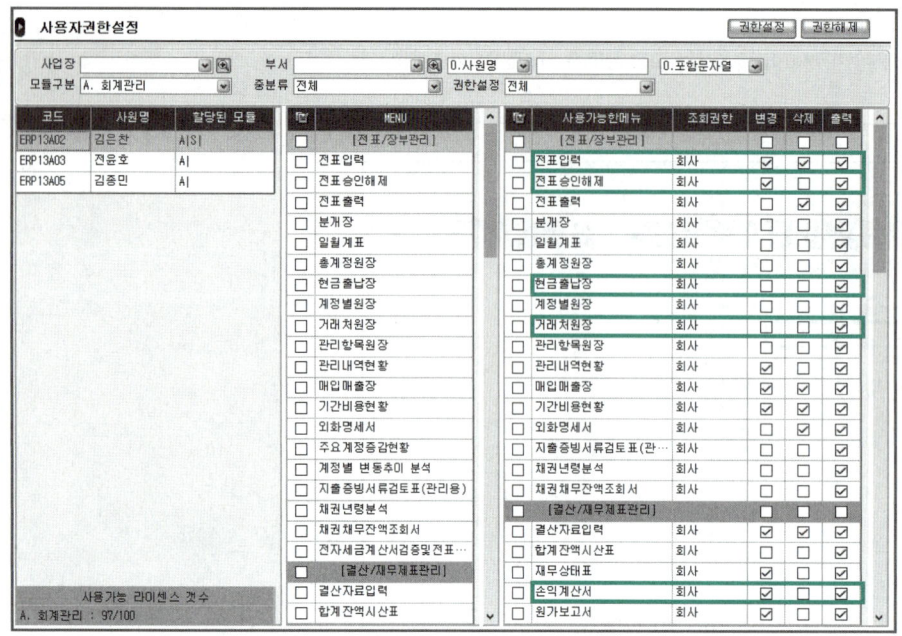

> **TIP**
> 미결 권한을 가진 사원이 입력한 전표의 승인은 사용가능한메뉴에 전표 승인해제가 설정되어 있어야 가능하다.

① **전표입력**: '변경'에 체크되어 있으므로 [전표입력] 메뉴에 회계자료를 입력할 수 있다.
② **전표승인해제**: 사용가능한메뉴에 전표승인해제 메뉴가 있으므로 미결전표에 대한 승인과 승인전표에 대해 미결로 승인해제하는 권한이 있다.
③ **현금출납장**: '출력'에 체크되어 있으며 조회권한이 회사로 되어 있으므로 회사 전체의 현금 입출금 현황을 조회할 수 있다.
④ **거래처원장**: '출력'에 체크되어 있으므로 거래처별 외상매출금, 외상매입금 잔액을 조회할 수 있다.
⑤ **손익계산서**: '출력'에 체크되어 있으므로 회사의 경영성과를 분석하기 위하여 손익계산서를 조회할 수 있다.

사원이 많고 권한이 동일한 경우 사원의 권한을 복사할 수 있다. 복사하고자 하는 사원을 선택하여 마우스 오른쪽 버튼을 클릭하여 '권한 복사'를 누른 후 새롭게 권한을 부여할 사원을 선택하여 '권한 붙여넣기'를 클릭하면 된다. '권한 붙여넣기(전체모듈)'는 S.시스템관리부터 A.회계관리까지 전체 모듈의 권한을 복사할 수 있다.

> **TIP**
> [사용자권한설정] 메뉴에서 '권한 복사' 기능을 사용할 경우 [사원등록] 메뉴에서 설정한 '조회권한'을 충분히 검토하여야 한다.

실무 연습문제 사용자권한설정

회사A 김종민 사원의 'A.회계관리' 모듈 거래처원장 조회권한으로 옳은 것은?

① 회사
② 사업장
③ 부서
④ 사원

정답 ③

'모듈구분: A.회계관리'로 조회하여 김종민 사원의 '사용가능한메뉴', '조회권한'을 확인한다.

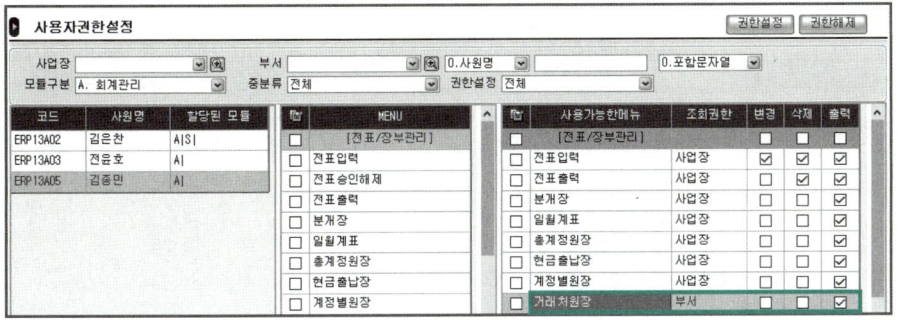

4 기초정보관리

1. 거래처등록

(1) 일반거래처등록

ERP 메뉴 찾아가기

시스템관리 ▶ 기초정보관리 ▶ 일반거래처등록

당 회사와 거래하는 일반적인 거래처들의 정보를 입력하는 메뉴이다. 거래처명과 사업자등록번호, 대표자 정보, 업태와 종목 등을 입력한다.

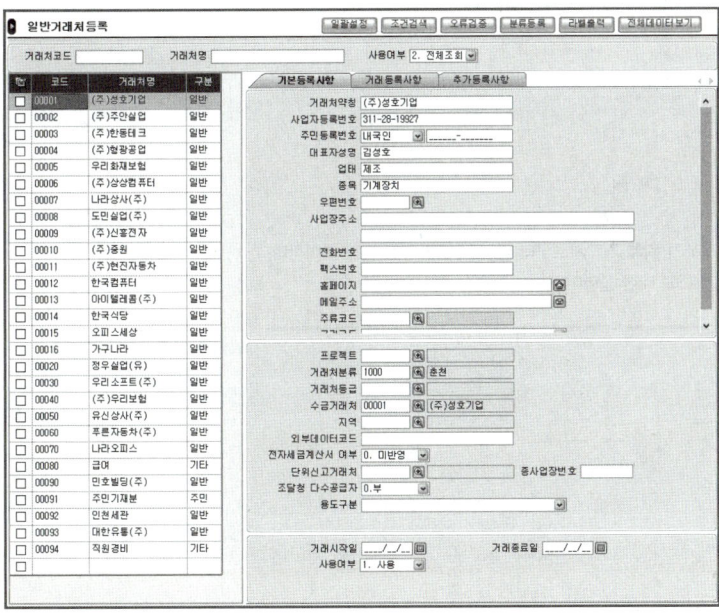

(2) 금융거래처등록

> **ERP 메뉴 찾아가기**
>
> 시스템관리 ▶ 기초정보관리 ▶ 금융거래처등록

[금융거래처등록] 메뉴의 거래처는 5.금융기관, 6.정기예금, 7.정기적금, 8.카드사, 9.신용카드로 구분해서 등록한다. '8.카드사'는 매출거래에 대해 수령하는 카드로 가맹점번호를 등록하며, '9.신용카드'는 매입거래에 대해 회사가 결제하는 카드로 카드번호를 등록한다.

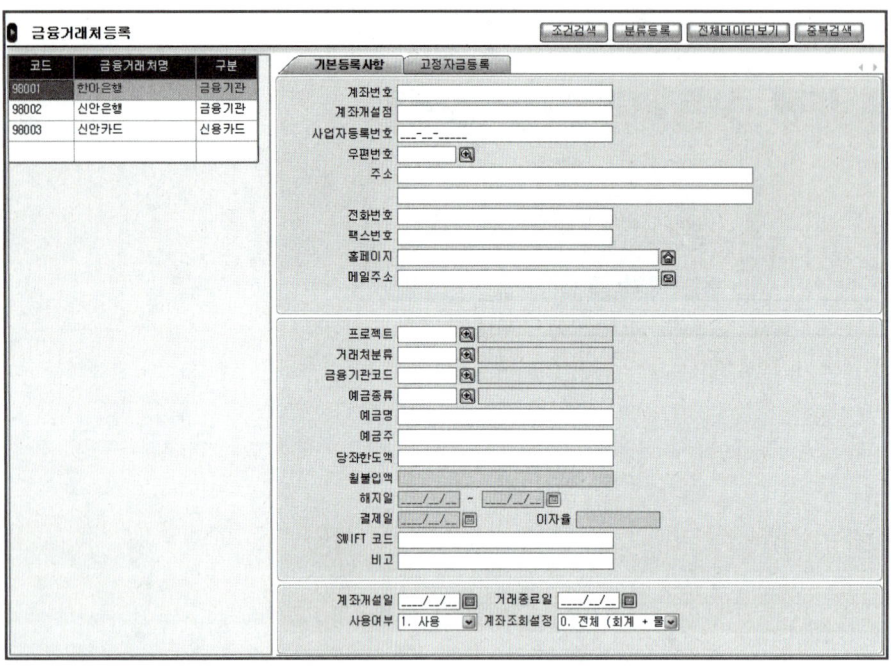

> **TIP**
>
> 시험에서 거래처를 등록 및 수정하는 문제가 출제되지는 않지만, 거래처를 신규로 등록해보고 싶다면 코드 마지막 칸에 등록하려는 코드를 기입하고 거래처명, 구분을 입력한 후 오른쪽 기본등록사항 탭에 내용을 입력하면 된다.

> **실무 연습문제** 금융거래처등록

다음 중 신규 거래처등록 시 거래처 구분에 대한 설명으로 옳지 않은 것은?

① 기타 – 일반, 무역, 주민 이외의 거래처
② 무역 – 무역거래와 관련된 수출 및 수입 거래처
③ 일반 – 세금계산서 및 계산서 등 교부대상 거래처
④ 카드사 – 구매대금의 결제를 위해 교부받은 신용카드

> **정답** ④

[금융거래처등록] 메뉴의 구분 '8.카드사'는 매출대금을 수취하기 위해 거래처로부터 받은 카드의 카드사를 의미한다. 구매대금의 결제를 위해 교부받은 신용카드는 구분 '9.신용카드'에 대한 설명이다.

2. 프로젝트등록

시스템관리 ▶ 기초정보관리 ▶ 프로젝트등록

[프로젝트등록] 메뉴는 전표입력, 회계초기이월등록, 관리항목원장, 관리내역현황 등에 반영시킬 수 있으며, 반영된 자료는 PJT별 원가명세서와 PJT별 공사원가집계표에 연동되어 함께 관리할 수 있다.

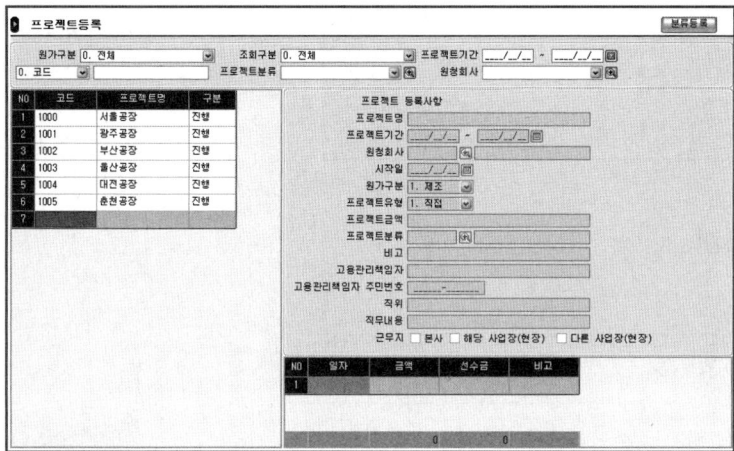

3. 관리내역등록

시스템관리 ▶ 기초정보관리 ▶ 관리내역등록

회사의 특성에 따라 관리항목을 등록하여 전표입력 시 선택할 수 있도록 하는 메뉴로, 관리항목원장 등을 통해 조회할 수 있다. 예를 들어 받을어음은 어음의 만기일과 어음번호, 배서인 등의 관리를 위해 [관리내역등록] 메뉴에 등록하여 전표입력 시 선택한다.

[관리내역등록] 메뉴의 조회구분은 0.공통, 1.회계로 구분되어 있다. 왼쪽 관리항목에서 '변경가능'으로 설정되어 있는 항목은 오른쪽 항목의 수정, 추가, 삭제가 가능하며, '변경불가능'인 항목은 수정, 추가, 삭제가 불가능하다.

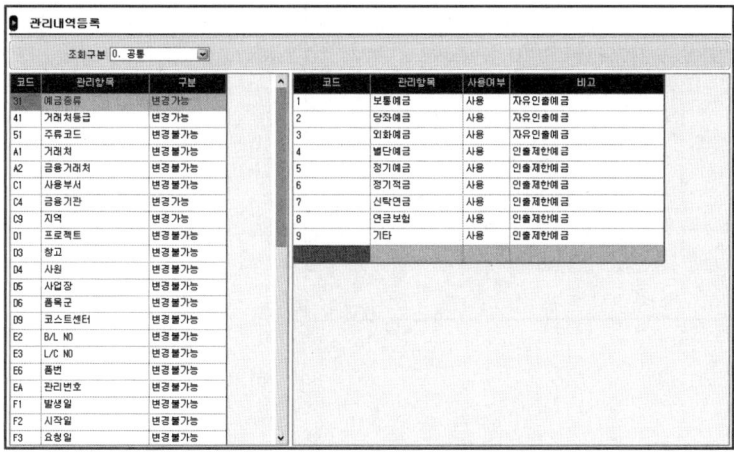

왼쪽의 관리항목은 '0.공통'에서는 추가할 수 없고, '1.회계'에서만 오른쪽 상단의 '관리항목등록' 버튼을 눌러 추가할 수 있다. 코드는 L 또는 M으로 시작하는 것만 가능하며 등록한 L, M 코드 관리항목은 삭제할 수 있으나 그 외의 관리항목은 삭제할 수 없다.

> **TIP**
> 차량유지비를 차량별로 집계하거나 통신비를 전화번호별로 관리하기 위해서는 관리내역등록이 선행되어야 한다.

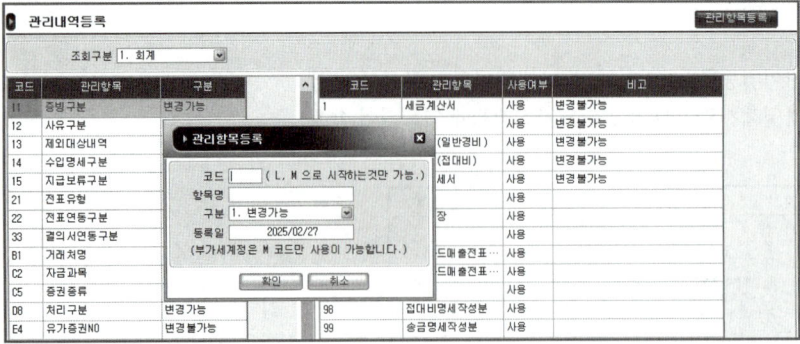

5 초기이월관리 – 회계초기이월등록

ERP 메뉴 찾아가기

시스템관리 ▶ 초기이월관리 ▶ 회계초기이월등록

사업장별로 전기에 이월된 전기분 재무상태표, 전기분 손익계산서, 전기분 원가명세서를 입력하는 메뉴이다.

1. 전기분 재무상태표 내역 입력 시

외상매출금, 받을어음, 외상매입금, 지급어음 등 채권, 채무 계정은 각 거래처별로 채권, 채무 금액에 대해 상세내역을 등록한다. 등록된 상품은 손익계산서에 반영할 기말상품재고액 금액과 동일한 금액이다. 만약 원가명세서가 있다면 원재료, 재공품을 등록하게 되며 원가명세서의 기말원재료재고액, 기말재공품재고액을 의미한다.

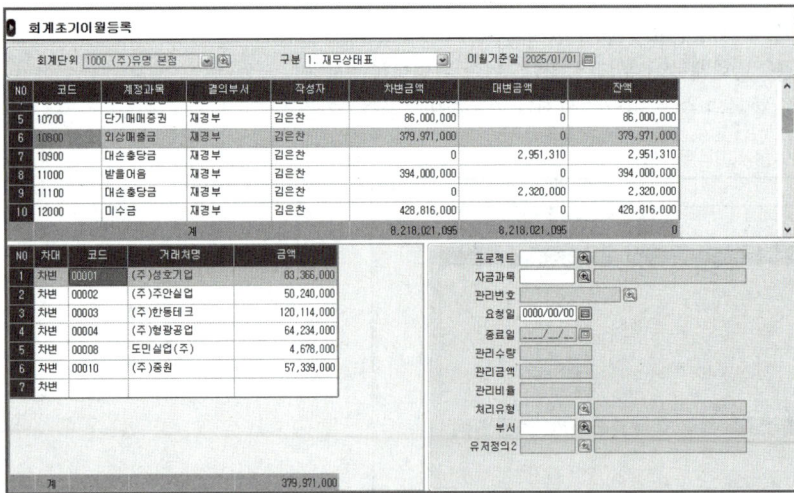

2. 전기분 손익계산서 내역 입력 시

손익계산서에 상품매출원가를 등록할 경우에는 하단에 기초재고액, 당기매입액, 기말재고액 금액을 입력해야 한다. 상품매출원가의 기말재고액은 재무상태표 상품 금액과 동일함을 확인할 수 있다.

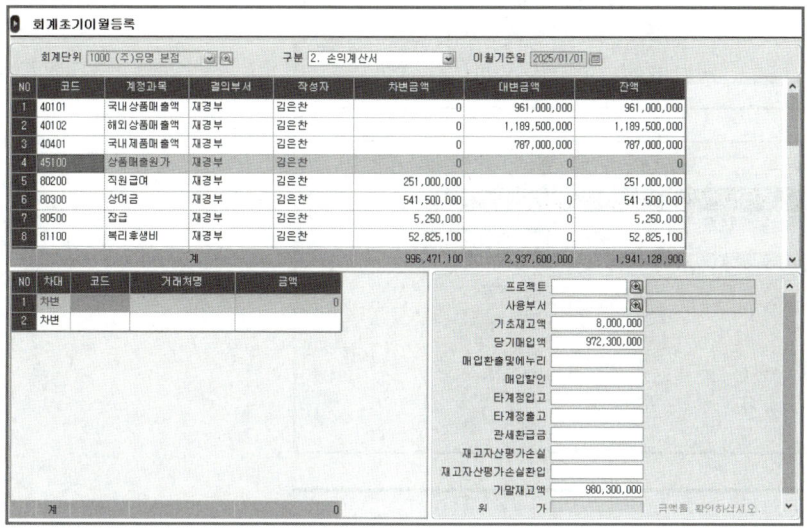

실무 연습문제 회계초기이월등록

(주)유명 당사는 2025년에 최초 ERP를 도입하여 2024년 기말 재무제표 자료를 2025년 기초에 모두 입력하여 사용하고 있다. (주)유명 본점의 2025년 회계초기 자료에 대한 설명으로 옳지 않은 것은?

① 상품은 프로젝트별로 잔액관리를 하고 있다.
② 2024년 기말 차량운반구의 감가상각누계액은 9,004,330원이다.
③ 2024년 기말 (주)한동테크 거래처의 외상매출금 잔액은 120,114,000원이다.
④ 2024년 기말 외상매출금의 대손충당금 잔액은 2,951,310원이다.

정답 ①

상품 계정의 프로젝트 항목에는 입력된 내용이 없으며, 이는 프로젝트별로 관리를 하지 않는 것을 의미한다.

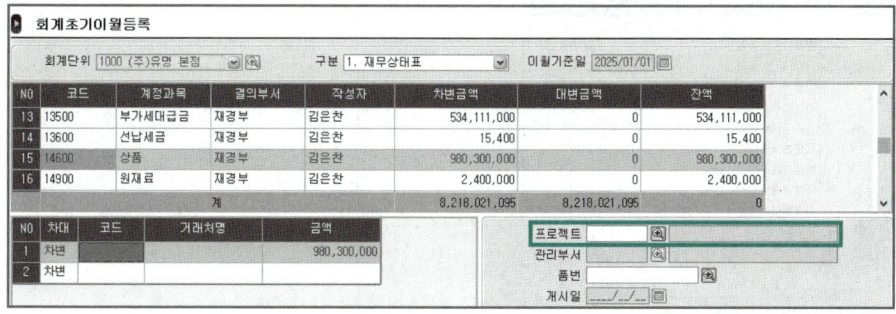

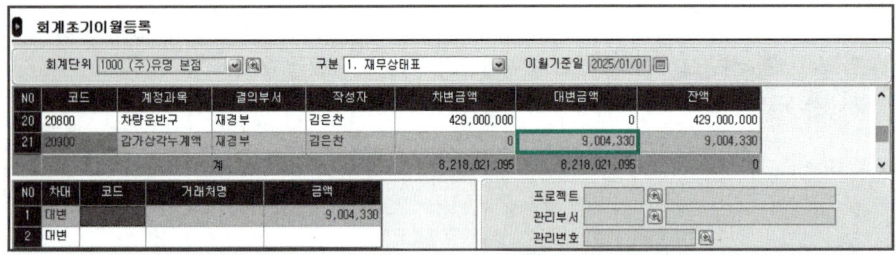

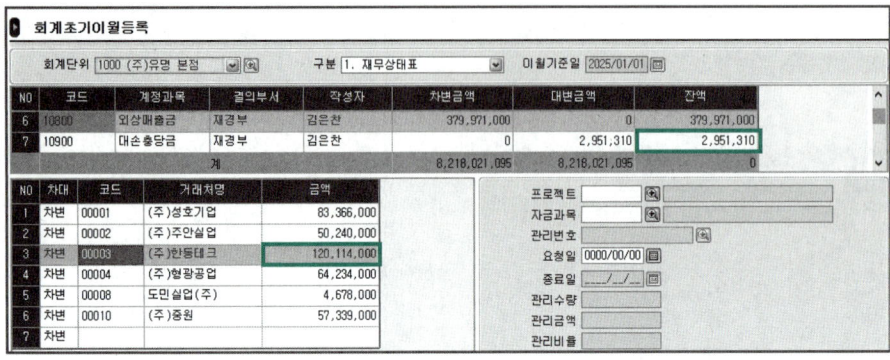

6 마감/데이타관리 – 마감및년도이월

ERP 메뉴 찾아가기

시스템관리 ▶ 마감/데이타관리 ▶ 마감및년도이월

장부를 마감하고, 마감자료를 차기로 이월하는 메뉴이다. 전표마감 후 마감기수의 전표는 수정이 통제된다. 이월을 할 경우 하단의 '이월시작' 버튼을 클릭하고 이월된 내용을 취소하고자 하는 경우 '이월시작' 버튼 옆의 '취소' 버튼을 클릭한다.

> **TIP**
> [마감및년도이월] 메뉴는 실제 시험에는 출제되지 않는다.

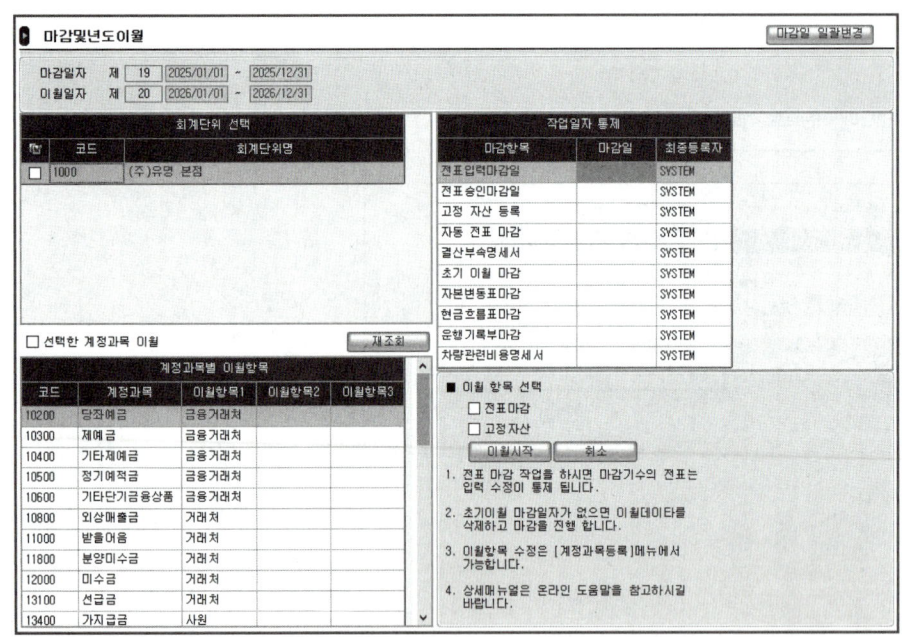

CHAPTER 03 회계관리 실습하기

> **＋ 실습 방법**
>
> 본 챕터는 '[백데이터] PART 03 실무 시뮬레이션'을 복원한 후 '회사: 1002.회사A', '사원: ERP13A02.김은찬'으로 로그인하여 학습하세요(사원암호는 입력하지 않음).
> ※ 2025 버전 핵심ERP 프로그램을 사용하세요.

1 기초정보관리

1. 계정과목등록

> **ERP 메뉴 찾아가기**
>
> 회계관리 ▶ 기초정보관리 ▶ 계정과목등록

회사에서 사용하는 계정과목을 등록하는 메뉴이다. 기본적인 계정과목은 이미 등록되어 있으며 회사의 특성에 따라 계정과목을 수정하거나 '회사설정 계정'에 추가하여 사용할 수 있다.

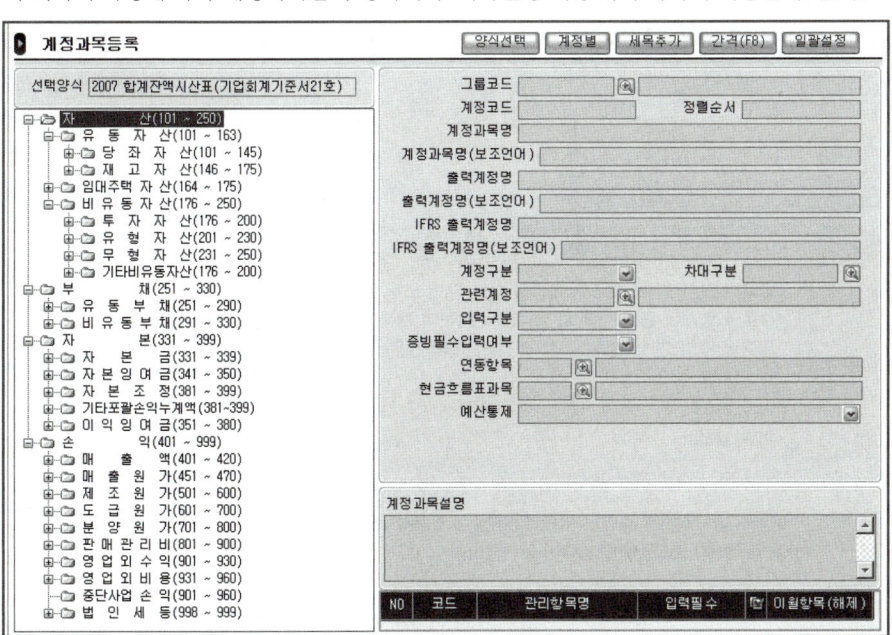

계정과목 코드는 다섯 자리로 구성되어 있다. 앞의 세 자리는 기본 코드이며, 나머지 두 자리 코드번호는 세목을 추가할 때 사용된다. 세목추가는 추가하려는 계정과목에 커서를 두고 오른쪽 상단에 '세목추가' 버튼을 클릭한 후 세목이 추가된 계정과목명을 등록한다. 삭제를 원할 경우 등록한 계정과목에 커서를 두고 상단의 '삭제' 버튼을 클릭한다.
판매관리비의 '81100.복리후생비'를 더블클릭하면 복리후생비 계정에 등록된 세목별 계정을 확인할 수 있다.

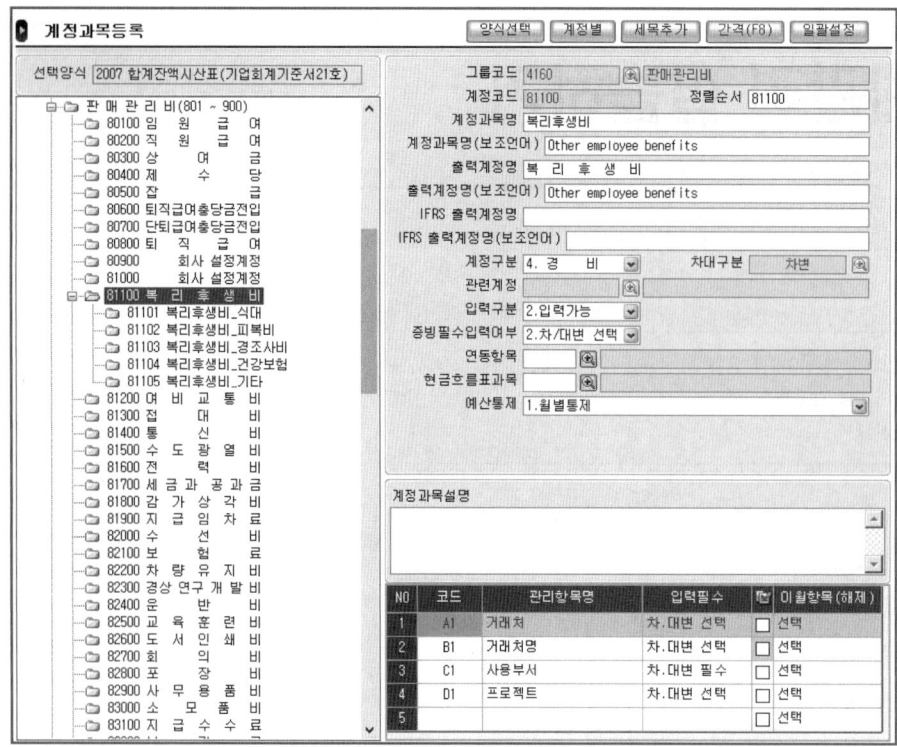

관리항목을 등록하는 화면은 해당 계정과목의 오른쪽 하단에서 설정할 수 있다. 계정과목별로 설정이 다르며, 다음은 당좌자산의 11000.받을어음 계정의 관리항목 내용이다.

NO	코드	관리항목명	입력필수	내용
1	A1	거래처	차.대변 필수	• 받을어음은 거래처 코드를 반드시 차변, 대변 모두 필수로 입력해야 한다. 거래처 입력을 누락하여 계정별원장 잔액과 거래처별원장 잔액이 일치하지 않는 것을 방지할 수 있다. • 이월항목(해제) 선택에 체크된 경우 거래처별로 금액이 이월된다.
2	B1	거래처명	차.대변 선택	거래처명 입력은 선택 항목이다.
3	EA	관리번호	차.대변 필수	받을어음 관리번호 입력은 차변, 대변 필수 입력사항으로 입력하지 않으면 전표입력이 불가능하다.
4	F1	발생일	차.대변 선택	받을어음 발생일은 차변, 대변 중 선택하여 입력한다.
5	G1	만기일	차.대변 필수	만기일, 받을어음정리는 차변, 대변 필수 입력 사항으로 입력하지 않으면 전표입력이 불가능하다.
6	K3	받을어음정리	차.대변 필수	

> **TIP**
> • 관리항목명에 C1.사용부서가 있는 경우 부서별로 조회가 가능하다.
> • D1.프로젝트가 필수로 되어 있는 경우 [전표입력] 메뉴에서 프로젝트 코드를 등록하지 않으면 화면 이동이 불가능하다.

실무 연습문제 · 계정과목등록

[1] '81300.접대비' 계정의 계정과목명을 '기업업무추진비' 계정으로 수정한다.

> **TIP**
> 2024년부터 접대비 계정과목은 기업업무추진비로 명칭이 개정되었다.

정답

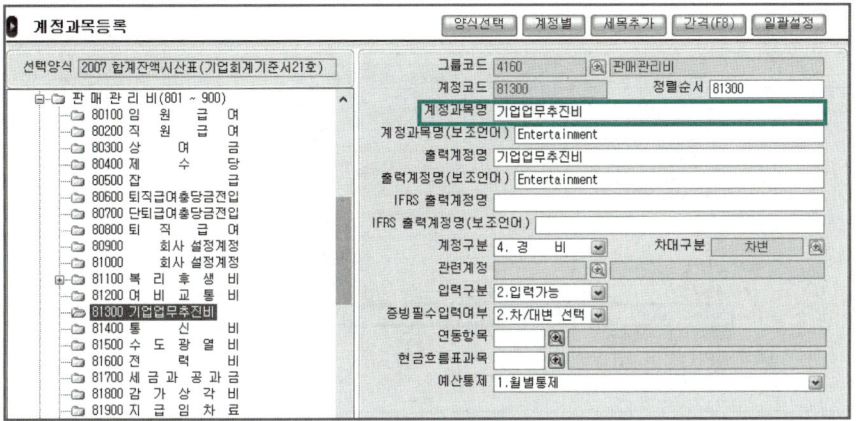

[2] 당사의 계정과목등록을 조회하여 다음 중 거래처별로 이월되는 계정과목은 무엇인가?

① 10700.단기매매증권 ② 10800.외상매출금
③ 11400.단기대여금 ④ 11600.미수수익

+ 기출유형 압축노트 | p.9

정답 ②

관리항목 'A1.거래처'의 '이월항목(해제)'란에 체크가 되어 있다. 외상매출금 계정은 거래처별로 금액을 이월한다.

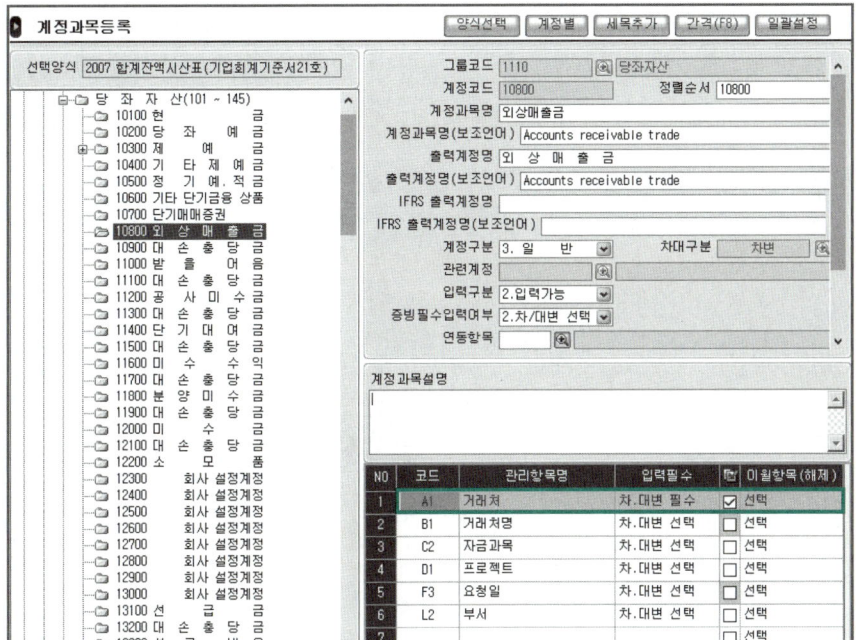

[3] 당사에 등록된 계정과목 중 '11100.대손충당금'은 어떤 계정의 차감 계정인가?

① 10200.당좌예금　　　　　　② 10400.기타제예금
③ 10800.외상매출금　　　　　　④ 11000.받을어음

정답 ④

11100.대손충당금 계정의 계정구분은 '4.차감'이며 관련 계정은 11000.받을어음으로 등록되어 있다.

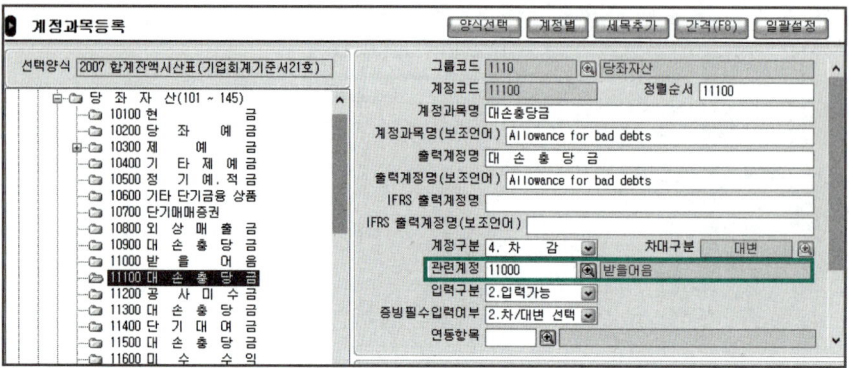

2 전표/장부관리

1. 전표승인해제

ERP 메뉴 찾아가기

회계관리 ▶ 전표/장부관리 ▶ 전표승인해제

[전표입력] 메뉴에서 회계입력방식이 '미결'인 사원이 전표를 입력하면 미결전표가 생성된다. 이를 장부에 반영하기 위해서는 전표승인이 필요하다. [전표승인해제] 메뉴에서는 [전표입력] 메뉴에 '미결' 상태로 되어 있는 전표를 '승인' 상태로 처리하여 장부 및 재무제표에 반영한다.

[전표입력] 메뉴에 전표상태가 미결로 입력되는 경우

- [결산자료입력] 메뉴를 이용하여 자동결산분개를 생성한 경우 [전표승인해제] 메뉴에서 승인을 해야 재무제표에 반영된다.
- 회계자료 입력 시 대차차액이 발생하였을 경우 전표상태가 미결로 처리되며, 대차차액을 수정하고 [전표승인해제] 메뉴에서 승인처리를 해야 한다.
- 회계입력방식이 '미결'인 담당자가 회계자료를 입력한 경우 전표상태가 미결로 처리되며, [전표승인해제] 메뉴에서 승인처리를 해야 한다.

> **TIP**
> 회계입력방식이 '수정'인 사원이 입력한 전표는 수정사항이 있을 경우 [전표승인해제] 메뉴에서 해제하지 않고 전표를 수정할 수 있다.

[전표승인해제] 메뉴에서 '결의기간: 2025/06/01~2025/06/30', '전표상태: 미결'로 조회하면 6월의 전표 4건이 조회된다. '미결' 상태의 전표를 '승인' 상태로 변경할 때는 왼쪽 체크박스에 체크 후 오른쪽 상단의 '승인처리' 버튼을 클릭하여 처리한다.

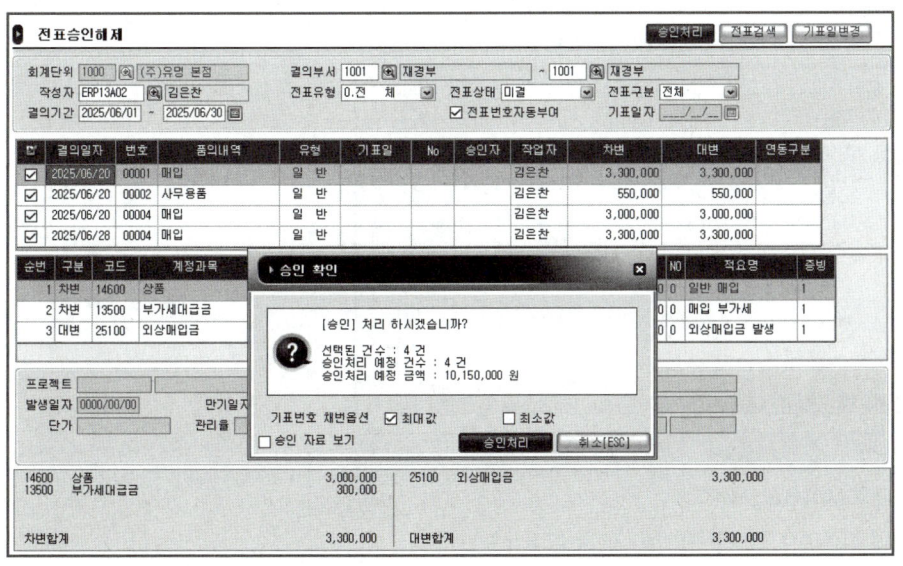

실무 연습문제 전표승인해제

2025년 6월에 미결전표를 모두 전표승인 처리한 후 거래처원장의 6월 외상매입금 잔액은 얼마인가?

① 715,370,000원 ② 747,710,000원
③ 725,410,000원 ④ 757,710,000원

⊕ 기출유형 압축노트 I p.10

정답 ③

[전표승인해제] 메뉴에서 승인처리 후 [거래처원장] 메뉴에서 '계정과목: 1.계정별, 25100.외상매입금', '기표기간: 2025/06/30~2025/06/30'로 조회한다. 미결전표에 있던 정우실업(유), 유신상사(주), (주)주안실업의 외상매입금 잔액의 변동으로 합계액은 725,410,000원이 된다.

2. 분개장

ⓥ ERP 메뉴 찾아가기

회계관리 ▶ 전표/장부관리 ▶ 분개장

분개장은 [전표입력] 메뉴에 입력한 내용이 반영되는 최초의 장부로서, 총계정원장의 각 계정에 전기하기 위한 준비 작업이다. [분개장] 메뉴에서 2월을 조회하면 다음과 같다.

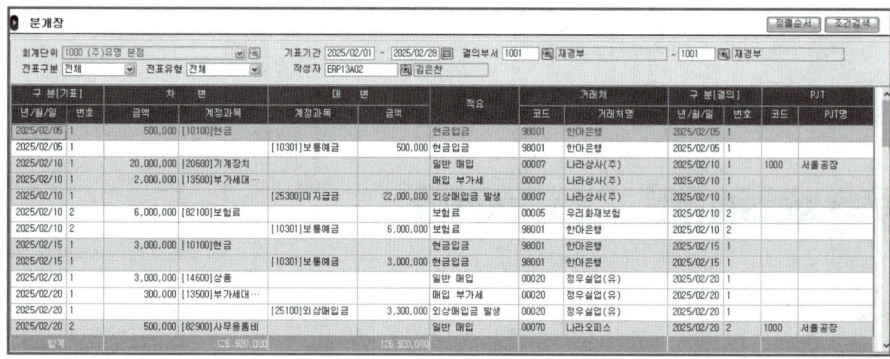

일자	내용
2월 5일	한아은행 보통예금에서 현금 500,000원을 인출하다.
2월 10일	나라상사(주)로부터 기계장치 20,000,000원(부가가치세 별도)을 외상으로 구입하다.
2월 10일	우리화재보험에 납부할 보험료 6,000,000원을 한아은행 보통예금에서 이체하다.
2월 15일	한아은행 보통예금에서 현금 3,000,000원을 인출하다.
2월 20일	정우실업(유)으로부터 상품 3,000,000원(부가가치세 별도)을 외상으로 매입하다.

3. 일월계표

> **ERP 메뉴 찾아가기**
>
> 회계관리 ▶ 전표/장부관리 ▶ 일월계표

일계표는 특정 날짜의 거래를 계정과목별로 집계한 집계표이며, 월계표는 일계표의 내용을 월단위로 집계한 집계표이다. 출력구분에서 0.계정별, 1.세목별로 선택하여 조회할 수 있다. '0.계정별'은 계정과목등록에 등록된 기본 계정과목으로 조회되며, 계정과목등록에 세목을 등록하고 사용하면 '1.세목별'에서 자세히 조회된다.

1월의 상품매입액을 조회할 경우 일계표 탭에서는 1월 1일부터 1월 31일까지로, 월계표 탭에서는 1월로 설정한다. 두 가지 경우 모두 상품매입액은 40,000,000원으로 조회된다.

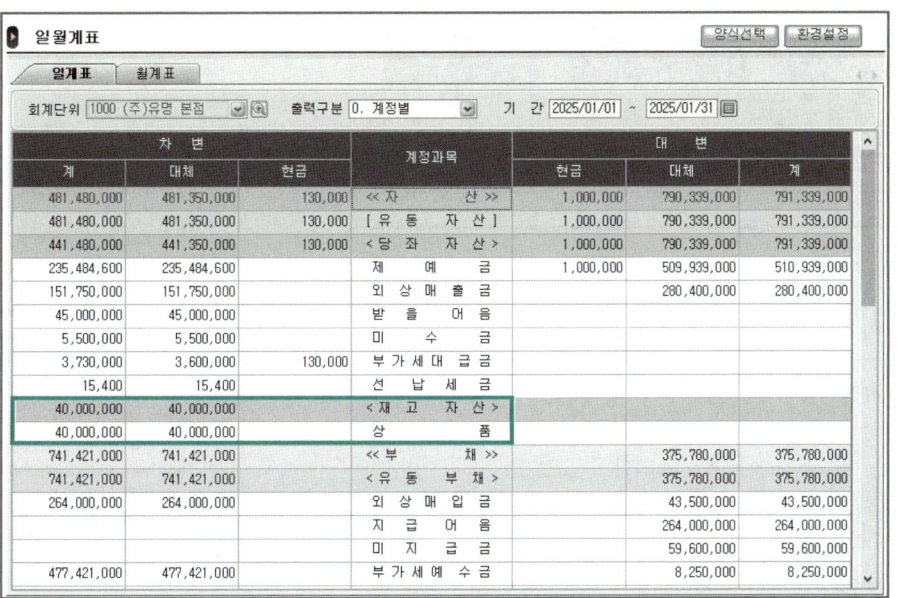

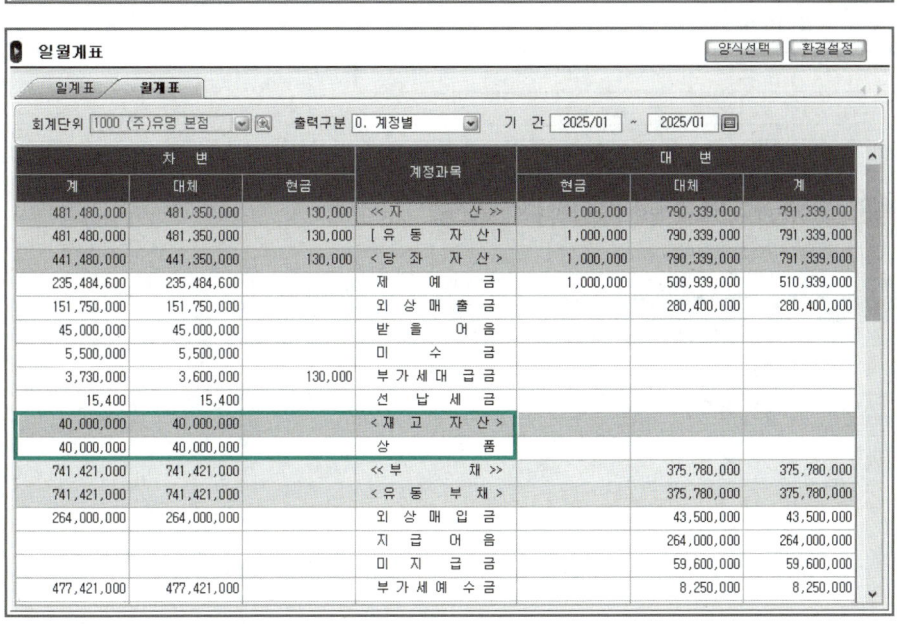

실무 연습문제 일월계표

(주)유명 본점의 2025년 3월 거래내역이다. 다음 보기의 판매관리비 지출 건 중 현금결제가 없는 계정과목은?

① 통신비 ② 수도광열비
③ 여비교통비 ④ 접대비(기업업무추진비)

> 기출유형 압축노트 | p.11

정답 ④

'기간: 2025/03~2025/03'로 조회한다. 접대비(기업업무추진비) 계정은 '대체'란에서만 금액이 조회된다.

차변			계정과목	대변		
계	대체	현금		현금	대체	계
3,490,000	2,530,000	960,000	복 리 후 생 비			
1,710,000		1,710,000	여 비 교 통 비			
500,000	500,000		기업업무추진비			
330,000		330,000	통 신 비			

4. 총계정원장

ERP 메뉴 찾아가기

회계관리 ▶ 전표/장부관리 ▶ 총계정원장

총계정원장은 기업에서 사용하는 모든 계정과목을 하나씩 조회할 수 있는 장부로, 차변과 대변의 잔액을 확인할 수 있다. 일별, 월별로 장부가 나뉘어 있으며 특정 일을 조회할 때는 일별 장부, 월 단위로 조회할 때는 월별 장부를 선택한다.

하반기 중 상품매출이 가장 많은 월을 조회할 경우 총계정원장의 월별 탭에서 7월부터 12월로 조회하며 9월의 금액이 가장 큰 것을 확인할 수 있다.

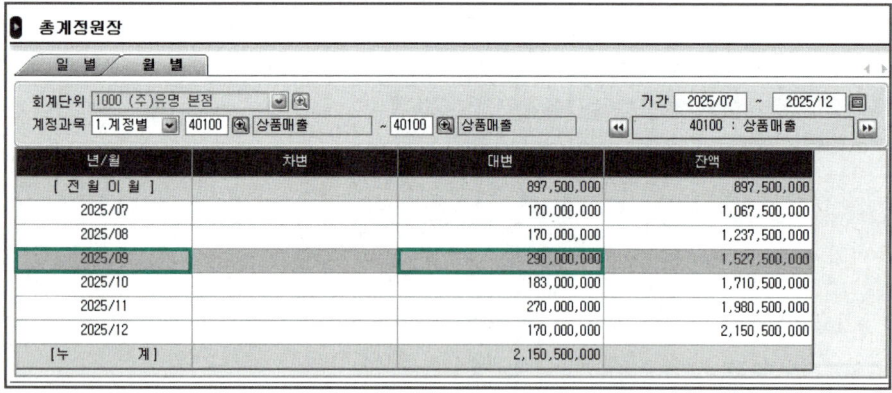

실무 연습문제 — 총계정원장

(주)유명 본점의 2025년 상반기 중 외상매출금 발생 금액이 가장 큰 달은 언제인가?

① 3월
② 4월
③ 5월
④ 6월

정답 ③

'기간: 2025/01~2025/06', '계정과목: 1.계정별, 10800.외상매출금'으로 조회한다. 외상매출금의 발생 금액은 차변에 기록되며 차변 금액이 가장 큰 달은 5월이다.

> 기출유형 압축노트 | p.13

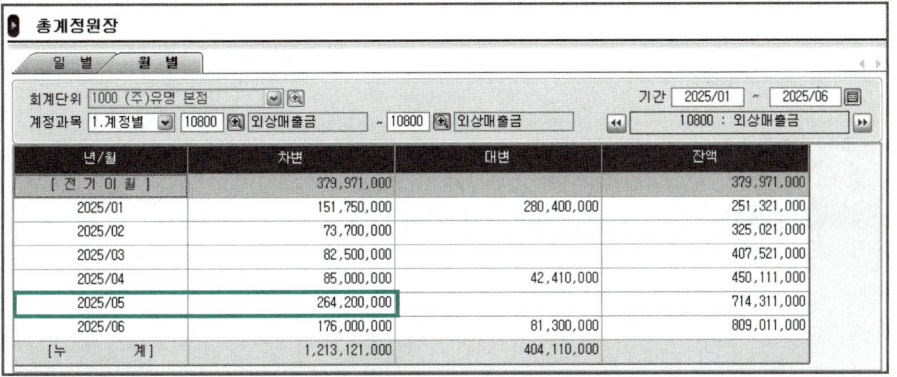

5. 현금출납장

ERP 메뉴 찾아가기
회계관리 ▶ 전표/장부관리 ▶ 현금출납장

현금출납장은 기업의 현금 입금액과 출금액을 확인할 수 있는 장부이다. 전체, 프로젝트별, 결의부서별, 결의사원별로 구분하여 조회할 수 있다.

예를 들어 3월 한 달 동안의 입금액과 출금액을 조회하는 경우, 각각 월계에 해당하는 5,000,000원, 4,610,000원이 된다. 반면, 3월의 입금 누계는 전기 이월된 재무상태표의 현금과 1월, 2월, 3월의 입금액이 합해진 114,320,000원이고, 출금 누계는 7,105,000원이다.

> **TIP**
> 문제에 입금액, 출금액이 있을 경우 현금출납장을 조회한다.

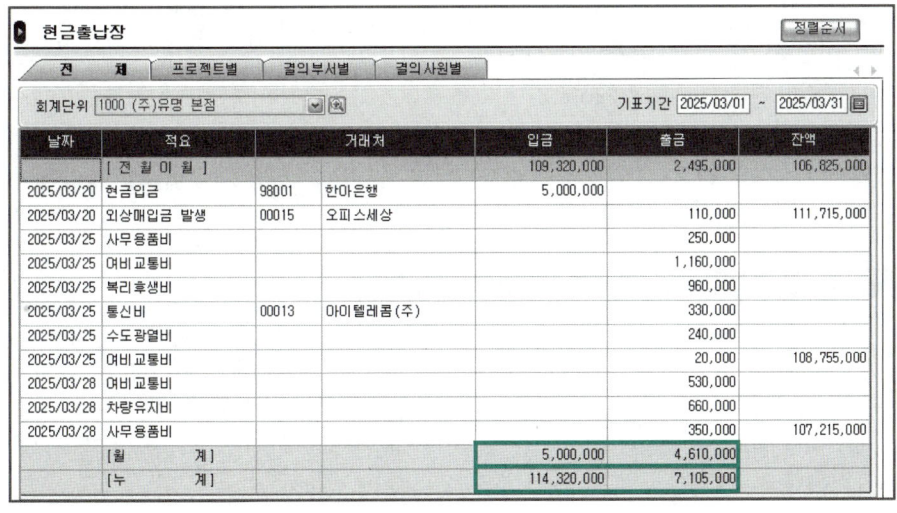

실무 연습문제 현금출납장

(주)유명 본점에서 2025년 5월 한 달간 현금 입금액과 출금액은 각각 얼마인가?

	입금액	출금액
①	7,000,000원	4,200,000원
②	7,200,000원	8,645,000원
③	7,000,000원	8,645,000원
④	7,200,000원	4,200,000원

기출유형 압축노트 | p.14

정답 ④

'기표기간: 2025/05/01～2025/05/31'로 조회한 후 '입금', '출금'란을 확인한다.

현금출납장 정렬순서

전 체 | 프로젝트별 | 결의부서별 | 결의사원별

회계단위 1000 (주)유명 본점 기표기간 2025/05/01 ~ 2025/05/31

날짜	적요	거래처		입금	출금	잔액
	[전 월 이 월]			119,320,000	8,645,000	110,675,000
2025/05/02	현금입금	98001	한아은행	5,000,000		115,675,000
2025/05/25	외상매출금 발생	00091	주민기재분	2,200,000		117,875,000
2025/05/28	복리후생비				2,560,000	
2025/05/28	여비교통비				530,000	
2025/05/28	차량유지비				660,000	
2025/05/28	사무용품비				450,000	113,675,000
	[월 계]			7,200,000	4,200,000	
	[누 계]			126,520,000	12,845,000	

6. 계정별원장

ERP 메뉴 찾아가기

회계관리 ▶ 전표/장부관리 ▶ 계정별원장

계정별원장은 각 계정의 거래내역을 자세히 기록한 장부이다. 총계정원장의 보조장부로 전체, 프로젝트별, 부서별로 구분하여 조회 및 출력이 가능하다.

12월의 외상매출금 계정을 조회하면 거래가 모두 차변에 기록되어 있다. 외상매출금이 차변에 기록되었다는 것은 회계처리에서 '(차변) 외상매출금'으로 처리한 거래로 외상매출금이 발생한 거래, 즉 외상으로 매출한 거래가 기록된 것이다. 만약 대변에 금액이 기록되어 있다면 '(대변) 외상매출금'으로 처리한 거래로 외상매출금을 회수한 것을 의미한다.

계정별원장 환경설정

전 체 | 프로젝트별 | 부 서 별

회계단위 1000 (주)유명 본점 계정과목조회구분 ◉ 범위 ○ 개별 기표기간 2025/12/01 ~ 2025/12/31

계정과목 1.계정별 10800 외상매출금 ~ 10800 외상매출금 [10800] 외상매출금

날짜	적요란	코드	거래처명	사업자번호	차변	대변	잔액
	[전 월 이 월]				2,319,421,000	2,008,610,000	310,811,000
2025/12/10	외상매출금 발생	00001	(주)성호기업	311-28-19927	55,000,000		
2025/12/10	외상매출금 발생	00003	(주)한동테크	204-07-43008	44,000,000		409,811,000
2025/12/25	외상매출금 발생	00001	(주)성호기업	311-28-19927	33,000,000		
2025/12/25	외상매출금 발생	00002	(주)주안실업	105-32-50316	27,500,000		470,311,000
2025/12/30	외상매출금 발생	00002	(주)주안실업	105-32-50316	27,500,000		497,811,000
	[월 계]				187,000,000		
	[누 계]				2,506,421,000	2,008,610,000	

TIP

[계정별원장] 메뉴의 프로젝트별 탭을 이용할 경우 [시스템관리]–[기초정보관리]–[프로젝트등록] 메뉴에서 프로젝트를 등록하고, 사용할 계정과목을 [회계관리]–[기초정보관리]–[계정과목등록] 메뉴의 관리항목에 등록해야 한다. [전표입력] 메뉴에서 입력할 때는 반드시 프로젝트코드를 입력해야 [계정별원장] 메뉴에서 조회된다.

7. 거래처원장

ERP 메뉴 찾아가기

회계관리 ▶ 전표/장부관리 ▶ 거래처원장

거래처원장은 각 계정과목의 거래처별 잔액과 거래 내용을 확인할 수 있는 보조기입장이다. 전표입력 과정에서 거래처코드를 입력하면 자동으로 작성되며 잔액, 원장, 총괄잔액, 총괄내용으로 조회가 가능하다.

'거래처'란을 '1.거래처'가 아닌 '2.거래처분류'로 지정하면 거래처분류명을 지정하여 검색할 수 있다. 거래처분류는 춘천, 서울, 광주, 부산으로 구성되어 있다. '계정과목: 1.계정별, 10800.외상매출금', '기표기간: 2025/12/01~2025/12/31', '거래처: 2.거래처분류, 2000. 서울'로 조회하면 서울에 해당하는 3개의 거래처만 조회된다.

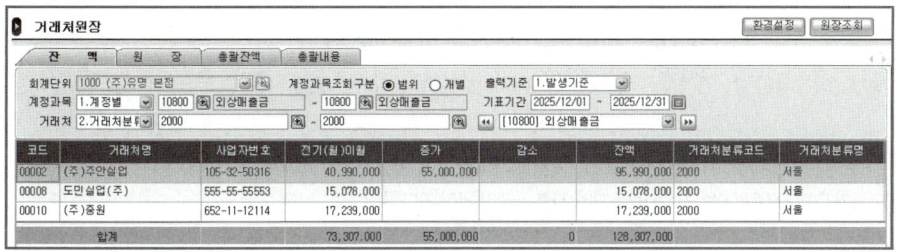

실무 연습문제 거래처원장

(주)유명 본점은 거래처를 지역별로 분류하여 매출액을 관리하고 있다. 2025년 한 해 동안 제품 매출액이 가장 많은 지역은 어디인가?

① 광주
② 부산
③ 서울
④ 춘천

정답 ③

잔액 탭에서 '계정과목: 1.계정별, 40400.제품매출', '기표기간: 2025/01/01~2025/12/31', '거래처: 2.거래처분류, 1000.서울~4000.부산'으로 조회한다. 서울의 제품매출액이 278,000,000원으로 가장 많다.

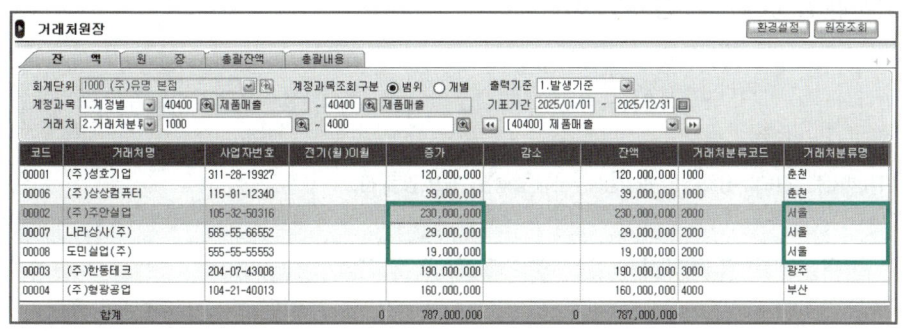

8. 관리항목원장

> **ERP 메뉴 찾아가기**
>
> 회계관리 ▶ 전표/장부관리 ▶ 관리항목원장

관리항목원장은 [전표입력] 메뉴에서 관리항목부분에 입력된 관리사항을 전표단위로 조회하는 메뉴이다. 관리내역코드가 입력된 자료가 조회조건에 따라 조회되며 잔액, 원장, 총괄잔액, 총괄내용으로 나눠서 조회할 수 있다.

실무 연습문제 관리항목원장

[1] 당사는 업무용승용차를 'L1.업무용승용차' 관리항목으로 사용하여 관리하고 있다. 2025년 상반기 중 82200.차량유지비 계정의 지출 금액이 가장 큰 차량의 차량번호는?

① 12가 0102　　　　　　　　② 14가 0717
③ 15가 2664　　　　　　　　④ 17가 8087

정답 ①

잔액 탭에서 '관리항목: L1.업무용승용차', '기표기간: 2025/01/01~2025/06/30', '계정과목: 1.계정별, 82200.차량유지비'로 조회한다. '12가 0102'의 당기증가액이 2,460,000원으로 차량유지비 지출 금액이 가장 크다.

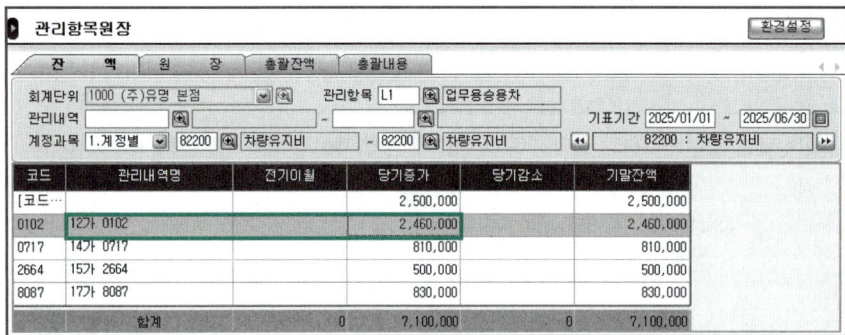

[2] (주)유명본점은 핵심 ERP를 이용하여 차량별 차량유지비 지출내역을 집계하고 관리하고자 한다. 이러한 정보를 활용하기에 가장 적합한 장부는 다음 중 무엇인가?

① 계정별원장　　　　　　　　② 거래처원장
③ 매입매출장　　　　　　　　④ 관리항목원장

정답 ④

[회계관리]-[전표/장부관리]-[관리항목원장] 메뉴는 [전표입력] 메뉴의 관리항목부분에 입력된 관리사항을 전표단위로 조회할 수 있는 메뉴이다.

9. 관리내역현황

ERP 메뉴 찾아가기

회계관리 ▶ 전표/장부관리 ▶ 관리내역현황

관리항목의 내역별 사용현황을 계정과목별로 파악하는 메뉴로 발생기준, 전년대비, 내역현황, 잔액, 원장 등의 탭으로 조회할 수 있다.
'관리항목: L1.업무용승용차', '기표기간: 2025/01/01~2025/06/30'에 대한 차량유지비 계정 조회화면이다. 1월부터 6월까지 차량번호별로 발생한 차량유지비 금액을 조회할 수 있다.

> **TIP**
> 관리항목을 월별로 비교하는 문항은 [관리내역현황] 메뉴에서 조회한다.
>
> ⊕ **기출유형 압축노트** l p.17

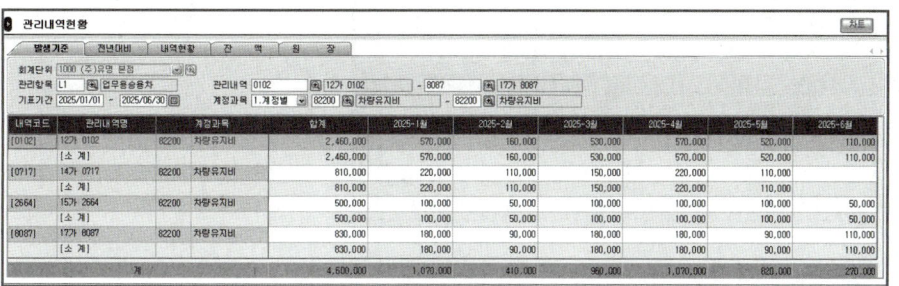

10. 매입매출장

ERP 메뉴 찾아가기

회계관리 ▶ 전표/장부관리 ▶ 매입매출장

전표입력에 세무구분을 표시하여 등록한 부가가치세신고 거래에 대해서 조회하는 보조장부이다. 전표입력 시 부가세예수금, 부가세대급금이 기록된 거래를 일자별, 거래처별, 세무구분별, 프로젝트별, 신고서기준으로 조회할 수 있다. 세무구분을 설정하여 [신용카드발행집계표/수취명세서] 메뉴에 반영될 거래를 내역별로 조회할 수 있다. 매입거래 중 고정자산매입액과 세액을 구분하여 조회하거나 신고서기준 탭에서 예정신고누락분만 조회할 수도 있다.

(1) 일자별 탭

일자별 탭은 전표입력 메뉴에 세무구분을 넣어 입력한 거래를 일자별로 조회한다. 또한 [전표입력] 메뉴에서 고정자산과표 및 세액에 입력한 금액을 고정자산매입액과 고정자산세액에 반영하여 조회한다.

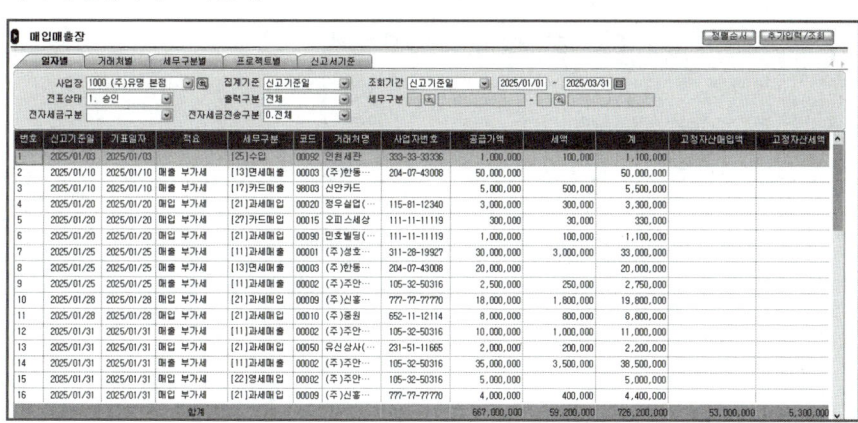

(2) 세무구분별 탭

세무구분별 탭은 전표입력 메뉴에 등록한 세무구분 유형에 따라 조회된다. [신용카드발행집계표/수취명세서] 메뉴의 신용카드/현금영수증수취명세서 탭에 반영될 내용의 세무구분은 27.카드매입과 28.현금영수증매입 두 가지로 조회한다.

2기 예정신고기간(조회기간: 2025/07/01~2025/09/30)에 [신용카드발행집계표/수취명세서] 메뉴의 신용카드/현금영수증수취명세서 탭에 반영될 거래는 27.카드매입거래 4건이다.

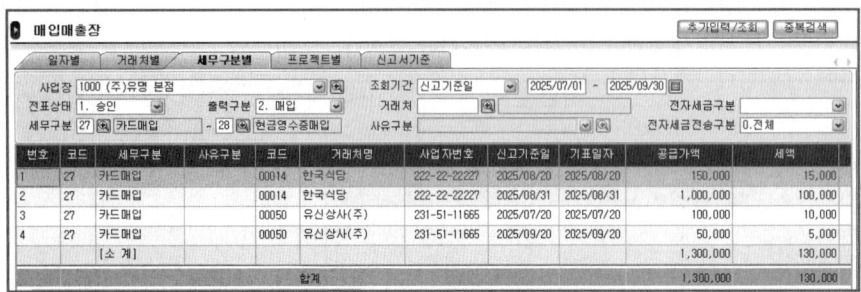

(3) 신고서기준 탭

신고서기준 탭으로 이동하여 조회기간을 '신고기준일, 2기 부가가치세 확정신고기간'에 대해 조회하면 다음 내역이 조회된다.

'예정신고누락분 조회' 버튼을 눌러 매출거래 2건과 매입거래 1건이 누락된 것을 확인할 수 있다.

부가가치세 기간

일반과세자의 부가가치세는 1년을 2기로 나누고 각각 예정과 확정으로 나누어 연 4회 신고 및 납부한다. 부가가치세신고 및 납부는 부가세신고 기간이 종료된 후 다음 달 25일까지 해야 한다.

1기		2기	
예정	확정	예정	확정
1월~3월	4월~6월	7월~9월	10월~12월
4월 25일까지 납부	7월 25일까지 납부	10월 25일까지 납부	1월 25일까지 납부

실무 연습문제 매입매출장

[1] (주)유명 본점의 2025년 1기 부가가치세 예정신고 시 신고할 고정자산매입세액은 얼마인가?

① 2,000,000원 ② 2,200,000원
③ 3,300,000원 ④ 5,300,000원

정답 ④

- 일자별 탭에서 '조회기간: 2025/01/01~2025/03/31'로 조회한다.
- 과세매입분 2,000,000원 + 카드매입분 300,000원 + 매입불공제 3,000,000원 = 5,300,000원

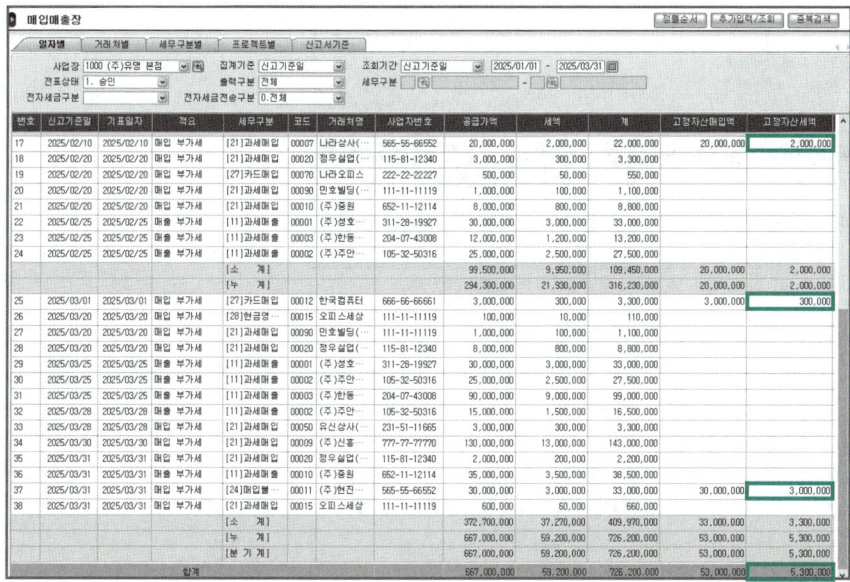

[2] 다음 보기 중 (주)유명 본점의 2025년 1기 부가가치세 확정신고기간에 영세매출이 발생한 거래처는?

① (주)주안실업 ② (주)신흥전자
③ (주)형광공업 ④ (주)한동테크

정답 ④

세무구분별 탭에서 '조회기간: 신고기준일, 2025/04/01~2025/06/30', '출력구분: 1.매출', '세무구분: 12.영세매출'로 조회한다.

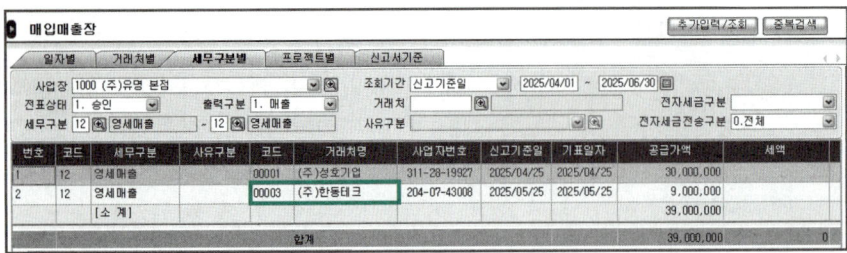

[3] 2025년 제2기 예정신고누락분을 확정신고에 포함하여 신고하려고 한다. (주)유명 본점의 예정신고 시 누락된 매입 세금계산서 건수 및 공급가액으로 옳은 것은?

① 1건, 2,800,000원 ② 1건, 3,000,000원
③ 2건, 3,000,000원 ④ 2건, 5,800,000원

정답 ②

신고서기준 탭에서 '조회기간: 2025/10/01~2025/12/31', '출력구분: 2.매입'을 입력한 후 오른쪽 상단의 '예정신고누락분 조회' 버튼을 클릭하여 예정신고누락분을 조회한다.

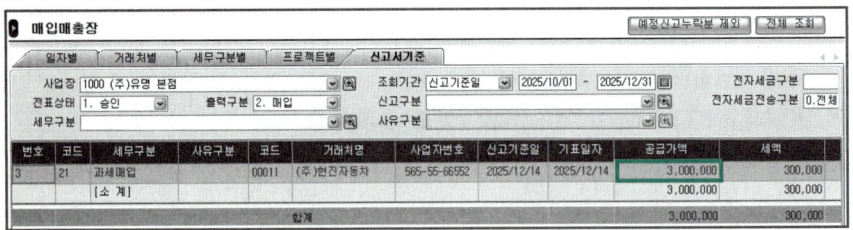

➕ 세무구분

- 문제에서 [신용카드/현금영수증수취명세서]에 반영될 세무구분을 묻는 경우 27.카드매입, 28.현금영수증매입을 조회한다. 반영된 세무구분을 묻는 경우에는 거래가 여러 개 등록되어 있더라도 27.카드매입 거래 또는 28.현금영수증매입 거래만 있는 경우 1개로 답해야 한다.
- [매입매출장]에서 조회되는 매입 유형 중 [매입세금계산서합계표]에 반영될 세무구분은 21.과세매입, 22.영세매입, 24.매입불공제, 25.수입이 있다. 문제에서 [매입세금계산서합계표]에 반영될 세무구분을 묻는 경우 4개 유형 중 해당하는 유형을 답한다.

11. 기간비용현황

ERP 메뉴 찾아가기

회계관리 ▶ 전표/장부관리 ▶ 기간비용현황

당기 발생한 비용, 수익 중 결산일 기준으로 경과한 금액과 미경과한 금액이 있는 경우, 경과한 금액은 비용, 수익 계정으로 처리하고 미경과한 금액은 선급비용, 선수수익으로 처리하는 메뉴이다. 입력 탭에 자료를 입력하면 자동으로 선급 잔액이 계산된다.

실무 연습문제 기간비용현황

[1] 다음 자료를 [기간비용현황] 메뉴에 입력하시오.

> 2025년 2월 20일 본사의 차량 보험을 (주)우리보험에 가입하고 신안은행 계좌에서 선급보험료 3,000,000원을 이체한 후 선급비용 계정으로 회계처리하였다.
> - 계약기간: 2025.02.20.~2026.02.19.
> - 계산방법: 양편넣기
> - 대체계정: 82100.보험료

정답

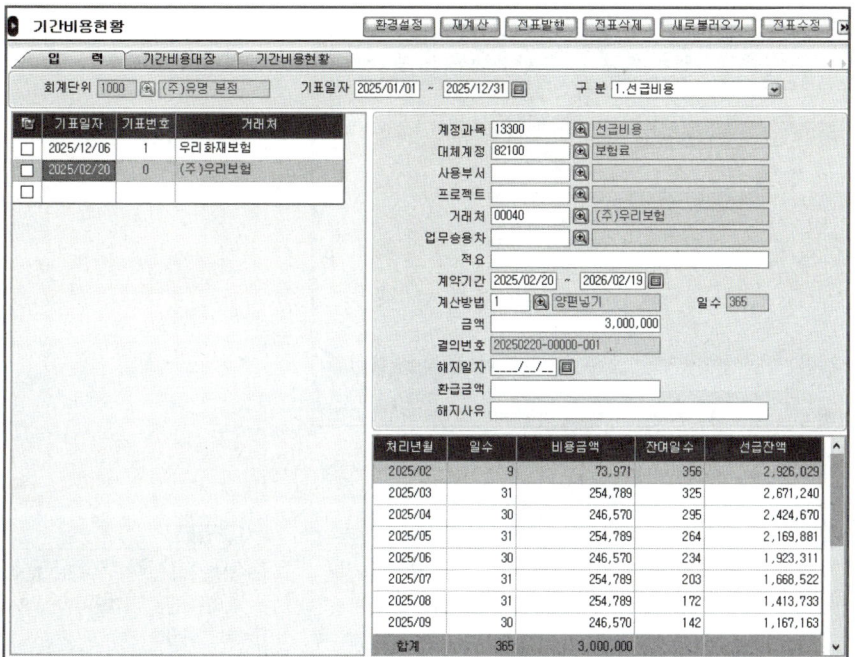

> **TIP**
> - [기간비용현황] 메뉴는 1.선급비용, 2.선수수익으로 구분된다. 따라서 미수수익, 미지급비용은 [기간비용현황] 메뉴에 반영될 수 없다.
> - 6월 말 결산 시 재무제표에 기재될 선급비용 금액을 묻는다면 1,923,311원임을 알 수 있다.

[2] (주)유명 본점의 2025년 12월 말 결산 시 손익계산서 판매비와 관리비에 계상될 당기 보험료 금액은 얼마인가?

① 2,588,985원　　　　② 2,802,679원
③ 3,000,000원　　　　④ 3,500,000원

정답 ②

기간비용현황 탭에서 '구분: 1.선급비용', '계약기간: 2025/01~2025/12'로 조회한다.

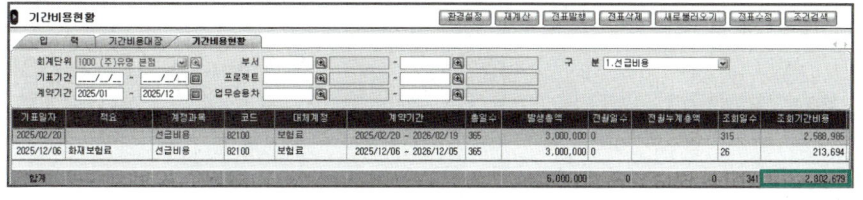

12. 지출증빙서류검토표(관리용)

> **ERP 메뉴 찾아가기**
>
> 회계관리 ▶ 전표/장부관리 ▶ 지출증빙서류검토표(관리용)

법인조정 서식인 지출증빙서류검토표를 간편하게 작성할 수 있도록 제공되는 관리용 메뉴이다.
① **집계 탭**: 표준재무제표의 계정과목(이하 '표준과목')의 증빙별로 금액을 합산해서 조회
② **상세내역 탭**: 표준과목의 각 증빙별로 상세 거래내역 조회

코드	표준과목명	계정금액	신용카드 법인	신용카드 개인	현금영수증	세금계산서	계산서	증빙 계	수취제외대상	차이(금액-계-제외)
122	기계장치	20,000,000				20,000,000		20,000,000		
134	차량운반구	104,500,000				104,500,000		104,500,000		
149	기타유형자산	6,000,000	1,000,000			2,000,000		3,000,000	3,000,000	
	[대차대조표 소계]	130,500,000	1,000,000			126,500,000		127,500,000	3,000,000	
045	상품	978,300,000				948,300,000		948,300,000	30,000,000	
078	보험료	50,680,000							50,680,000	
079	복리후생비	52,955,100	230,000					230,000	52,725,100	
080	여비교통비	12,910,000	100,000					100,000	12,810,000	
084	기타임차료(리스료포함)	11,350,000				11,350,000		11,350,000		
085	기업업무추진비	28,130,000				2,200,000		2,200,000	25,930,000	
090	세금과공과	456,000					456,000	456,000		
093	차량유지비(유류비 포함)	15,700,000		1,670,000				1,670,000	14,030,000	
105	국내지급수수료	17,000							17,000	
108	소모품비	19,800,000	1,800,000			600,000		2,400,000	17,400,000	
109	통신비	2,795,000							2,795,000	
110	운반비	330,000							330,000	
114	수도광열비(전기료제외)	1,998,000							1,998,000	
	[손익계산서 소계]	1,175,421,100	2,130,000	1,670,000		962,450,000	456,000	966,706,000	208,715,100	
051	원재료	2,400,000							2,400,000	
	[500번대 원가 소계]	2,400,000							2,400,000	
	합계	1,308,321,100	3,130,000	1,670,000	0	1,088,950,000	456,000	1,094,206,000	214,115,100	0

> **TIP**
> 집계 탭에서 표준과목을 더블클릭하면 상세내역 탭이 자동으로 조회되며, 상세내역 탭에서 더블클릭하면 다시 해당 전표로 이동한다.

> **TIP**
> 지출증빙서류검토표(관리용)는 계정에 대한 증빙 금액을 대차대조표 소계, 손익계산서 소계 등으로 확인할 수 있다.

> **TIP**
> 지출증빙서류검토표(관리용)에서 접대비 계정은 기업업무추진비 계정으로 조회된다.

➕ 지출증빙서류검토표

지출증빙서류검토표는 법인세법 제116조 제2항에 따른 지출증명서류를 수취해야 하는 거래가 발생한 경우 작성하는 서식이다(예) 유형자산, 무형자산, 재고자산, 비용). 지출증빙서류검토표를 잘 활용하기 위해서는 먼저 [전표입력]에 증빙코드가 입력되어 있어야 한다.

실무 연습문제 — 지출증빙서류검토표(관리용)

당사의 2025년 손익계산서상 지출증빙서류 수취 금액은 966,706,000원이다. 지출액에 대한 지출증빙별 금액이 아래와 같이 확인되었다. 지출증빙별 해당 금액으로 옳지 않은 것은?

① 법인 신용카드 − 2,130,000원　　② 개인 신용카드 − 1,670,000원
③ 계산서 − 456,000원　　　　　　④ 세금계산서 − 948,300,000원

➕ 기출유형 압축노트 l p.21

정답 ④

집계 탭에서 '기표기간: 2025/01/01~2025/12/31', '재무제표: 2.손익계산서'로 조회한다.

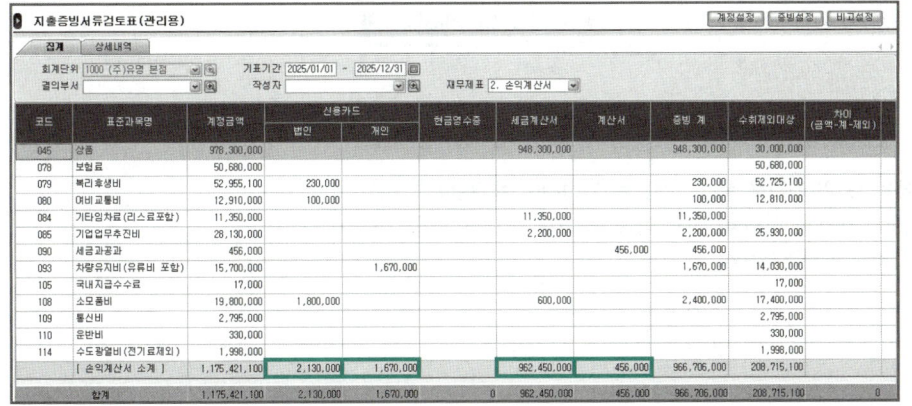

13. 채권년령분석

ERP 메뉴 찾아가기

회계관리 ▶ 전표/장부관리 ▶ 채권년령분석

회사의 매출채권이나 대여금 등을 포함한 모든 채권은 항상 대손의 가능성이 존재한다. 기업은 거래처별 채권 잔액에 대하여 경과일수별로 분석하여 대손 추산의 분석자료를 활용하게 된다. [채권년령분석] 메뉴는 기준 월 현재의 외상매입금, 외상매출금 등의 채권, 채무와 관련하여 월별 미회수 및 미지급 잔액을 조회하는 거래처별 연령분석에 관한 메뉴이다. 채권의 회수를 선입선출법에 따라 먼저 발생한 채권에 대해 먼저 회수하는 방식으로 자료를 집계한다. 전개월수는 채권 잔액 일자로부터 최소 1개월~최대 60개월(5개년)까지 채권의 연령 조회가 가능하다.

실무 연습문제 채권년령분석

[1] 회사는 6개월 이상 채권이 회수되지 않은 거래처를 파악하고자 한다. 선입선출법에 따라서 외상매출금 잔액을 확인할 경우 2025년 6월 30일 현재 6개월 이상 채권 회수가 가장 안 되고 있는 거래처는 어디인가?

① (주)성호기업
② (주)한동테크
③ 도민실업(주)
④ (주)형광공업

정답 ①

'채권잔액일자: 2025/06/30', '전개월수: 6', '계정과목: 1.계정별, 10800.외상매출금'으로 조회하면 1월~6월까지와 조회기간 이전의 채권이 조회된다. 6개월 이상 채권 회수가 안 되고 있는 회사는 '조회기간 이전'란의 금액이 가장 큰 거래처를 말한다.

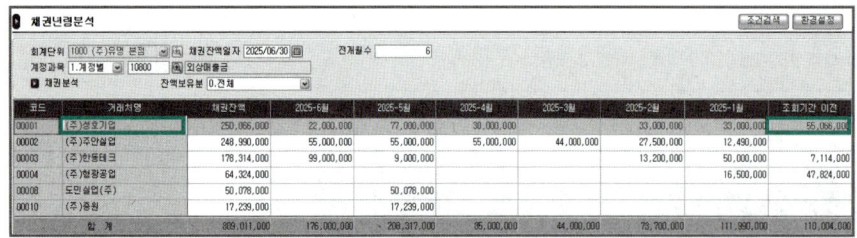

[2] (주)유명 본점은 채권 발생 후 회수까지의 기간을 통상 3개월로 가정하여 채권관리를 하고 있다. 선입선출법에 따라 외상매출금 잔액을 확인할 경우, 다음 중 2025년 7월 31일 기준 3개월 전개월수 안에 채권이 전액 회수된 거래처는?

① (주)성호기업
② (주)주안실업
③ (주)한동테크
④ (주)형광공업

정답 ③

'채권잔액일자: 2025/07/31', '전개월수: 3', '계정과목: 1.계정별, 10800.외상매출금'으로 조회하면 5월~7월까지와 조회기간 이전의 채권이 조회된다. 조회기간 이전 금액이 조회되는 거래처는 3개월 이상 채권 회수가 안 되고 있는 회사이다.

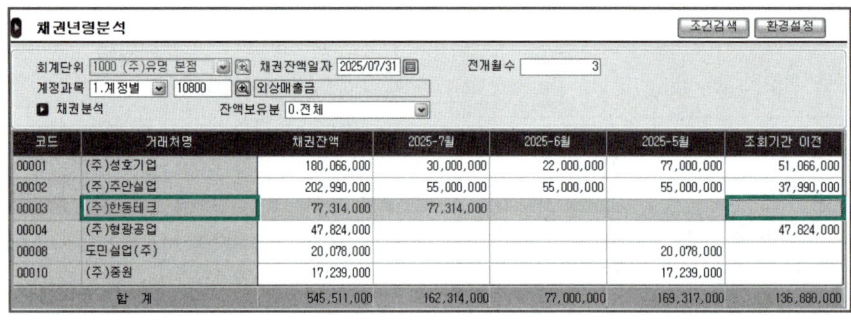

14. 채권채무잔액조회서

ERP 메뉴 찾아가기

회계관리 ▶ 전표/장부관리 ▶ 채권채무잔액조회서

[계정과목등록] 메뉴에 등록된 채권, 채무 계정에 대해 잔액을 조회하고, 채권채무조회서를 작성하는 메뉴이다. 거래처에 채권채무조회서를 발송하여 채권, 채무 내역을 확인 요청할 때 사용한다. 채권채무잔액, 채권채무조회서, 여신한도체크 탭으로 구성되어 있다.
오른쪽 상단에 계정등록 버튼을 누르면 채권계정에 외상매출금, 받을어음, 미수금이 등록되어 있고 채무계정에는 외상매입금, 지급어음, 미지급금이 등록되어 있다.

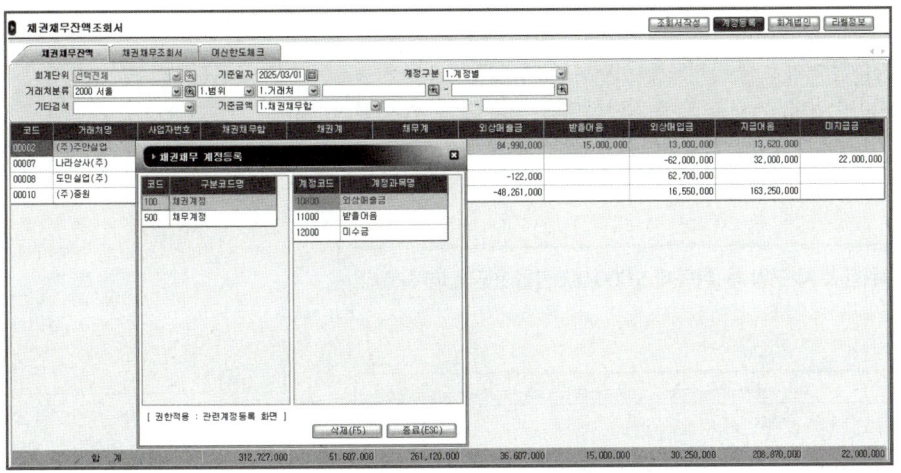

실무 연습문제 — 채권채무잔액조회서

보기의 거래처는 거래처분류가 모두 [2000.서울]로 등록되어 있다. 거래처분류가 [2000.서울]인 거래처 중 당사의 2025년 11월 30일 기준 외상매출금의 잔액보다 받을어음의 잔액이 작은 거래처는?

① (주)주안실업　　　　　　　② 나라상사(주)
③ 도민실업(주)　　　　　　　④ (주)중원

정답 ④

'기준일자: 2025/11/30', '거래처분류: 2000.서울'로 조회하면 채권채무합, 채권계, 채무계가 조회된다. 채권 중 외상매출금과 받을어음에 대한 금액을 비교했을 때 (주)중원만 외상매출금 금액보다 받을어음 금액이 더 적다.

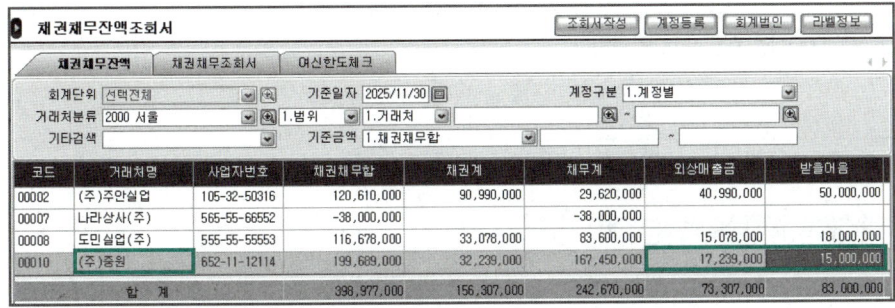

3 전표입력

ERP 메뉴 찾아가기

회계관리 ▶ 전표/장부관리 ▶ 전표입력

부가가치세신고를 하지 않는 거래는 세무구분을 입력하지 않는다. 전표입력 방식은 입금전표, 출금전표, 대체전표로 나눌 수 있으며 [시스템환경설정] 메뉴에서 입출금전표사용여부의 유형설정이 '여:1'인 경우 모두 사용하며, '부:0'로 설정된 경우에는 대체전표만 사용한다.

1. 출금전표

출금전표는 대변에 현금이 전액 지출된 거래로 출금전표를 선택하면 대변에 현금이 자동으로 입력되므로 차변 항목만 입력하면 된다. 거래를 모두 입력한 후 Enter↵를 끝까지 눌러 상단의 기표번호~작업자가 입력되어야 전표입력이 완료된다.

실무 연습문제 출금전표입력

12월 1일 재경부에서 본사 건물 신축을 위한 토지 구입 후 취득세 5,000,000원을 현금 납부하였다.

정답

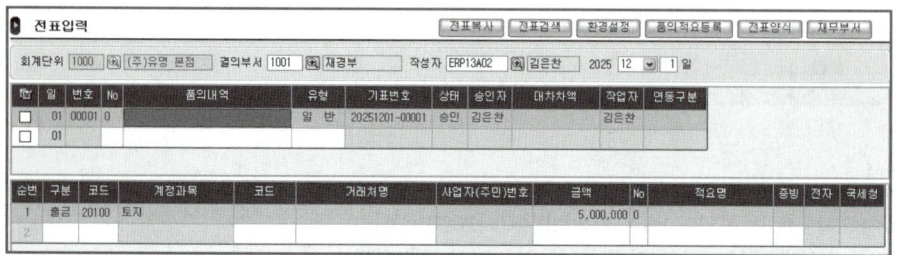

> **TIP**
> 전표입력을 마친 후에는 반드시 '상태: 승인', '승인자: 김은찬'이 생성되었는지 확인한다.

2. 입금전표

입금전표는 차변에 현금이 전액 입금된 거래로 입금전표를 선택하면 차변에 현금이 자동으로 입력되므로 대변 항목만 입력하면 전표입력이 완성된다.

실무 연습문제 입금전표입력

12월 3일 한아은행 보통예금 계좌에서 6,000,000원을 현금으로 인출하다.

정답

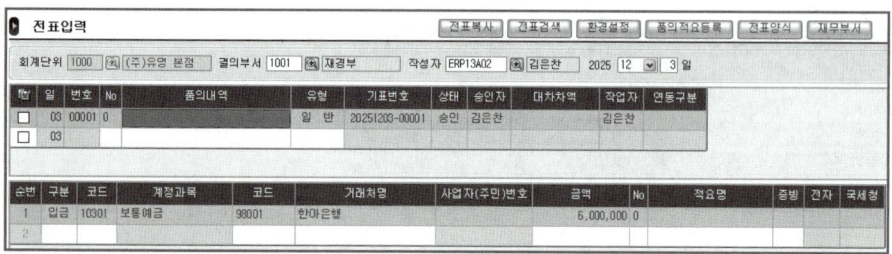

3. 대체전표

현금 거래가 아닌 경우 또는 한 변에 현금과 함께 두 가지 이상의 계정이 사용될 때 사용하는 전표이다.

실무 연습문제 대체전표입력

12월 19일 재경부 직원은 다음 지출액을 한아은행 보통예금 계좌에서 이체하였다.

[지출내역]

지급내역	거래처	지급액
거래처 직원에게 식사 대접	한국식당	3,000,000원
영업차량 유류대	(주)중원	2,000,000원
본사 건물 보험료	우리화재보험	1,000,000원

정답

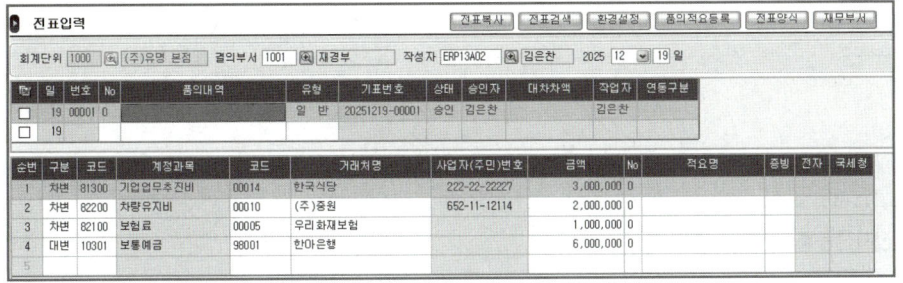

4. 타계정 구분 거래

재고자산 매입 이후 판매되는 것이 아닌 원가 그대로 외부로 유출될 경우 또는 상품, 제품을 매입하는 거래 이외에 회사로 유입되는 경우 전표입력 시 일반거래와 구분하기 위해 표기한다. 타계정 구분은 0.일반, 1.타계정대체입고, 2.타계정대체출고로 관리항목을 구분하고 있다.

실무 연습문제 타계정 구분

12월 12일 판매용으로 보유하던 상품 300,000원을 영업부 거래처 직원의 결혼식 선물로 제공하였다.

정답

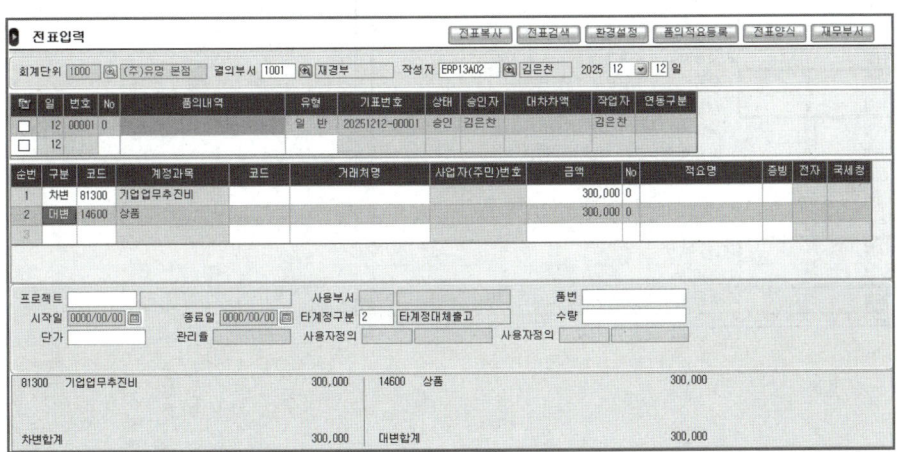

CHAPTER 04

고정자산관리 실습하기

> **실습 방법**
>
> 본 챕터는 '[백데이터] PART 03 실무 시뮬레이션'을 복원한 후 '회사: 1002.회사A', '사원: ERP13A02.김은찬'으로 로그인하여 학습하세요(사원암호는 입력하지 않음).
> ※ 2025 버전 핵심ERP 프로그램을 사용하세요.

1 고정자산등록

ERP 메뉴 찾아가기

회계관리 ▶ 고정자산관리 ▶ 고정자산등록

1. 고정자산관리 프로세스

핵심ERP 프로그램은 감가상각을 진행하기 전에 [시스템환경설정] 메뉴에서 환경설정을 한후 감가상각비 계산에 관련된 요소를 입력해야 한다. '회사A'에 설정된 [시스템관리]-[회사등록정보]-[시스템환경설정] 메뉴에서 조회구분을 '2.회계'로 조회하면 다음과 같다.

구분	코드	환경요소명	유형구분	유형설정	선택범위	비고
회계	20	예산통제구분	유형	1	0.결의부서 1.사용부서 2.프로젝트	
회계	21	예산관리여부	여부	1	여:1 부:0	
회계	22	입출금전표사용여부	여부	1	여:1 부:0	
회계	23	예산관리개시월	유형	01	예산개시월:01~12	
회계	24	거래처등록보조화면사용	여부	1	여:1 부:0	
회계	25	거래처코드자동부여	여부	0	0-사용않함, 3~10-자동부여자리수	
회계	26	자산코드자동부여	여부	0	여:1 부:0	
회계	27	전표출력기본양식	유형	4	전표출력기본양식 1~15	
회계	28	다국어재무제표 사용	유형	0	0.사용안함 1.영어 2.일본어 3.중국어	
회계	29	등록자산상각방법	유형	2	1.상각안함 2.월할상각 3.반년법상각	
회계	30	처분자산상각방법	유형	2	1.상각안함 2.월할상각	
회계	31	부가가치세 신고유형	유형	0	0.사업장별 신고 1.사업자단위 신고(폐…)	
회계	32	전표입력 품의내역검색 조회…	여부	0	0-사용자 조회권한 적용,1-미적용	
회계	34	전표복사사용여부	여부	1	0.미사용1.사용	
회계	35	금융CMS연동	유형	88	00.일반,03.기업,05.KEB하나(구.외환 CM…)	
회계	37	거래처코드자동부여 코드값…	유형	0	0 - 최대값 채번, 1 - 최소값 채번	
회계	39	고정자산 비망가액 존재여부	여부	1	여:1 부:0	
회계	41	고정자산 상각완료 시점까지…	여부	0	1.여 0.부	
회계	45	거래처등록의 [프로젝트/부…]	유형	2	0.적용안함, 1.[빠른부가세]입력만 적용…	

코드 및 환경요소명	설명
29.등록자산상각방법	'2.월할상각'으로 설정되어 있으므로 등록된 감가상각자산을 월할상각으로 감가상각비를 계산한다.
30.처분자산상각방법	'2.월할상각'으로 설정되어 있으므로 처분하는 유형자산도 사용한 월만큼 상각한다.
39.고정자산 비망가액 존재여부	'1.여'로 설정되어 있으므로 고정자산의 내용연수가 끝나고 비망가액을 둔다.
41.고정자산 상각완료 시점까지 월할상각 여부	'0.부'로 설정되어 있으므로 고정자산의 상각완료 시점까지 월할상각은 하지 않는다.

2. 고정자산등록

[고정자산등록] 메뉴에 감가상각자산을 입력하면 자동으로 감가상각비가 계산되며 결산에도 자동으로 반영된다. 자산유형에 등록 또는 조회하고자 하는 자산을 검색하여 선택하면 자산을 등록할 수 있는 화면과 함께 기존에 등록된 자산의 감가상각 진행을 확인할 수 있다. [고정자산등록] 메뉴의 차량운반구 '자산명: 카니발(5514)'을 조회하면 다음과 같다.

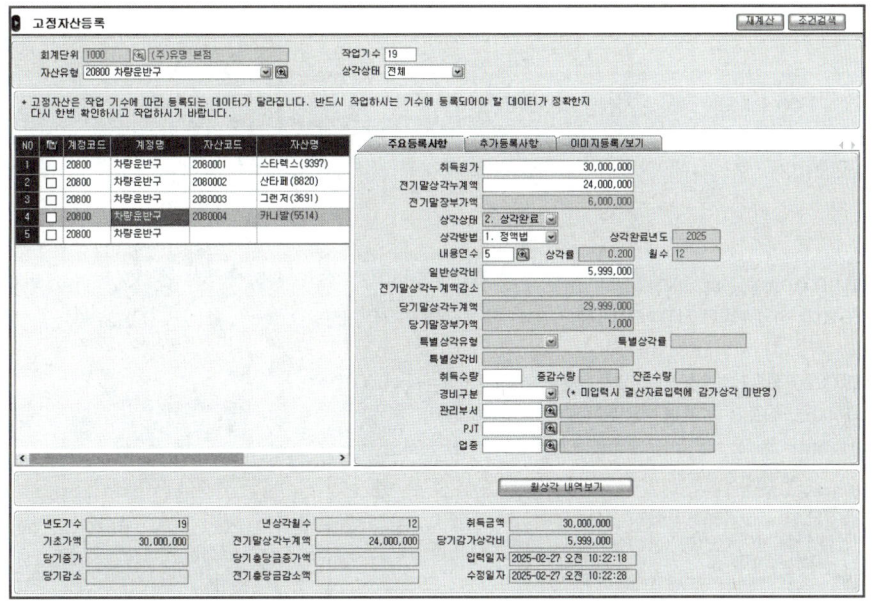

실무 연습문제 고정자산등록

[1]~[4] 다음 자료를 참고하여 고정자산 취득내역을 등록하고 감가상각비를 계산하시오.

기출유형 압축노트 | p.23

[1] 라반떼

- 자산유형: 차량운반구
- 코드: 2080005
- 자산명: 라반떼(1234)
- 취득일: 2025.02.20.
- 취득원가: 21,000,000원
- 상각방법: 정액법
- 내용연수: 5년
- 경비구분: 800번대
- 관리부서: 재경부

정답

- 주어진 자료를 입력하고 일반상각비 금액 3,850,000원을 확인한다.
- 직접 계산하면 다음과 같다.
  - (취득원가 21,000,000원 - 잔존가치 0원) ÷ 내용연수 5년 × 11개월/12개월 = 3,850,000원

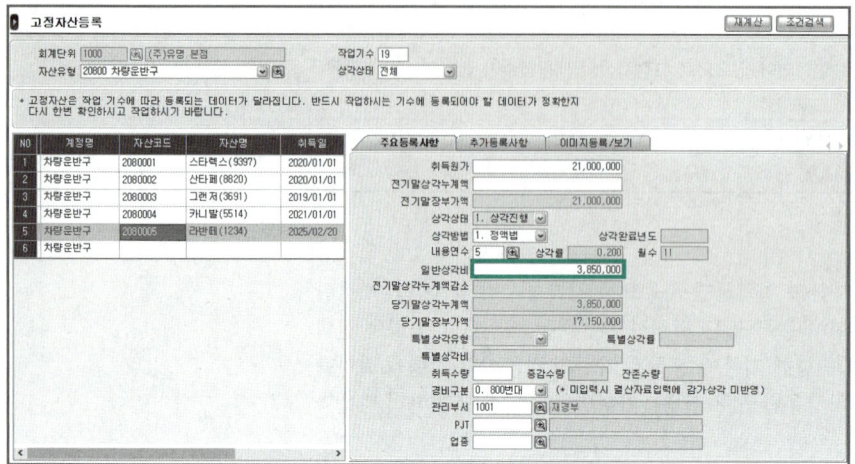

[2] 쉐브로

- 자산유형: 차량운반구
- 코드: 2080006
- 자산명: 쉐브로(4567)
- 취득일: 2024.07.01.
- 취득원가: 15,000,000원
- 전기말상각누계액: 1,500,000원
- 상각방법: 정액법
- 내용연수: 5년
- 경비구분: 800번대

정답

- 주어진 자료를 입력하고 일반상각비 금액 3,000,000원을 확인한다.
- 정액법은 매년 같은 금액이지만 취득연도(2024년)에는 취득 시점부터 사용한 6개월분만 계산한다. 직접 계산하면 다음과 같다.
  - 2024년 감가상각비: (취득원가 15,000,000원 - 잔존가치 0원) ÷ 내용연수 5년 × 6개월/12개월 = 1,500,000원
  - 2025년 감가상각비: (취득원가 15,000,000원 - 잔존가치 0원) ÷ 내용연수 5년 = 3,000,000원

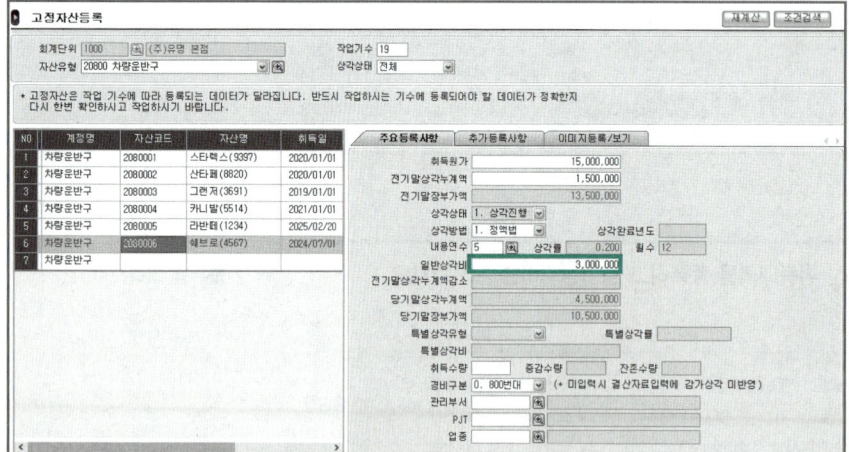

[3] 사무실냉장고

- 자산유형: 비품
- 취득일: 2025.07.01.
- 내용연수: 5년
- 코드: 21200008
- 취득원가: 2,000,000원
- 경비구분: 800번대
- 자산명: 사무실냉장고
- 상각방법: 정률법
- 관리부서: 영업부

정답

주어진 자료를 입력하고 일반상각비 금액 451,000원을 확인한다.

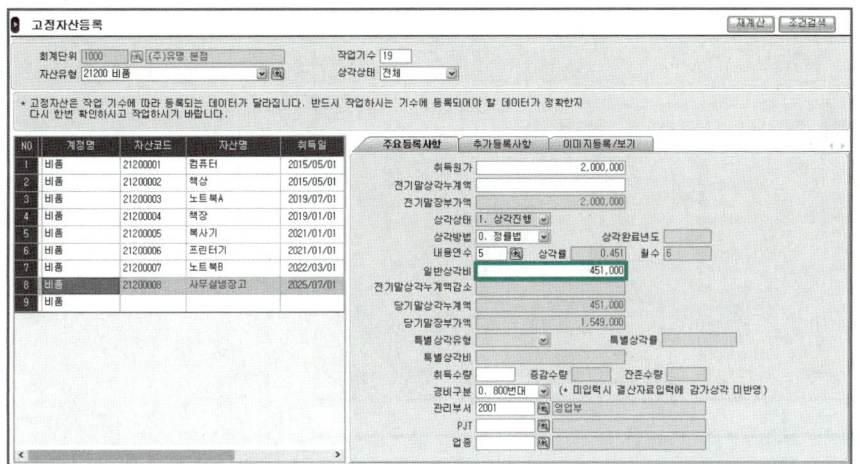

[4] 복사기

- 자산유형: 비품
- 취득일: 2025.09.20.
- 내용연수: 5년
- 코드: 21200009
- 취득원가: 5,000,000원
- 경비구분: 800번대
- 자산명: 복사기
- 상각방법: 정률법

정답

주어진 자료를 입력하고 일반상각비 금액 751,666원을 확인한다.

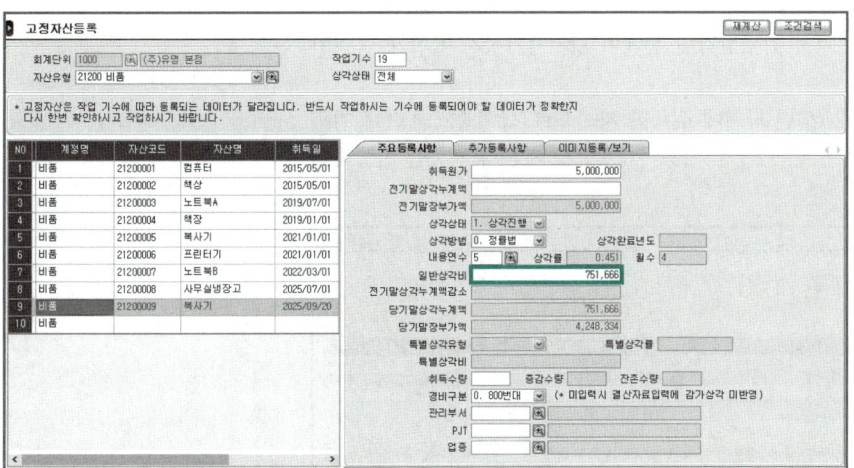

[5] 다음의 자산 관리를 담당하고 있는 관리부서는?

- 자산유형: 비품
- 코드: 21200001
- 자산명: 컴퓨터

① 생산부 ② 영업부
③ 재경부 ④ 구매자재부

정답 ③

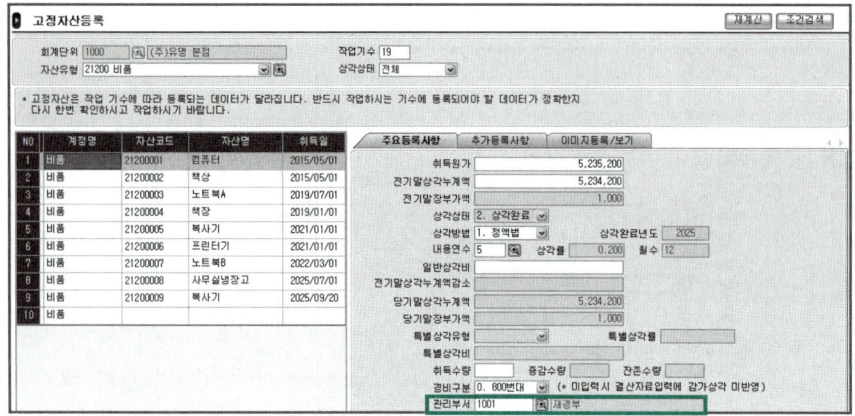

2 감가상각비현황

ERP 메뉴 찾아가기

회계관리 ▶ 고정자산관리 ▶ 감가상각비현황

[고정자산등록] 메뉴에 입력된 고정자산의 감가상각 내용을 총괄, 부서별, PJT별로 조회할 수 있는 메뉴로 손익계산서에 반영될 감가상각비 금액을 확인할 수 있다. 앞의 실무 연습문제를 입력한 후 2025년 감가상각비현황을 조회하면, 2025년 12월 말 결산 시 손익계산서 판매비와 관리비(800번대)에 반영될 유형자산 감가상각비 총액이 당기감가상각비 합계 금액인 45,524,879원임을 알 수 있다.

차량운반구의 경우 라반떼(1234)는 2025년 당기에 취득한 자산으로 '당기증가액'란에 취득원가가 조회된다. 만약 [고정자산등록] 메뉴에서 추가등록사항으로 자본적 지출을 반영하게 되면 이 또한 당기증가액에 반영된다.

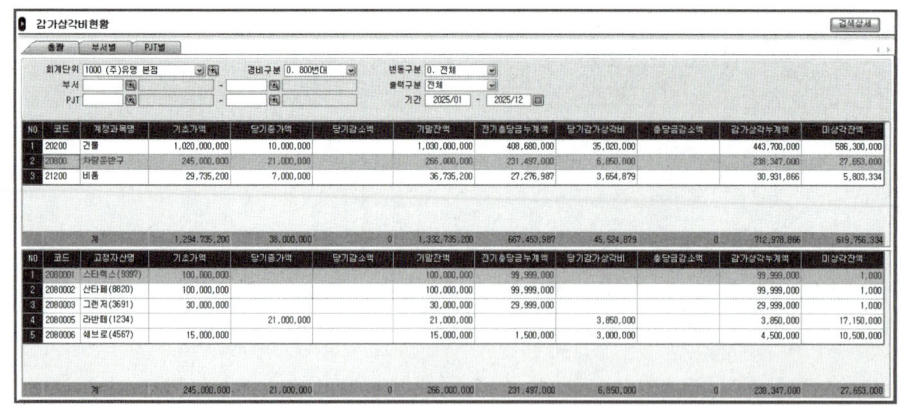

기출유형 압축노트 I p.24

176 · PART 03 실무 시뮬레이션

3 고정자산명세서

> **ERP 메뉴 찾아가기**
>
> 회계관리 ▶ 고정자산관리 ▶ 고정자산명세서

[고정자산명세서] 메뉴는 일정 기간 동안 취득한 자산의 종류와 취득일자, 당기감가상각비와 기말장부가액 등의 자료를 확인할 수 있다. [고정자산등록] 메뉴에 등록한 자산 중 당해 연도 취득자산만을 구분하여 조회하는 경우에 사용한다.

실무 연습문제 고정자산명세서

다음 고정자산 중 (주)유명 본점에서 2025년에 신규로 구입한 자산이 아닌 것은?

① 차량운반구-라반떼 ② 차량운반구-쉐브로
③ 비품-복사기 ④ 비품-사무실냉장고

정답 ②

'취득기간: 2025/01~2025/12'로 조회한다. 차량운반구 중 쉐브로는 [고정자산명세서] 메뉴에서 조회되지 않는다.

4 고정자산변동현황

> **ERP 메뉴 찾아가기**
>
> 회계관리 ▶ 고정자산관리 ▶ 고정자산변동현황

[고정자산등록] 메뉴의 추가등록사항 탭은 자산별로 자산변동관리를 했던 사항을 전체적으로 조회할 수 있는 메뉴로 시험에서는 주어진 자료를 이용해 변동현황을 바로 확인할 수 있다. [고정자산등록] 메뉴의 추가등록사항 탭으로 이동한 후 자산의 변동내역을 반영할 수 있다. 자산변동처리 구분은 1.자본적지출, 2.양도, 3.폐기, 4.부서이동, 5.PJT(프로젝트)이동이 있다. 이 중 시험에 자주 출제되는 자산의 양도는 양도 일자를 입력하고, 구분에서 '2.양도'를 선택한 후 '금액'란에 자산의 취득원가를 입력한다. 그리고 Enter↵ 를 눌러 아래 라인까지 이동하면 감가상각누계액이 자동으로 표기되며 양도일까지 발생된 당기감가상각비가 계상된다. [고정자산변동현황] 메뉴로 이동하면 변동구분에 '양도'로 양도한 자산이 표기된다.

실무 연습문제 — 고정자산변동현황

[1] 다음 자료를 [고정자산등록] 메뉴의 추가등록사항에서 자산변동처리를 진행한다.

- 자산유형: 21200.비품
- 자산코드: 21200005
- 자산명: 복사기
- 자산변동처리: 일자 – 2025.07.25, 구분 – 양도

+ 기출유형 압축노트 | p.25

정답

[고정자산등록] 메뉴의 추가등록사항 탭에서 일자와 구분을 입력하고 '금액'란에 취득금액인 10,000,000원을 입력한 후 Enter↵ 를 끝까지 누르면 전기말상각누계액이 표시된다.

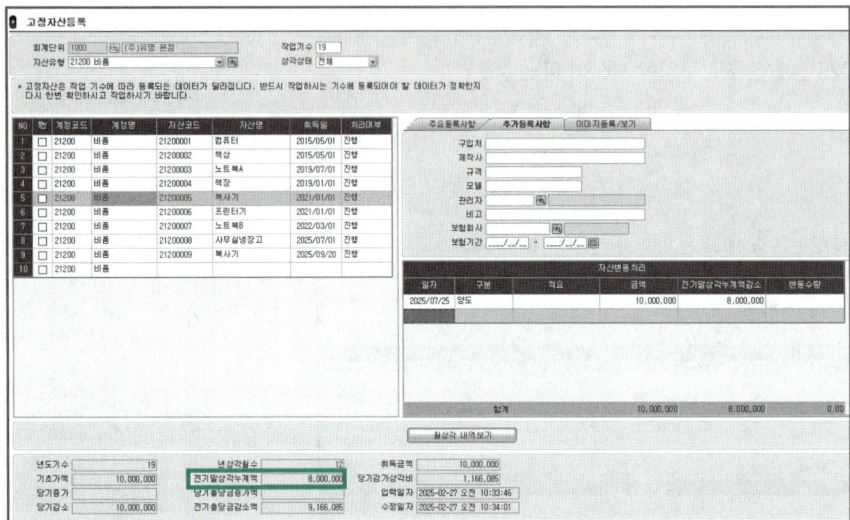

[고정자산변동현황] 메뉴를 조회하면 2025년 7월 25일자에 복사기가 양도처리된 것을 확인할 수 있다.

[2] 핵심ERP에서는 보유 중인 자산에 대해 자산변동처리가 가능하다. 다음 중 자산변동처리가 불가한 항목은?

① 자본적지출 ② 사업장이동
③ 부서이동 ④ 자산양도

정답 ②

'변동구분'란의 항목을 확인한다. 사업장이동은 변동처리가 불가능하다.

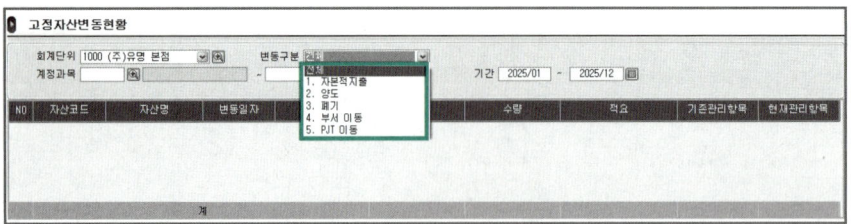

5 고정자산관리대장

ERP 메뉴 찾아가기

회계관리 ▶ 고정자산관리 ▶ 고정자산관리대장

[고정자산등록] 메뉴의 주요등록사항 탭에 입력한 자료를 자산별로 전체 조회할 수 있다.

실무 연습문제 고정자산관리대장

(주)유명 본점은 고정자산을 사용부서별로 관리하고 있다. 다음 '21200.비품' 자산유형 중 재경부에서 관리하지 않는 자산은?

① 21200001.컴퓨터
② 21200002.책상
③ 21200003.노트북A
④ 21200004.책장

정답 ③

'계정과목: 21200.비품'으로 조회하고 관리부서를 확인한다. 노트북A는 영업부에서 관리하고 있다.

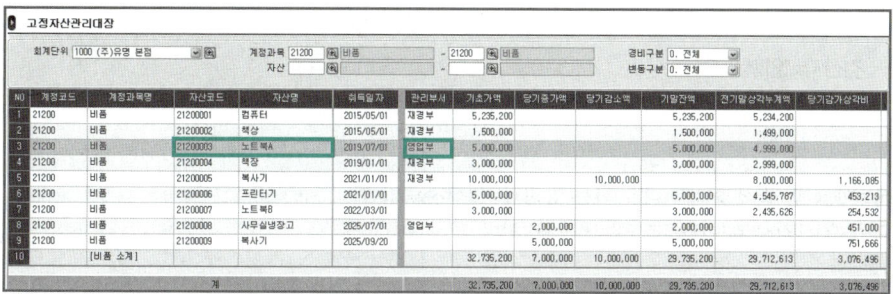

결산/재무제표관리 실습하기

> **실습 방법**
>
> 본 챕터는 '[백데이터] PART 03 실무 시뮬레이션'을 복원한 후 '회사: 1002.회사A', '사원: ERP13A02.김은찬'으로 로그인하여 학습하세요(사원암호는 입력하지 않음).
> ※ 2025 버전 핵심ERP 프로그램을 사용하세요.

1 결산자료입력

> **ERP 메뉴 찾아가기**
>
> 회계관리 ▶ 결산/재무제표관리 ▶ 결산자료입력

1. 결산방법

핵심ERP 프로그램은 [전표입력] 메뉴에 직접 결산 회계처리를 하는 방법과 [결산자료입력] 메뉴를 통해 결산금액을 입력하면 자동으로 결산분개가 처리되는 방법이 있다.

2. [전표입력] 결산방법

[전표입력] 메뉴에 결산분개를 직접 입력하여 결산하는 방법이다.

(1) 소모품 정리

결산일을 기준으로 소모품의 사용액은 소모품비(비용) 계정으로, 미사용액은 소모품(자산) 계정으로 처리해야 한다. 구입 시 처리한 계정에 따라 회계처리가 달라진다.

① 구입 시 소모품(자산) 계정으로 처리한 경우 사용액을 비용처리한다. [합계잔액시산표] 메뉴에서 소모품 계정의 금액을 확인 후 미사용액을 차감한 사용액을 차변에 소모품비 계정으로 기록하고 대변에는 소모품(자산)을 감소시킨다.

② 구입 시 소모품비(비용) 계정으로 처리한 경우 미사용액을 자산처리한다. 회사 창고에 남아있는 소모품을 확인하고 미사용액을 차변에 소모품(자산) 계정으로 기록하고 대변에는 소모품비(비용)를 감소시킨다.

(2) 유가증권 평가(단기매매증권, 매도가능증권)

① 단기매매증권의 장부 금액보다 공정가치가 상승한 경우 단기매매증권평가이익(영업외수익), 공정가치가 하락한 경우 단기매매증권평가손실(영업외비용)을 인식한다.

② 매도가능증권의 장부 금액보다 공정가치가 상승한 경우 매도가능증권평가이익(기타포괄손익누계액), 공정가치가 하락한 경우 매도가능증권평가손실(기타포괄손익누계액)을 인식한다. 다만, 매도가능증권평가손익은 상계처리한다.

(3) 장부상 잔액과 실제 잔액 차이

① 실제 잔액보다 장부상 잔액이 많은 경우 차변에 현금과부족, 대변에 현금으로 회계처리한다. 원인이 결산까지 파악되지 않는다면 차변에 잡손실, 대변에 현금과부족으로 상계처리한다.

② 실제 잔액보다 장부상 잔액이 적은 경우 차변에 현금, 대변에 현금과부족으로 회계처리한다. 원인이 결산까지 파악되지 않는다면 차변에 현금과부족, 대변에 잡이익으로 상계처리한다.

(4) 외화자산 및 부채의 평가

① 외화자산을 보유하는 경우 결산일의 기준환율에 따라 환율이 상승하면 외화환산이익, 환율이 하락하면 외화환산손실을 인식한다.

② 외화부채를 보유하는 경우 결산일의 기준환율에 따라 환율이 상승하면 외화환산손실, 환율이 하락하면 외화환산이익을 인식한다.

(5) 부가가치세 정리

2기 확정 부가가치세 납부세액에 대한 회계처리를 정리한다. 매출세액인 부가세예수금과 매입세액인 부가세대급금을 정리하고 납부세액은 미지급세금으로 처리한다.

(6) 가지급금과 가수금의 정리

가지급금과 가수금은 임시 계정이므로 적절한 계정과목으로 정리한다.

(7) 재고자산감모손실과 재고자산평가손실

① 재고자산 수량 감소 성격에 따라 정상감모손실은 매출원가 가산 항목으로 별도의 회계처리가 없다. 하지만 비정상감모손실은 차변에 재고자산감모손실(영업외비용) 계정으로 회계처리하고 대변에 상품 및 제품에 타계정대체 출고를 체크한다.

② 재고자산의 가격이 하락하는 재고자산평가손실은 차변에 재고자산평가손실을 인식하고 대변에 재고자산 평가충당금으로 처리한다.

(8) 장기차입금의 유동성 대체

상환기간이 1년 이내에 도래할 경우 차변에 장기차입금을 기록하고 대변에 유동성 장기부채(유동부채) 계정을 사용한다.

(9) 발생주의에 따른 수익비용

선급비용, 선수수익, 미수수익, 미지급비용은 발생주의에 따라 회계처리한다.

3. [결산자료입력] 결산방법

프로그램 화면에 표시되는 결산정리 항목에 금액만 입력하면 자동으로 회계처리되는 방법이다. 결산자료입력을 위한 사전작업으로 결산작업에 필요한 계정설정 탭에서 기본설정을 하고, 오른쪽 상단의 '계정생성' 버튼을 눌러 계정을 일괄 생성할 수 있다. 계정설정에 설정된 결산 계정만 결산자료입력을 할 수 있으며, 회사 환경에 맞춰 수정이 가능하다.

(1) [결산자료입력] 메뉴의 계정설정 탭

결산작업을 통해 전표처리되는 결산 계정과 상대 계정이 설정되어 있다. 계정설정이 되어 있지 않을 경우 결산자료 탭에서 일부 자료만 조회되므로 반드시 결산작업 이전에 계정설정이 되어 있어야 한다.

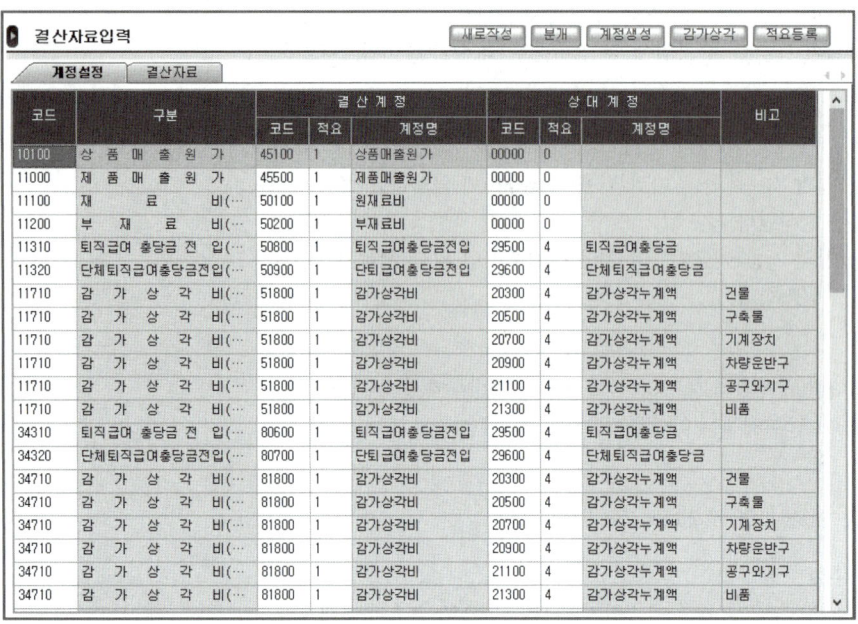

(2) [결산자료입력] 메뉴의 결산자료 탭

결산자료 탭으로 이동하면 자동결산과 관련하여 입력할 수 있는 메뉴를 볼 수 있다. 기말 재고액을 입력하면 매출원가가 반영되어 매출총이익 및 당기순이익이 변경된다. 오른쪽 상단의 '감가상각' 버튼을 클릭하면 고정자산등록의 자료를 결산에 반영할 수 있다. 기말 상품재고액 100,000,000원과 감가상각을 반영한 결산자료입력 메뉴의 당기순이익과 감가상각비는 다음과 같다.

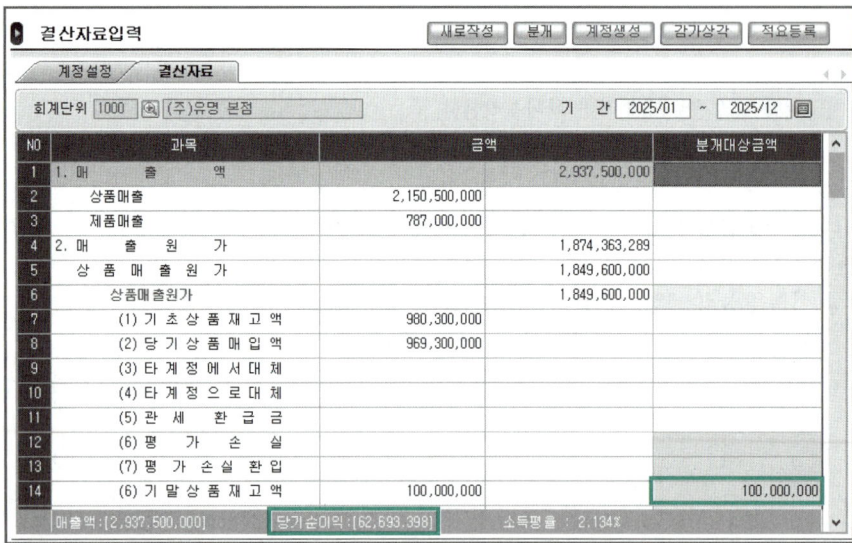

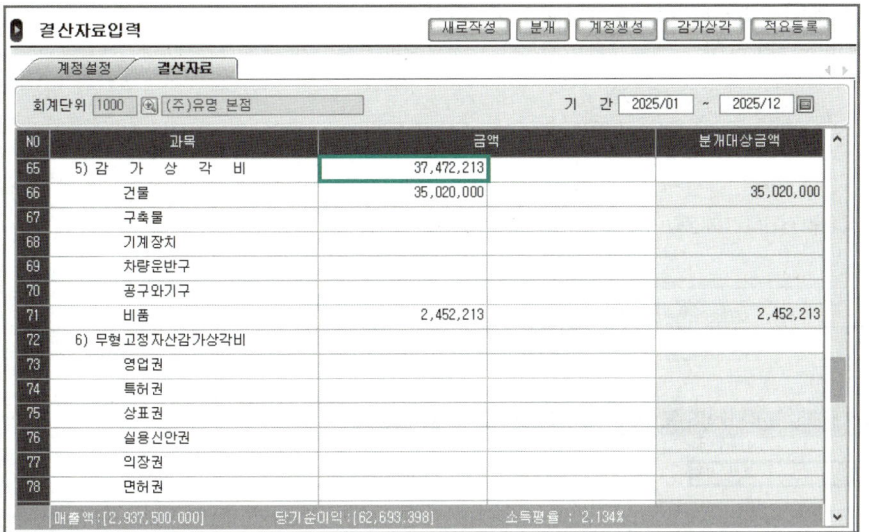

실무 연습문제 결산자료입력

[1] 다음 [보기]의 기말정리사항을 입력한 후 2025년 6월 말 결산 시 당기순이익은 얼마인가?

> 보기
> - 기말재고: 상품 10,000,000원
> - 고정자산등록의 자료를 결산에 반영하지 않으며, 그 이외의 기말정리사항도 없다.

정답 −839,870,000원(당기순손실 839,870,000원)

'기간: 2025/01~2025/06'로 조회하고 '기말상품재고액'란에 10,000,000원을 입력한다.

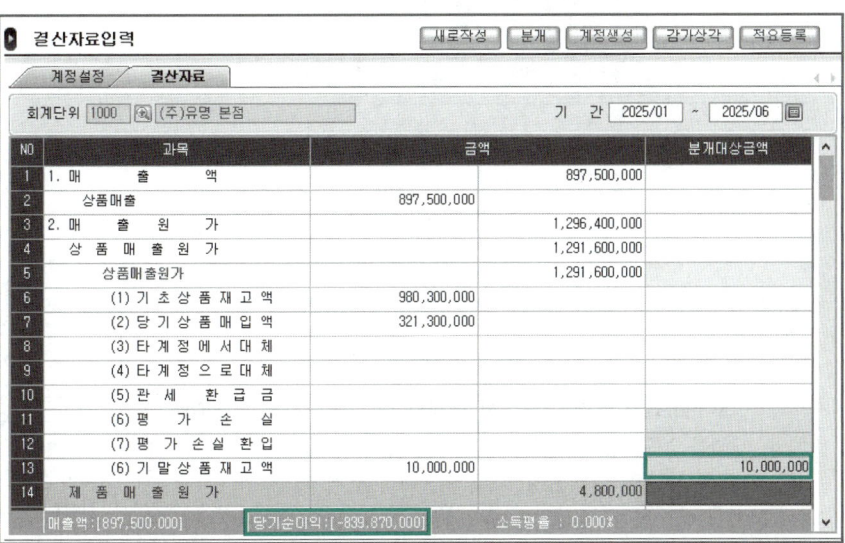

[2] (주)유명 본점은 분기별로 결산을 진행하고 있다. (주)유명 본점의 2025년 1분기 결산 시 손익계산서에 계상할 건물의 감가상각비는 얼마인가?

① 613,063원
② 1,499,756원
③ 8,670,000원
④ 10,782,819원

정답 ③

'기간: 2025/01~2025/03'로 조회하고 오른쪽 상단의 '감각상각' 버튼을 클릭하여 건물의 감가상각비를 확인한다.

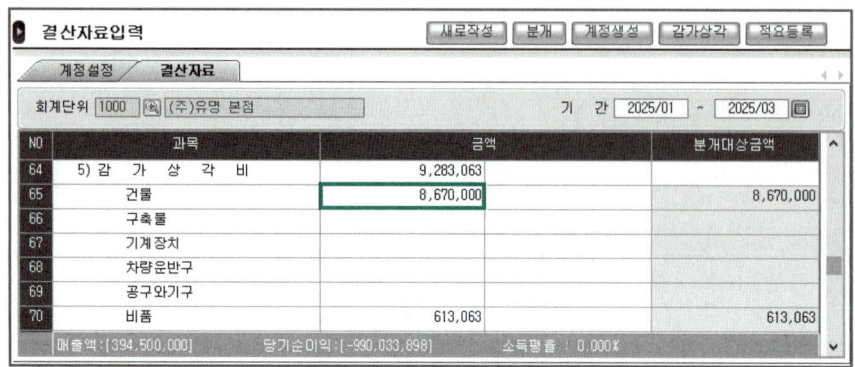

손익계산서에 계상할 감가상각비는 [고정자산관리]-[감가상각비현황] 메뉴에서도 확인할 수 있다.

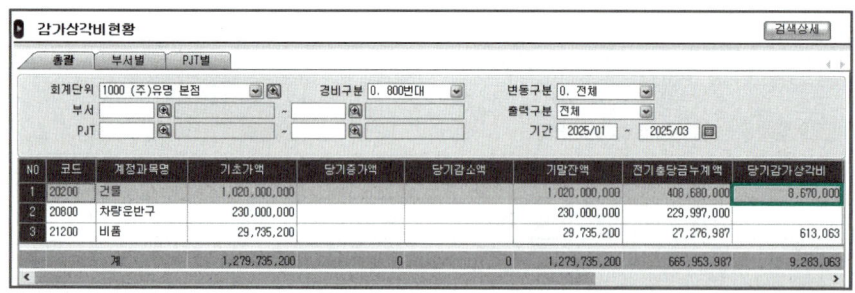

2 합계잔액시산표

ERP 메뉴 찾아가기

회계관리 ▶ 결산/재무재표관리 ▶ 합계잔액시산표

결산 전 회사가 계상한 계정별로 회계처리한 차변과 대변의 금액에 대해서 합계와 잔액을 나눠서 조회할 수 있는 메뉴로 계정별, 세목별, 제출용으로 구분해서 볼 수 있다. 해당 기간에 전표입력 시 사용된 계정을 모두 볼 수 있다. 오른쪽 상단의 '환경설정' 버튼을 클릭하여 계정 표시 설정과 재무제표 환종 및 환율에 대한 설정을 별도로 할 수 있다. 계정과목의 계정코드를 함께 표시하고자 할 경우 '계정과목에 계정코드 포함' 항목에 체크하면 된다.

> **TIP**
> 소모품 계정을 조회하여 결산정리하는 문제, 유가증권(단기매매증권)평가 등 수동분개 문제, 대손상각비를 설정하기 위해 매출채권과 대손충당금을 확인한 후 계산한 금액을 자동으로 결산자료에 입력하는 문제가 자주 출제된다.

실무 연습문제 합계잔액시산표

[1] 2025년 12월 말 결산 시점에 사용된 계정과목과 코드의 연결이 옳지 않은 것은?

① 10100.현금
② 10600.기타단기금융상품
③ 11600.미수수익
④ 13300.선급비용

정답 ③

'기간: 2025/12/31'로 조회한다. 오른쪽 상단의 '환경설정' 버튼을 클릭하여 '환경설정' 창에서 '계정과목에 계정코드 포함'에 체크한 후 '확인(TAB)' 버튼을 누르면 계정과목 앞에 코드가 표시된다. 11600.미수수익 계정은 조회되지 않는다.

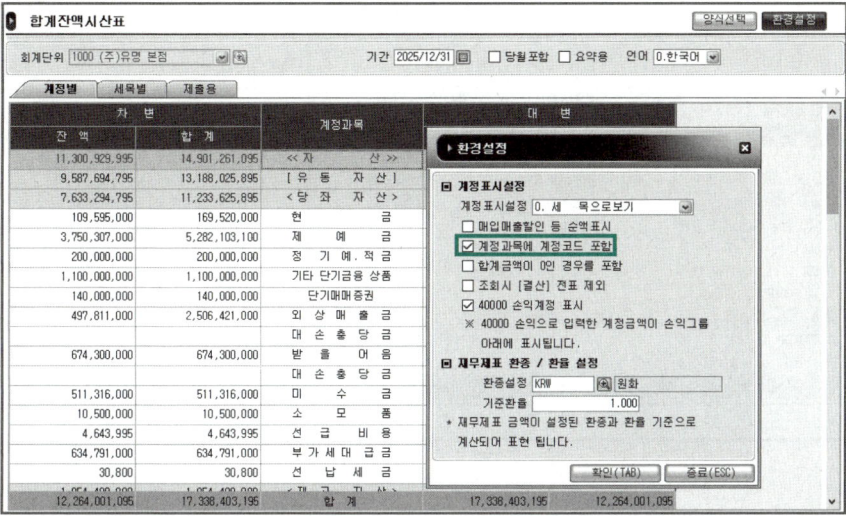

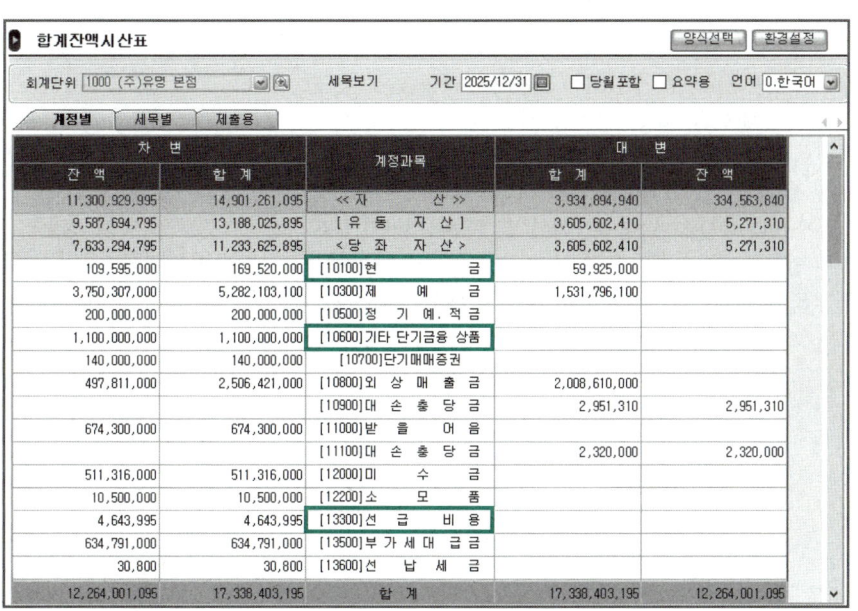

[2] 2025년 6월 말 결산 시 순매출채권의 계정 잔액을 구하시오(단, 대손충당금은 매출채권에 1%를 설정한다).

① 1,468,477,890원
② 1,450,311,000원
③ 1,464,814,110원
④ 1,870,921,000원

정답 ①

- 매출채권 계정은 제출용 탭에서 확인할 수 있다. '기간: 2025/06/30'로 조회하고 순매출채권은 매출채권에서 1% 대손율을 반영한 대손충당금을 차감해서 계산한다.
- 매출채권 잔액 1,483,311,000원 − (1,483,311,000원 × 1%) = 1,468,477,890원

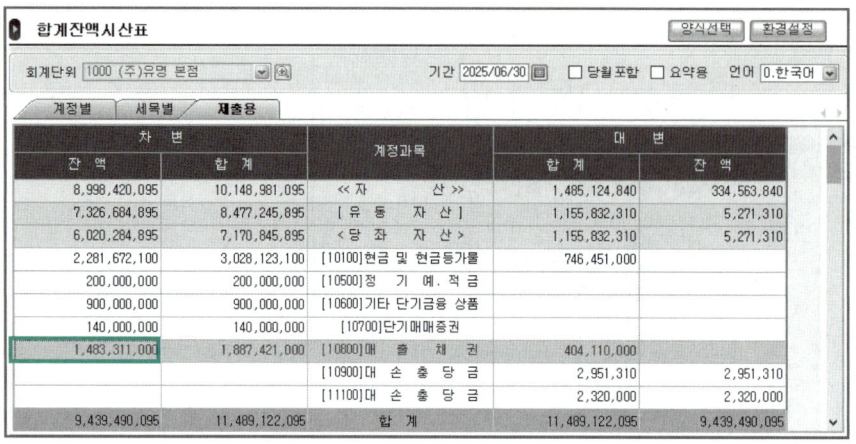

3 재무상태표

ERP 메뉴 찾아가기

회계관리 ▶ 결산/재무제표관리 ▶ 재무상태표

[재무상태표] 메뉴는 회사의 자산, 부채, 자본 항목에 대해서 전기와 당기를 비교하며 확인할 수 있다. 자산 및 부채는 유동성 배열법에 따라 유동성이 큰 유동자산 및 유동부채부터 시작된다. 조회하는 메뉴이므로 입력은 할 수 없다.
대손상각비 설정, 소모품 계정, 현금과부족 등 결산수정분개에 대한 자료를 조회할 수 있으며 제출용 탭으로 이동할 경우 외상매출금, 받을어음을 매출채권으로 표기하는 등의 통합한 표현으로 조회할 수 있다.

TIP

대손상각비 및 대손충당금 설정과 소모품 사용액을 정리하는 분개를 묻는 문제가 자주 출제된다.

실무 연습문제 재무상태표

[1] (주)유명 본점의 2025년 3월 31일 기준 현금 및 현금성자산의 잔액은 얼마인가?

① 107,825,000원
② 104,820,000원
③ 2,347,172,100원
④ 2,717,528,500원

정답 ③

현금 및 현금성자산은 제출용 탭에서 조회한다. 현금 및 현금등가물 금액이 현금 및 현금성자산 금액을 의미한다

과 목	제 19 (당)기 금액	제 18 (전)기 금액
자 산		
Ⅰ. 유 동 자 산	6,739,473,585	6,630,014,585
(1) 당 좌 자 산	5,562,773,585	5,647,314,585
현금 및 현금등가물	2,347,172,100	2,717,528,500
정 기 예 적 금	200,000,000	200,000,000
기타 단기금융 상품	900,000,000	900,000,000
단기매매증권	140,000,000	86,000,000
매 출 채 권	978,521,000	773,971,000
대 손 충 당 금	(2,951,310)	(2,951,310)
대 손 충 당 금	-2,320,000	-2,320,000
미 수 금	434,316,000	428,816,000

[2] (주)유명 본점의 2025년 3월 말 결산 시 소모품의 기말재고액은 7,500,000원이다. 장부의 금액을 확인 후 이와 관련된 2025년 3월 말 결산수정분개로 옳은 것은? (단, 소모품은 취득 시 자산처리하였다)

① (차) 소모품   2,500,000   (대) 소모품비   2,500,000
② (차) 소모품비   2,500,000   (대) 소모품   2,500,000
③ (차) 소모품   3,000,000   (대) 소모품비   3,000,000
④ (차) 소모품비   3,000,000   (대) 소모품   3,000,000

정답 ④

- 관리용 탭에서 '기간: 2025/03/31'로 조회한다.
- 당기 소모품 자산으로 조회되는 금액은 10,500,000원이다.
- 사용액: 소모품 10,500,000원 − 기말재고액(미사용액) 7,500,000원 = 3,000,000원
- 사용액 3,000,000원은 차변에 소모품비(비용)로 인식한다.

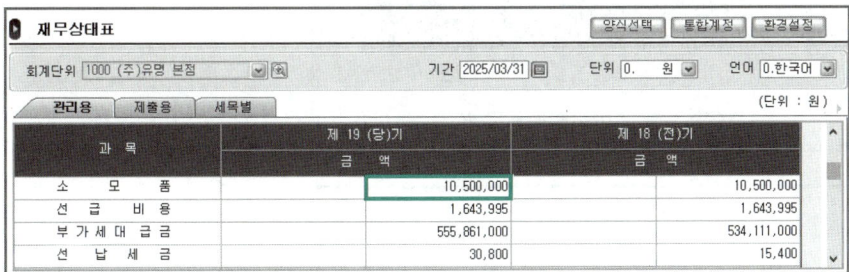

[3] (주)유명 본점은 2025년 1월 31일 결산 시 매출채권에 대해 1%의 대손충당금을 설정하려고 한다. 다음 중 회계처리가 옳은 것은?

① (차) 대손충당금 1,631,900 (대) 매출채권 1,631,900
② (차) 대손상각비 1,631,900 (대) 대손충당금 1,631,900
③ (차) 대손상각비 3,621,900 (대) 대손충당금 3,621,900
④ (차) 대손충당금 1,631,900 (대) 대손충당금환입 1,631,900

정답 ②

- 제출용 탭에서 '기간: 2025/01/31'로 조회한다.
- 매출채권 잔액 690,321,000원×1% − 대손충당금 잔액(2,951,310원 + 2,320,000원) = 1,631,900원
- 따라서 1,631,900원을 차변에 대손상각비로 계상해야 한다.

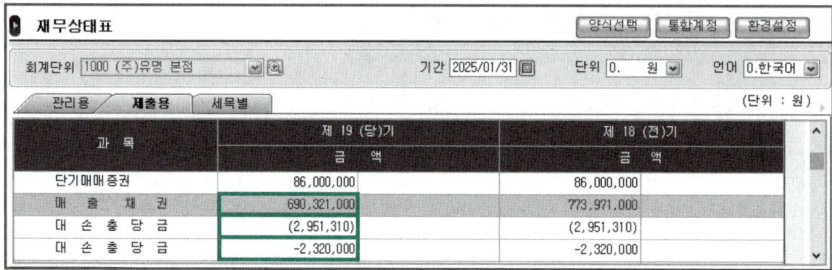

[4] (주)유명 본점의 재무상태표에 대한 설명으로 옳지 않은 것은?

① 재무상태표의 금액 단위를 원, 백만원 2가지 단위로 표현할 수 있다.
② 설정된 환종/환율을 기준으로 재무제표 금액을 계산하여 표현할 수 있다.
③ 더블클릭 시 원장조회를 통해 계정과목의 상세 거래내역을 조회할 수 있다.
④ 당사는 미국지사에 재무제표를 제출하기 위해 한국어, 영어로 재무제표를 사용하고 있다.

정답 ①

관리용 탭에서 단위는 0.원, 1.천원, 2.백만원 3가지로 표현할 수 있다.
② 오른쪽 상단의 '환경설정' 버튼을 클릭해 환종/환율을 설정할 수 있다.
③ 조회된 과목을 더블클릭하여 원장조회 팝업창에서 상세 거래내역을 조회할 수 있다.
④ '언어'란을 클릭하여 0.한국어, 1.영어로 변경할 수 있다.

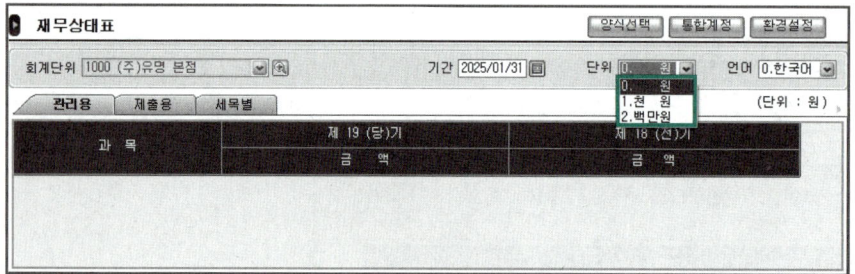

4 손익계산서

> **ERP 메뉴 찾아가기**
>
> 회계관리 ▶ 결산/재무제표관리 ▶ 손익계산서

[손익계산서] 메뉴는 일정 기간 동안의 수익과 비용에 대해 구분해서 기록하는 메뉴로, 전기와 당기를 비교하며 확인할 수 있다. 조회하는 메뉴이므로 입력은 할 수 없다.

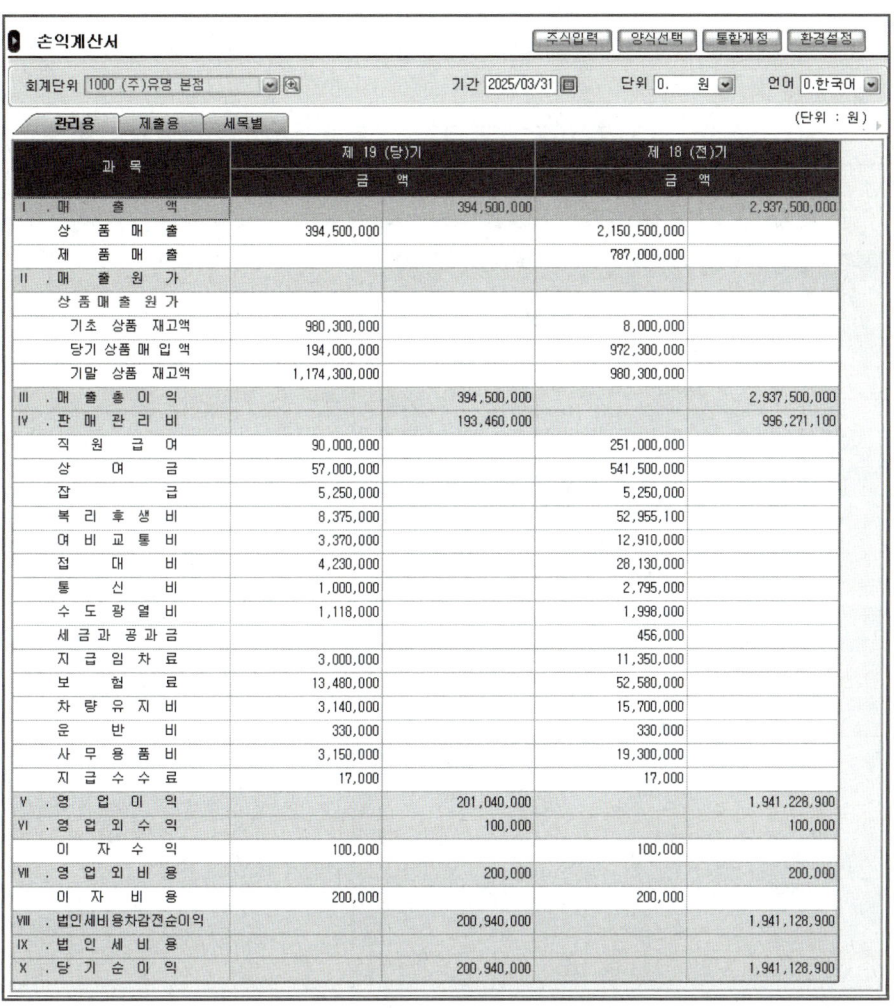

> **TIP**
>
> 시험에는 손익계산서에 영향을 주는 비용으로 800번대 판매비와 관리비에 해당하는 비용 계정을 자주 묻는다.

5 기간별손익계산서

ERP 메뉴 찾아가기

회계관리 ▶ 결산/재무제표관리 ▶ 기간별손익계산서

[기간별손익계산서] 메뉴는 손익계산서 항목을 월별, 분기별, 반기별, 전년대비로 계정 금액을 비교하며 볼 수 있다. 월별은 1월~12월까지 조회할 수 있으며, 분기별은 3개월 단위로 1/4분기부터 4/4분기까지 비교하여 조회된다. 반기별은 상반기, 하반기로 구분하여 조회하며, 전년대비는 전기와 당기를 구분하여 조회한다. 반기별과 전년대비는 증감액과 증감률(%)도 확인할 수 있다. 다음은 월별 탭에서 1월부터 4월까지 조회한 화면이다.

과 목	계	1월	2월	3월	4월
I . 매 출 액	474,500,000	132,500,000	67,000,000	195,000,000	80,000,000
상 품 매 출	474,500,000	132,500,000	67,000,000	195,000,000	80,000,000
II . 매 출 원 가					
상 품 매 출 원 가					
기초 상품 재고액	980,300,000	980,300,000	1,020,300,000	1,031,300,000	1,174,300,000
당기 상품 매입액	277,000,000	40,000,000	11,000,000	143,000,000	83,000,000
기말 상품 재고액	1,257,300,000	1,020,300,000	1,031,300,000	1,174,300,000	1,257,300,000
III . 매 출 총 이 익	474,500,000	132,500,000	67,000,000	195,000,000	80,000,000
IV . 판 매 관 리 비	271,980,000	78,113,000	15,470,000	99,877,000	78,520,000
직 원 급 여	96,000,000	30,000,000		60,000,000	6,000,000
상 여 금	114,000,000	28,500,000		28,500,000	57,000,000
잡 급	5,250,000	5,250,000			
복 리 후 생 비	13,435,000	2,355,000	2,530,000	3,490,000	5,060,000
여 비 교 통 비	4,430,000	1,660,000		1,710,000	1,060,000
접 대 비	6,760,000	1,200,000	2,530,000	500,000	2,530,000
통 신 비	1,000,000	670,000		330,000	
수 도 광 열 비	1,118,000	878,000		240,000	
지 급 임 차 료	4,000,000	1,000,000	1,000,000	1,000,000	1,000,000
보 험 료	17,280,000	3,800,000	7,900,000	1,780,000	3,800,000
차 량 유 지 비	4,460,000	1,470,000	660,000	1,010,000	1,320,000
운 반 비	330,000	330,000			
사 무 용 품 비	3,900,000	1,000,000	850,000	1,300,000	750,000
지 급 수 수 료	17,000			17,000	
V . 영 업 이 익	202,520,000	54,387,000	51,530,000	95,123,000	1,480,000
VI . 영 업 외 수 익	100,000	100,000			
이 자 수 익	100,000	100,000			
VII . 영 업 외 비 용	200,000	200,000			
이 자 비 용	200,000	200,000			
VIII . 법인세비용차감전순이…	202,420,000	54,287,000	51,530,000	95,123,000	1,480,000
IX . 법 인 세 비 용					
X . 당 기 순 이 익	202,420,000	54,287,000	51,530,000	95,123,000	1,480,000

실무 연습문제   기간별손익계산서

[1] (주)유명 본점의 2025년 매출액이 가장 높은 분기는 언제인가?

① 1/4분기 ② 2/4분기
③ 3/4분기 ④ 4/4분기

정답 ④

분기별 탭에서 '기간: 1/4~4/4분기'로 조회한다.

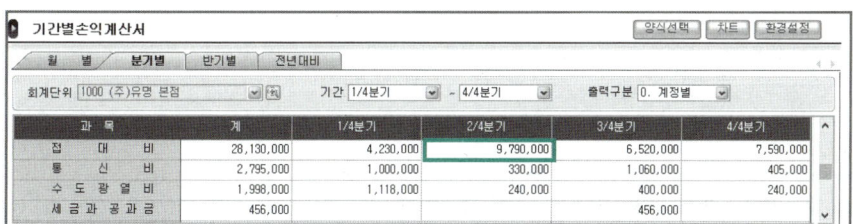

[2] (주)유명 본점의 손익계산서에서 2025년 한 해 동안 '81300.접대비(기업업무추진비)'가 가장 많이 발생한 분기는?

① 1/4분기 ② 2/4분기
③ 3/4분기 ④ 4/4분기

정답 ②

분기별 탭에서 '기간: 1/4~4/4분기'로 조회한다.

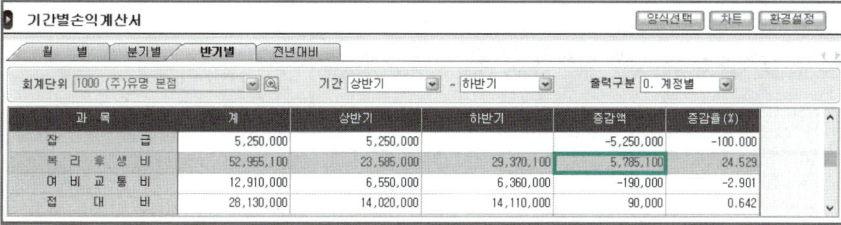

[3] (주)유명 본점의 2025년 복리후생비(판매비와 관리비) 지출액은 상반기보다 하반기에 얼마나 증가하였는가?

① 4,050,000원 ② 4,550,000원
③ 5,165,000원 ④ 5,785,100원

정답 ④

반기별 탭에서 '기간: 상반기~하반기'로 조회한다.

6 관리항목별손익계산서

ERP 메뉴 찾아가기

회계관리 ▶ 결산/재무제표관리 ▶ 관리항목별손익계산서

[관리항목별손익계산서] 메뉴는 손익계산서를 회계단위별, 부문별, 부서별, PJT별, PJT분류별로 조회해서 비교할 수 있다. 다음은 PJT별 탭에서 'PJT'란의 전체 항목을 선택하여 조회한 화면이다.

> **TIP**
> PJT 우측의 돋보기 버튼을 클릭하여 '프로젝트코드도움' 창에서 모든 프로젝트코드에 체크하면 '선택전체'로 조회된다.

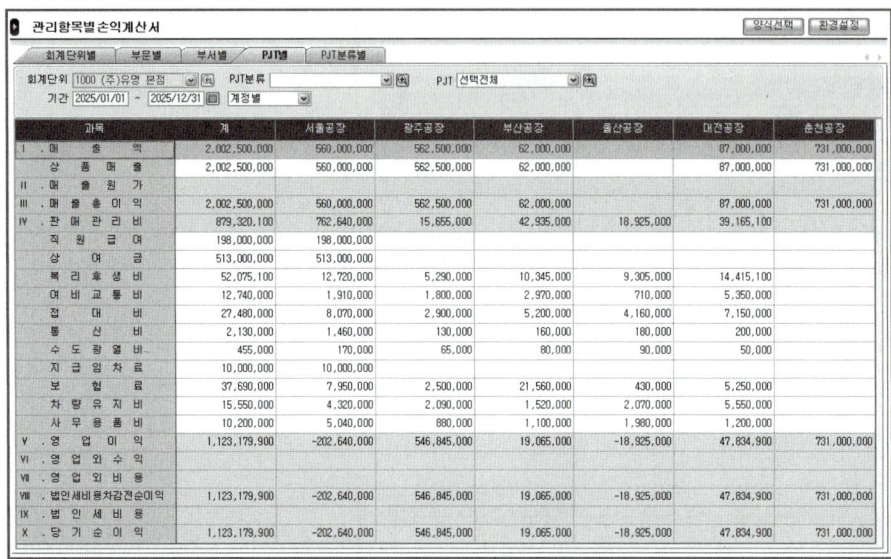

실무 연습문제 관리항목별손익계산서

핵심ERP에서는 다양하게 원가를 산출할 수 있도록 관리항목별 손익계산서를 제공하고 있다. 다음 중 원가를 산출할 수 없는 관리항목은?

① 부문별
② 비용센터별
③ 프로젝트별
④ 회계단위별

> 기출유형 압축노트 I p.28

정답 ②

[관리항목별손익계산서] 메뉴는 회계단위별 탭, 부문별 탭, 부서별 탭, PJT별 탭, PJT분류별 탭으로 구성되어 있다.

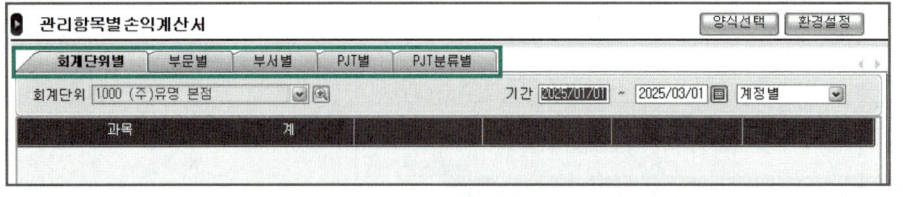

CHAPTER 06 자금관리 실습하기

> **실습 방법**
>
> 본 챕터는 '[백데이터] PART 03 실무 시뮬레이션'을 복원한 후 '회사: 1002.회사A', '사원: ERP13A02.김은찬'으로 로그인하여 학습하세요(사원암호는 입력하지 않음).
> ※ 2025 버전 핵심ERP 프로그램을 사용하세요.

1 일자별자금계획입력

ERP 메뉴 찾아가기

회계관리 ▶ 자금관리 ▶ 일자별자금계획입력

자금계획을 수립하기 위한 메뉴로 월별, 일자별로 항목별 입·출금 예정액을 입력한다. 고정자금 기능을 이용하여 자금계획에 반영할 수도 있고, [전표입력] 메뉴를 이용해 받을어음, 지급어음의 스케줄을 활용하여 자금에 반영할 수도 있다.

[일자별자금계획입력] 메뉴에서 오른쪽 상단의 '자금반영' 버튼을 클릭하여 1월의 수입 예정과 지출 예정을 조회하면 다음과 같다.

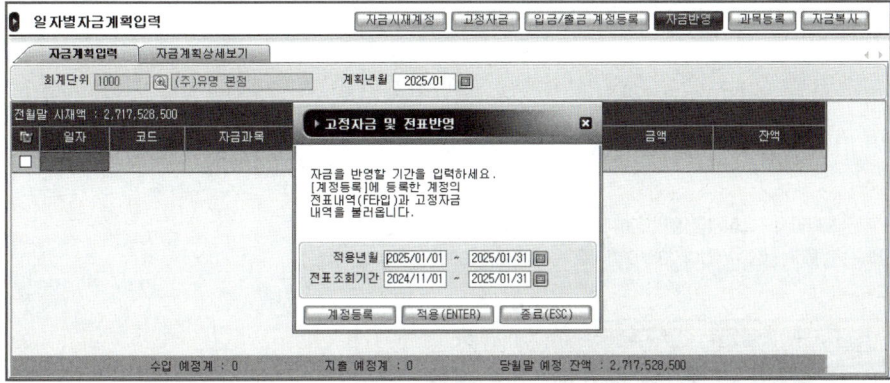

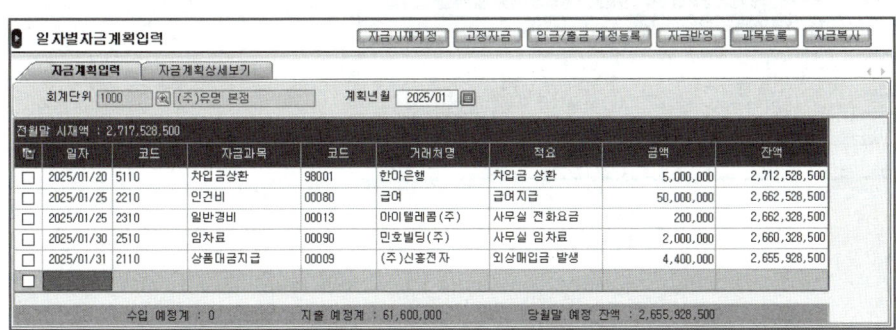

실무 연습문제 일자별자금계획입력

[1] (주)유명 본점은 ERP를 이용하여 자금수지계획을 세우고 있다. 2025년 5월 당사의 수입예정과 지출예정 금액은 얼마인가? (단, 당사는 매월 발생되는 고정자금이 있으므로 고정자금을 포함한다)

① 수입예정-99,000,000원, 지출예정-152,300,000원
② 수입예정-66,000,000원, 지출예정-153,665,000원
③ 수입예정-66,000,000원, 지출예정-152,300,000원
④ 수입예정-99,000,000원, 지출예정-153,655,000원

정답 ③

자금계획입력 탭에서 '계획년월: 2025/05'를 입력하고 오른쪽 상단의 '자금반영' 버튼을 클릭하여 고정자금 및 전표를 반영한다.

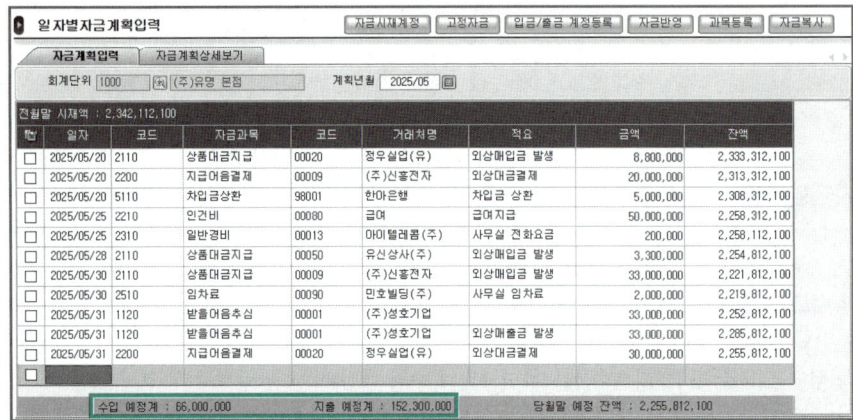

[2] 당사는 매월 고정적으로 지출되는 자금을 관리하고 있다. 다음 중 2025년 9월에 고정적으로 지출되는 자금과목이 아닌 것은?

① 5110.차입금상환
② 2310.일반경비
③ 2510.임차료
④ 2210.인건비

정답 ③

오른쪽 상단의 '고정자금' 버튼을 클릭하면 '자금계획입력-고정자금등록' 창에서 '2210.인건비', '2310.일반경비', '5110.차입금상환'이 매월 고정적으로 지출되는 것을 확인할 수 있다. '2510.임차료'는 기간이 2025년 6월 30일까지이므로 2025년 9월에는 지출되지 않는다.

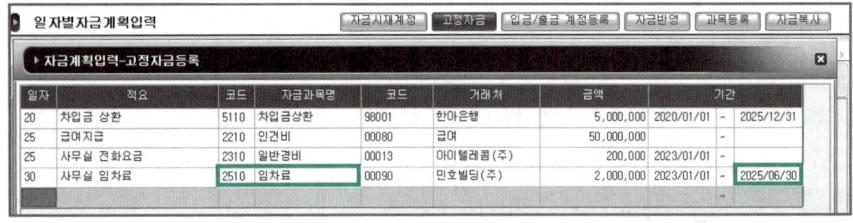

2 자금계획카렌다

ERP 메뉴 찾아가기

회계관리 ▶ 자금관리 ▶ 자금계획카렌다

[일자별자금계획입력] 메뉴에서 등록한 수입예정, 지출예정을 달력을 통해 확인하는 메뉴이다. [자금계획카렌다] 메뉴에서 내역을 더블클릭하면 [일자별자금계획입력] 메뉴로 이동하여 상세 내역을 확인할 수 있다.

3 자금현황

ERP 메뉴 찾아가기

회계관리 ▶ 자금관리 ▶ 자금현황

[일자별자금계획입력] 메뉴에서 등록한 수입예정, 지출예정 내역을 확인하고 총괄거래현황, 어음현황, 자금집행실적, 일일자금계획을 조회할 수 있다. 현금, 당좌예금, 외화예금, 보통예금 계정의 가용자금 금액을 확인할 수 있다. 현금 계정의 가용자금 금액은 [현금출납장] 메뉴의 현금 잔액과 일치한다.

실무 연습문제 자금현황

(주)유명 본점의 2025년 3월 31일 보통예금 계정의 가용자금 금액으로 옳은 것은?

① 2,239,957,100원
② 2,347,172,100원
③ 2,258,137,100원
④ 104,685,000원

정답 ①

총괄거래현황 탭에서 '조회기간: 2025/03/31~2025/03/31'로 조회한다.

4 자금계획대비실적현황

ERP 메뉴 찾아가기

회계관리 ▶ 자금관리 ▶ 자금계획대비실적현황

자금계획과 실적을 일별, 월별로 조회할 수 있는 메뉴이다. 해당 기간에 대한 자금의 계획과 실적, 계획대비 실적을 분류하여 자세하게 조사할 수 있다.

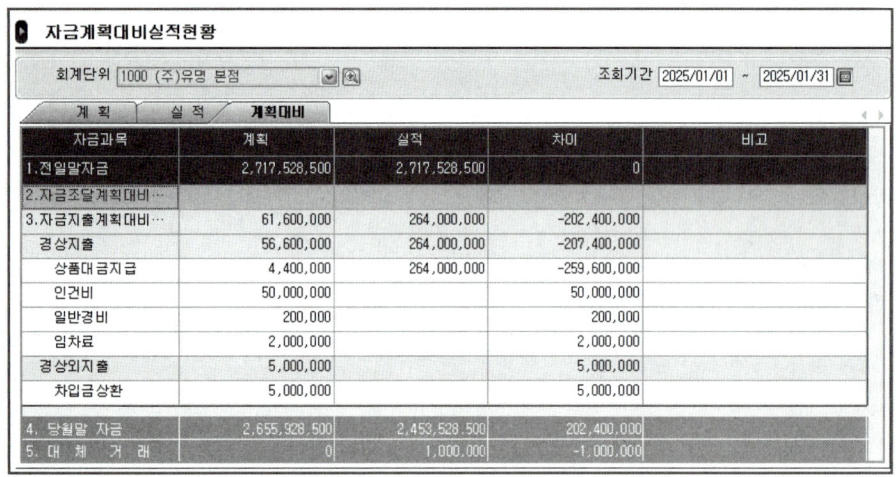

5 자금입출금내역

ERP 메뉴 찾아가기

회계관리 ▶ 자금관리 ▶ 자금입출금내역

현금, 당좌예금, 보통예금에 대한 집행실적내역을 조회하는 메뉴이다. 자금입금내역과 자금지출내역을 볼 수 있다. 자금입금내역은 [전표입력] 메뉴에서 차변 또는 입금으로 입력된 내용, 자금지출내역은 [전표입력] 메뉴에서 대변 또는 출금으로 입력된 내용이 반영된다.

6 예적금현황

> **ERP 메뉴 찾아가기**
>
> 회계관리 ▶ 자금관리 ▶ 예적금현황

현재 보유하고 있는 예금 및 적금에 대한 자금사항을 관리하는 메뉴이다. 잔액, 원장으로 구분하여 조회할 수 있고 [금융거래처등록] 메뉴의 '당좌한도액'란에 입력한 내용과 [전표입력] 메뉴에 예적금으로 입력한 내용이 반영된다.

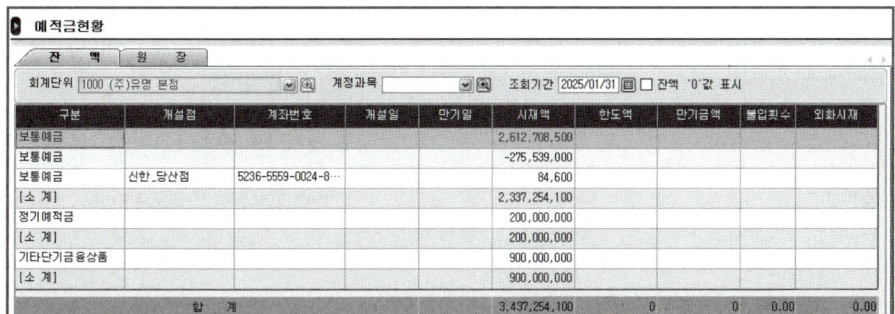

7 받을어음명세서

> **ERP 메뉴 찾아가기**
>
> 회계관리 ▶ 자금관리 ▶ 받을어음명세서

[전표입력] 메뉴에 매출 후 수령한 받을어음을 입력할 때 어음번호와 만기일 및 발행일을 입력한 경우 [받을어음명세서] 메뉴의 어음조회 탭에 반영된다. 어음의 회수시점인 만기를 관리하기 위해서는 만기일별 탭에서 어음을 조회한다.

1. 받을어음 거래

받을어음은 일반적 상거래에서 상품 및 제품을 매출하고 약속어음을 받은 경우 사용하며 어음을 수령하는 경우 차변이 증가한다. 받을어음은 이후 거래의 상황에 따라 추심*, 배서양도*, 할인으로 감소한다.

해당 거래를 입력할 경우 [받을어음명세서] 메뉴의 어음조회 탭에 처리구분은 수취한 것은 1.보유, 추심은 2.만기결제, 할인은 3.할인, 배서양도한 것은 4.배서, 부도어음은 5.부도 등으로 처리구분이 변경된다.

받을어음	
차변	대변
약속어음 수취 환어음 수취	받을어음 추심 받을어음 배서양도 받을어음 할인 받을어음 부도

> **추심**
> 받을어음 만기가 도래하여 회사가 은행에 어음대금 수취를 의뢰하는 것

> **배서양도**
> 받을어음 만기 전 자산의 취득 및 채무의 상환 등의 이유로 받을어음에 대한 받을 권리를 양도하는 것

2. 받을어음 할인

회사가 받을어음을 보유하고 있으나 자금사정으로 만기까지 기다릴 수 없는 경우에는 받을어음을 담보로 자금을 차입하거나 은행에 매각할 수 있는데, 이것을 어음의 할인이라고 한다.

① 받을어음 할인에 대해 차입거래로 인식하고 어음을 담보 제공 후 자금을 차입하는 경우 차입금(부채)이 증가하고 관련 할인료는 이자비용으로 인식한다.

② 받을어음 할인에 대해 매각거래로 인식하고 어음을 은행에 판매할 경우 받을어음(자산)은 감소하며 관련 할인료는 매출채권처분손실로 인식한다. 실무 및 시험에서는 별도의 언급이 없으면 어음의 할인은 매각거래로 처리한다.

• 매각거래에서의 할인료

> 어음금액×할인율×은행 보유기간/12개월(365일 또는 366일)

> **TIP**
> 할인기간 계산 시 할인하는 당일을 제외하고 만기까지 잔여 월수(일수)를 집계한다.

> 기출유형 압축노트 | p.30

실무 연습문제 | 받을어음명세서

[1] 다음 자료에 대한 회계처리로 옳은 것은?

> 3월 31일 재경부는 자금을 마련하고자 (주)성호기업으로부터 1월 31일에 수취한 자가20250131001의 받을어음을 신안은행에 매각하고 할인료를 차감한 나머지를 보통예금으로 입금받았다. 할인율은 연 6%이다(단, 할인료는 월할계산할 것).

① (차) 보통예금　　　　　19,900,000　　(대) 받을어음　　　20,000,000
　　 매출채권처분손실 　　 100,000
② (차) 보통예금　　　　　19,900,000　　(대) 받을어음　　　20,000,000
　　 이자비용　　　　　　 100,000
③ (차) 보통예금　　　　　19,800,000　　(대) 받을어음　　　20,000,000
　　 매출채권처분손실　　 200,000
④ (차) 보통예금　　　　　19,800,000　　(대) 받을어음　　　20,000,000
　　 이자비용　　　　　　 200,000

정답 ①

- 할인료: 어음 금액 20,000,000원×연 6%×1개월/12개월 = 100,000원
- 할인일은 할인료 계산에서 제외하므로 4월 1일부터 계산하며 만기일이 4월 30일이므로 잔여월수는 1개월이다.

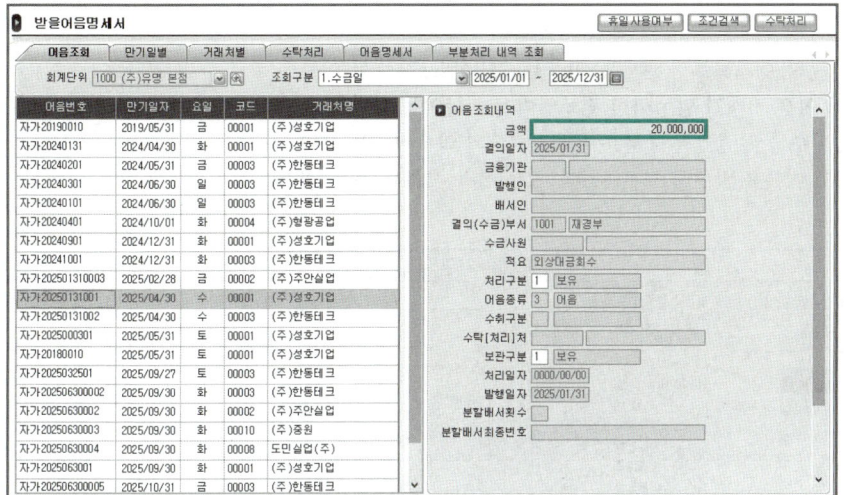

[2] (주)유명 본점의 받을어음 중 만기가 2025년 9월 30일인 어음은 몇 매인가?

① 1매 ② 2매
③ 4매 ④ 5매

정답 ④

만기일별 탭에서 '만기일: 2025/09/30~2025/09/30'로 조회된다.

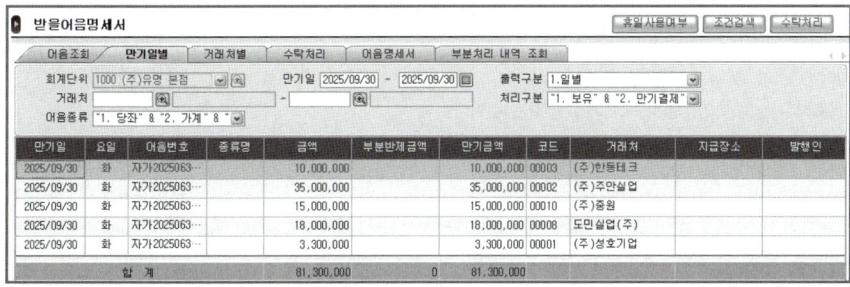

[3] (주)유명 본점은 거래처로부터 받은 약속어음이 2025년 4월 30일 만기가 도래하여 은행에 가서 어음추심을 의뢰하려고 한다. 추심할 어음의 금액은 얼마인가?

① 10,000,000원 ② 30,000,000원
③ 40,000,000원 ④ 60,000,000원

정답 ②

만기일별 탭에서 '만기일: 2025/04/30~2025/04/30'로 조회하여 만기금액 합계를 확인한다.

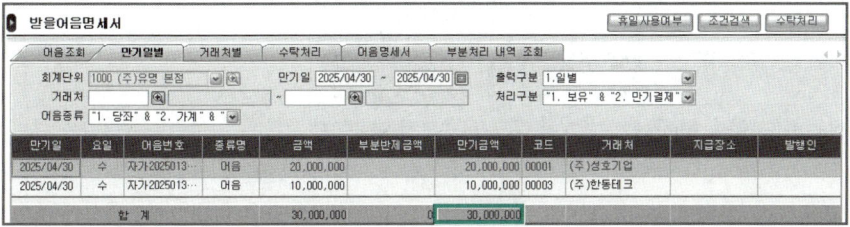

8 지급어음명세서

> **ERP 메뉴 찾아가기**
>
> 회계관리 ▶ 자금관리 ▶ 지급어음명세서

회사가 어음으로 대금 결제를 원할 경우 은행으로부터 발행할 어음을 수령한다. 수령한 어음을 [지급어음명세서] 메뉴에 등록하고 이후 거래가 발생하면 전표입력에 지급어음 발행을 기록하면 된다. [지급어음명세서] 메뉴의 수불부 탭에서 구분은 은행으로부터 약속어음을 수령한 상태인 경우 '수령', 물건을 구입하고 어음을 발행한 경우 '발행', 그 어음을 상환한 경우 '결제'라고 표시된다.

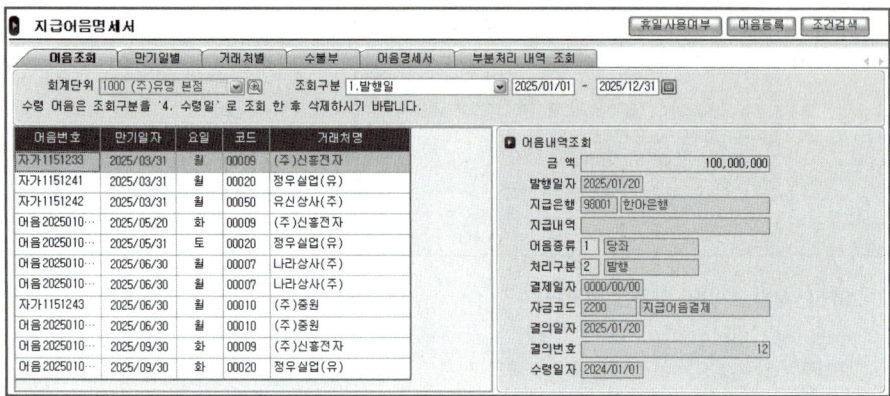

> **+ 수령·발행·결제**
>
> [지급어음명세서] 메뉴와 관련해 어음을 수령하거나 전표입력하는 문제가 출제되는 것은 아니지만 수령, 발행, 결제의 의미를 구분할 수 있어야 한다.
> - 수령: 회사가 발행할 수 있는 어음을 사전에 은행으로부터 수령하는 것이다.
> - 발행: 외상구입 후 대금 결제를 어음으로 할 경우 수령한 어음을 거래처에 교부하는 것이다.
> - 결제: 발행했던 어음에 대해 대금을 지불하는 것이다.

실무 연습문제 지급어음명세서

[1] (주)유명 본점에서 발행한 지급어음 중 2025년 5월에 만기가 되는 어음은 몇 매인가?

① 1매 ② 2매
③ 3매 ④ 4매

정답 ②

만기일별 탭에서 '만기일: 2025/05/01~2025/05/31'로 조회한다.

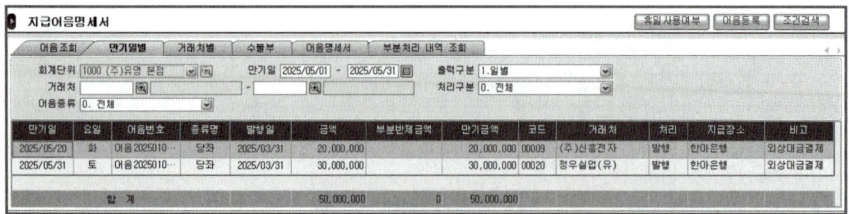

[2] 거래처에 발행한 어음이 만기가 도래하여 결제하려고 한다. 2025년 9월 30일 결제할 어음 금액은 얼마인가?

① 100,000,000원 ② 155,000,000원
③ 160,000,000원 ④ 110,000,000원

정답 ②

만기일별 탭에서 '만기일: 2025/09/30~2025/09/30'로 조회하여 만기금액 합계를 확인한다.

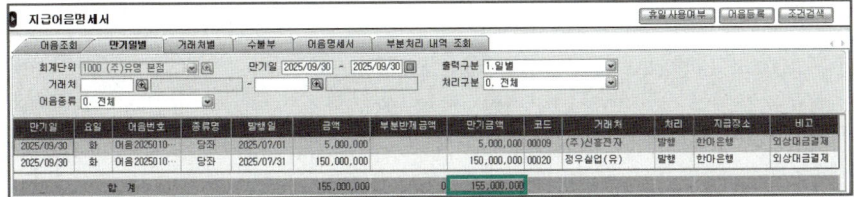

[3] (주)유명 본점에서 2025년도에 수령한 어음 중 실제 발행한 어음은 몇 매인가? (단, 결제된 어음은 제외한다)

① 3매 ② 6매
③ 7매 ④ 10매

정답 ③

수불부 탭에서 '수령일: 2025/01/01~2025/12/31'로 조회한다. 발행 7매가 조회된다.

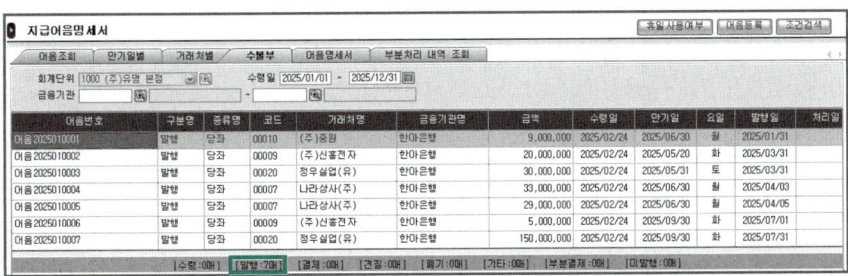

CHAPTER 07 예산관리 실습하기

> **실습 방법**
>
> 본 챕터는 '[백데이터] PART 03 실무 시뮬레이션'을 복원한 후 '회사: 1002.회사A', '사원: ERP13A02.김은찬'으로 로그인하여 학습하세요(사원암호는 입력하지 않음).
> ※ 2025 버전 핵심ERP 프로그램을 사용하세요.

1 예산신청입력

> **ERP 메뉴 찾아가기**
>
> 회계관리 ▶ 예산관리 ▶ 예산신청입력

1. 예산관리 선행작업

예산을 통제하고 관리하기 위해서는 [시스템관리]-[회사등록정보]-[시스템환경설정] 메뉴의 '조회구분: 2.회계'에서 20.예산통제구분(1.사용부서), 21.예산관리여부(1.여), 23.예산관리개시월(01)을 확인한다.

구분	코드	환경요소명	유형구분	유형설정	선택범위	비고
회계	20	예산통제구분	유형	1	0.결의부서 1.사용부서 2.프로젝트	
회계	21	예산관리여부	여부	1	여:1 부:0	
회계	22	입출금전표 사용여부	여부	1	여:1 부:0	
회계	23	예산관리개시월	유형	01	예산개시월:01~12	
회계	24	거래처등록보조화면사용	여부	1	여:1 부:0	
회계	25	거래처코드자동부여	여부	0	0-사용않함, 3~10-자동부여자리수	
회계	26	자산코드자동부여	여부	0	여:1 부:0	
회계	27	전표출력기본양식	유형	4	전표출력기본양식 1~15	
회계	28	다국어재무제표 사용	유형	1	0.사용안함 1.영어 2.일본어 3.중국어	
회계	29	등록자산상각방법	유형	2	1.상각안함 2.월할상각 3.반년법상각	
회계	30	처분자산상각방법	유형	2	1.상각안함 2.월할상각	
회계	31	부가가치세 신고유형	유형	0	0.사업장별 신고 1.사업자단위 신고(폐…	
회계	32	전표입력 품의내역검색 조회…	여부	0	0-사용자 조회권한 적용,1-미적용	
회계	34	전표복사사용여부	여부	1	0.미사용1.사용	
회계	35	금융CMS연동	유형	88	00.일반,03.기업,05.KEB하나(구.외환 CM…	
회계	37	거래처코드자동부여 코드값…	유형	0	0 - 최대값 채번, 1 - 최소값 채번	
회계	39	고정자산 비망가액 존재여부	여부	1	여:1 부:0	
회계	41	고정자산 상각완료 시점까지…	여부	0	1.여 0.부	
회계	45	거래처등록의 [프로젝트/부…	유형	2	0.적용안함, 1.[빠른부가세]입력만 적용…	

예산관리의 프로세스는 프로그램 메뉴 순서대로 진행하면 된다. 부서별로 월별 사용할 예산을 신청받아 [예산신청입력] 메뉴에 입력한다. 예산신청내역을 토대로 월별로 예산을 편성하여 [예산편성입력] 메뉴에 입력한다. 이후 지출 범위의 변동에 대해 예산의 조율이 필요할 경우 [예산조정입력] 메뉴를 이용하여 설정된 예산을 변경할 수 있다.

실무 연습문제 예산관리

다음 중 예산관리 프로세스로 옳은 것은?

① 예산신청 → 예산편성 → 예산조정
② 예산신청 → 예산조정 → 예산편성
③ 예산편성 → 예산신청 → 예산조정
④ 예산편성 → 예산조정 → 예산신청

정답 ①

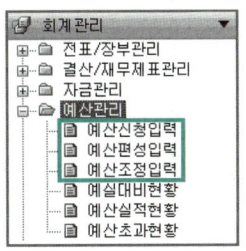

2. 예산신청입력

예산신청은 예산관리를 위해 제일 먼저 하는 작업이지만 반드시 해야 하는 것은 아니며 바로 예산편성부터 작업할 수 있다. 회사의 예산신청내역이 전기에 있었다면 전기신청, 전기편성, 전기실행, 전기집행, 전기추정실적을 이용해서 예산신청입력을 할 수 있다. 예산신청입력은 '당기신청'란에 1월부터 12월까지 금액을 직접 입력한다.

실무 연습문제 예산신청입력

2025년 1월부터 복리후생비와 접대비(기업업무추진비)에 대해 예산신청을 하고자 한다. '51100. 복리후생비' 월별통제금액 2,000,000원, '51300.접대비(기업업무추진비)' 금액 3,000,000원을 [예산신청입력] 메뉴에 입력하시오.

정답

• '계정과목: 51100.복리후생비'로 조회하고 월별 금액 2,000,000원을 입력한다.

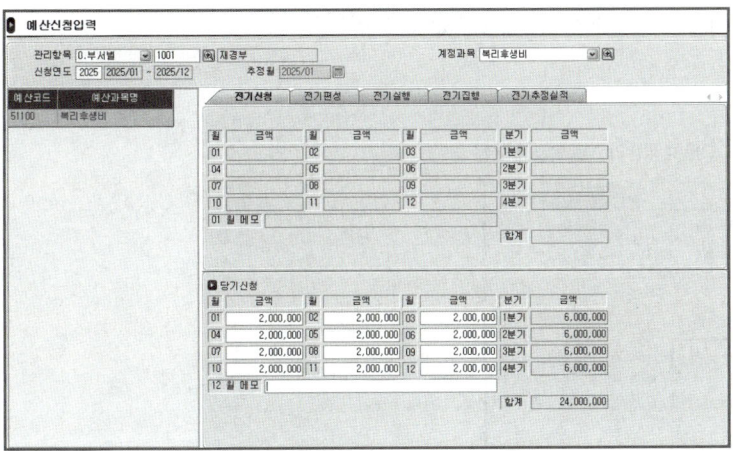

- '계정과목: 51300.접대비(기업업무추진비)'로 조회하고 월별 금액 3,000,000원을 입력한다.

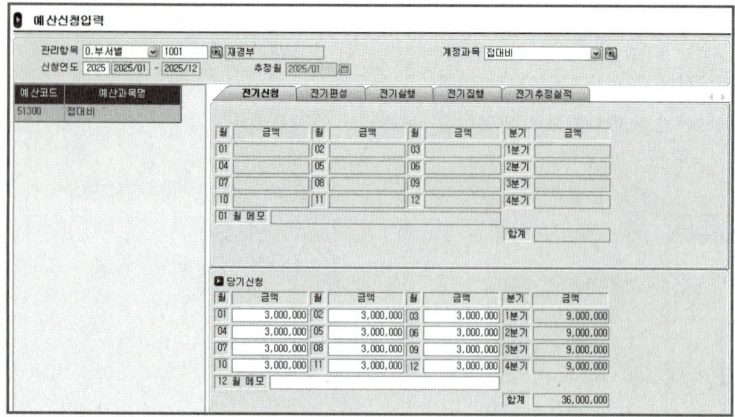

2 예산편성입력

ERP 메뉴 찾아가기

회계관리 ▶ 예산관리 ▶ 예산편성입력

부서별로 신청한 예산을 기초로 예산편성을 한다. 편성된 예산금액은 통제 및 예실대비의 기초가 되는 실행 예산금액이 된다.

1. 자료복사

당기신청 탭에서 복사할 예산과목명에 체크한 후 오른쪽 상단의 '자료복사' 버튼을 클릭하면 예산신청금액이 복사된다.

실무 연습문제 예산편성입력

'51100.복리후생비', '51300.접대비(기업업무추진비)' 계정에 대해 예산신청한 금액을 동일하게 편성하시오.

정답

- '계정과목: 51100.복리후생비'로 조회하여 해당 항목을 선택하고 오른쪽 상단의 '자료복사' 버튼을 클릭한다.

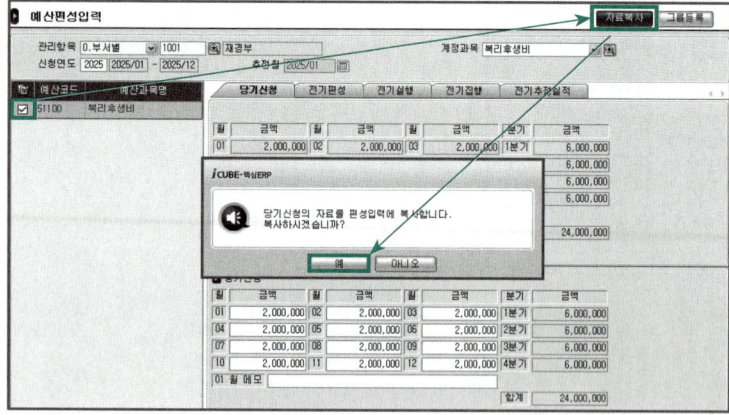

- '계정과목: 51300.접대비(기업업무추진비)'로 조회하여 해당 항목을 선택하고 오른쪽 상단의 '자료복사' 버튼을 클릭한다.

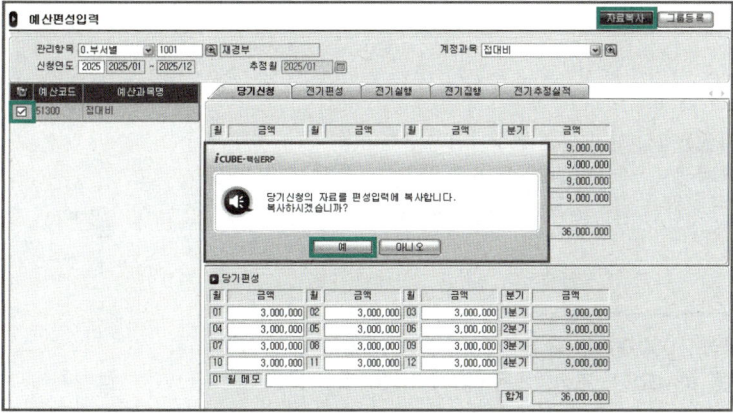

2. 그룹등록

[예산편성입력] 메뉴에서 오른쪽 상단의 '그룹등록' 버튼을 클릭하면 실행되는 '그룹등록 도움' 창에서 예산통제방법을 확인할 수 있다. '81300.접대비(기업업무추진비)' 계정의 예산통제방법은 월별통제이다.

[회계관리]-[기초정보관리]-[계정과목등록] 메뉴에서도 동일하게 확인할 수 있다.

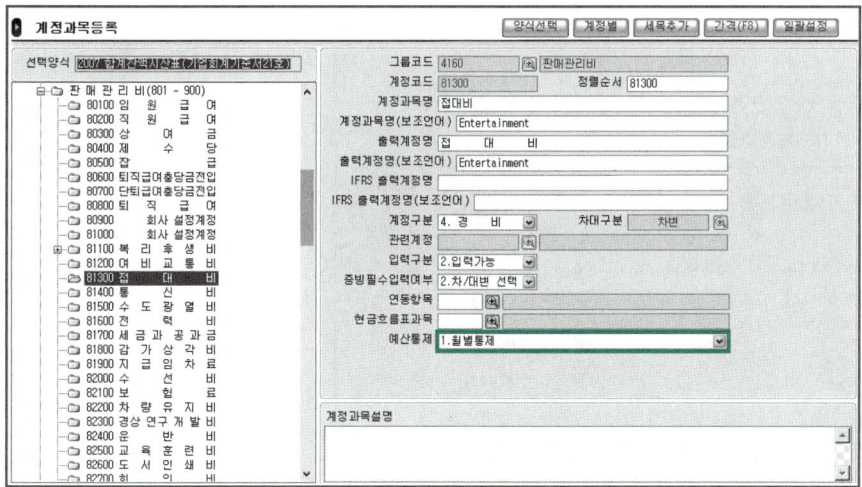

3 예산조정입력

> **ERP 메뉴 찾아가기**
>
> 회계관리 ▶ 예산관리 ▶ 예산조정입력

예산편성금액은 예산조정에 의해 실행예산이 된다. [예산조정입력] 메뉴는 집행금액이 실행금액을 초과할 경우 예산을 조정하는 메뉴로 조정방법은 추경예산, 예산전용이 있다. 추경예산은 금액만 조정할 경우 사용하고 예산전용은 계정과목, 부서, 금액 등 항목을 수정할 때 사용된다.

실무 연습문제 예산조정입력

[1] 2025년 2월 28일에 '51100.복리후생비'의 예산금액 2,000,000원 중 500,000원은 '51300.접대비(기업업무추진비)'로 예산을 전용하는 조정을 하시오(단, 조정항목은 '1001.재경부'로 설정하시오).

정답

- '계정과목: 51100.복리후생비'로 조회하고 '조정일자: 2025/02/28', '조정대상월: 2025/02', '구분: 2.예산전용'을 입력하고 '예산전용' 창에 '조정과목: 51300.접대비(기업업무추진비)'와 '조정항목: 1001.재경부', '조정금액: 500,000'을 입력한다.

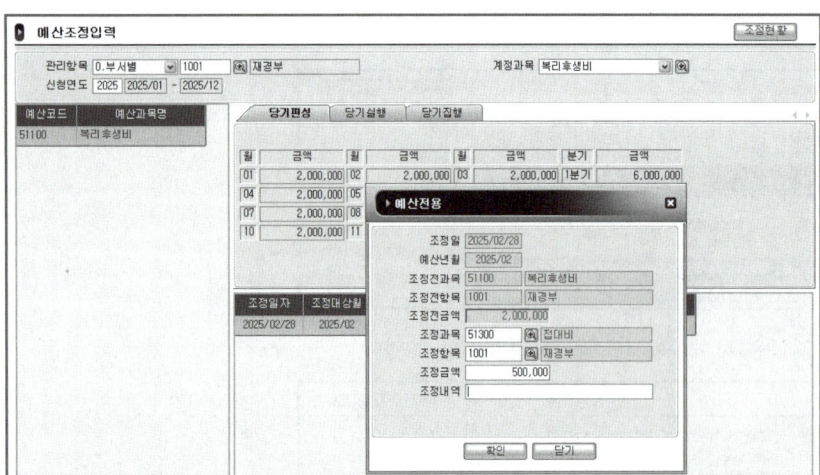

- 오른쪽 상단의 '조정현황' 버튼을 클릭하여 내역을 확인한다.

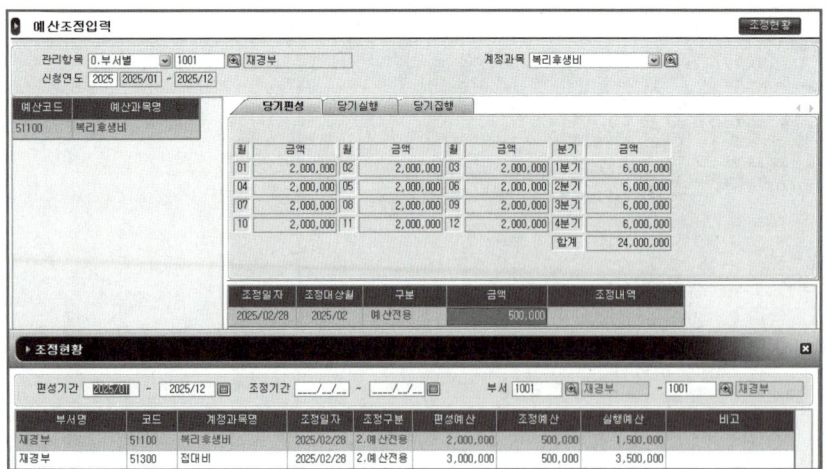

[2] 재경부에 당기편성된 2025년 복리후생비(판매비와 관리비)의 예산 총액은 얼마인가?

① 9,000,000원　　　　　　　　② 13,500,000원
③ 51,000,000원　　　　　　　　④ 36,000,000원

정답 ③

'계정과목: 81100.복리후생비'로 조회한다. 당기편성된 예산은 당기편성 탭에서 확인한다.

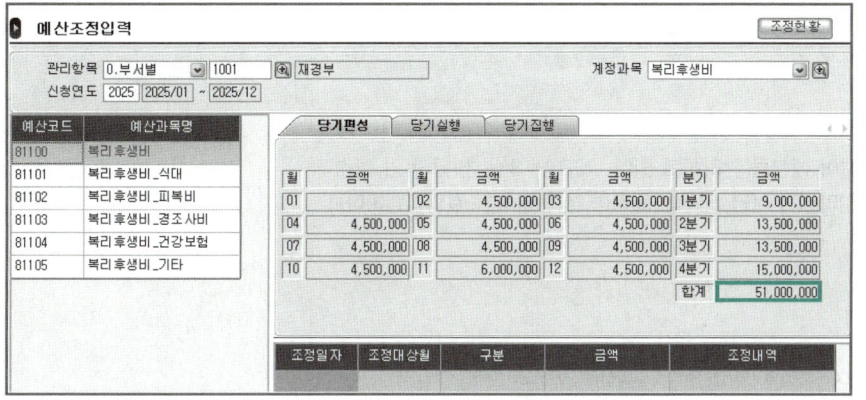

4 예실대비현황

ERP 메뉴 찾아가기

회계관리 ▶ 예산관리 ▶ 예실대비현황

편성예산과 실행예산, 집행실적을 조회하는 메뉴로 실행예산이 집행예산보다 많은 경우 예실대비 금액이 (+)로 표시되며, 잔여예산 금액이 있음을 의미한다. 반면 실행예산보다 집행실적이 많은 경우 예실대비 금액이 (−)로 표시된다.

'81300.접대비(기업업무추진비)'의 예산과 실적을 비교해 보면 2025년 3월의 편성예산은 2,500,000원이지만 실제 집행실적은 500,000원으로 예산이 2,000,000원 남아 있다. 반면 2025년 2월의 예산은 2,500,000원이지만 실제 집행실적은 2,530,000원으로 예산이 30,000원 초과한 것을 확인할 수 있다.

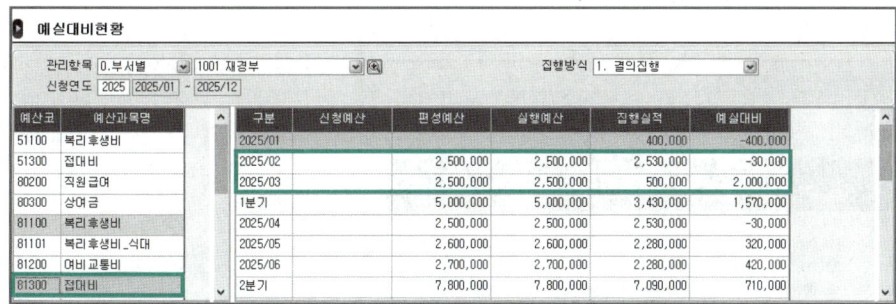

5 예산실적현황

> **ERP 메뉴 찾아가기**
>
> 회계관리 ▶ 예산관리 ▶ 예산실적현황

예산부서에 대해 설정해 놓은 예산구분별로 실적과 예산, 잔여예산과 집행률을 확인할 수 있는 메뉴이다. 집행방식은 '1.결의집행'과 '2.승인집행'으로 구분해서 조회할 수 있다.

실무 연습문제   예산실적현황

[1] (주)유명 본점은 핵심ERP를 이용하여 예산을 관리하고 있다. 2025년 3월 한 달 동안 재경부에 집행된 당월 총 예산집행률은 얼마인가? (단, 단위는 %이며, 집행방식은 결의집행이다)

① 34%   ② 44%
③ 45%   ④ 58%

정답 ④

'조회기간: 2025/03~2025/03', '부서: 1001 재경부', '집행방식: 1.결의집행'으로 조회한다.

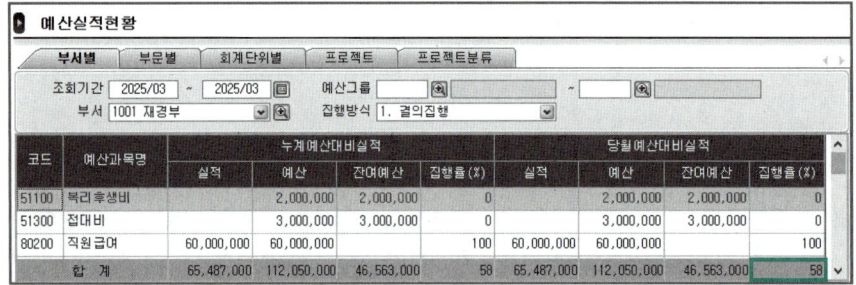

[2] 2025년 11월 한 달 동안 재경부에서 집행한 다음 예산과목 중 집행률이 가장 낮은 예산과목은 무엇인가? (단, 집행방식은 승인집행으로 조회한다)

① 81100.복리후생비   ② 81200.여비교통비
③ 81300.접대비(기업업무추진비)   ④ 81400.통신비

정답 ④

'조회기간: 2025/11~2025/11', '부서: 1001 재경부', '집행방식: 2.승인집행'으로 조회한다.

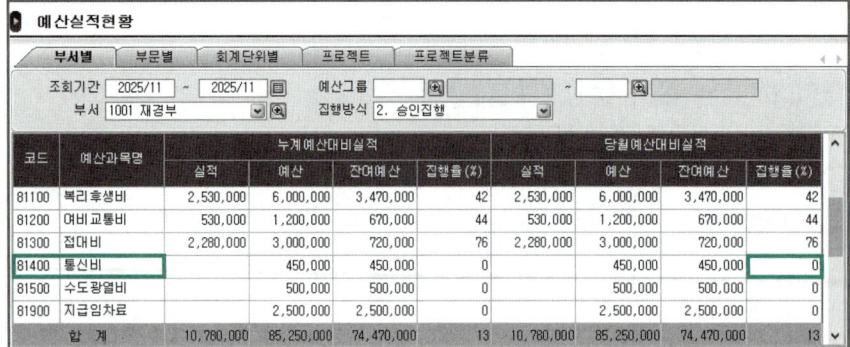

[3] 다음 [보기]의 거래내용을 전표입력한 후 2025년 12월에 예산이 편성된 재경부 판매비와 관리비의 전체 예산집행률은? (단, 집행방식은 승인집행이며, 부가세는 고려하지 않는다)

> 보기
> 12월 4일 재경부 통신비 350,000원을 신안카드(매입)로 결제했다.

① 45% ② 56% ③ 74% ④ 84%

정답 ③

- [전표입력] 메뉴에서 '결의부서: 1001.재경부', '12월 4일'로 조회하여 [보기]의 거래내용을 입력한다.

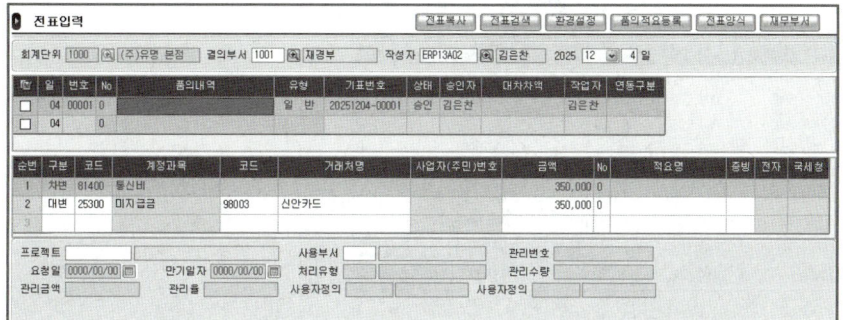

- '조회기간: 2025/12~2025/12', '부서: 1001 재경부', '집행방식: 2.승인집행'으로 조회하여 하단의 집행률을 확인한다.

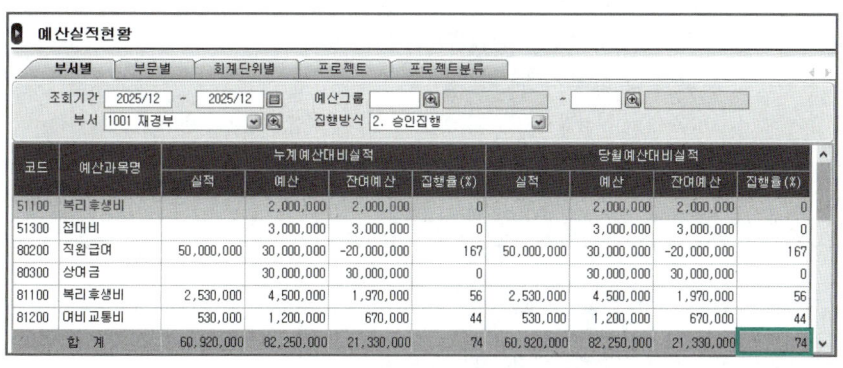

6 예산초과현황

예산부서가 실행예산과 집행실적을 비교한 차이 금액을 이용하여 예산집행현황을 파악하는 메뉴이다. 편성예산보다 초과하여 집행한 경우 집행률이 100%를 초과한다. 2025년 3월을 승인집행방식으로 조회하면 81400.통신비의 집행률은 165%로 예산을 가장 많이 초과 집행하였다.

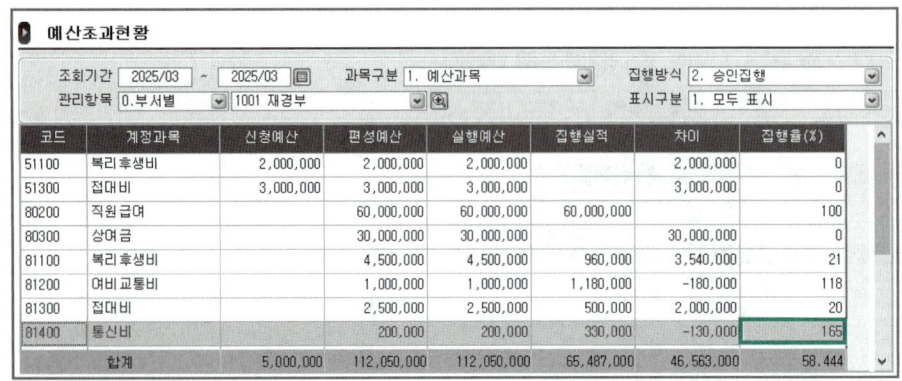

실무 연습문제 — 예산초과현황

[1] 당사는 예산을 사용부서별로 관리하고 있다. 다음 중 2025년 6월 한 달 동안 재경부에 편성된 예산을 초과하여 집행한 계정과목은 무엇인가? (단, 집행방식은 승인집행으로 조회한다)

① 81400.통신비　　② 82100.보험료
③ 82200.차량유지비　　④ 82900.사무용품비

정답 ①

'조회기간: 2025/06~2025/06', '집행방식: 2.승인집행', '관리항목: 0.부서별, 1001 재경부'로 조회한다.

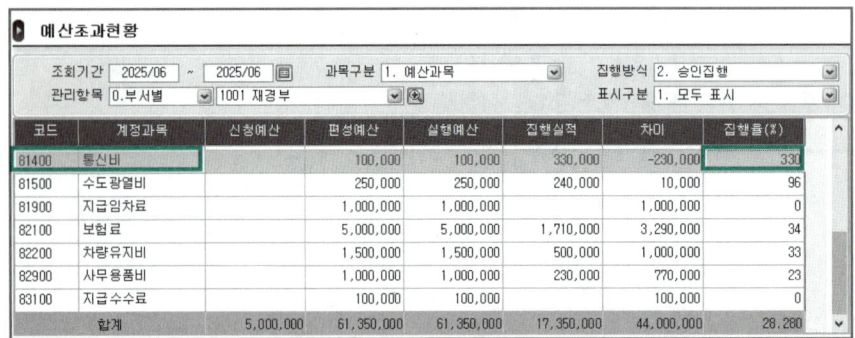

[2] 당사는 예산을 사용부서별로 관리하고 있다. 2025년 1분기 동안 재경부에서 사용한 예산 중 집행률이 가장 큰 계정과목은 무엇인가? (단, 집행방식은 승인집행으로 조회한다)

① 81400.통신비　　② 81500.수도광열비
③ 82100.보험료　　④ 82200.차량유지비

정답 ①

'조회기간: 2025/01~2025/03', '집행방식: 2.승인집행', '관리항목: 0.부서별, 1001 재경부'로 조회한다.

예산초과현황

조회기간 2025/01 ~ 2025/03 과목구분 1. 예산과목 집행방식 2. 승인집행
관리항목 0.부서별 1001 재경부 표시구분 1. 모두 표시

코드	계정과목	신청예산	편성예산	실행예산	집행실적	차이	집행율(%)
81400	통신비		400,000	400,000	735,000	-335,000	184
81500	수도광열비		400,000	400,000	695,000	-295,000	174
81900	지급임차료		2,000,000	2,000,000		2,000,000	0
82100	보험료		10,000,000	10,000,000	5,200,000	4,800,000	52
82200	차량유지비		3,000,000	3,000,000	1,230,000	1,770,000	41
82900	사무용품비		2,000,000	2,000,000	710,000	1,290,000	36
83100	지급수수료		200,000	200,000	17,000	183,000	9
	합계	15,000,000	229,000,000	229,000,000	79,497,000	149,503,000	34.715

CHAPTER 08 부가가치세관리 실습하기

> **실습 방법**
>
> 본 챕터는 '[백데이터] PART 03 실무 시뮬레이션'을 복원한 후 '회사: 1002.회사A', '사원: ERP13A02.김은찬'으로 로그인하여 학습하세요(사원암호는 입력하지 않음).
> ※ 2025 버전 핵심ERP 프로그램을 사용하세요.

1 부가세신고서

> **ERP 메뉴 찾아가기**
>
> 회계관리 ▶ 부가가치세관리 ▶ 부가세신고서

1. 부가세신고서

증빙 및 지출 사유에 따라 세무구분을 입력해서 부가가치세법에 따라 부가세신고서에 반영한다. 세무구분은 매출거래와 매입거래가 있으며 [전표입력] 메뉴에서 세무구분을 선택하여 입력한다.

(1) 매출거래

코드	유형	입력 내용	반영되는 장부
11	과세매출	세금계산서 발행, 부가가치세 10% (차) 현금 등　　(대) 상품매출 　　　　　　　　　　부가세예수금	• 세금계산서합계표 • 매입매출장 • 부가세신고서
12	영세매출	영세율세금계산서 발행, 부가가치세 0%, 내국신용장 Local L/C, 구매확인서	• 세금계산서합계표 • 매입매출장 • 부가세신고서 • 내국신용장, 구매확인서 전자발급명세서 • 영세율매출명세서
13	면세매출	면세사업자 발행 계산서, 면세(부가가치세 0원)	• 계산서합계표 • 매입매출장 • 부가세신고서
14	건별매출	세금계산서 미발행, 부가가치세 10%	• 매입매출장 • 부가세신고서
15	종합매출	간이과세자 매출	부가세신고서
16	수출	외국 직수출 거래, 외국환증명서, 수출면장	• 매입매출장 • 부가세신고서 • 수출실적명세서 • 영세율매출명세서

> **TIP**
> • 세금계산서가 발행되고 부가가치세 10%가 부과된 거래는 '11.과세매출'에 해당한다.
> • 영세율세금계산서가 발행된 거래, Local L/C, 구매확인서가 발행된 거래는 '12.영세매출'에 해당한다.

코드	유형	입력 내용	반영되는 장부
17	카드매출	신용카드매출전표 발행, 부가가치세 10%	• 매입매출장 • 신용카드발행집계표 • 부가세신고서
18	면세카드매출	신용카드매출전표 발행, 부가가치세 면세	• 매입매출장 • 신용카드발행집계표 • 부가세신고서
19	면세건별	계산서 미발행, 면세(부가가치세 0원)	• 매입매출장 • 부가세신고서
31	현금과세	현금영수증 발행, 부가가치세 10%	• 매입매출장 • 현금출납장 • 신용카드발행집계표 • 부가세신고서
32	현금면세	현금영수증 발행, 면세(부가가치세 0원)	• 매입매출장 • 현금출납장 • 신용카드발행집계표 • 부가세신고서
33	과세매출 매입자발행 세금계산서분	공급받는 자 발행 세금계산서	• 매입매출장 • 부가세신고서

(2) 매입거래

코드	유형	입력 내용	반영되는 장부
21	과세매입	세금계산서 수취, 부가가치세 10% (차) 상품 (대) 현금 부가세대급금	• 세금계산서합계표 • 매입매출장 • 부가세신고서
22	영세매입	영세율 세금계산서 수취, 부가가치세 0%, 내국신용장 Local L/C, 구매확인서	• 세금계산서합계표 • 매입매출장 • 부가세신고서
23	면세매입	계산서 수취, 면세(부가가치세 0원)	• 계산서합계표 • 매입매출장 • 부가세신고서
24	매입불공제	세금계산서 수취, 부가가치세 10%, 세액공제가 불가능하므로 공급가액에 세액이 포함되어 표기	• 세금계산서합계표 • 매입매출장 • 부가세신고서
25	수입	수입세금계산서 수취, 부가가치세 10%, 세관장 발행, 매입세액 공제 가능	• 세금계산서합계표 • 매입매출장 • 부가세신고서
26	의제매입세액등	매입세액 공제 가능한 면세품목, 계산서, 신용카드 및 현금영수증 발행(제조업은 농어민영수증 가능)	• 부가세신고서 • 매입매출장
27	카드매입	신용카드 전표 수취, 부가가치세 10%	• 부가세신고서 • 매입매출장 • 신용카드/현금영수증수취명세서
28	현금영수증매입	현금영수증 수취, 부가가치세 10%	• 부가세신고서 • 매입매출장 • 신용카드/현금영수증수취명세서
29	과세매입 매입자발행 세금계산서분	공급받는 자 발행 세금계산서	• 매입매출장 • 부가세신고서

2. 과세표준 매출세액

일반과세	사업장명세					
구 분				금액	세율	세 액
과세표준 매출세액	과세	세금계산서발급분	(1) → 11.과세매출		10/100	
		매입자발행세금계산서	2		10/100	
		신용카드.현금영수증발행분	(2) → 17.카드매출, 31.현금과세			
		기타(정규영수증외매출분)	(3) → 14.건별매출		10/100	
	영세율	세금계산서발급분	(4) → 12.영세매출		0/100	
		기 타	→ 16.수출		0/100	
	예 정 신 고 누 락 분		7			
	대 손 세 액 가 감		8			
	합 계		9		㉯	

(1) 세금계산서 발급분

회사가 공급한 과세 재화 및 용역에 대해 세금계산서를 발행한 경우 표시되는 메뉴이다. 신용카드 결제 및 개인에게 공급한 내역이라도 세금계산서를 발행하면 세무구분을 11.과세매출로 전표에 입력하며 모두 세금계산서 발급분에 반영된다.

실무 연습문제 세금계산서 발급분

다음 거래를 전표처리한 후 2025년 2기 부가가치세 확정신고 시 납부(환급)세액은 얼마인가?

> 10월 1일 (주)신흥전자에 상품 5,000,000원(VAT 별도)을 외상으로 판매하고 전자세금계산서를 교부하였다.

① 2,000,000원 ② 2,165,000원
③ 2,750,000원 ④ 2,866,000원

정답 ②

- [전표입력] 메뉴의 10월 1일자에 구분을 '6.매출부가세'로 선택하여 '매출정보' 창에 자료를 입력한다.

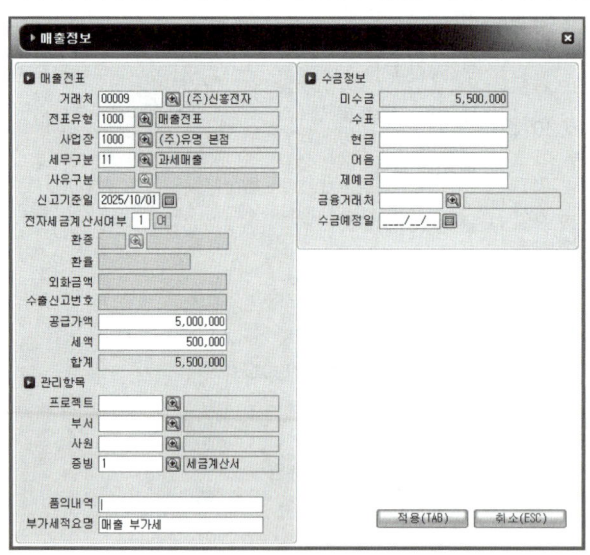

TIP

거래처, 세무구분 등 자료의 검색은 F2 키를 눌러 팝업창에서 선택한다. 전표입력은 자동저장이 되며 반드시 '상태:승인', '승인자:김은찬'을 확인한다.

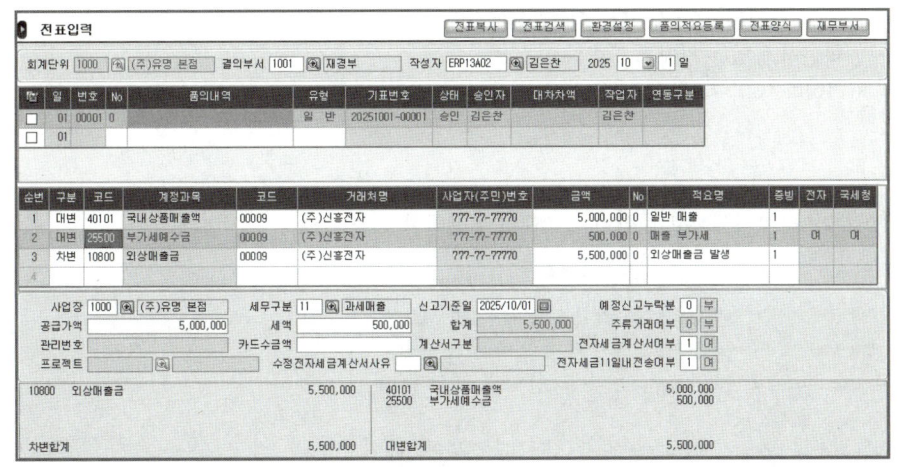

- [부가세신고서] 메뉴에서 '기간: 2025/10/01~2025/12/31'로 설정한 후 상단의 '불러오기' 버튼을 눌러 조회한다.

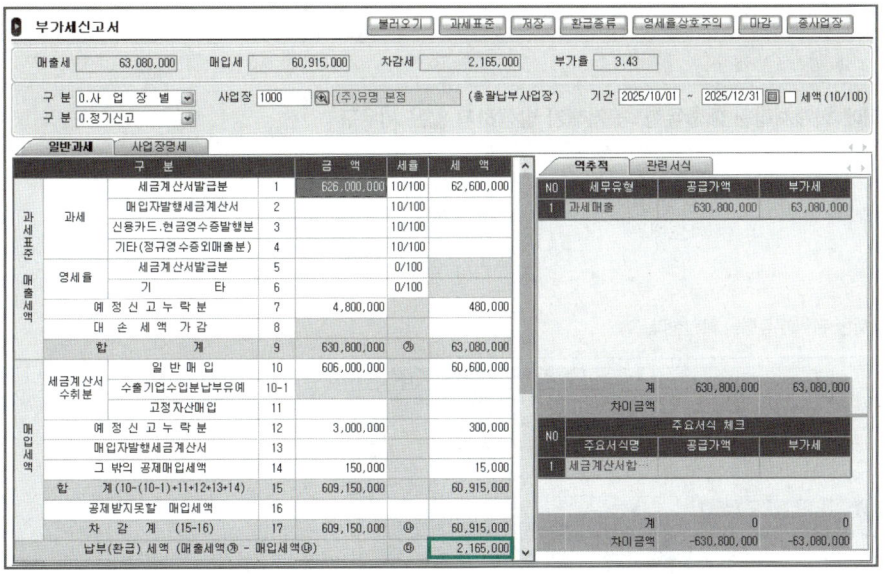

💡TIP

오른쪽 상단의 '불러오기' 버튼을 클릭하여 내용을 새로 불러오면 입력한 거래가 반영된 자료를 확인할 수 있다.

(2) 신용카드, 현금영수증발행분

회사가 공급한 과세 재화 및 용역에 대해 세금계산서를 발행하지 않고 신용카드전표 및 현금영수증을 발행한 경우 표기되는 곳이다. 세무구분은 17.카드매출, 31.현금과세 거래이며 신용카드로 결제가 진행되었어도 세금계산서를 발행한 경우에는 세금계산서 발급분에 반영되므로 주의해야 한다.

(3) 기타(정규영수증 외 매출분)

회사가 공급한 과세 재화 및 용역에 대해 세금계산서, 신용카드 및 현금영수증 모두 발행되지 않은 거래가 기록된다. 세무구분은 14.건별매출이며 주로 사업자등록이 되어 있지 않은 개인과의 거래이다. 개인이더라도 주민번호로 세금계산서를 발행한 경우에는 세금계산서 발급분에 반영되므로 주의해야 한다.

(4) 영세율 과세표준

회사가 수출하는 재화 및 용역에 대해서 기록된다. 영세율 과세표준의 세무구분은 12.영세매출, 16.수출이며 해당 거래는 영세율 거래로 모두 세액이 없다.

① 세금계산서 발급분: 12.영세매출 거래가 표기되는 자리이다. 수출 물품에 대한 국내거래로 내국신용장(Local L/C), 구매확인서가 있는 거래를 말한다.
② 기타: 16.수출 거래가 표기되는 자리이다. 직수출하는 거래로 세금계산서가 발급되지 않는 영세율 거래를 말한다.

(5) 과세표준

과세표준은 매출거래의 공급가액 합계이다. 부가세신고 대상 매출거래가 발생하여 공급가액이 증가하면 과세표준도 함께 증가한다.

> **과세표준 및 과세표준명세서**
> - 과세표준 '9.합계'란의 금액은 상단의 '과세표준' 버튼을 클릭하여 조회되는 과세표준명세의 '32.합계'란의 금액과 동일하다.
> - 과세표준명세서에는 부가세신고서에 보이지 않는 면세매출 거래를 '면세수입금액'란에서 확인할 수 있다.
> - 업종 코드번호는 [사업장등록] 메뉴의 신고관련사항 탭에 등록된 주업종코드가 반영된다.

실무 연습문제 과세표준

[1] (주)유명 본점에서 2025년 3/4분기에 회계처리된 매출유형 중 거래가 발생하지 않은 세무구분 유형은?

① 11.과세매출 ② 12.영세매출
③ 16.수출 ④ 17.카드매출

정답 ③

- '기간: 2025/07/01~2025/09/30'로 조회한 뒤 세무유형을 확인한다.

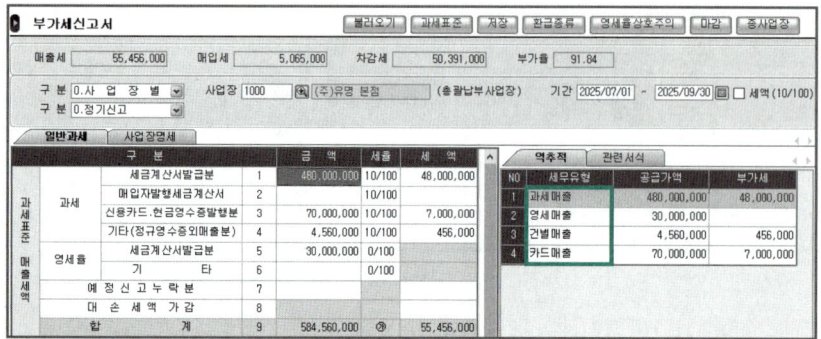

- [매입매출장] 메뉴의 세무구분별 탭에서도 확인할 수 있다.

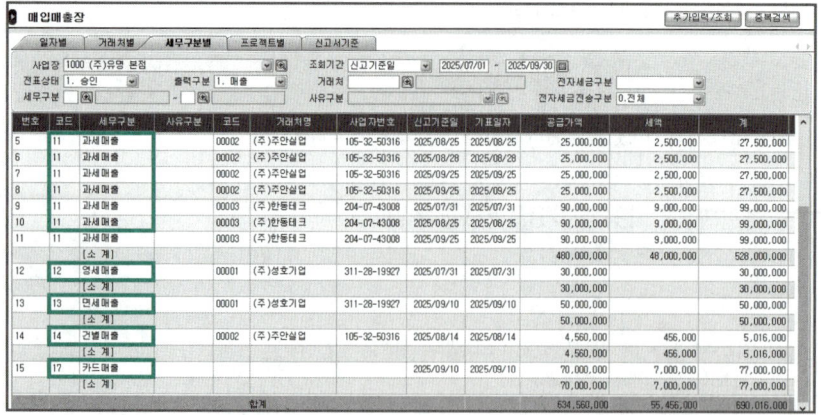

[2] (주)유명 본점의 2025년 제2기 확정 부가가치세 신고기간의 과세표준 금액은 얼마인가?

① 628,000,000원 ② 630,000,000원
③ 630,800,000원 ④ 625,112,000원

정답 ③

'기간: 2025/10/01~2025/12/31'로 조회한 후 오른쪽 상단의 '불러오기' 버튼을 클릭한다.

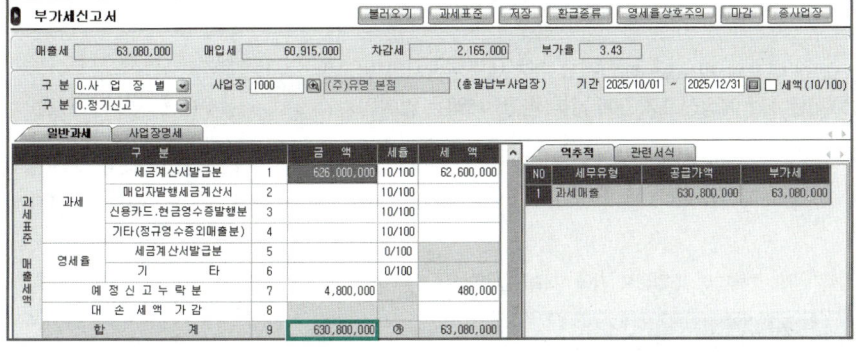

3. 매입세액

(1) 세금계산서 수취분

회사가 재화 및 용역을 공급받으면서 세금계산서를 수취한 거래가 입력되며, [전표입력] 메뉴에서 세무구분 21.과세매입, 22.영세매입, 24.매입불공제, 25.수입인 거래가 반영된다. 매입거래 중 유형자산 및 무형자산의 취득과 자본적 지출 거래는 '고정자산매입'란에 별도로 기록된다.

① 일반매입: 고정자산의 매입거래를 제외하고 세무구분 21.과세매입, 22.영세매입, 24.매입불공제, 25.수입인 거래가 반영된다. 22.영세매입은 영세율세금계산서를 수취한 거래로 공급가액만 기록되고 세액은 없다. 24.매입불공제는 불공제 사유에 해당하는 거래 중 세금계산서를 수취한 거래가 반영된다. [부가세신고서] 메뉴의 '공제받지 못할 매입세액'란에 중복해서 기록되어 공제받는 매입세액이 없도록 작성된다.

② **수출기업수입분 납부유예**: 매출액에서 수출액이 차지하는 비율이 일정 요건을 충족하고 중소·중견사업자가 물품을 제조·가공하기 위한 원재료 등을 수입할 경우 부가가치세 납부유예를 세관장에게 미리 신청하면 수입부가가치세 납부를 유예할 수 있다.

③ **고정자산매입**: 세금계산서 수취분 고정자산매입은 유형자산 및 무형자산의 취득과 자본적 지출이 발생하고 세금계산서를 수취한 거래가 반영된다.

실무 연습문제 　 일반매입

2월 1일 (주)신흥전자에 상품 21,000,000원(부가세 별도)을 매입하고 전자세금계산서를 발급받았으며, 대금은 현금으로 지급하였다. 2025년 1기 예정신고기간에 납부(환급) 세액은 얼마인가?

① 10,600,000원　　　　　　　　　② 21,460,000원
③ 26,850,000원　　　　　　　　　④ 23,850,000원

정답 ①

- [전표입력] 메뉴의 2월 1일자에 구분을 '5.매입부가세'로 선택하여 '매입정보' 창에 자료를 입력한다.

> **TIP**
> 거래처, 세무구분 등 자료의 검색은 F2키를 눌러 팝업창에서 선택한다. 전표입력은 자동저장이 되며 반드시 '상태:승인', '승인자:김은찬'을 확인한다.

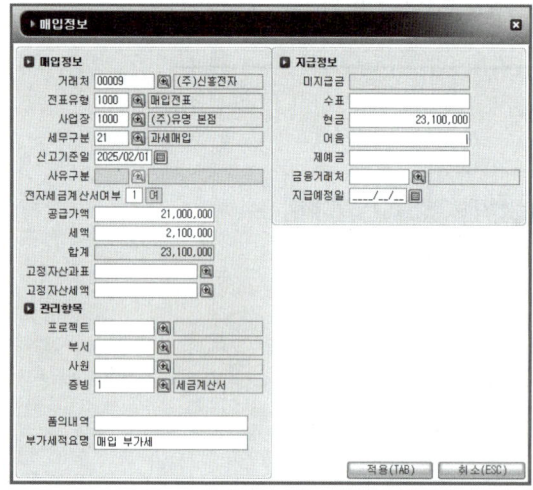

- 상품을 매입하는 거래로 '고정자산과표', '고정자산세액'란에는 금액이 표기되지 않는다.

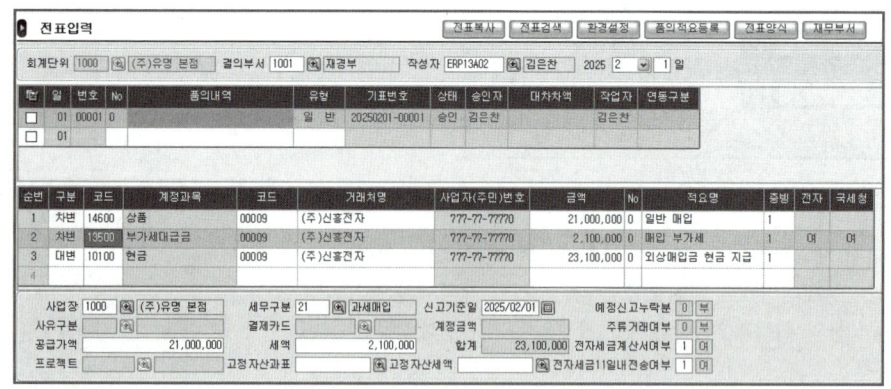

> **TIP**
> 21.과세매입 거래 중에서 유형자산, 무형자산을 매입하는 거래일 경우에는 '11.고정자산매입'란에 반영된다.

- 상품을 매입한 거래로 [부가세신고서] 메뉴의 매입세액 중 세금계산서 수취분 - 10.일반매입에 반영된다.

> 💡TIP
>
> [부가세신고서] 메뉴에 거래가 입력되면 매입세액 공제가 가능하므로 납부(환급)세액 금액이 2,100,000원 만큼 감소(증가)한다.

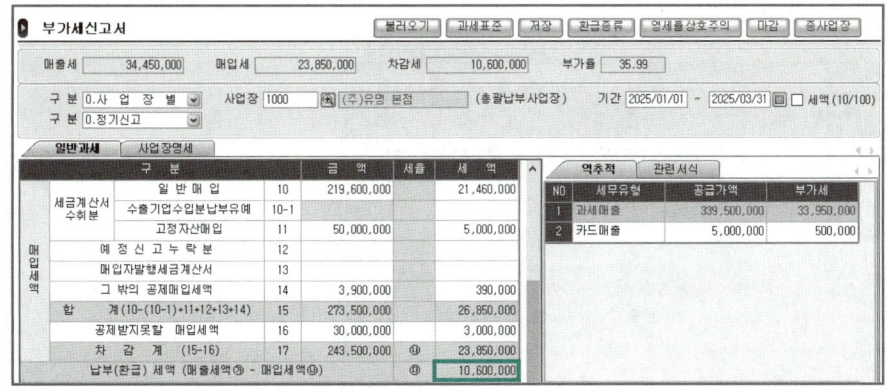

실무 연습문제 고정자산매입

2025년 1기 확정신고기간에 취득한 고정자산의 총 매입세액은 얼마인가?

① 500,000원
② 2,000,000원
③ 2,500,000원
④ 3,000,000원

정답 ④

- [부가세신고서] 메뉴에서 '기간: 2025/04/01~2025/06/30'을 입력하고 상단의 '불러오기' 버튼을 클릭한다.
- '그 밖의 공제매입세액'란에서 Tab 을 누르거나 더블클릭하여 고정자산매입액을 확인한다. '세금계산서 수취분'의 '고정자산매입'란에만 금액이 있고 '그 밖의 공제매입세액'의 '고정자산매입'란은 조회되는 금액이 없으므로 고정자산매입액은 공급가액 30,000,000원이며 세액은 3,000,000원이다.

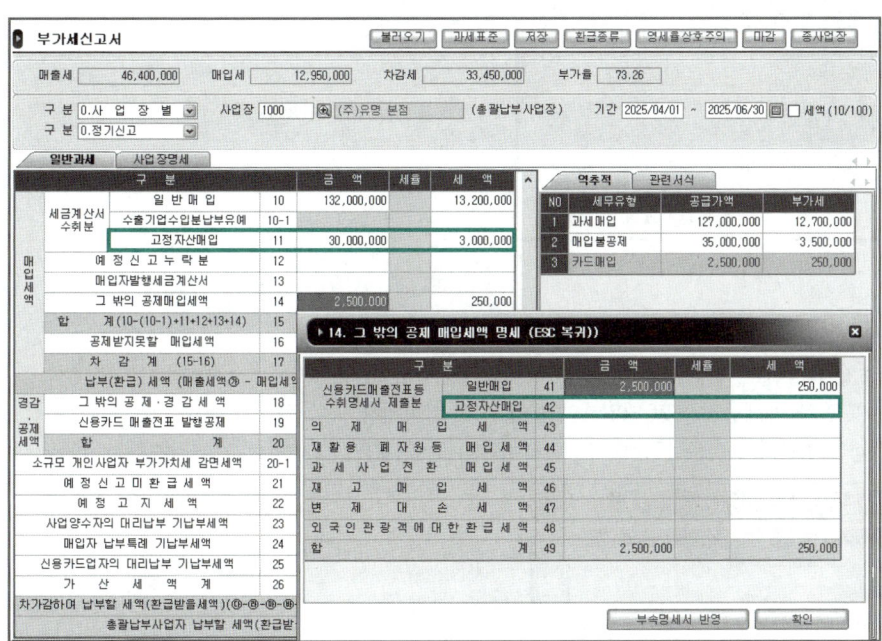

• 고정자산매입액과 고정자산세액은 [회계관리]-[전표/장부관리]-[매입매출장] 메뉴에서도 확인이 가능하다. 조회기간, 출력구분(2.매입)을 설정한 후 고정자산매입액과 고정자산세액의 합계를 확인한다.

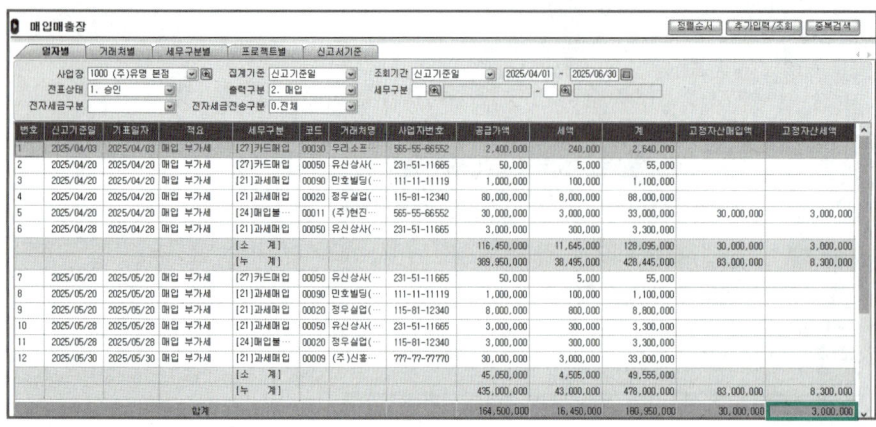

(2) 그 밖의 공제매입세액

그 밖의 공제매입세액은 세금계산서를 수취하지 않고도 매입세액 공제가 가능한 것으로 [전표입력] 메뉴에서 세무구분 26.의제매입세액등, 27.카드매입, 28.현금영수증매입이 반영되며, 신용카드 및 현금영수증을 수취한 거래와 의제매입세액, 재활용 폐자원 세액 등 세금계산서를 수취하지는 않았지만 부가가치세법상 매입세액 공제가 가능한 거래가 기록된다. '그 밖의 공제매입세액'란에서 Tab 을 누르거나 더블클릭하면 다음 팝업창이 실행된다.

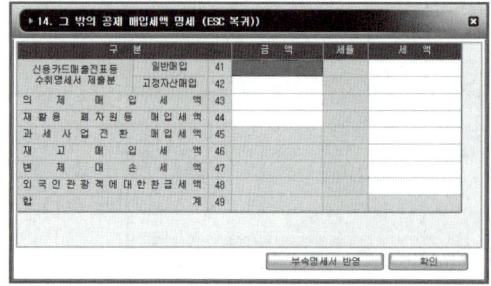

(3) 공제받지 못할 매입세액

세금계산서 수취분 중 부가가치세법상 매입세액 공제가 안 되는 거래로 [전표입력] 메뉴에서 세무구분 24.매입불공제 거래가 반영된다. 따라서 세무구분 24.매입불공제로 입력한 하나의 거래는 '세금계산서 수취분'란과 '공제받지 못할 매입세액'란에 두 번 기록된다. '공제받지 못할 매입세액'란에서 Tab 을 누르거나 더블클릭하면 다음 팝업창이 실행된다.

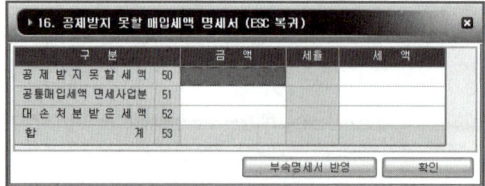

[전표입력] 메뉴에서 24.매입불공제 거래 입력 시 불공제 사유구분을 반드시 기입해야 한다.

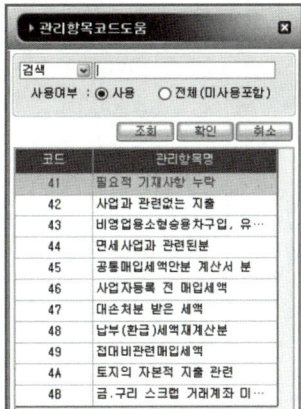

코드	관리항목명	내용
41	필요적 기재사항 누락	• 세금계산서의 필요적 기재사항 누락 • 공급자 사업자등록번호 및 상호(성명) • 공급받는 자 사업자등록번호 • 작성연월일 • 공급가액과 세액
42	사업과 관련 없는 지출	
43	비영업용 소형승용차 구입, 유지 및 임차	• 세법상 영업용승용차(택시, 렌트카 등 운수업) 제외 • 소형승용차(1,000cc 이하) 제외
44	면세사업과 관련된 분	
45	공통매입세액 안분계산서분	
46	사업자등록 전 매입세액	
47	대손처분받은 세액	
48	납부(환급)세액 재계산분	
49	기업업무추진비(접대비) 관련 매입세액	거래처 식사 및 선물 등 세금계산서 수취거래
4A	토지의 자본적 지출 관련	
4B	금, 구리 스크랩 거래 계좌 미사용 관련 매입세액	

실무 연습문제   매입불공제

[1] 다음 거래를 [전표입력] 메뉴에 기입한 후 2025년 2기 부가가치세 예정신고 시 공제받지 못할 매입세액 금액은 얼마인가?

> 9월 30일 비영업용 승용차(배기량: 1,200cc)를 구입하고 매입전자세금계산서를 수취한 후 신안은행 보통예금 계좌에서 이체하였다.
> • 공급자: (주)현진자동차
> • 공급가액: 20,000,000원
> • 세액: 2,000,000원

① 5,000,000원
② 5,035,000원
③ 5,500,000원
④ 5,700,000원

정답 ③

- [전표입력] 메뉴의 9월 30일자에 구분을 '5.매입부가세'로 선택하여 '매입정보' 창에 자료를 입력한다. 고정자산 과표, 고정자산세액도 입력한다.

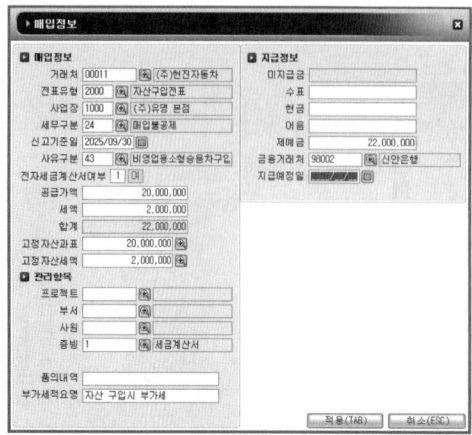

> **TIP**
> 거래처, 세무구분 등 자료의 검색은 F2키를 눌러 팝업창에서 선택한다. 전표입력은 자동저장이 되며 반드시 '상태:승인', '승인자:김은찬'을 확인한다.

> **TIP**
> 유형자산 매입의 전표유형은 '2.자산구입전표'를 선택한다. 다만, '1000.매입전표' 유형만 있을 경우에는 해당 유형을 선택한다.

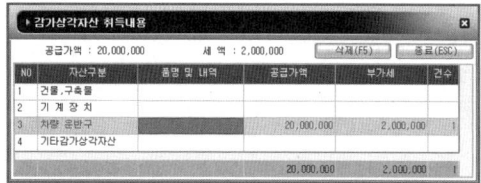

- 자동으로 반영되는 21200.비품을 20800.차량운반구로, 10300.제예금을 10301.보통예금으로 변경한다.

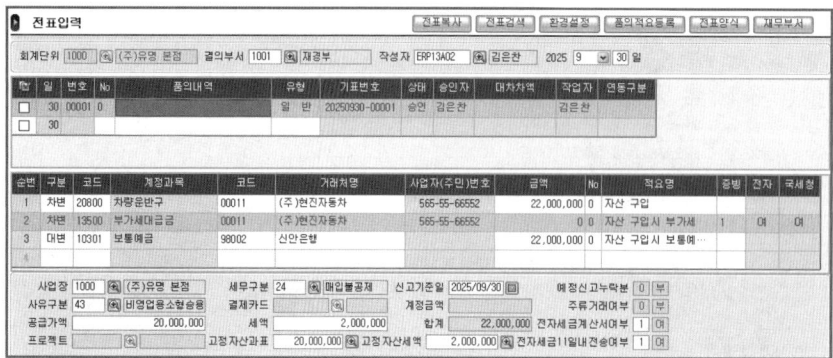

- [부가세신고서] 메뉴 오른쪽 상단의 '불러오기' 버튼을 눌러 조회한다.

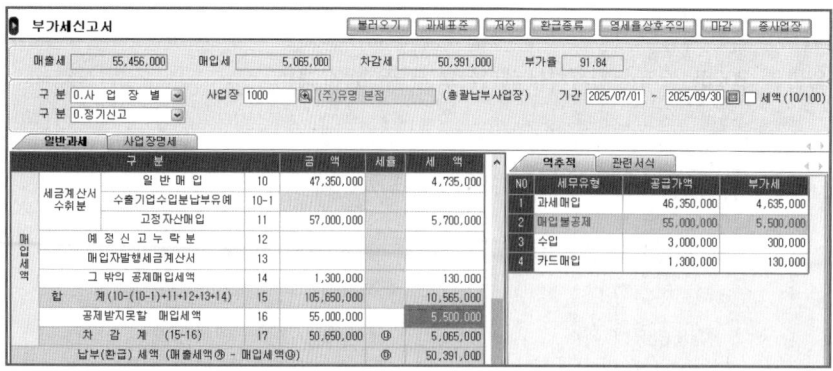

(4) 예정신고누락분

부가가치세신고 대상 거래에 대해 회사가 예정신고 거래를 누락한 경우에는 확정신고서에 반영하여 매출세액을 납부하고 매입세액은 공제받을 수 있다. 다만, 누락한 거래의 성격에 따라 가산세가 부과된다. 부가세신고서상에서 예정신고누락분을 입력할 수 있으며 '예정신고누락분'란에 커서를 두고 Tab을 누르거나 더블클릭을 하면 다음과 같은 팝업창이 실행된다.

> **실무 연습문제** 예정신고누락분

(주)유명 본점의 2025년 2기 부가가치세 확정신고 시 매입에 대한 예정신고누락분의 세액은 얼마인가?

① 280,000원
② 300,000원
③ 480,000원
④ 600,000원

정답 ②

- [부가세신고서] 메뉴에서 '기간: 2025/10/01~2025/12/31'을 입력하고 오른쪽 상단의 '불러오기' 버튼을 클릭한다.

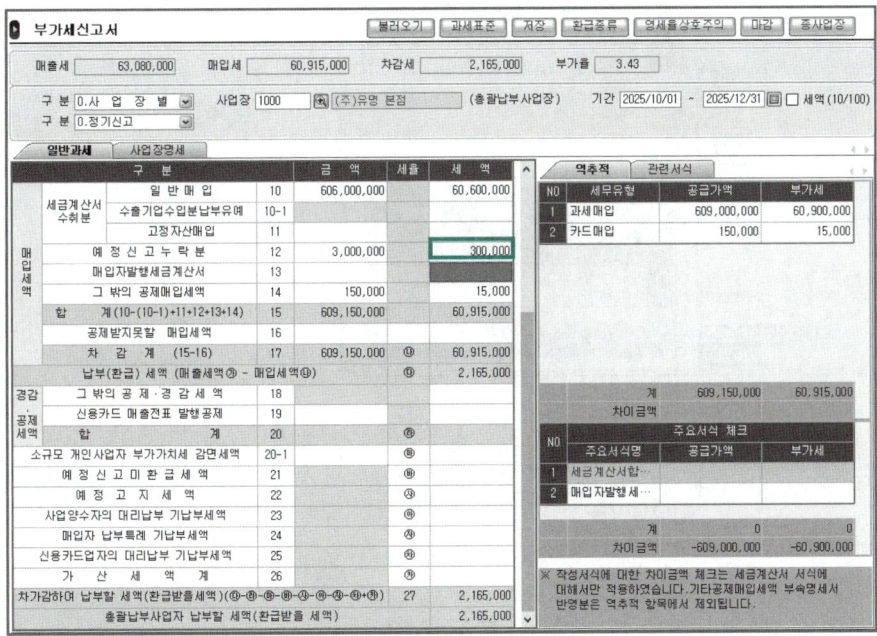

- 또는 [회계관리]-[전표/장부관리]-[매입매출장] 메뉴의 신고서기준 탭에서 조회기간 설정 후 오른쪽 상단의 '예정신고누락분 조회' 버튼을 클릭하여 금액을 확인하는 방법도 있다.

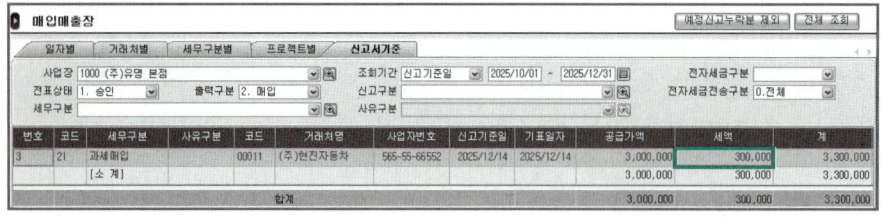

4. 납부(환급)세액

(1) 과세기간과 세액 납부 환급

[부가세신고서] 메뉴의 '납부(환급)세액'란의 금액이 양수(+)인 경우 납부세액이 발생한 것으로, 부가가치세신고 및 납부는 부가세신고 기간이 종료된 후 다음 달 25일까지 해야 한다. 반면, 부가가치세 세액이 음수(−)로 환급을 받는 경우 환급세액은 확정신고기한이 지난 후 30일 이내에 환급된다. 매월 또는 매2월마다 부가세신고를 하고 조기에 환급받을 수 있다.

(2) 부가가치세 납부

납부와 관련된 회계처리 시 매출세액은 부가세예수금 계정을, 매입세액은 부가세대급금 계정을 사용하고, 납부세액은 미지급금 또는 미지급세금으로 처리한다. 2025년 1기 확정신고기간을 조회하면 매출세액은 46,400,000원, 매입세액은 12,950,000원으로 납부세액은 33,450,000원이다.

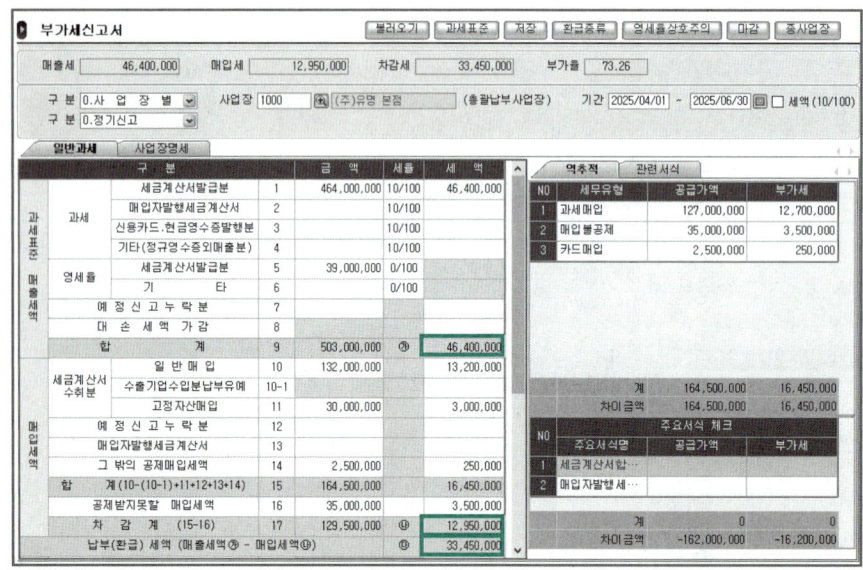

위의 화면을 바탕으로 회계처리를 하면 다음과 같다.

(차) 부가세예수금	46,400,000	(대) 부가세대급금	12,950,000
		미지급세금	33,450,000

(3) 부가가치세 환급

매출세액보다 매입세액이 많아 납부(환급)세액란이 음수(−)로 산출되어 환급이 발생하는 경우이다.

2 세금계산서합계표

> **ERP 메뉴 찾아가기**
>
> 회계관리 ▶ 부가가치세관리 ▶ 세금계산서합계표

세금계산서를 발행 및 수취한 거래가 반영되는 메뉴이다. 세금계산서 없이 발행한 영수증, 카드 및 현금영수증 거래는 반영되지 않는다. 전자세금계산서와 전자세금계산서 이외의 자료로 구분하여 조회되며, 사업자거래와 개인 주민등록번호 발급분으로 구분하여 자료가 조회된다.

1. 매출

[전표입력] 메뉴에서 세무구분 11.과세매출, 12.영세매출이 반영된다.

(1) **전자세금계산서분(11일 이내 전송분) 탭**

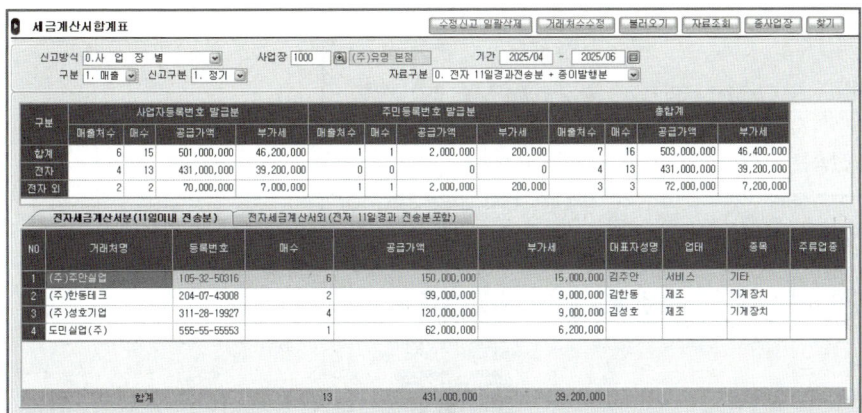

(2) **전자세금계산서외(전자 11일 경과 전송분 포함) 탭**

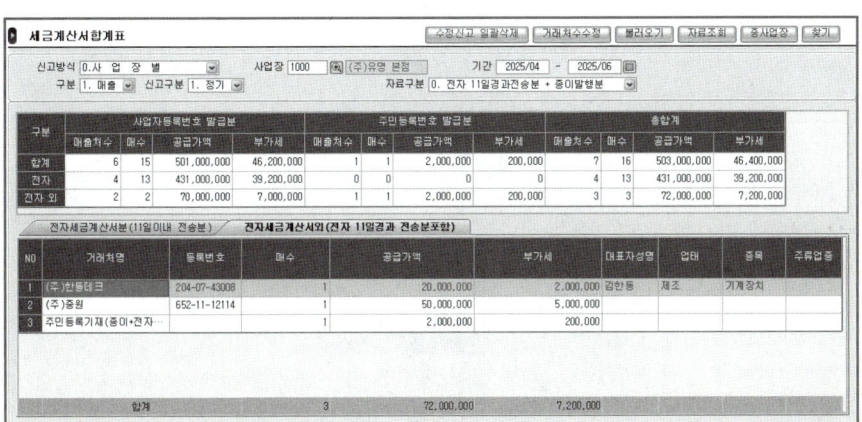

2. 매입

[전표입력] 메뉴에서 세무구분 21.과세매입, 22.영세매입, 24.매입불공제, 25.수입 거래가 반영된다.

(1) 전자세금계산서분(11일 이내 전송분) 탭

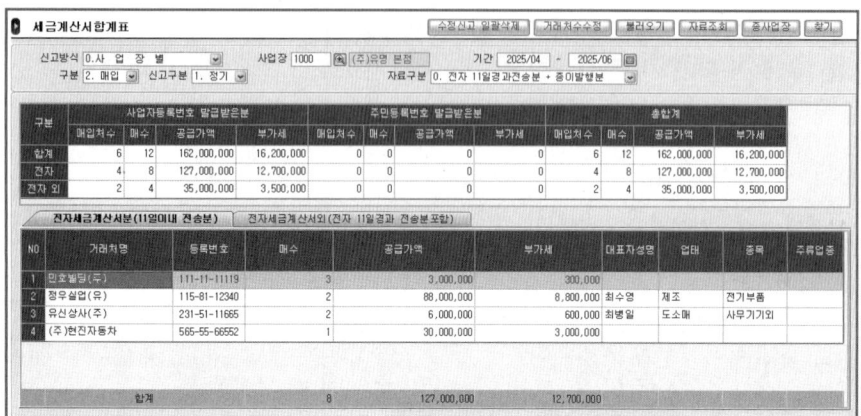

(2) 전자세금계산서외(전자 11일 경과 전송분 포함) 탭

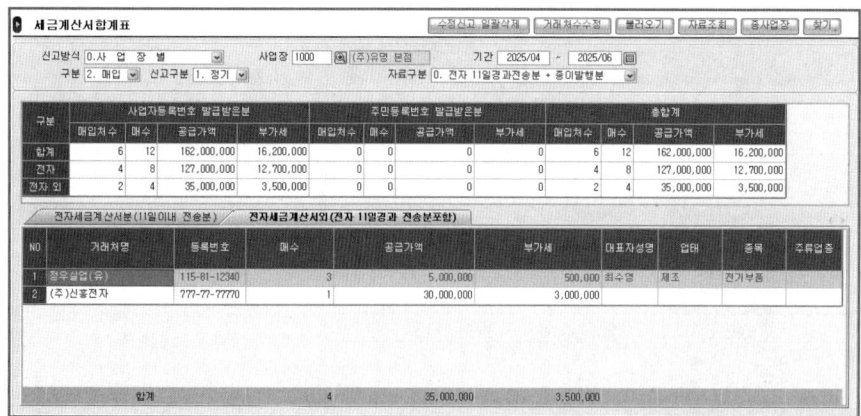

3. 자료조회

[세금계산서합계표] 메뉴에 조회된 거래처에 커서를 두고 오른쪽 상단의 '자료조회' 버튼을 클릭하면 [전표입력] 메뉴에 입력된 세무구분을 확인할 수 있다.

실무 연습문제 세금계산서합계표

다음 중 (주)유명 본점의 2025년 1기 부가가치세 확정신고기간에 정상적인 전자세금계산서 발행이 가장 많은 거래처는?

① (주)주안실업　　② (주)한동테크
③ (주)성호기업　　④ 도민실업(주)

정답 ①

'기간: 2025/04~2025/06'로 조회한다.

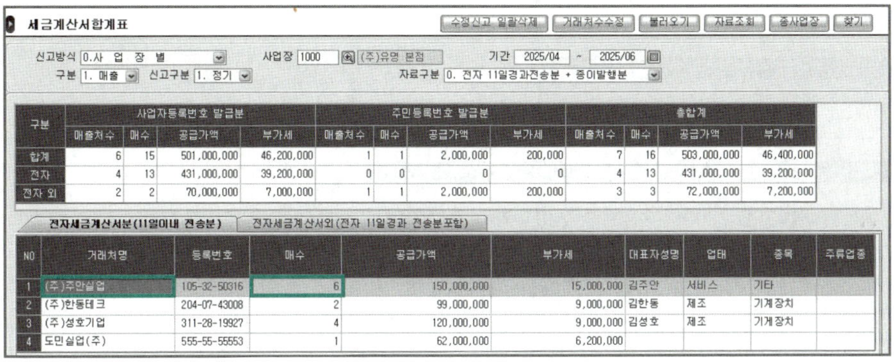

세금계산서합계표

수정신고 일괄삭제 | 거래처수수정 | 불러오기 | 자료조회 | 종사업장 | 찾기

신고방식 0.사 업 장 별　사업장 1000 (주)유명 본점　기간 2025/04 ~ 2025/06
구분 1. 매출　신고구분 1. 정기　자료구분 0. 전자 11일경과전송분 + 종이발행분

구분	사업자등록번호 발급분				주민등록번호 발급분				총합계			
	매출처수	매수	공급가액	부가세	매출처수	매수	공급가액	부가세	매출처수	매수	공급가액	부가세
합계	6	15	501,000,000	46,200,000	1	1	2,000,000	200,000	7	16	503,000,000	46,400,000
전자	4	13	431,000,000	39,200,000	0	0	0	0	4	13	431,000,000	39,200,000
전자 외	2	2	70,000,000	7,000,000	1	1	2,000,000	200,000	3	3	72,000,000	7,200,000

전자세금계산서분(11일이내 전송분) | 전자세금계산서외(전자 11일경과 전송분포함)

NO	거래처명	등록번호	매수	공급가액	부가세	대표자성명	업태	종목	주류업종
1	(주)주안실업	105-32-50316	6	150,000,000	15,000,000	김주안	서비스	기타	
2	(주)한동테크	204-07-43008	2	99,000,000	9,000,000	김한동	제조	기계장치	
3	(주)성호기업	311-28-19927	4	120,000,000	9,000,000	김성호	제조	기계장치	
4	도민실업(주)	555-55-55553	1	62,000,000	6,200,000				

3 계산서합계표

ERP 메뉴 찾아가기

회계관리 ▶ 부가가치세관리 ▶ 계산서합계표

면세 재화 및 용역에 대해 계산서를 발행 및 수취한 경우에 반영되는 메뉴로 [전표입력] 메뉴에서 세무구분 13.면세매출, 23.면세매입 거래가 반영된다. 2기 예정신고기간을 입력한 후 오른쪽 상단의 '불러오기' 버튼을 누르면 (주)성호기업 거래가 조회된다.

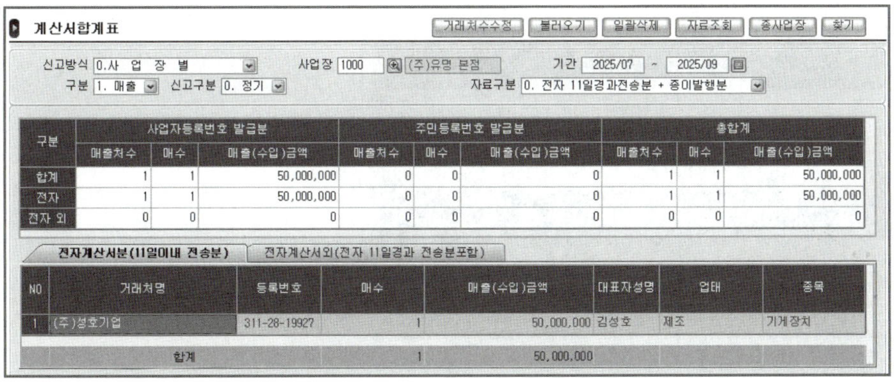

계산서합계표

거래처수수정 | 불러오기 | 일괄삭제 | 자료조회 | 종사업장 | 찾기

신고방식 0.사 업 장 별　사업장 1000 (주)유명 본점　기간 2025/07 ~ 2025/09
구분 1. 매출　신고구분 0. 정기　자료구분 0. 전자 11일경과전송분 + 종이발행분

구분	사업자등록번호 발급분			주민등록번호 발급분			총합계		
	매출처수	매수	매출(수입)금액	매출처수	매수	매출(수입)금액	매출처수	매수	매출(수입)금액
합계	1	1	50,000,000	0	0	0	1	1	50,000,000
전자	1	1	50,000,000	0	0	0	1	1	50,000,000
전자 외	0	0	0	0	0	0	0	0	0

전자계산서분(11일이내 전송분) | 전자계산서외(전자 11일경과 전송분포함)

NO	거래처명	등록번호	매수	매출(수입)금액	대표자성명	업태	종목
1	(주)성호기업	311-28-19927	1	50,000,000	김성호	제조	기계장치
	합계		1	50,000,000			

오른쪽 상단의 '자료조회' 버튼을 클릭한 후 해당 거래를 더블클릭하면 [전표입력] 메뉴로 이동한다.

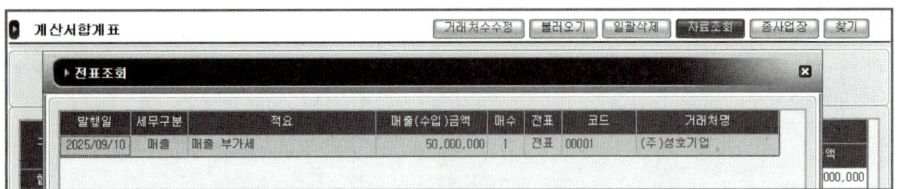

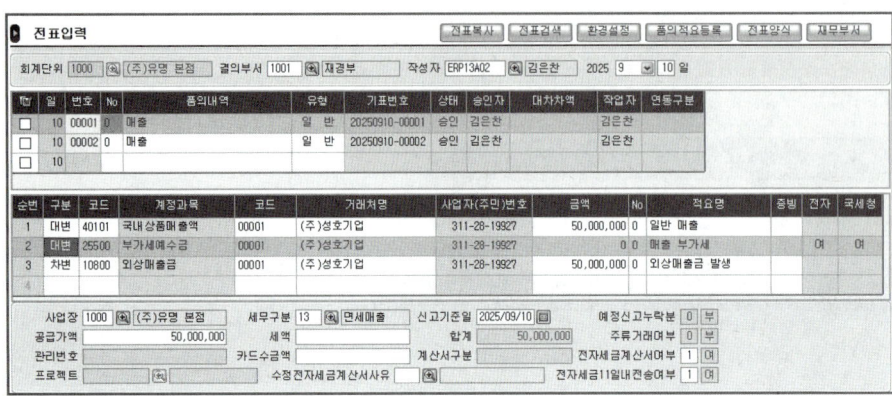

> **실무 연습문제** 계산서합계표

다음 중 (주)유명 본점의 2025년 1기 부가가치세 예정신고기간에 면세매출이 발생한 거래처는?

① (주)중원
② (주)주안실업
③ (주)한동테크
④ (주)형광공업

> **정답** ③

'기간: 2025/01~2025/03'로 조회한다.

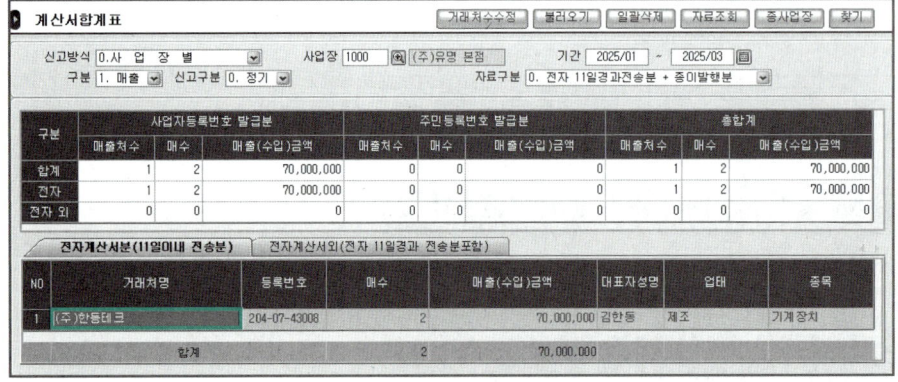

+ 기출유형 압축노트 | p.32

4 매입세액불공제내역

ERP 메뉴 찾아가기

회계관리 ▶ 부가가치세관리 ▶ 매입세액불공제내역

세금계산서를 수취한 거래 중 부가가치세법에 따라 매입세액 공제를 받을 수 없는 사유의 지출에 대해 [전표입력] 메뉴에서 세무구분을 24.불공제매입으로 입력하면 자동으로 작성되는 메뉴로 오른쪽 상단의 '불러오기' 버튼을 누르면 자료가 조회된다.

실무 연습문제 매입세액불공제내역

⊕ 기출유형 압축노트 | p.33

[1] (주)유명 본점의 2025년 1기 부가가치세 예정신고기간에 발생한 매입거래 중 '비영업용소형승용차구입 및 유지' 사유로 불공제되는 매입세액은 얼마인가?

① 1,200,000원　　② 2,000,000원
③ 2,300,000원　　④ 3,000,000원

정답 ④

'기간: 2025/01～2025/03'을 입력한 후 오른쪽 상단의 '불러오기' 버튼을 클릭하여 조회한다.

매입세액불공제내역　[불러오기] [일괄삭제] [종사업장]

신고구분 0.사 업 장 별　사업장 1000 (주)유명 본점　기간 2025/01 ~ 2025/03
정기/수정구분 0. 정기

1. 인적사항
상호(법인명) (주)유명 본점　성명(대표자) 노기승　사업자등록번호 192-81-19582

2. 공제받지 못할 매입세액 내역

매입세액 불공제 사유	세금계산서 매수	세금계산서 공급가액	세금계산서 불공제매입세액
필요적 기재사항 누락			
사업과 관련없는 지출			
비영업용소형승용차구입, 유지 및 임차	1	30,000,000	3,000,000
접대비관련매입세액			
면세사업과 관련된분			
토지의 자본적 지출 관련			
사업자등록 전 매입세액			
금.구리 스크랩 거래계좌 미사용 관련 매입세액			
합계	1	30,000,000	3,000,000

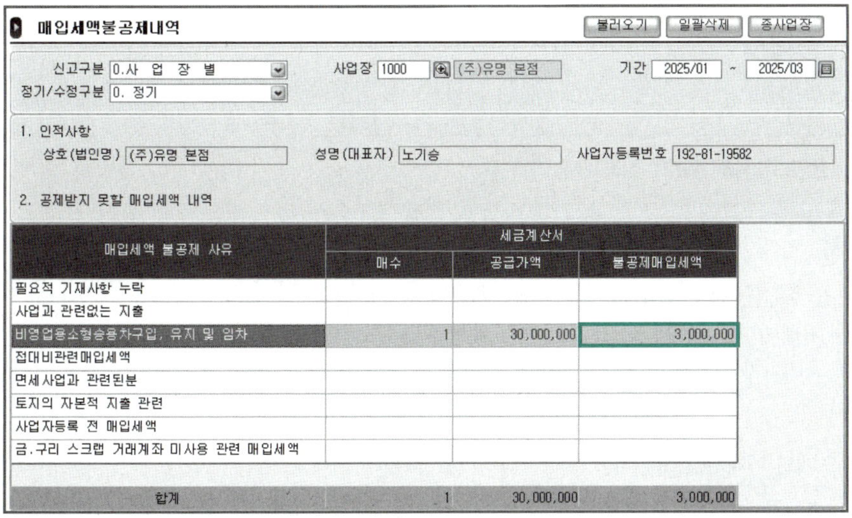

[2] (주)유명 본점의 2025년 1기 부가가치세 확정신고기간에 매입한 거래 중 공제받지 못할 매입세액에 대한 불공제 사유가 아닌 것은?

① 필요적 기재사항 누락　　② 사업과 관련없는 지출
③ 접대비관련매입세액　　④ 비영업용소형승용차 구입 및 유지

정답 ②

'기간: 2025/04~2025/06'을 입력한 후 오른쪽 상단의 '불러오기' 버튼을 클릭하여 조회한다.

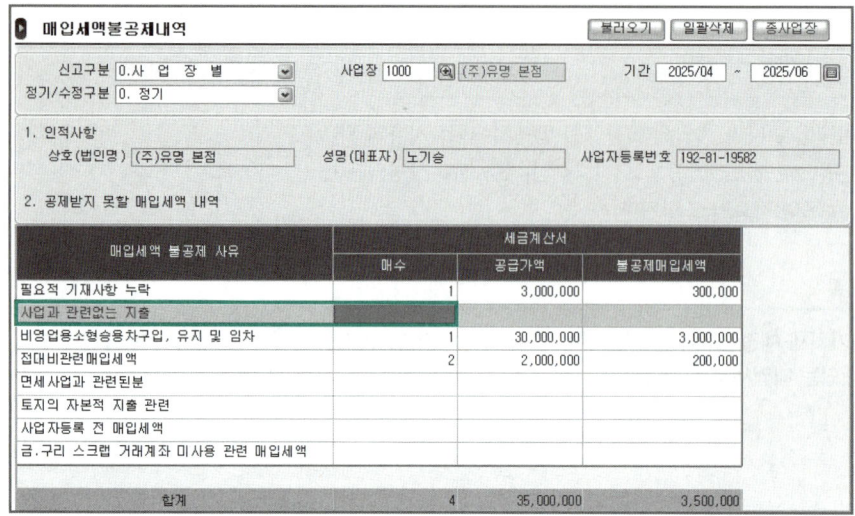

5 신용카드발행집계표/수취명세서

ERP 메뉴 찾아가기

회계관리 ▶ 부가가치세관리 ▶ 신용카드발행집계표/수취명세서

1. 신용카드/현금영수증 수취명세서

전표입력 세무구분에서 27.카드매입, 28.현금영수증매입 거래는 세금계산서를 수취하지 않았지만 매입세액 공제가 가능한 거래이다. 매입세액 공제를 받기 위해 27.카드매입, 28.현금영수증매입 유형의 거래 및 거래처가 기록된 부속메뉴이다.

(1) 신용카드등 수취명세서

[전표입력] 메뉴의 세무구분 27.카드매입 거래가 기록된다.

실무 연습문제   신용카드발행집계표/수취명세서

(주)유명 본점의 2025년 1기 부가가치세 확정신고기간의 카드매입세액은 얼마인가?

① 250,000원
② 240,000원
③ 245,000원
④ 255,000원

정답 ①

'기간: 2025/04~2025/06'을 입력하고 오른쪽 상단의 '불러오기' 버튼을 클릭하면 공급가액 2,500,000원, 매입세액 250,000원이 조회된다.

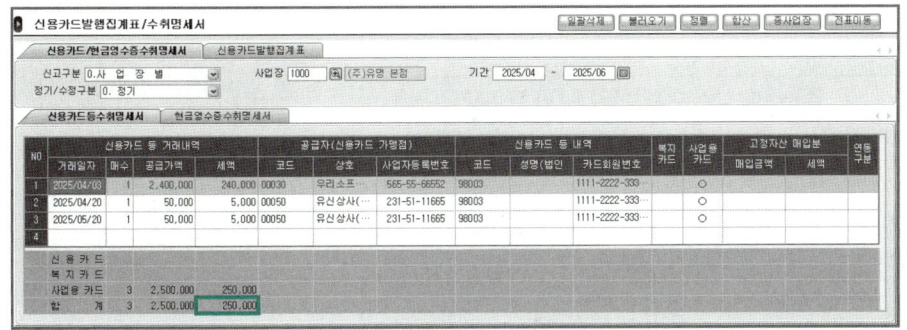

(2) 현금영수증 수취명세서

[전표입력] 메뉴에서 세무구분 28.현금영수증매입 거래가 기록된다.

실무 연습문제 현금영수증 수취명세서

2월 6일 오피스세상으로부터 상품 100,000원(부가가치세 별도)을 매입하며 현금을 지출하였으며 증빙은 세금계산서 대신 현금영수증을 수취하였다. 전표입력 메뉴에 입력 후 현금영수증수취 명세서에 1기 예정신고 시 매입세액은 얼마인가? (단, 승인번호는 생략한다)

① 10,000원 ② 11,000원
③ 20,000원 ④ 40,000원

정답 ③

- [전표입력] 메뉴에서 구분을 '5.매입부가세'로 선택하여 '매입정보' 창에 자료를 입력한다. 공급가액 자리에 공급대가 110,000원을 입력하면 자동으로 공급가액과 세액이 기입된다.

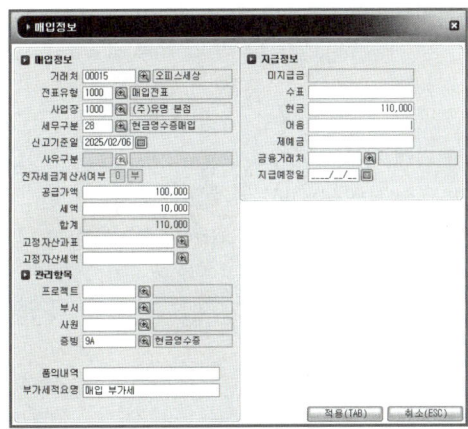

> **TIP**
> 거래처, 세무구분 등 자료의 검색은 F2키를 눌러 팝업창에서 선택한다. 전표입력은 자동저장이 되며 반드시 '상태:승인', '승인자:김은찬'을 확인한다.

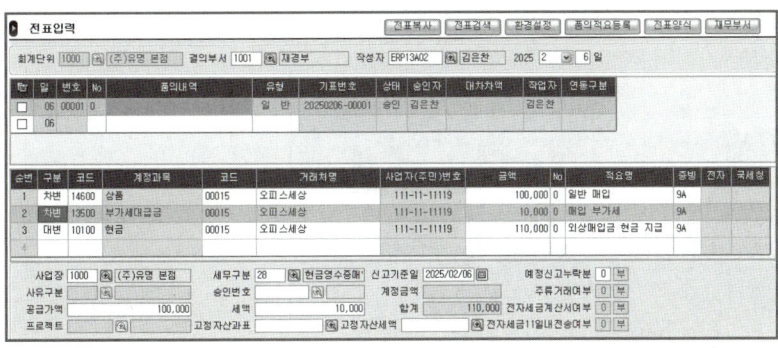

- [신용카드발행집계표/수취명세서] 메뉴에서 '기간: 2025/01~2025/03'을 입력하고 현금영수증수취명세서 탭에서 '불러오기' 버튼을 누른다.

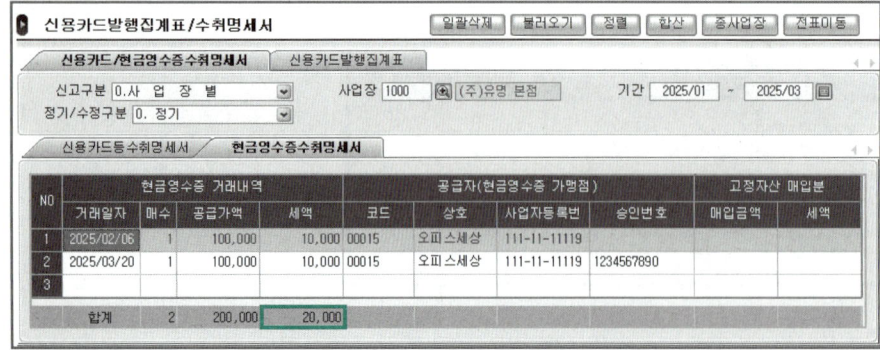

> **TIP**
> 신용카드/현금영수증수취명세서 탭에 입력되는 거래는 세금계산서를 수취하지 않은 과세 거래에 대해 신용카드전표 및 현금영수증을 수취한 거래이다. 카드전표를 수취하고 세금계산서도 수취한 경우에는 21.과세매입 거래로 처리되므로 반영되지 않는다.

실무 연습문제 신용카드발행집계표/수취명세서

(주)유명 본점은 영업용승용차에 주유하고 주유대금을 법인카드로 결제했다. 본 거래와 관련하여 부가가치세신고 시 첨부해야 할 서식은?

① 세금계산서합계표
② 매입세액불공제내역
③ 건물등감가상각자산취득명세서
④ 신용카드매출전표등 수령명세서

정답 ④

영업용승용차에 대해서는 매입세액 공제가 가능하다. 따라서 비영업용 소형승용차에 대해 첨부하는 서류인 매입세액불공제내역은 첨부하지 않는다. 주유대금에 대해 세금계산서를 수취하지 않고 카드로 결제한 경우 세금계산서합계표에 반영되지 않고 신용카드매출전표등 수령명세서에 반영된다. 주유대금은 차량유지비 비용 계정으로 건물등감가상각자산취득명세서에 반영되지 않는다.

2. 신용카드발행집계표

[전표입력] 메뉴에서 세무구분 11.과세매출, 13.면세매출 거래 일부, 17.카드매출, 18.면세카드매출, 31.현금과세, 32.현금면세 거래가 반영되는 부속메뉴이다. '⑨세금계산서 발급금액'란에는 카드로 결제 받아 카드전표 발행과 함께 세금계산서를 중복해서 발행한 거래 금액이 반영된다.

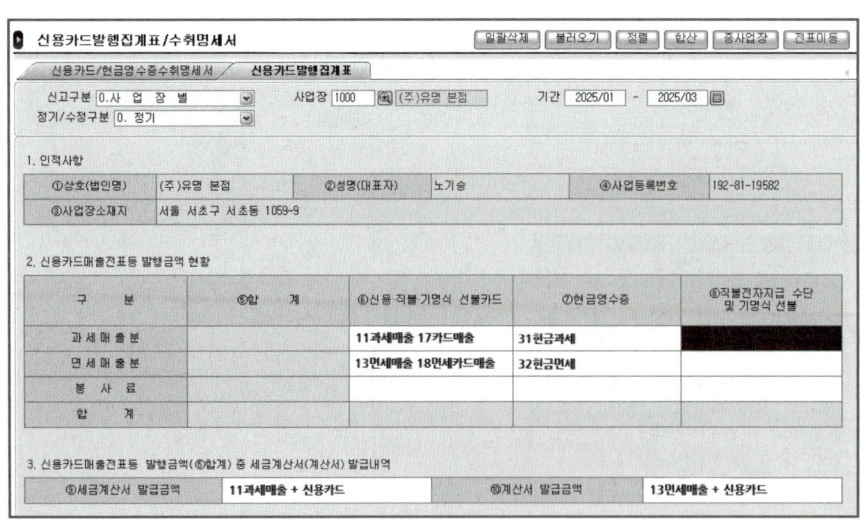

> **TIP**
> 시험에서는 신용카드매출액 중 세금계산서 발급된 금액을 주로 묻는다. 해당 금액은 '⑨세금계산서 발급금액'란에서 확인한다.

6 건물등감가상각자산취득명세서

ERP 메뉴 찾아가기

회계관리 ▶ 부가가치세관리 ▶ 건물등감가상각자산취득명세서

[전표입력] 메뉴에서 세무구분이 21.과세매입, 22.영세매입, 24.매입불공, 25.수입, 27.카드매입, 28.현금영수증매입, 41.카드기타인 데이터의 관리항목 중 '고정자산과표'와 '고정자산세액'을 볼 수 있는 메뉴이다.

2025년 1기 확정신고기간에 취득한 자산의 총 매입금액은 [건물등감가상각자산취득명세서] 메뉴에서도 확인할 수 있다. 기간을 입력한 후 오른쪽 상단의 '불러오기' 버튼을 클릭하여 내역을 조회한다.

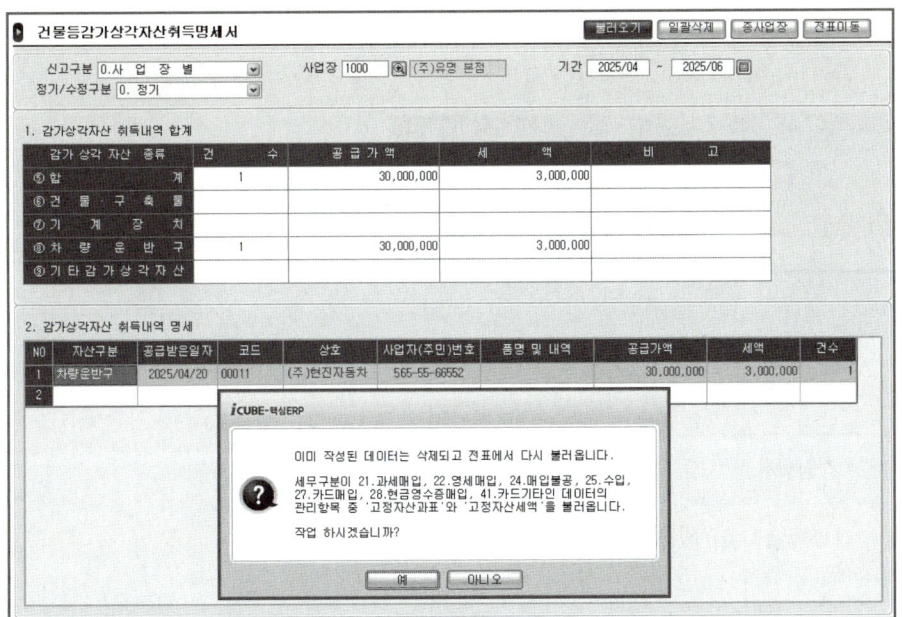

실무 연습문제 건물등감가상각자산취득명세서

[1] 다음 중 건물등감가상각자산취득명세서를 전표에서 불러올 때 해당하는 세무구분이 아닌 것은?

① 21.과세매입
② 22.영세매입
③ 23.면세매입
④ 24.매입불공

정답 ③

오른쪽 상단의 '불러오기' 버튼을 눌러서 조회되는 세무구분 중 23.면세매입은 없다.

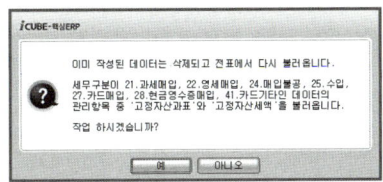

[2] (주)유명 본점의 2025년 1기 부가가치세 예정신고 시 신고할 고정자산매입 건수는?

① 1건 ② 2건
③ 3건 ④ 4건

정답 ③

'기간: 2025/01~2025/03'로 입력한 후 오른쪽 상단의 '불러오기' 버튼을 눌러서 확인한다.

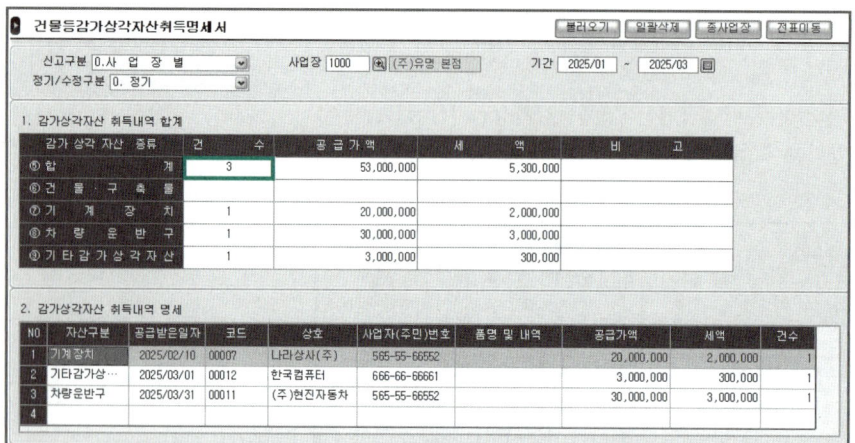

7 수출실적명세서

ERP 메뉴 찾아가기

회계관리 ▶ 부가가치세관리 ▶ 수출실적명세서

전표입력에서 세무구분 16.수출 거래에 대해 수출신고번호와 선적일자, 통화코드, 환율, 외화금액과 원화금액을 기록하는 부속메뉴이다.

실무 연습문제 수출실적명세서

1월 6일 (주)주안실업에 상품 $5,000(USD 환율 1$=1,100원)를 수출신고서(신고번호 12345-67-890123-45)에 의해 직수출하고 대금은 외상으로 하였다. 전표입력 시 매출 계정은 해외매출액으로 등록한 후 수출실적명세서에 작성될 수출재화의 외화 금액은 얼마인가?

① 5,000달러 ② 10,000달러
③ 13,000달러 ④ 15,000달러

정답 ①

- [전표입력] 메뉴에서 1월 6일자에 구분을 '6.매출부가세'로 선택하여 '매출정보' 창에 자료를 입력한다.

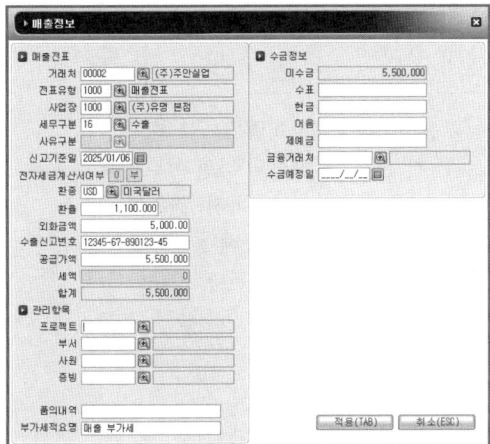

> TIP
> 거래처, 세무구분 등 자료의 검색은 F2키를 눌러 팝업창에서 선택한다. 전표입력은 자동저장이 되며 반드시 '상태:승인', '승인자:김은찬'을 확인한다.

- 자동으로 반영되는 40101.국내상품매출액을 40102.해외상품매출액으로 변경한다.

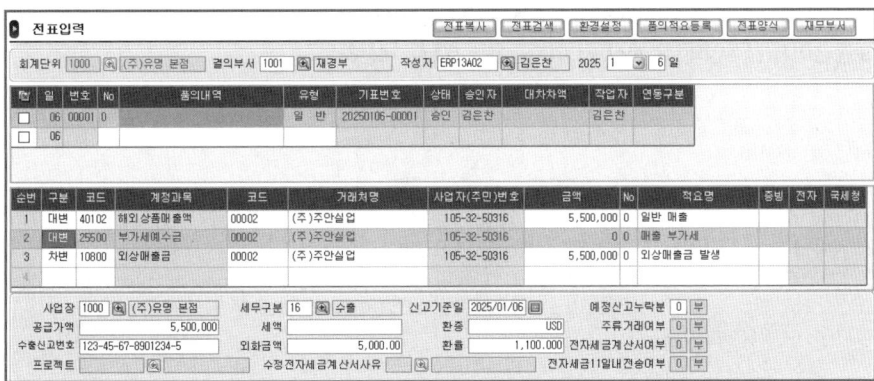

- [수출실적명세서] 메뉴의 '거래기간: 2025/01~2025/03'을 입력한 후 오른쪽 상단에 '불러오기' 버튼을 클릭한다. 데이터 옵션은 '합산하여 불러옴', '기타영세율적용란으로 불러옴'을 선택한다.

8 부동산임대공급가액명세서

ERP 메뉴 찾아가기

회계관리 ▶ 부가가치세관리 ▶ 부동산임대공급가액명세서

부동산 임대용역을 제공하는 사업자는 부가가치세신고 시 '부동산임대공급가액명세서'를 제출해야 하며, 이는 부가가치세 성실 신고 여부와 보증금에 대한 간주임대료 계산의 적정 여부 등을 판단하는 자료로 활용된다. 주어진 자료를 직접 입력해서 간주임대료를 산출하며, 간주임대료에 해당하는 금액은 세금계산서가 발행된 거래는 아니지만 매출세액을 납부해야 하므로 세무구분에서 14.건별 거래로 [부가세신고서] 메뉴에서 '과세-기타'란에 반영된다. 간주임대료를 산출하는 과정에 사용되는 이자율은 국세청장이 고시하는 이자율이며, 수험생은 프로그램에 설정된 이자율로 계산하면 된다.

실무 연습문제 부동산임대공급가액명세서

(주)유명 본점은 부동산임대업도 하고 있어 부가가치세 신고 시 간주임대료를 포함하여 신고하려고 한다. 2025년 1기 부가가치세 확정신고 시 다음 [부동산임대내역]을 입력한 후 보증금이자(간주임대료)를 계산하면 얼마인가? (단, 보증금이자(간주임대료) 계산 시 이자율은 3.5%로 계산하며 소수점 이하는 절사한다)

- 주소: 서울특별시 종로구 청운효자동, 지상 5층, 501호
- 상호(성명): 아이텔레콤(주)
- 사업자등록번호: 109-88-11118
- 면적: 500m² ・ 용도: 사무실 ・ 임대기간: 2025/04/01~2026/03/31
- 보증금: 50,000,000원 ・ 월세: 1,000,000원 ・ 관리비: 100,000원

① 159,506원 ② 211,547원
③ 324,383원 ④ 436,301원

정답 ④

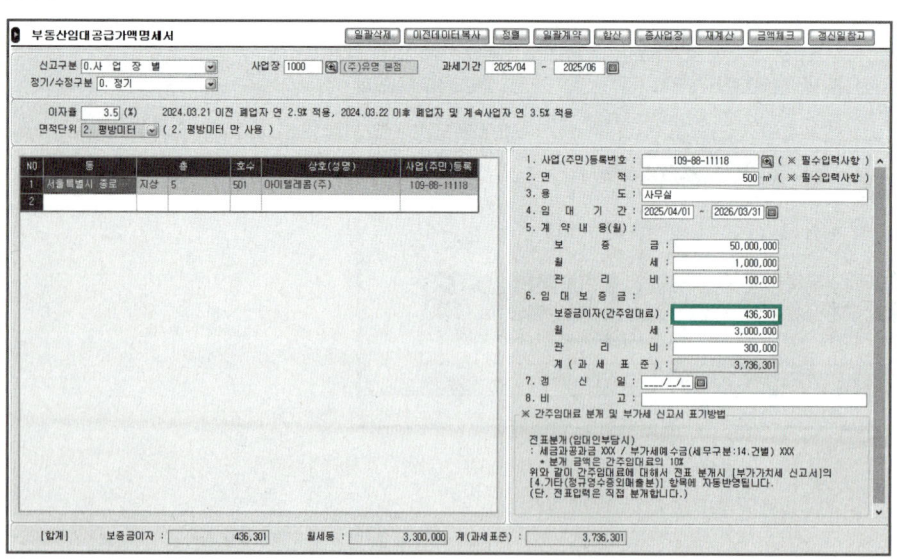

9 의제매입세액공제신고서

ERP 메뉴 찾아가기

회계관리 ▶ 부가가치세관리 ▶ 의제매입세액공제신고서

사업자가 면세농산물 등을 원재료로 하여 제조, 가공한 재화 또는 창출한 용역의 공급이 과세되는 경우 매입가액의 일정 비율을 의제매입세액으로 계산하여 부가세신고 시 공제받을 수 있다. 의제매입세액공제신고서는 의제매입세액공제를 적용받는 경우 작성하며, 불러오기 기능을 통해 전표입력 데이터를 간편하게 불러와서 작성할 수 있다.

매입세액정산 탭은 확정신고 시 활성화되며, 확정신고 시 매입세액을 정산해서 작성하여야 한다. 매입세액정산은 매입세액정산과 집중제조업 매입세액정산으로 구분되어 있다. 집중제조업 매입세액정산은 매입시기가 특정 기간에 집중되는 경우 의제매입세액 공제 적용 시 과세기간 단위의 매입세액 공제 한도 규정에 의한 불합리한 측면을 개선하기 위해 만든 것이며 대상 제조업의 요건을 만족해야 한다(예 김치제조업 등).

+ 매입시기 집중 제조업 매입세액정산

- 1기 과세기간에 공급받은 면세농산물의 가액을 1역년 동안 공급받는 면세 농산물 등의 가액으로 나누어 계산한 비율이 75% 이상이거나 25% 미만인 경우
- 해당 과세기간이 속하는 1역년 동안 계속하여 제조업을 영위하는 경우

실무 연습문제 의제매입세액공제신고서

[1] 다음 [보기]의 세무구분 중 '의제매입세액공제신고서'에 반영되는 세무구분을 모두 고른 것은?

보기
- ㉠ 21.과세매입
- ㉡ 22.영세매입
- ㉢ 23.면세매입
- ㉣ 24.매입불공제
- ㉤ 25.수입
- ㉥ 26.의제매입세액등

① ㉢, ㉥
② ㉣, ㉥
③ ㉠, ㉢, ㉥
④ ㉠, ㉡, ㉢, ㉥

정답 ①

의제매입세액공제는 면세매입 원재료에 대해서 업종에 따른 공제율에 따라 매입세액을 공제받는 제도이다. 따라서 세금계산서가 증빙으로 있는 경우는 해당되지 않는다. ㉠, ㉡, ㉣, ㉤ 모두 세금계산서가 증빙으로 있다.

[2] 다음 거래를 전표입력하고 의제매입세액공제신고서에 불러오기하여 공제 가능한 매입세액은 얼마인가?

4월 2일 원재료인 복숭아 102,000원(수량 20박스)을 나라상사(주)로부터 매입하며 전자계산서를 수취하고 현금으로 대금을 지급하였다(해당 문제에 한해 복숭아 통조림을 제조하는 비중소기업으로 공제율 2/102를 가정함).

① 1,020원
② 2,000원
③ 10,000원
④ 10,200원

정답 ②

- [전표입력] 메뉴의 4월 2일자에 구분을 '5.매입부가세'로 선택하여 '매입정보' 창에 자료를 입력한다.

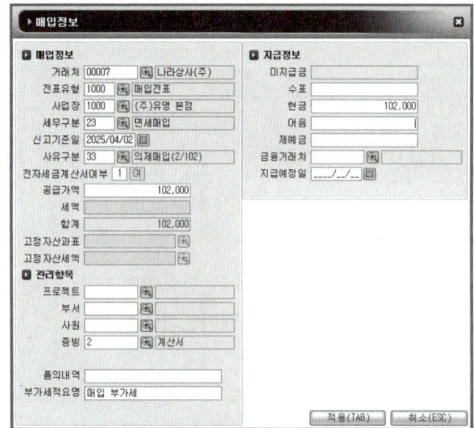

> TIP
>
> 거래처, 세무구분 등 자료의 검색은 F2키를 눌러 팝업창에서 선택한다. 전표입력은 자동저장이 되며 반드시 '상태:승인', '승인자:김은찬'을 확인한다.

- '사유구분'란에 33.의제매입(2/102)을 선택하여 '품목입력' 창에 품목과 수량을 입력한다.

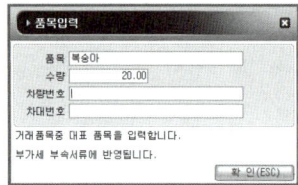

- 자동으로 반영되는 14600.상품을 14900.원재료로 변경한다.

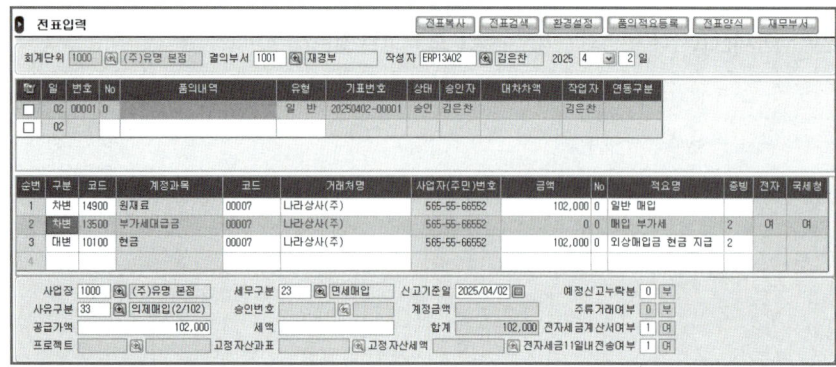

- [의제매입세액공제신고서] 메뉴에 '기간: 2025/04~2025/06'을 입력한 후 오른쪽 상단의 '불러오기'를 클릭하고, 의제매입세액(102,000원×2/102 = 2,000원)을 조회한다.

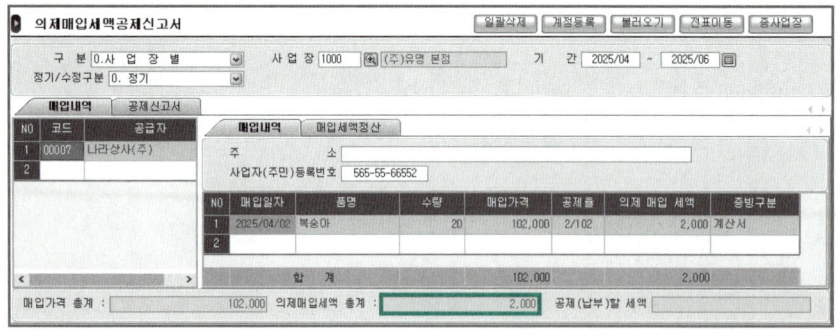

업무용승용차관리 실습하기

> **실습 방법**
>
> 본 챕터는 '[백데이터] PART 03 실무 시뮬레이션'을 복원한 후 '회사: 1002.회사A', '사원: ERP13A02.김은찬'으로 로그인하여 학습하세요(사원암호는 입력하지 않음).
> ※ 2025 버전 핵심ERP 프로그램을 사용하세요.

1 업무용승용차 차량등록

> **ERP 메뉴 찾아가기**
>
> 회계관리 ▶ 업무용승용차관리 ▶ 업무용승용차 차량등록

1. 업무용승용차 관련비용

기업이 업무용승용차와 관련하여 사적으로 사용하는 것을 방지하고 과도한 비용을 손금으로 인정받는 것을 차단하기 위해 '업무용승용차 관련비용 등의 손금불산입' 규정을 두고 법인의 손금인정액을 제한하고 있다.

2. 주요 내용

(1) 승용차 관련비용이 연간 1,500만원 이하

임직원 전용 자동차보험에 가입한 법인 승용차와 관련하여 지출한 비용(감가상각비, 임차료, 유류비, 자동차세, 보험료, 수리비, 통행료 등)은 별도의 운행기록 작성 없이 전액 비용(손금)으로 인정된다.

(2) 승용차 관련비용이 연간 1,500만원 초과

임직원 전용 자동차보험에 가입한 법인차량과 관련하여 지출한 비용이 1,500만원을 초과하여 초과액에 대해 비용공제를 받으려면 운행기록을 작성하여 업무용 사용비율에 따라 비용을 인정받아야 한다.

(3) 업무용으로 인정된 승용차 관련비용 중 차량 감가상각비가 연간 800만원 이상

차량의 감가상각비는 연 800만원까지만 비용(손금)으로 인정하며 한도 초과액은 다음 연도로 이월하여 비용을 공제받는다.

3. 업무용승용차 차량등록

[업무용승용차 차량등록] 메뉴를 조회하면 회사가 보유하고 있는 업무용승용차가 조회된다. 오른쪽 상단의 '고정자산불러오기' 버튼을 클릭하여 [고정자산등록] 메뉴에 등록된 '208.차량운반구'를 불러온다.

실무 연습문제 업무용승용차 차량등록

[1] (주)유명 본점은 업무용승용차를 사원별로 관리하고 있다. 다음 중 'ERP13A03.전윤호' 사원이 관리하고 있는 업무용승용차의 차량번호는 무엇인가?

① 12가 0102
② 14가 0717
③ 15가 2664
④ 17가 8087

정답 ②

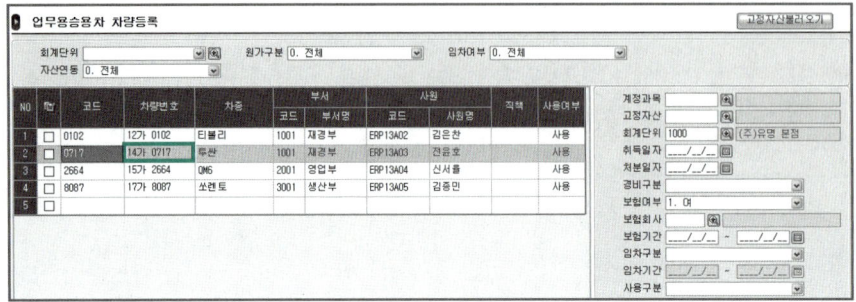

2 업무용승용차 운행기록부

ERP 메뉴 찾아가기

회계관리 ▶ 업무용승용차관리 ▶ 업무용승용차 운행기록부

[업무용승용차 운행기록부] 메뉴는 차량별로 작성하며, [업무용승용차 관련비용 명세서(관리용)] 메뉴에서 업무사용 금액이 승용차 1대당 1,500만원을 초과하는 차량에 대해 직접 작성하는 메뉴이다. '출·퇴근용'과 '일반업무용'의 사용거리를 합산하여 '업무용 사용거리'를 산정한다. 총주행거리 중 업무용 사용거리를 제외한 내역은 비업무용 사용거리로 계산되며, 업무용 사용거리를 총주행거리로 나누어 업무사용비율을 계산한다.

[업무용승용차 운행기록부] 메뉴 작성 기준

업무용승용차 관련비용이 1,500만원을 초과할 경우 운행기록일지를 작성해야 한다.

구분		법인 기준 내용
대상 차량		개별소비세 부과대상 승용차(경차, 승합차 제외)
관련비용		업무용 차량 취득비용 및 유지비용(감가상각비, 임차료, 유류비, 보험료, 수선비, 자동차세, 통행료, 금융리스 부채 이자비용 등)
비용인정 방법		① 임직원전용 자동차보험에 가입 ② 관련비용 1,500만원 초과 지출 차량에 대해 운행기록부 작성
운행기록부 작성 여부	작성 X	Min[차량 관련비용, 1,500만원]
	작성 O	1,500만원 초과 손금인정(미작성 시 1,500만원 초과비용 손금인정 안 됨)

실무 연습문제 업무용승용차 운행기록부

(주)유명 본점의 영업부에서 사용되는 업무용승용차 '15가 2664' 차량에 대하여 운행기록부를 작성하였다. 2025년 1월 한 달 동안 해당 차량의 업무사용비율은 얼마인가?

① 70%   ② 80%
③ 85%   ④ 90%

정답 ④

'사용기간(과세기간): 2025/01/01~2025/01/31'로 조회한다.

3 업무용승용차 관련비용 명세서(관리용)

ERP 메뉴 찾아가기

회계관리 ▶ 업무용승용차관리 ▶ 업무용승용차 관련비용 명세서(관리용)

[계정과목등록] 메뉴의 관리항목명에 업무용승용차를 등록하고 [전표입력] 메뉴에서 해당 지출이 발생할 때마다 해당 차량을 등록하면 [업무용승용차 관련비용 명세서(관리용)] 메뉴에 차량유지비, 유류비, 보험료, 수선비, 자동차세 등 업무용승용차 관련비용이 자동 반영된다. [업무용승용차 관련비용 명세서(관리용)] 메뉴는 전표에 입력한 관련비용 중 업무와 관련이 있는지, 없는지를 구분하고 손금산입과 손금불산입 금액을 산출한다.

관련비용이 1,500만원을 초과할 경우 손금불산입 관련 운행기록부를 작성해야 한다. 1,500만원 이하의 관련비용은 운행기록부를 작성하지 않고 모두 비용으로 인정받을 수 있다.

특별제공 핵심ERP 계정과목 총정리

구분	코드	계정과목	내용
당좌자산	10100	현금	동전, 지폐, 자기앞수표, 타인발행 당좌수표 등
	10200	당좌예금	수표를 발행하는 예금으로 입출금이 자유로운 예금
	10300	제예금(보통예금)	입금과 출금을 자유롭게 할 수 있는 통장식 은행예금
	10500	정기예·적금	예금주가 일정 기간 환급을 요구하지 않을 것을 약정한 예금, 적금
	10600	기타 단기금융 상품	만기가 1년 이내의 금융상품
	10700	단기매매증권	단기간 내에 매매차익을 목적으로 구매하는 주식, 사채
	10800	외상매출금	상품이나 제품 등을 외상으로 매출할 경우 발생하는 채권
	10900	대손충당금	외상매출금의 차감적 평가 계정
	11000	받을어음	상품이나 제품 등을 매출하며 약속어음을 수취한 경우의 채권
	11100	대손충당금	받을어음의 차감적 평가 계정
	11400	단기대여금	1년 이내의 기간 동안 타인에게 대여하는 채권
	11500	대손충당금	단기대여금의 차감적 평가 계정
	11600	미수수익	실현주의에 따라 아직 미입금되었으나 회사가 계상한 수익
	11700	대손충당금	미수수익의 차감적 평가 계정
	12000	미수금	일반적 상거래 이외의 거래에서 발생한 채권
	12100	대손충당금	미수금의 차감적 평가 계정
	12200	소모품	사용하면 마모 또는 소멸되는 품목(사무용품, 청소용품)
	13100	선급금	거래가 이루어지기 전 먼저 지급한 계약금
	13200	대손충당금	선급금의 차감적 평가 계정
	13300	선급비용	선급된 비용 중 1년 이내에 비용이 되는 것
	13400	가지급금	실제 현금의 지출은 있으나 거래 내용이 불분명한 자금의 임시 표현 계정
	13500	부가세대급금	자산의 취득 및 비용의 발생 거래에서 매입자가 부담하는 부가가치세
	13600	선납세금	소득에 대한 정식 신고 이전에 원천징수를 당한 경우
	13700	주·임·종 단기채권	주주, 임원, 종업원에게 1년 이내의 기간 동안 자금을 대여하는 경우
	13800	전도금	여러 사업장이 있을 경우 운영을 위해 본사에서 사업장으로 보내주는 경비

	14600	상품	매매의 대상이 되는 유형·무형의 재화
재고 자산	14700	제품	기업이 판매를 목적으로 제작한 완성품
	14900	원재료	제품의 제조를 위하여 기초로 하는 재료
	15200	부재료	제품의 제조를 위하여 사용하는 원재료 이외의 부수적인 재료
	15500	저장품	제품의 제조를 위하여 보조적으로 소비되는 소모성 재료
	15600	미착품	운송 중에 있는 재고자산으로 회사의 소유인 물품
	15700	재공품	제조 과정 중에 있는 제품
투자 자산	17600	장기성예금	만기가 1년 이상의 예금상품
	17700	특정 현금과 예금	당좌예금에 대한 개설보증금
	17800	투자유가증권	매도가능증권, 만기보유증권, 지분법 적용 투자주식 등
	17900	장기대여금	회수기일이 재무상태표 작성일로부터 1년 이후에 도래하는 대여금
	18000	대손충당금	장기대여금의 차감적 평가 계정
	18700	투자부동산	투자의 목적으로 또는 비영업용으로 소유하는 토지, 건물 및 기타의 부동산
유형 자산	20100	토지	공장 부지 및 회사가 업무에 사용할 용도의 부지
	20200	건물	회사가 업무에 사용할 용도로 보유하는 건물
	20300	감가상각누계액	건물의 차감적 평가 계정
	20400	구축물	토지에 부착하여 설치되는 건물 이외의 구조물, 토목설비
	20500	감가상각누계액	구축물의 차감적 평가 계정
	20600	기계장치	공장에서 물건을 제조하는 데 사용하는 설비
	20700	감가상각누계액	기계장치의 차감적 평가 계정
	20800	차량운반구	승용차, 버스, 오토바이 등 업무에 사용하는 차량
	20900	감가상각누계액	차량운반구의 차감적 평가 계정
	21200	비품	컴퓨터, 복사기, 책상, 전화기 등 회사가 업무에 사용하는 물품
	21300	감가상각누계액	비품의 차감적 평가 계정
	21400	건설 중인 자산	미완성된 건물의 건설을 위해서 투입한 제조원가
무형 자산	23100	영업권	타회사 인수액이 순자산의 공정가치를 초과한 금액
	23200	특허권	특허법에 의하여 발명을 독점적으로 이용할 수 있는 권리
	23700	광업권	광물을 채굴, 취득하는 권리
	23900	개발비	새 상품의 개발을 목적으로 특별히 지출하는 비용
	24000	소프트웨어	컴퓨터 프로그램을 총칭하는 표현

기타 비유동 자산	18100	장기외상매출금	채권의 기간이 1년을 초과하는 외상매출금
	18200	현재가치 할인차금	장기외상매출금의 현재가치 할인 평가액
	18300	대손충당금	장기외상매출금의 차감적 평가 계정
	18400	장기받을어음	약속어음의 만기가 1년을 초과하는 어음
	18500	현재가치 할인차금	장기받을어음의 현재가치 할인 평가액
	18600	대손충당금	장기받을어음의 차감적 평가 계정
	18800	임차보증금	타인의 부동산을 사용하기 위하여 지급하는 보증금
	19300	부도어음과 수표	약속기일을 넘긴 약속어음
	19600	이연법인세차	이연법인세자산
유동 부채	25100	외상매입금	일반적 상거래에서 외상으로 매입할 경우의 채무
	25200	지급어음	일반적 상거래에서 외상매입 후 약속어음을 발행한 경우
	25300	미지급금	일반적 상거래 이외에서 외상 및 약속어음을 지급한 경우
	25400	예수금	타인의 소득에 대해서 원천징수하는 세금 등
	25500	부가세예수금	매출과정에서 소비자가 납부해야 할 부가가치세
	25600	당좌차월	당좌예금의 예금 잔액을 초과하여 사용한 금액
	25700	가수금	실제 현금의 입금은 있으나 사유가 불분명한 자금의 임시 표현 계정
	25900	선수금	계약금을 먼저 수령한 경우
	26000	단기차입금	1년 이내의 기간 동안 타인의 자금을 빌린 것
	26100	미지급세금	세금의 지급일이 도래하지 않아 미지급한 경우
	26200	미지급비용	비용이 발생하였으나 아직 지급되지 않은 경우
	26300	선수수익	수익을 수령하였으나 기간상 실현되지 않은 경우
	26400	유동성 장기부채	장기차입금을 결산일 기준으로 1년 이내 상환해야 할 경우
	26500	미지급배당금	현금배당 지급 시 배당의 결정만 되고 지급되지 않은 경우
비유동 부채	29100	사채	회사가 장기간 대금을 활용할 목적으로 발행한 유가증권
	29200	사채할인발행차금	사채가 할인발행된 경우 사채의 차감적 평가 계정
	29300	장기차입금	1년 이상의 기간 동안 타인의 자금을 활용하기 위해 차입한 경우
	29400	임대보증금	타인에게 건물을 대여하며 사용기간 동안 보관하는 자금
	29500	퇴직급여 충당부채	직원이 퇴직할 것을 대비하여 충당하는 자금
	30500	외화장기차입금	외국으로부터 자금을 1년 이상 차입한 경우
	31000	이연법인세대	이연법인세부채
자본금	33100	자본금	주식회사의 주주지분을 의미하며 보통주 자본금과 우선주 자본금으로 구성

	34100	주식발행초과금	주식의 발행에서 발행가액이 액면가액을 초과한 금액
자본 잉여금	34200	감자차익	자본금을 감소시키는 과정에서 주주에게 자본금보다 적은 돈을 지불한 경우의 차액
	34900	기타자본잉여금	자기주식처분이익
자본 조정	38100	주식할인발행차금	주식발행과정에서 액면가액에 미달하는 발행가액의 차액
	38200	배당건설이자	상법 규정에 의해 개업 전에 주주에게 배당한 금액
	38300	자기주식	회사가 발행 이후 취득한 자사의 주식을 보유하는 경우
	38700	미교부주식배당금	이익의 배당을 현금으로 하지 않고 주식으로 한 경우
	39400	감자차손	자본금을 감소시키는 과정에서 주주에게 자본금보다 많은 돈을 지불한 경우의 차액
	39500	자기주식처분손실	회사가 보유하고 있던 자사 주식을 처분하며 얻는 손실
기타 포괄 손익 누계액	38800	매도가능증권 평가익	매도가능증권의 보유로 인하여 장부 금액보다 공정가치가 상승한 경우 평가차익
	38900	매도가능증권 평가손	매도가능증권의 보유로 인하여 장부 금액보다 공정가치가 하락한 경우 평가차손
	39000	해외사업 환산이익	해외지점 및 사업소의 외화자산과 부채를 화폐성, 비화폐성법을 적용하여 환산하는 경우 발생하는 이익
	39100	해외사업 환산손실	해외지점 및 사업소의 외화자산과 부채를 화폐성, 비화폐성법을 적용하여 환산하는 경우 발생하는 손실
잉여금 이익	35100	이익준비금	회사 이익 중 상법에 의해 강제로 적립되는 법정적립금
	35500	임의적립금	정관 또는 주주총회의 결의에 의하여 이익을 유보한 것
	35600	사업확장적립금	임의적립금 중 하나로 사업을 확장하기 위해 적립한 돈
	35700	감채적립금	사채 상환을 목적으로 회사에 적립해 두는 자금
	37500	이월이익잉여금	배당가능이익으로 주주총회에서 처분대상이 되는 금액
	37900	당기순이익	당기에 회사가 일정 기간 동안 벌어들인 순이익
매출액	40100	상품매출	도소매 업종에서 회사의 주된 품목을 판매한 경우 수익
	40400	제품매출	제조 업종에서 회사의 제조된 물품을 판매한 경우 수익
매출 원가	45100	상품매출원가	도소매 업종에서 상품의 판매를 통해 발생하는 물건의 원가
	45500	제품매출원가	제조기업에서 물건의 제조를 위해 투입한 원가
제조 원가	50100	원재료비	원가 요소로 제품을 제조하는 데 들어가는 원재료
	50400	임금	생산직 직원의 노동 대가
	51000	퇴직급여	생산직 직원의 퇴직금
	51500	가스수도료	공장의 가스비, 난방비 유류대, 수도세 등
	51600	전력비	공장의 전기세
	53300	외주가공비	외부에 재료를 제공하고 가공을 의뢰한 경우 그 대가

	80100	임원급여	임원들의 노동 대가
	80200	직원급여	직원들의 노동 대가
	80800	퇴직급여	관리직 직원의 퇴직금
	81100	복리후생비	회사 직원을 위해 지출한 경조사비, 회식대, 작업복 등
	81200	여비교통비	출장을 위해 지출한 경비(숙박비, 식대, 교통비)
	81300	접대비(기업업무추진비)	거래처의 직원 및 사장을 위해 지출한 비용
	81400	통신비	전화세, 인터넷비용, 팩스 사용료, 우편요금 등
	81500	수도광열비	사무실의 수도세, 전기세, 난방비, 유류대, 가스비 등
	81700	세금과공과금	재산세, 자동차세, 협회비, 균등할 주민세 등
	81800	감가상각비	유형자산의 가치 감소분
판매 관리비	81900	지급임차료	부동산을 빌린 것에 대한 사용 대가
	82000	수선비	회사의 기계 등 자산을 수선하며 지출한 비용
	82100	보험료	화재 보험료 및 자동차 보험료 등
	82200	차량유지비	차량 유류대, 차량 점검비, 차량 수리비 및 주차비 등
	82300	경상연구개발비	개발 과정에서 발생하는 각종 경비 중 자산의 요건에 미달하는 비용
	82400	운반비	매출자가 부담하는 운송비용
	82500	교육훈련비	직원의 각종 교육을 위해 지출하는 회사의 경비 항목
	82600	도서인쇄비	업무용 도서, 명함 인쇄비용, 각종 출판물 구독료
	83000	소모품비	업무를 위해 구입한 물품 중 사용하면 마모 또는 소멸되는 품목
	83100	지급수수료	타행이체 수수료, 카드 수수료, 받을어음 추심수수료 등
	83300	광고선전비	회사의 물품 및 회사 홍보를 위해 사용하는 금액
	83500	대손상각비	매출채권의 회수에 있어서 자금을 미회수한 경우
	84000	무형고정자산상각	무형자산의 가치 감소분에 대한 상각액
	90100	이자수익	자금의 대여에 대한 대가를 수령하는 경우
	90300	배당금수익	현금배당을 수령하는 경우
	90400	수입임대료	부동산을 대여하고 수령하는 자금
영업외 수익	90600	유가증권처분이익	단기매매증권 등의 유가증권 처분과정에서 장부 금액보다 더 많은 대금을 수령한 경우 발생하는 차익
	90700	외환차익	외화 자금을 회수 및 상환하는 과정에서 발생하는 환율 차익
	91000	외화환산이익	외화 자금을 기말에 보유하며 발생하는 환율 평가 차익
	91400	유형자산처분이익	유형자산의 처분 시 장부 금액을 초과하여 수령하는 자금

	91500	투자자산처분이익	투자자산의 처분 시 장부 금액을 초과하여 수령하는 자금
	96100	자산수증이익	자산을 무상으로 수증받을 경우 회사가 보는 수익
	96200	채무면제이익	부채를 상환할 의무를 면제받으며 회사가 얻는 이익
	96300	보험금수익	유형자산, 재고자산의 소실로 인해 회사가 수령하는 보험금 **TIP** 프로그램에 보험차익으로 등록되어 있으나 보험금수익이 올바른 표현이다.
영업외 비용	93100	이자비용	자금의 차입을 통해 지불해야 하는 가치
	93200	외환차손	외화 자금을 회수 및 상환하는 과정에서 환율 차손
	93300	기부금	불우이웃 돕기 및 수재민 돕기 성금의 지출 등
	93500	외화환산손실	외화 자금을 기말에 보유하며 발생하는 환율 평가 차손
	93600	매출채권처분손실	약속어음의 할인 시 매각거래에서 발생하는 할인료
	93800	유가증권처분손실	단기매매증권 등의 유가증권 처분과정에서 장부 금액보다 낮은 대가를 수령한 경우 발생하는 차손
	93900	재고자산감모손실	재고자산의 수량이 비정상적으로 감소한 경우 발생하는 손실
	95000	유형자산처분손실	유형자산의 처분 시 장부 금액을 미달하여 수령하는 자금
	95100	투자자산처분손실	투자자산의 처분 시 장부 금액을 미달하여 수령하는 자금
	96000	잡손실	결산일 현금의 실제 잔액이 장부 잔액보다 부족한 경우
	98100	재해손실	홍수, 화재 등으로 인해서 자산의 손실이 발생한 경우
법인세등	99800	법인세등	법인세비용 납부액

PART 04 최신 기출문제

2025년 1회

2024년 6회

2024년 5회

2024년 4회

2024년 3회

Enterprise
Resource
Planning

| 프로그램 설치 & 백데이터 복원

☑ [에듀윌 도서몰]-[도서자료실]-[부가학습자료]에서 다운로드
☑ PART 04 → 2024 핵심ERP 프로그램 설치
☑ 백데이터 파일은 반드시 압축 해제 후 복원
☑ 오류 발생 시 플래너 뒷면의 FAQ 참고

기출문제 2025년 1회

이론

01
빅데이터의 주요 특성(5V)으로 옳지 않은 것은?

① 속도(Velocity)
② 규모(Volume)
③ 필수성(Vital)
④ 다양성(Variety)

02
챗봇(ChatBot)에 대한 설명으로 적절하지 않은 것은?

① 단순한 고객상담 등의 업무를 일부 대체할 수 있다.
② 대부분 대화형 인터페이스를 통해 서비스를 제공한다.
③ 법률자문, 헬스케어 등 다양한 분야에서 시장이 성장하고 있다.
④ 분산형 데이터베이스의 형태로 데이터를 저장하는 연결구조체를 의미한다.

03
ERP와 기존의 정보시스템(MIS) 특성 간의 차이점에 대한 설명으로 가장 적절하지 않은 것은?

① 기존 정보시스템의 업무범위는 단위업무이고, ERP는 통합업무를 담당한다.
② 기존 정보시스템의 전산화 형태는 중앙집중식이고, ERP는 분산처리구조이다.
③ 기존 정보시스템은 수평적으로 업무를 처리하고, ERP는 수직적으로 업무를 처리한다.
④ 기존 정보시스템은 파일시스템을 이용하고, ERP는 관계형 데이터베이스시스템(RDBMS)을 이용한다.

04
차세대 ERP의 비즈니스 애널리틱스(Business Analytics)에 관한 설명으로 가장 적절하지 않은 것은?

① 비즈니스 애널리틱스는 구조화된 데이터(Structured Data)만 분석대상으로 한다.
② ERP시스템의 방대한 데이터 분석을 위해 비즈니스 애널리틱스가 차세대 ERP의 핵심요소가 되고 있다.
③ 비즈니스 애널리틱스는 리포트, 쿼리, 대시보드, 스코어카드뿐만 아니라 예측 모델링과 같은 진보된 형태의 분석기능도 제공한다.
④ 비즈니스 애널리틱스는 질의 및 보고와 같은 기본적 분석기술뿐만 아니라 예측 모델링과 같은 수학적으로 정교한 수준의 분석을 지원한다.

05
[보기]에서 설명하는 회계의 기본가정(전제조건)은 무엇인가?

→ 보기 ←
- 기업을 소유주와는 독립적으로 존재하는 회계단위로 간주한다.
- 하나의 기업을 하나의 회계단위의 관점에서 재무정보를 측정, 보고한다.
- 소유주와 별도의 회계단위로서 기업실체를 인정하는 것이다.

① 회계분류의 가정
② 계속기업의 가정
③ 기업실체의 가정
④ 기간별 보고의 가정

06
[보기]의 내용이 설명하고 있는 것은?

→ 보기 ←
회계정보가 신뢰성을 갖기 위해서는 그 정보가 기업의 경제적 자원과 의무 그리고 이들의 변동을 초래하는 거래나 사건을 충실하게 표현해야 한다.

① 중립성
② 피드백가치
③ 검증가능성
④ 표현의 충실성

07

[보기]의 오류가 당기 손익계산서에 미치는 영향으로 가장 적절한 것은?

> **보기**
> 정확한 기말재고금액은 120,000원이지만, 기말 재고자산을 150,000원으로 잘못 계상하였다.

	매출원가	당기순이익
①	과대	과대
②	과대	과소
③	과소	과대
④	과소	과소

08

(주)생산성은 임차료 1년분(2024년 8월 1일부터 2025년 7월 31일까지)을 8월 1일에 360,000원을 현금으로 지급하고 비용으로 처리하였다. 12월 31일 기말 결산 시의 임차료선급액은 얼마인가?

① 210,000원
② 240,000원
③ 280,000원
④ 360,000원

09

[보기]의 지급 내역 중 복리후생비는 총 얼마인가?

> **보기**
> • 종업원 회식비: 500,000원
> • 거래처 선물대금: 300,000원
> • 회사의 인터넷 통신요금: 200,000원
> • 출장사원 고속도로 통행료: 100,000원
> • 총무팀 직원의 피복비: 250,000원

① 250,000원
② 750,000원
③ 800,000원
④ 1,050,000원

10

[보기]에서 설명하는 계정과목은 무엇인가?

> **보기**
> 주문한 물품과 상이한 물품의 인도 또는 불량품 발생 등으로 인하여 판매 물품의 거래처로부터 반송된 경우의 금액

① 매출할인
② 매출환입
③ 매출에누리
④ 매출채권처분손실

11

[보기]의 거래요소 결합관계를 나타내는 거래로 옳은 것은?

> **보기**
> (차) 자산의 증가   (대) 부채의 증가

① 미지급한 퇴직금을 지급하다.
② 외상매출금을 어음으로 회수하다.
③ 외상매입금을 현금으로 지급하다.
④ 기계기구를 구매하고 대금은 1개월 후에 지급하기로 하다.

12

현금과부족의 원인을 조사한 결과 회계담당자가 실수하여 건물임대수익 20,000원을 받은 것이 누락되었음이 발견되었다. 분개로 옳은 것은?

① (차) 현금과부족 20,000원 (대) 현금 20,000원
② (차) 현금 20,000원 (대) 현금과부족 20,000원
③ (차) 임차료 20,000원 (대) 현금과부족 20,000원
④ (차) 현금과부족 20,000원 (대) 임대료 20,000원

13

물가가 지속해서 상승하는 경제 상황을 가정할 때, 다음 중 당기순이익이 가장 크게 계상되는 재고자산 가격결정방법 순서로 옳은 것은?

① 후입선출법 > 이동평균법 > 총평균법 > 선입선출법
② 후입선출법 > 총평균법 > 이동평균법 > 선입선출법
③ 선입선출법 > 이동평균법 > 총평균법 > 후입선출법
④ 선입선출법 > 총평균법 > 이동평균법 > 후입선출법

14

건물취득가액 40,000,000원, 내용연수 20년, 잔존가액 20%를 정액법에 의해 상각하면 해당 건물의 감가상각비는 얼마인가?

① 1,600,000원
② 2,000,000원
③ 2,600,000원
④ 3,100,000원

15

일반기업회계기준상 무형자산의 상각에 관한 내용으로 적절하지 않은 것은?

① 무형자산의 잔존가치는 없는 것을 원칙으로 하나, 예외도 존재한다.
② 무형자산의 상각방법은 정액법, 정률법 등 합리적인 방법을 적용할 수 있다.
③ 무형자산의 상각기간은 예외적인 경우를 제외하고는 10년을 초과할 수 없다.
④ 내부적으로 창출한 영업권은 원가의 신뢰성 문제로 자산으로 인정되지 않는다.

16

[보기]는 (주)생산성의 매출관련 자료이다. 순매출액을 계산하면 얼마인가?

┌─ 보기 ────────────────────┐
• 기초상품재고액   80,000원
• 총매입액   600,000원
• 총매출액   600,000원
• 매입에누리액   35,000원
• 매출환입액   70,000원
• 매입환출액   60,000원
• 매출에누리액   50,000원
• 기말상품재고액   70,000원
└──────────────────────────┘

① 460,000원
② 480,000원
③ 510,000원
④ 530,000원

17

[보기]는 당기의 자산과 부채의 변동액이다. 기말자본금은 얼마인가?

┌─ 보기 ────────────────────┐
• 기초자산   300,000원
• 당기자산증가분   180,000원
• 기초부채   120,000원
• 당기부채감소분   60,000원
└──────────────────────────┘

① 420,000원
② 480,000원
③ 500,000원
④ 520,000원

18

소유하고 있던 (주)생산성의 발행 주식에 3,000주에 대한 배당금 900,000원을 현금으로 받은 경우에 옳은 분개는?

① (차) 현금   900,000원   (대) 배당금수익   900,000원
② (차) 현금   900,000원   (대) 수수료수익   900,000원
③ (차) 현금   900,000원   (대) 이자수익   900,000원
④ (차) 현금   900,000원   (대) 당기손익증권 900,000원

19

영업활동의 사무실 전기요금 300,000원을 보통예금 계좌에서 자동이체 납부된 경우에 옳은 분개는?

① (차) 수도광열비 100,000원   (대) 현금   100,000원
② (차) 복리후생비 100,000원   (대) 보통예금   100,000원
③ (차) 보통예금   100,000원   (대) 수도광열비 100,000원
④ (차) 수도광열비 300,000원   (대) 보통예금   300,000원

20

[보기]에서 설명하는 계정과목은 무엇인가?

┌─ 보기 ────────────────────────────────────┐
물품의 판매에 있어서 판매한 상품 또는 제품에 대한 부분적인 감량·변질·파손 등에 의하여 매출가액에서 직접 공제하는 금액
└──┘

① 매출할인
② 매출환입
③ 매출에누리
④ 매출채권처분손실

실무 시뮬레이션

프로그램 버전	ICUBE 핵심ERP 2024
로그인 정보	• 회사: 1002.회사A • 사원: ERP13A02.김은찬
DB 파일명	[백데이터] 2024 에듀윌 ERP 회계 2급 > PART 04 최신 기출문제_2025년 1회

01

당사의 시스템환경설정에 대한 설명으로 옳지 않은 것은? (단, 시스템환경설정은 추가 변경하지 않는다)

① 수량의 소숫점 자리수는 2자리로 설정 하였다.
② 예산통제구분값은 '사용부서'로 설정 하였다.
③ 전표를 입력 후 전표 복사 기능을 사용할 수 없다.
④ 고정자산 상각 시 비망가액을 설정하여 관리 할 수 있다.

02

다음 중 당사의 계정과목에 대한 설명으로 옳지 않은 것은?

① [20100.토지] 계정은 비상각 계정과목이다.
② [25900.선수금] 계정은 거래처를 필수 입력하도록 설정하였다.
③ [81100.복리후생비] 계정은 세목으로 세분화하여 관리하고 있다.
④ [84800.잡비] 계정은 전표입력 시 증빙을 필수 입력하도록 설정하였다.

03

다음 중 당사의 부서등록과 사원등록에 대한 설명으로 옳지 않은 것은?

① ERP를 운용할 수 없는 사원은 총 2명이다.
② 당사에 등록된 부문은 ㈜유명 본점, ㈜유명 지점 2개이다.
③ 전윤호 사원은 차대가 일치하는 전표 입력 시 승인전표로 반영된다.
④ 김종민 사원은 조회권한이 사업장 권한으로 영업부의 전표도 조회할 수 있다.

04

(주)유명 본점의 2025년 1월부터 4월까지 [40100.상품매출] 금액이 가장 많이 발생한 월은 언제인가?

① 1월
② 2월
③ 3월
④ 4월

05

(주)유명 본점은 업무용승용차를 사원별로 관리하고 있다. 다음 중 [ERP13A02.김은찬] 사원이 관리하고 있는 업무용 승용차의 경비구분이 800번대인 차량번호는?

① 12가 0102
② 14가 0717
③ 17가 8087
④ 34가 0616

06

(주)유명 본점의 손익계산서에서 2025년 한 해 동안 [81100.복리후생비] 계정이 가장 많이 발생한 분기는 언제인가?

① 1/4분기
② 2/4분기
③ 3/4분기
④ 4/4분기

07

2025년 4월 한 달간 현금 입금액과 출금액은 얼마인가?

	입금액	출금액
①	5,000,000원	3,440,000원
②	5,000,000원	7,105,000원
③	102,860,000원	7,105,000원
④	107,860,000원	10,545,000원

08

(주)유명 본점은 결산 시 외화예금 통장의 외화금액을 평가하여 재무제표에 반영하고자 한다. 2025년 12월 말 결산 시 기준 환율이 1$당 1,100원 일 때, 외화환산손익은 얼마인가?

① 외화환산이익: 75,000원
② 외화환산손실: 75,000원
③ 외화환산이익: 250,000원
④ 외화환산손실: 250,000원

09

(주)유명 본점은 사용부서와 프로젝트로 복리후생비(판매관리비)를 관리하고 있다. 2025년 상반기 동안 [1001.재경부] 부서에서 복리후생비(판매관리비)가 가장 많이 증가한 프로젝트는?

① 1000.서울공장
② 1002.부산공장
③ 1003.울산공장
④ 1004.대전공장

10

(주)유명 본점의 업무용승용차 [12가 0102.티볼리] 차량에 대하여 운행기록부를 작성하였다. 2025년 1월 한 달 동안 해당 차량의 업무사용비율은?

① 67%
② 75%
③ 81%
④ 90%

11

당사는 반기 결산을 하는데 2025년 6월 말 결산 시 소모품 기말 재고액은 6,500,000원이다. 장부의 금액을 확인한 후 결산분개를 입력한다고 할 때, 6월 말 결산 수정 분개로 옳은 것은? (단, 소모품 취득은 자산으로 처리하고 사용은 판관비로 처리했다)

① (차) 소모품   4,000,000원   (대) 소모품비 4,000,000원
② (차) 소모품   6,500,000원   (대) 소모품비 6,500,000원
③ (차) 소모품비 4,000,000원   (대) 소모품   4,000,000원
④ (차) 소모품비 6,500,000원   (대) 소모품   6,500,000원

12

(주)유명 본점의 2025년 상반기 손익계산서에 대한 설명 중 옳지 않은 것은?

① 매출액은 897,500,000원이다.
② 당기 상품 매입액은 321,300,000원이다.
③ 판매관리비가 감소하면 당기순이익도 감소한다.
④ 이자수익이 영업외수익으로 100,000원 발생하였다.

13

2025년 1분기 동안 (주)유명 본점에서 현금 지출이 가장 많았던 판매관리비 계정과목은 무엇인가?

① 81100.복리후생비
② 81200.여비교통비
③ 82200.차량유지비
④ 82900.사무용품비

14

[보기]를 참고하여 고정자산등록 메뉴에 입력한 후 당해 감가상각비 합계금액을 조회하면 얼마인가?

— 보기 —
유명 본점은 2025년 5월 1일에 비품자산 [21200009.팩스기]를 취득부대비용 포함하여 3,000,000원에 신규 취득하였다.
(상각방법: 정액법, 내용연수: 5년)

① 400,000원
② 720,000원
③ 7,245,000원
④ 7,645,000원

15

(주)유명 본점의 부가세 신고 방법에 대한 설명으로 옳지 않은 것은?

① 관할세무서는 서초세무서이다.
② 업태는 도소매이며 종목은 소프트웨어이다.
③ 부가세 신고 및 납부는 주사업장에서 진행한다.
④ 부가세 신고는 각 사업장별로 하고 납부는 주사업장에서 진행한다.

16

(주)유명 본점의 2025년 2기 부가가치세 확정신고 시 세금계산서 합계표를 작성하였다. 다음 중 세금계산서합계표에 대한 설명으로 옳지 않은 것은?

① 매출세금계산서의 부가세액 총합계는 57,580,000원이다.
② 정우실업(유) 거래처에 수취한 세금계산서는 총 8매이다.
③ (주)성호기업 거래처에 발급한 부가세액은 24,200,000원이다.
④ 매입세금계산서 중 전자세금계산서 외 거래 건의 부가세 합계액은 53,000,000원이다.

17

(주)유명 본점의 2025년 1기 부가가치세 예정신고 시 신용카드매출 거래건 중 세금계산서가 발급된 금액은?

① 1,000,000원
② 1,500,000원
③ 2,000,000원
④ 2,500,000원

18

(주)유명 본점의 2025년 1기 부가가치세 확정신고에 대한 설명으로 옳지 않은 것은?

① 부가가치세 총괄납부사업장이다.
② 고정자산 매입분은 세금계산서 수취분만 존재한다.
③ 과세표준 매출세액의 부가세 합계액은 402,000,000원이다.
④ 1기 부가가치세 확정신고 시 납부할 세액은 24,150,000원이다.

19

(주)유명 본점은 부동산임대업을 겸업하고 있어 부가가치세 신고 시 간주임대료를 포함하여 신고하려고 한다. 2025년 2기 부가가치세 확정신고 시 다음 [부동산임대내역]의 자료를 입력한 후 보증금이자(간주임대료)를 계산하면 얼마인가? (단, 보증금이자(간주임대료) 계산 시 소수점 이하는 절사한다)

• 보기 •
[부동산임대내역]
• 동: 1111065000.서울특별시 종로구 혜화동
• 층 / 호수: 지상 3층 / 301호
• 상호(성명): 도민실업(주)
• 면적 / 용도: 200㎡ / 사무실
• 임대기간: 2025/10/01~2026/09/30
• 보증금: 270,000,000원
• 월세: 3,000,000원
• 관리비: 700,000원
(이자율은 2.9%로 계산한다)

① 1,973,589원
② 1,998,278원
③ 2,031,458원
④ 2,066,141원

20

(주)유명 본점의 2025년 2기 부가가치세 예정신고 시 발생하지 않은 세무구분은?

① 11.과세매출
② 17.카드매출
③ 25.수입
④ 28.현금영수증매입

기출문제 2024년 6회

이론

01
인공지능 기반의 빅데이터 분석기법에 대한 설명으로 적절하지 않은 것은?

① 텍스트마이닝 분석을 실시하기 위해서는 불필요한 정보를 제거하는 데이터 전처리(Data Preprocessing) 과정이 필수적이다.
② 텍스트마이닝은 자연어(Natural Language) 형태로 구성된 정형데이터에서 패턴 또는 관계를 추출하여 의미 있는 정보를 찾아내는 기법이다.
③ 데이터마이닝은 대규모로 저장된 데이터 안에서 다양한 분석기법을 활용하여 전통적인 통계학 이론으로는 설명이 힘든 패턴과 규칙을 발견한다.
④ 데이터마이닝은 분류(Classification), 추정(Estimation), 예측(Prediction), 유사집단화(Affinity Grouping), 군집화(Clustering)의 5가지 업무영역으로 구분할 수 있다.

02
[보기]에서 설명하는 RPA 적용단계는 무엇인가?

┌─ 보기 ─────────────────────
│ • 빅데이터 분석을 통해 사람이 수행하는 복잡한 의사결정을 내리는 수준이다.
│ • 이것은 RPA가 업무 프로세스를 스스로 학습하면서 자동화하는 단계이다.
└────────────────────────

① 인지자동화
② 데이터전처리
③ 기초프로세스 자동화
④ 데이터 기반의 머신러닝(기계학습) 활용

03
ERP 도입 목적에 대한 설명으로 가장 적절하지 않은 것은?

① 고객 요구에 대한 조직의 일관적이고 신속한 대응
② 급변하는 경영환경의 변화와 정보기술의 발전에 대응
③ 회계·인사·생산·물류 등 각 분야별 독립적인 업무 처리
④ 복잡해지는 기업 환경에 따라 통합 업무처리시스템의 필요성 증대

04
ERP 구축 전에 수행되는 단계적으로 시간의 흐름에 따라 비즈니스 프로세스를 개선해가는 점증적 방법론은 무엇인가?

① ERD(Entity Relationship Diagram)
② BPI(Business Process Improvement)
③ MRP(Material Requirement Program)
④ SFS(Strategy Formulation & Simulation)

05
회계의 기본가정으로 옳은 것은?

┌─ 보기 ─────────────────────
│ 기업실체 존속기간을 일정한 단위로 분할하여 각 기간에 대한 경제적 의사결정에 유용한 정보를 보고하는 것이다.
└────────────────────────

① 기업실체의 가정
② 계속기업의 가정
③ 기간별 보고의 가정
④ 화폐단위 측정의 가정

06
[보기]의 (   )에 들어갈 수 있는 계정과목은?

┌─ 보기 ─────────────────────
│ • 김대리: 전기 대비 영업이익은 증가하였는데 당기순이익이 감소한 원인은 무엇인가요?
│ • 박사원: 당기순이익이 감소한 원인은 (   )이(가) 증가하였기 때문입니다.
└────────────────────────

① 급여
② 이자비용
③ 매출원가
④ 여비교통비

07
[보기]는 무엇에 대한 설명인가?

┌─ 보기 ─────────────────────
│ 모든 거래 내용을 발생한 순서대로 분개하는 장부로, 총계정원장에 전기하는데 기초가 되는 장부이다.
└────────────────────────

① 계정
② 분개장
③ 역사적원가
④ 거래의 이중성

08
미수수익 장부기장을 누락한 경우에는 재무제표에 어떠한 영향을 미치는가?

① 수익이 과대계상된다. ② 수익이 과소계상된다.
③ 자산이 과대계상된다. ④ 부채가 과소계상된다.

09
[보기]는 (주)생산성에서 구입한 명절선물세트 구매영수증이다. (가), (나)의 계정과목으로 적절한 것은?

─ 보기 ─

```
              영 수 증
                                    09. 01.
ABC 마트                   Tel. 02)123 - 5555
서울시 행복구 행복로 1길
123 - 45 - 67891
─────────────────────────────────────────
종명        수량      단가        금액
명절선물세트                    1,500,000
─────────────────────────────────────────
                          합계 1,500,000
              감사합니다.
```

- (가) 명절선물세트를 (주)생산성 직원에게 제공하는 경우
- (나) 거래처 직원 명절선물로 제공하는 경우

	(가)	(나)
①	복리후생비	기업업무추진비
②	기업업무추진비	복리후생비
③	복리후생비	기부금
④	기부금	복리후생비

10
(주)생산성에 근무하는 홍길동 사원에게 2025년 7월 출장 시, 출장비를 가지급금으로 지급하고 7월 31일에 여비 정산 후 여비 잔액을 현금으로 반납 받았다. [보기]를 참고할 때, 회계 처리로 옳은 것은?

─ 보기 ─
- 출장기간: 2025.07.02.~2025.07.03.
- 출장비 지급일자: 2025.07.02.
- 정산일자: 2025.07.31.
- 출장비: 400,000원
- 실제소요액: 숙박비 150,000원, 유류비 100,000원, 식비 60,000원
- 여비반납액: 90,000원

① 2025.07.02.
  (차) 가지급금   310,000원   (대) 현금   310,000원
② 2025.07.02.
  (차) 여비교통비   310,000원   (대) 현금   220,000원
                              여비반납액   90,000원
③ 2025.07.31.
  (차) 여비교통비   310,000원   (대) 가지급금   400,000원
      현금   90,000원
④ 2025.07.31.
  (차) 현금   90,000원   (대) 가지급금   90,000원

11
[보기]의 제시된 자료를 이용하여 결산 시 인식하여야 하는 외화환산이익(손실)을 계산하면 얼마인가?

─ 보기 ─
- 2025. 09. 01. : $20,000(만기 2년) 외화장기차입금 발생
- 환율정보
  - 2025. 09. 01. : ₩1,100/$
  - 2025. 12. 31. : ₩1,000/$

① 외화환산이익 1,000,000원
② 외화환산손실 1,000,000원
③ 외화환산이익 2,000,000원
④ 외화환산손실 2,000,000원

12
[보기]의 (가)와 (나)에 들어갈 내용으로 옳은 것은?

─ 보기 ─

단기매매증권을 취득하면서 발생한 수수료는 (가)(으)로 처리하고, 건물을 취득하면서 발생한 취득세는 (나)(으)로 처리한다.

	(가)	(나)
①	단기매매증권	건물
②	단기매매증권	세금과공과
③	수수료비용	건물
④	수수료비용	세금과공과

13

원자재 가격 상승으로 상품의 매입단가가 계속 오르고 있다. 이때 선입선출법에 의하여 재고자산을 평가할 경우, 이동평균법과 비교하여 재무제표에 미치는 영향으로 옳지 않은 것은?

① 당기의 순이익이 과소계상된다.
② 당기의 매출원가가 과소계상된다.
③ 차기의 기초상품재고액이 과대계상된다.
④ 당기의 기말상품재고액이 과대계상된다.

14

[보기]의 일반기업회계기준 – 유가증권에 대한 설명 중 (㉠), (㉡)에 들어갈 내용은 무엇인가?

- 보기 -
만기가 확정된 채무증권으로 상환금액이 확정되거나 확정이 가능하며 만기까지 보유할 적극적인 의도와 능력이 있는 것으로, 만기까지 보유할 경영자의 적극적인 의도와 기업의 보유능력을 필요조건으로 하는 유가증권을 (㉠)(이)라고 하며, 타 기업을 지배, 통제할 목적으로 타사 발행 의결권이 있는 주식의 20% 이상 취득 시 당해 주식은 (㉡)(이)라고 한다.

	㉠	㉡
①	매도가능증권	만기보유증권
②	만기보유증권	지분법적용투자주식
③	지분법적용투자주식	단기매매증권
④	단기매매증권	지분법적용투자주식

15

(주)생산성은 영업용 건물을 구입하였고 그에 따른 취득세 800,000원을 현금으로 납부하였다. 분개로 적절한 것은?

① (차) 세금과공과 800,000원 (대) 현금 800,000원
② (차) 건물 800,000원 (대) 현금 800,000원
③ (차) 취득세 800,000원 (대) 현금 800,000원
④ (차) 수수료비용 800,000원 (대) 현금 800,000원

16

(주)생산성의 당기 지출 내역이다. [보기]의 자료 중 무형자산으로 기록할 수 있는 금액은 모두 얼마인가?

- 보기 -
- 기존 다른 기업이 가지고 있는 상표권 구입 비용 10,000,000원
- 신제품 특허권 취득 비용 20,000,000원
- 신제품의 연구단계에서 발생한 재료 구입 비용 1,800,000원

① 20,000,000원
② 21,800,000원
③ 30,000,000원
④ 31,800,000원

17

[보기]의 거래에 대한 사채발행 시 분개로 옳은 것은?

- 보기 -
- (주)생산성 출판사는 1월 1일 사채 액면총액 200,000원(@20,000)을 액면발행하고 납입금은 당좌예금에 예입하였다.
  (단, 사채발행비는 없다)
- 상환기간 3년, 연이율10%, 이자지급 연1회, 결산일 12월 31일

① (차) 사채 200,000원 (대) 당좌예금 200,000원
② (차) 현금 200,000원 (대) 사채 200,000원
③ (차) 차입금 200,000원 (대) 당좌예금 200,000원
④ (차) 당좌예금 200,000원 (대) 사채 200,000원

18

(주)생산철강의 재무상태가 [보기]와 같은 경우 순자산(자본)의 총계는 얼마인가?

- 보기 -
현금	50,000원
매입채무	35,000원
매출채권	30,000원
비품	80,000원
차입금	45,000원
재고자산	65,000원

① 115,000원
② 125,000원
③ 145,000원
④ 155,000원

19

상품 500,000원을 매입하고 대금은 현금 250,000원과 약속어음 250,000원을 발행하여 지급할 경우 발생할 내용으로 적절한 것은?

① 총자산과 총자본이 증가한다.
② 총자산과 총부채가 증가한다.
③ 총자산이 감소하고, 총자본은 감소한다.
④ 총자산이 감소하고, 총부채가 증가한다.

20

자본조정항목은 자본에서 가산되거나 차감하는 형식으로 표시된다. 성격이 다른 하나는?

① 신주청약증거금
② 주식매수선택권
③ 미교부주식배당금
④ 자기주식처분손실

실무 시뮬레이션

프로그램 버전	ICUBE 핵심ERP 2024
로그인 정보	• 회사: 1005.회사B • 사원: ERP13A02.김은찬
DB 파일명	[백데이터] 2025 에듀윌 ERP 회계 2급 > PART 04 최신 기출문제_2024년 6회

01

다음 중 사원등록에 대한 설명으로 옳지 않은 것은?

① ERP를 운용할 수 없는 사원은 총 1명이다.
② 당사에 등록된 사원은 전부 동일한 부서에 소속되어 있다.
③ 김종민 사원은 승인전표를 승인해제 한 뒤에 금액 수정이 가능하다.
④ 김은찬 사원은 조회권한이 회사 권한이므로 영업부의 전표를 조회할 수 있다.

02

당사에서 설정한 예산통제 구분은 무엇인가?

① 결의부서 ② 사용부서
③ 프로젝트 ④ 예산관리 안 함

03

다음 회계관리 메뉴 중 [ERP13A03.김종민] 사원이 사용할 수 있는 메뉴는 무엇인가?

① 분개장 ② 일월계표
③ 계정별원장 ④ 일자별자금계획입력

04

(주)큐브의 2024년 11월에 발생한 전표 중 전표상태가 '미결'인 전표는 총 몇 건인가?

① 총 1건 ② 총 2건
③ 총 3건 ④ 총 4건

05

(주)큐브의 2024년 하반기 중에서 [40100.상품매출] 금액이 가장 많이 발생한 월은 언제인가?

① 9월 ② 10월
③ 11월 ④ 12월

06

(주)큐브는 업무용승용차를 사원별로 관리하고 있다. 다음 중 [ERP13A02.김은찬] 사원이 관리하고 있는 업무용승용차의 차량번호는?

① 12A 8087
② 12B 0927
③ 12B 0316
④ 13B 0717

07

(주)큐브는 전년도 장부를 마감 후 2024년도로 이월하였다. 다음 중 전년도에서 이월한 [12000.미수금] 계정의 거래처별 내역이 일치하지 않은 것은?

① 00001.(주)성호기업: 27,500,000원
② 00004.(주)형광공업: 8,000,000원
③ 00007.(주)나라상사: 9,000,000원
④ 00008.도민실업(주): 11,000,000원

08

(주)큐브의 2024년 8월 31일 기준 외상매출금의 대손충당금으로 설정된 금액은 얼마인가?

① 6,965,817원
② 8,317,414원
③ 11,965,817원
④ 12,000,677원

09

당사는 [82200.차량유지비] 계정에 사용부서를 'C1.사용부서' 관리항목으로 관리하고 있다. (주)큐브의 2024년 하반기 중 [82200.차량유지비] 계정의 지출금액이 가장 큰 부서는 어디인가?

① 1001.재경부
② 2001.영업부
③ 3001.생산부
④ 4001.총무부

10

(주)큐브의 고정자산 중 차량운반구 [20800001.쏘렌토(12A8087)] 자산에 자산변동이 발생하였다. 2024년 8월 2일 발생한 자산 변동 사항은 무엇인가?

① 자본적지출
② 사업장이동
③ 프로젝트이동
④ 부분양도

11

2024년 2분기 동안 재경부에서 사용한 예산 중 집행률이 가장 큰 계정과목은? (단, 집행방식은 승인집행으로 조회한다)

① 81100.복리후생비
② 81200.여비교통비
③ 81400.통신비
④ 82200.차량유지비

12

(주)큐브는 거래처별 받을어음 관리를 하고 있다. 다음 중 2024년 07월 20일 만기도래하는 (주)주안실업 거래처에 발생한 어음번호로 옳은 것은? (단, 받을어음명세서에서 조회되는 어음번호 기준으로 정답을 고르시오)

① 자가202402200001
② 자가202402200002
③ 자가202404060001
④ 자가202402200003

13

다음 중 (주)큐브에서 한 해 동안 상여금(판매관리비) 계정을 가장 많이 사용한 분기는 언제인가?

① 1/4분기
② 2/4분기
③ 3/4분기
④ 4/4분기

14

(주)큐브의 2024년 12월 말 결산 시 소모품의 기말 재고액은 2,000,000원이다. 장부의 금액을 확인 후 이와 관련된 2024년 12월 말 결산 수정분개로 가장 옳은 것은? (단, 소모품은 취득 시 자산처리 하였다)

① (차) 소모품   4,000,000원   (대) 소모품비   4,000,000원
② (차) 소모품비 4,000,000원   (대) 소모품   4,000,000원
③ (차) 소모품   6,500,000원   (대) 소모품비   6,500,000원
④ (차) 소모품비 6,000,000원   (대) 소모품   6,000,000원

15

(주)큐브는 2024년 2기 부가가치세 확정신고 시 세금계산서합계표를 작성하였다. 다음 중 세금계산서 합계표에 대한 설명으로 옳지 않은 것은?

① 매입 세금계산서의 부가세액 총 합계는 9,400,000원이다.
② (주)성호기업 거래처에 발급한 세금계산서는 총 2매이다.
③ 유신상사(주) 거래처에 수취한 부가세액은 1,400,000원이다.
④ (주)신흥전자에 매입한 전자세금계산서 중 전자 11일 경과 전송분이 1매 존재한다.

16

(주)큐브의 2024년 2기 부가가치세 확정신고기간에 매입 세액을 공제받지 못하는 거래를 확인하였다. 다음 중 거래처와 불공제 사유를 올바르게 연결한 것은?

① 00007.(주)나라상사 – 접대비관련매입세액
② 00007.(주)나라상사 – 사업과 관련없는 지출
③ 00014.한국식당 – 면세사업과 관련된분
④ 00014.한국식당 – 접대비관련매입세액

17

다음 [보기]의 거래내역을 전표입력 후 (주)큐브의 2024년 2기 부가가치세 예정신고기간에 직수출한 원화금액은 얼마인가?

┌─ 보기 ─
• 회계단위 및 사업장: [1000] (주)큐브
• 9월 13일 TOYOTA 거래처에 상품 ¥12,000(JPY환율 ¥1당 900원)을 수출신고서(신고번호 12345-84-121212-X)에 의해 외상으로 직수출하였다.
• 매출액 계정은 [40102.해외매출액] 계정을 사용하였다.

① 10,800,000원　　② 12,000,000원
③ 13,420,000원　　④ 15,000,000원

18

(주)큐브의 2024년 2기 부가가치세 확정신고 시 매입에 대한 예정신고 누락분이 있음을 확인하였다. 위 과세기간에 예정신고 누락분 부가세액 합계 금액은 얼마인가?

① 1,000,000원　　② 1,100,000원
③ 1,200,000원　　④ 1,300,000원

19

(주)큐브 사업장의 회계담당자가 당사의 부가세 신고 관련하여 관할 세무서를 확인하려 할 때 다음 중 어느 메뉴에서 확인 가능한가?

① 회사등록　　② 사업장등록
③ 시스템환경설정　　④ 회계초기이월등록

20

(주)큐브의 2024년 2기 부가가치세 확정신고 시 신용카드로 매입한 내역에 대한 설명으로 옳지 않은 것은?

① 신용카드 매입에 사용된 카드는 전부 사업용 카드를 사용하였다.
② 신용카드 매입내역 중 고정자산 매입분 금액은 존재하지 않는다.
③ 2024년 2기 부가가치세 확정 신고 시 신용카드 매입이 발생한 거래처는 총 4개 거래처이다.
④ 신용카드로 매입한 내역은 부가세신고서 매입세액 → 그 밖의 공제매입세액에 불러올 수 있다.

기출문제 2024년 5회

이론

01
차세대 ERP의 비즈니스 애널리틱스(Business Analytics)에 관한 설명으로 가장 적절하지 않은 것은?

① 비즈니스 애널리틱스는 구조화된 데이터(Structured Data)만 분석대상으로 한다.
② ERP시스템의 방대한 데이터 분석을 위해 비즈니스 애널리틱스가 차세대 ERP의 핵심요소가 되고 있다.
③ 애널리틱스는 리포트, 쿼리, 대시보드, 스코어카드뿐만 아니라 예측 모델링과 같은 진보된 형태의 분석기능도 제공한다.
④ 비즈니스 애널리틱스는 질의 및 보고와 같은 기본적 분석기술과 예측 모델링과 같은 수학적으로 정교한 수준의 분석을 지원한다.

02
클라우드 서비스 사업자가 클라우드 컴퓨팅 서버에 ERP소프트웨어를 제공하고, 사용자가 원격으로 접속해 ERP소프트웨어를 활용하는 서비스를 무엇이라 하는가?

① PaaS(Platform as a Service)
② SaaS(Software as a Service)
③ DaaS(Desktop as a Service)
④ IaaS(Infrastructure as a Service)

03
ERP 아웃소싱(Outsourcing)에 대한 설명으로 적절하지 않은 것은?

① ERP 자체개발에서 발생할 수 있는 기술력 부족을 해결할 수 있다.
② ERP 아웃소싱을 통해 기업이 가지고 있지 못한 지식을 획득할 수 있다.
③ ERP 개발과 구축, 운영, 유지보수에 필요한 인적 자원을 절약할 수 있다.
④ ERP시스템 구축 후에는 IT 아웃소싱 업체로부터 독립적으로 운영할 수 있다.

04
[보기]에서 가장 성공적인 ERP 도입이 기대되는 회사는 무엇인가?

• 보기 •
- 회사 A: 현재 업무 방식이 최대한 반영될 수 있도록 업무 단위에 맞추어 ERP 도입을 추진 중이다.
- 회사 B: 시스템의 전문지식이 풍부한 IT 및 전산 관련 부서 구성원으로 도입 TFT를 결성하였다.
- 회사 C: 프로세스 개선을 위해 효율적인 업무 프로세스를 재정립하고, 성공적인 ERP 도입을 위해 유능한 컨설턴트를 고용하고자 한다.
- 회사 D: ERP 도입 과정에서 부서 간 갈등 발생 시, 최고경영층의 개입이 최소화 될 수 있도록 하향식(Top-Down) 의사결정을 배제한다.

① 회사 A
② 회사 B
③ 회사 C
④ 회사 D

05
기업의 이해관계자와 관련된 내용이다. 다음 중 성격이 다른 하나는 무엇인가?

① 경영자
② 채권자
③ 투자자
④ 정부기관

06
관리회계와 비교할 때, 재무회계의 특징으로 가장 적절하지 않은 것은?

① 재무회계에서는 경영자의 경영 의사결정만을 중요시한다.
② 재무회계는 재무제표 작성을 위해 일반적으로 인정된 회계원칙을 준수한다.
③ 재무제표는 정보의 비교가능성을 위해 통일된 형식에 따라 작성 보고된다.
④ 재무회계는 수시로 정보를 제공하기 보다는 정기적으로 재무제표를 보고한다.

07

기초자본과 비용총액을 계산하면 얼마인가?

> 보기
> • 기초자산: 300,000원
> • 기초부채: 130,000원
> • 기말자본: 230,000원
> • 수익총액: 140,000원

	기초자본	비용총액
①	60,000원	60,000원
②	60,000원	80,000원
③	170,000원	60,000원
④	170,000원	80,000원

08

일정기간의 경영성과를 나타내는 재무제표의 계정과목으로만 짝지어진 것은 무엇인가?

① 기업업무추진비, 지급수수료
② 선급금, 외상매입금
③ 보통예금, 미지급금
④ 외상매출금, 임대보증금

09

[보기]에서 설명하는 계정과목으로 가장 적절한 것은?

> 보기
> 현금지출이 발생했지만 거래내용이 불명확하여 임시로 처리한 가계정으로, 계정과목과 금액이 확정되는 즉시 확정계정으로 대체하여 정리하여야 한다.

① 기부금
② 선급금
③ 가지급금
④ 지급어음

10

[보기]에 기계기구 구입과 관련한 분개에서 (　) 안에 들어갈 수 없는 계정과목은 무엇인가?

> 보기
> (차) 기계장치　1,000,000원　(대) (　)　1,000,000원

① 현금
② 보통예금
③ 미지급금
④ 외상매입금

11

[보기]는 계정내용 중 일부이다. 5월 5일 발생한 거래를 추정한 내용으로 맞는 것은?

> 보기
>
> | 대여금 | | |
> |---|---|---|
> | 5/5 현금 | | 50,000 |
>
> | 이자수익 | | |
> |---|---|---|
> | | 5/5 현금 | 3,000 |

① 현금 50,000원을 대여하고, 그 이자로 현금 3,000원을 받다.
② 현금 53,000원을 대여하고, 현금 3,000원을 차입하다.
③ 대여금 50,000원을 회수하고, 그 이자로 현금 3,000원을 받다.
④ 대여금 53,000원을 회수하고, 그 이자로 현금 3,000원을 받다.

12

[보기] 자료에서 재무상태표에 단기투자자산 항목으로 표시되는 금액은 얼마인가?

> 보기
> • 현금: 600,000원　• 보통예금: 600,000원
> • 당좌예금: 3,000,000원　• 단기매매증권: 200,000원
> • 받을어음: 150,000원　• 단기대여금: 220,000원

① 150,000원
② 330,000원
③ 420,000원
④ 570,000원

13

기말 결산 시에 임대료 선수분을 계상하지 않은 상태에서 당기순이익이 200,000원이었다. [보기] 자료와 같이 임대료 선수분을 계상할 경우 당기순이익의 변동은 어떻게 되는가?

> 보기
> • 5월 1일: 임대료 1년분 25,000원을 현금으로 받다.
> • 12월 31일: 결산 기말에 임대료 선수분 6,000원을 계상하지 않았다.

① 당기순이익이 6,000원 증가한다.
② 당기순이익이 10,000원 증가한다.
③ 당기순이익이 6,000원 감소한다.
④ 당기순이익이 10,000원 감소한다.

14
일반기업회계기준에 따라 [보기]의 유가증권 취득원가를 구하면 얼마인가?

보기
단기매매증권으로 분류되는 주식 3,000주를 주당 5,000원에 취득하면서 수수료 500,000원과 증권거래세 300,000원을 지급하였다.

① 14,200,000원
② 14,500,000원
③ 15,000,000원
④ 15,800,000원

15
2025년 12월 31일 결산법인인 (주)생산성은 2025년 8월 1일 잔존가치가 400,000원, 내용연수가 10년인 기계장치를 4,000,000원에 구입하였다. 정액법을 사용하여 월할상각할 경우 2025년도에 기록되는 감가상각비는 얼마인가?

① 90,000원
② 110,000원
③ 130,000원
④ 150,000원

16
[보기]는 기계장치 처분과 관련된 자료이다. 해당 기계장치의 감가상각누계액은 얼마인가?

보기
- 취득가액: 650,000원
- 처분가액: 650,000원
- 유형자산처분이익: 450,000원

① 350,000원
② 450,000원
③ 550,000원
④ 650,000원

17
[보기]의 일반기업회계기준의 개발비에 대한 설명 중 (㉠), (㉡)에 들어갈 내용은?

보기
- 신제품과 신기술 등의 개발활동과 관련하여 발생한 지출로서 미래경제적 효익의 유입가능성이 높으며, (㉠)를 신뢰성 있게 측정할 수 있는 것을 말한다.
- 신제품, 신기술 개발과 관련된 지출을 자산처리 할 경우에는 (㉡)로 처리한다.

	㉠	㉡
①	공정원가	시험비
②	취득원가	개발비
③	처분원가	수선비
④	선입원가	세금과공과

18
[보기] 자료를 토대로 매출액을 계산하면 얼마인가?

보기
- 당기 총매출액 500,000원
- 당기에 매출채권의 회수기일보다 빨리 회수가 되어 약정된 기일까지 일수에 따라 할인해준 금액 50,000원
- 당기 제품 중 하자가 있어서 일부 할인해준 금액 150,000원

① 300,000원
② 350,000원
③ 450,000원
④ 500,000원

19
(주)생산성에서 현금 500,000원을 8개월간 차입하고 차용증서를 발행하였다. 이 거래를 분개할 경우 대변계정으로 옳은 것은?

① 단기대여금
② 단기차입금
③ 외상매출금
④ 유동성장기부채

20
자본조정항목은 자본에서 가산되거나 차감하는 형식으로 표시된다. 다음 중 성격이 다른 하나는 무엇인가?

① 감자차손
② 자기주식
③ 미교부주식배당금
④ 자기주식처분손실

실무 시뮬레이션

프로그램 버전	ICUBE 핵심ERP 2024
로그인 정보	• 회사: 1002.회사A • 사원: ERP13A02.김은찬
DB 파일명	[백데이터] 2025 에듀윌 ERP 회계 2급 > PART 04 최신 기출문제_2024년 5회

01

당사의 시스템환경설정에 대한 설명으로 옳지 않은 것은? (단, 시스템환경설정은 추가 변경하지 않는다)

① 예산관리여부는 '여'로 설정 하였다.
② 고정자산 상각시 비망가액을 처리할 수 없다.
③ 거래처 등록시 거래처코드는 자동 부여되지 않는다.
④ 전표를 출력할 때 4번 양식을 기본양식으로 사용한다.

02

다음 중 당사의 계정과목에 대한 설명으로 옳지 않은 것은?

① [20600.기계장치] 계정은 상각 계정과목이다.
② [81100.복리후생비] 계정은 세목으로 세분화하여 관리하고 있다.
③ [83700.건물관리비] 계정은 프로젝트별로 이월하도록 관리하고 있다.
④ [84800.잡비] 계정은 전표입력 시 증빙을 필수 입력하지 않도록 설정하였다.

03

다음 중 당사의 프로젝트중 원가구분이 '1.제조'이면서 프로젝트의 진행구분이 '진행'인 '공통' 유형의 프로젝트는?

① 1000.서울공장
② 1001.광주공장
③ 1002.부산공장
④ 1003.울산공장

04

(주)유명 본점의 2024년 1월에서 4월 중 [82200.차량유지비] 계정 금액이 가장 많이 발생한 월은 언제인가?

① 1월
② 2월
③ 3월
④ 4월

05

2024년 1분기 동안 재경부에서 사용한 예산 중 집행실적이 가장 큰 계정과목은? (단, 집행방식은 승인집행으로 조회한다)

① 80200.직원급여
② 81100.복리후생비
③ 81200.여비교통비
④ 83100.지급수수료

06

2024년 3월 한 달간 현금 입금액과 출금액은 각각 얼마인가?

	입금액	출금액
①	5,000,000원	2,495,000원
②	5,000,000원	4,610,000원
③	102,860,000원	4,610,000원
④	102,860,000원	7,105,000원

07

(주)유명 본점은 외상매출금에 대하여 선입선출법 기준으로 채권을 관리하고 있다. 2024년 6월 말 기준으로 3개월 전까지의 채권을 확인하여 조회기간 이전 채권잔액이 가장 큰 거래처는?

① (주)성호기업 ② (주)주안실업
③ (주)한동테크 ④ (주)형광공업

08

2024년 8월 한 달 동안 (주)유명 본점에서 판매관리비로 지출된 금액 중 현금으로 지출한 금액이 가장 큰 계정과목은?

① 복리후생비 ② 여비교통비
③ 차량유지비 ④ 사무용품비

09

(주)유명 본점에서 지출증빙서류검토표를 작성하던 중 핵심ERP의 증빙을 연결하는 작업에서 '10.신용카드(법인)'과 '11.신용카드(개인)'의 증빙연결이 누락된 것을 확인하였다. 아래 [적격증빙별 전표증빙]과 같이 누락된 증빙 연결후 2024년 한 해 동안 지출될 신용카드의 손익계산서 합계금액은 얼마인가?

┌─ 보기 ─────────────────────────┐
[적격증빙별 전표증빙]
• 10.신용카드(법인) – 8.신용카드매출전표(법인)
• 11.신용카드(개인) – 8A.신용카드매출전표(개인)
└─────────────────────────────┘

① 1,670,000원 ② 2,630,000원
③ 3,300,000원 ④ 4,300,000원

10

(주)유명 본점은 매월 수입 및 지출에 대해 일자별자금계획을 수립하고 있다. 2024년 5월 고정적으로 지출되는 금액은 2024년 4월과 비교하여 얼마나 감소하였는가?

① 100,000원 ② 200,000원
③ 300,000원 ④ 400,000원

11

(주)유명 본점의 한 해 동안 수도광열비(판매관리비) 계정을 가장 많이 사용한 분기는 언제인가?

① 1/4분기 ② 2/4분기
③ 3/4분기 ④ 4/4분기

12

(주)유명 본점의 7월 31일 기준 재무상태표에 대한 설명으로 옳은 것은?

① 부채의 총합계 금액은 9,408,100,000원이다.
② 자본의 총합계 금액은 14,295,449,055원이다.
③ 매출채권의 대손충당금 합계액은 5,271,310원이다.
④ 현금 및 현금성자산의 합계액은 96,575,000원이다.

13

유명 본점의 2024년 상반기 손익계산서에 대한 설명 중 옳지 않은 것은?

① 당기상품매입액은 전기에 비해 감소하였다.
② 판매관리비가 증가하면 당기순이익도 증가한다.
③ 이자비용이 영업외비용으로 200,000원 발생하였다.
④ 판매관리비 중 가장 많은 비용이 발생한 계정은 상여금이다.

14

[보기]의 내용을 고정자산등록 메뉴에 입력한 후 비품 자산의 당기 감가상각비 금액을 조회하면 얼마인가?

┌─ 보기 ─────────────────────────────
│ (주)유명 본점은 2024년 6월 1일에 비품자산 [21200009.팩스기]
│ 를 취득부대비용 포함하여 2,400,000원에 신규 취득하였다.
│ (상각방법: 정액법, 내용연수: 5년)
└──────────────────────────────────

① 280,000원　　　　② 599,000원
③ 768,104원　　　　④ 1,048,104원

15

(주)유명 본점의 부가세 신고 방법에 대한 설명으로 옳지 않은 것은?

① 관할세무서는 서초세무서이다.
② 업태는 도소매이며 종목은 소프트웨어이다.
③ 부가세 신고유형은 사업자단위과세 신고를 채택하고 있다.
④ 부가세 신고는 각 사업장별로 하고 납부는 주사업장에서 진행한다.

16

(주)유명 본점의 2024년 2기 부가가치세 예정신고 시 세금계산서 합계표를 작성하였다. 다음 중 세금계산서 합계표에 대한 설명으로 옳지 않은 것은?

① 매출세금계산서의 부가세액 총합계는 48,000,000원이다.
② (주)한동테크 거래처에 발급한 세금계산서는 총 3매이다.
③ 민호빌딩(주) 거래처에 수취한 세금계산서 매수는 총 1매이다.
④ 매입세금계산서 중 전자세금계산서외 거래건의 부가세 합계액은 435,000원이다.

17

(주)유명 본점의 2024년 1기 부가가치세 확정신고 시 매입세액 불공제내역 서식에 작성된 불공제 사유구분이 아닌 것은?

① 접대비관련매입세액
② 필요적 기재사항 누락
③ 비영업용소형승용차구입 및 유지
④ 금, 구리 스크랩 거래계좌 미사용 관련 매입세액

18

(주)유명 본점의 2024년 1기 부가가치세 예정신고기간에 카드로 자산을 매입한 거래 건이 발생하였다. 다음 중 어느 거래처에서 발생한 거래인가?

① 00012.한국컴퓨터　　② 00015.오피스세상
③ 00070.나라오피스　　④ 00093.대한유통(주)

19

(주)유명 본점은 부동산임대업을 겸업하고 있어 부가가치세 신고 시 간주임대료를 포함하여 신고하려고 한다. 2024년 2기 부가가치세 확정신고 시 다음 [부동산임대내역]의 자료를 입력한 후 보증금 이자(간주임대료)를 계산하면 얼마인가? (단, 보증금 이자(간주임대료) 계산 시 소수점 이하는 절사한다)

┌─ [부동산임대내역] ──────────────────
│ • 동: 1111065000.서울특별시 종로구 혜화동
│ • 층/호수: 지상 3층/301호
│ • 상호(성명): (주)중원
│ • 면적/용도: 200㎡/사무실
│ • 임대기간: 2024/10/01~2025/09/30
│ • 보증금: 150,000,000원
│ • 월세: 2,200,000원
│ • 관리비: 250,000원
│ (이자율은 2.9%로 계산한다)
└──────────────────────────────────

① 970,994원　　　　② 1,093,442원
③ 8,440,000원　　　④ 8,443,442원

20

(주)유명 본점의 2024년 1기 부가가치세 예정신고기간에 발행한 신용카드매출액 중 세금계산서가 발급된 금액은 얼마인가?

① 2,000,000원　　　② 2,500,000원
③ 3,000,000원　　　④ 3,500,000원

기출문제 2024년 4회

이론

01
ERP시스템의 SCM 모듈을 실행함으로써 얻는 장점으로 가장 적절하지 않은 것은?

① 공급사슬에서의 가시성 확보로 공급 및 수요변화에 대한 신속한 대응이 가능하다.
② 정보투명성을 통해 재고수준 감소 및 재고회전율(inventory turnover) 증가를 달성할 수 있다.
③ 공급사슬에서의 계획(plan), 조달(source), 제조(make) 및 배송(deliver) 활동 등 통합 프로세스를 지원한다.
④ 마케팅(marketing), 판매(sales) 및 고객서비스(customer service)를 자동화함으로써 현재 및 미래 고객들과 상호작용할 수 있다.

02
ERP의 특징에 대한 설명으로 가장 옳지 않은 것은?

① Open Multi-vendor: 특정 H/W 업체에만 의존하는 Open 형태를 채용, C/S형의 시스템 구축이 가능하다.
② 통합업무시스템: 세계유수기업이 채용하고 있는 Best Practice Business Process를 공통화, 표준화 시킨다.
③ Parameter 설정에 의한 단기간의 도입과 개발이 가능: Parameter 설정에 의해 각 기업과 부문의 특수성을 고려할 수 있다.
④ 다국적, 다통화, 다언어: 각 나라의 법률과 대표적인 상거래 습관, 생산방식이 시스템에 입력되어 있어서 사용자는 이 가운데 선택하여 설정할 수 있다.

03
ERP시스템 투자비용에 관한 개념 중 '시스템의 전체 라이프사이클(life-cycle)을 통해 발생하는 전체 비용을 계량화한 비용'에 해당하는 것은?

① 유지보수 비용(Maintenance Cost)
② 시스템 구축비용(Construction Cost)
③ 총소유비용(Total Cost of Ownership)
④ 소프트웨어 라이선스비용(Software License Cost)

04
ERP 구축 순서로 가장 적절한 것은?

① 설계 – 분석 – 구현 – 구축
② 설계 – 분석 – 구축 – 구현
③ 분석 – 설계 – 구축 – 구현
④ 분석 – 설계 – 구현 – 구축

05
[보기]의 재무상태표에 대한 설명으로 적절하지 않은 것은?

• 보기 •

2025년 12월 31일 현재 (단위: 원)

현금 및 현금성자산	50,000	매입채무	300,000
매출채권	700,000	장기차입금	1,000,000
상품	400,000	퇴직급여 충당부채	200,000
투자부동산	100,000	자본금	1,200,000
건물	1,500,000	이익잉여금	50,000
합계	2,750,000	합계	2,750,000

① 자본은 1,250,000원이다.
② 유형자산은 1,600,000원이다.
③ 유동자산은 1,150,000원이다.
④ 비유동부채는 1,200,000원이다.

06
재무상태표의 설명으로 적절한 것은?

① 기업의 일정기간의 영업실적을 나타낸다.
② 기업의 일정시점의 영업실적을 나타낸다.
③ 기업의 일정시점의 재무상태를 나타낸다.
④ 기업의 일정기간의 재무상태를 나타낸다.

07
기업의 손익계산서에 영업외비용으로 적절하지 않은 것은?

① 감가상각비
② 외화환산손실
③ 사채상환손실
④ 단기투자자산처분손실

08
[보기]의 계정별원장에 기입된 거래를 참고했을 때, (   )에 들어갈 수 있는 계정과목은?

보기

(	)		
4월 15일	200,000원	기초	2,200,000원
12월 15일	800,000원	3월 5일	200,000원
기말	2,200,000원	11월 21일	800,000원

① 상품
② 미수금
③ 받을어음
④ 미지급금

09
일반기업회계기준에 의한 회계의 특징으로 볼 수 없는 것은?

① 단식부기
② 복식부기
③ 발생주의
④ 현금주의

10
[보기]의 비품 구입과 관련한 분개에서 (   ) 안에 들어갈 수 없는 계정과목은 무엇인가?

보기

| (차) 비품 | 100,000 | (대) ( ) | 100,000 |

① 현금
② 보통예금
③ 미지급금
④ 외상매입금

11
[보기]는 무엇에 대한 설명인가?

보기

기업에 있어서 수표의 발행은 원칙적으로 당좌예금잔액의 한도 내에서 발행하여야 한다. 이는 당좌예금잔액을 초과하여 수표를 발행하여도 일정 한도까지는 부도처리 하지 않고 정상적으로 수표가 발행되는 경우에 처리되는 계정과목이다.

① 부도수표
② 당좌예금
③ 당좌차월
④ 당좌이월

12
[보기]의 거래에서 매출채권은 얼마인가?

보기

상품 500개를 개당 1,000원에 판매한 후 300,000원은 약속어음으로 받고, 남은 잔액과 운반비 50,000원은 현금으로 받기로 하다.

① 200,000원
② 300,000원
③ 500,000원
④ 550,000원

13
12월 31일 결산법인인 (주)생산성은 2025년 8월 1일 잔존가치가 200,000원, 내용연수가 10년인 기계장치를 2,000,000원에 구입하였다. 정액법을 사용하여 월할 상각할 경우 2025년도에 기록되는 감가상각비는 얼마인가?

① 75,000원
② 80,000원
③ 90,000원
④ 95,000원

14

[보기]에서 제시된 상품 매매와 관련된 자료를 활용하여 계산한 매입채무 잔액은 얼마인가? (단, 기초 매입채무 잔액은 50,000원 있다)

┌─ 보기 ─────────────────────────────┐
| • 현금매입액   80,000원 |
| • 외상매입액   500,000원 |
| • 외상대금 현금상환액   200,000원 |
| • 외상대금 조기상환에 따른 할인액   10,000원 |
└──────────────────────────────────┘

① 210,000원   ② 280,000원
③ 340,000원   ④ 500,000원

15

[보기]의 재무상태표에서 자본의 증가에 영향을 미치는 거래에 해당하는 것은?

┌─ 보기 ─────────────────────────────┐
| 재무상태표 |
자산	1,000,000원	부채	300,000원
		자본	700,000원
자산의 총계	1,000,000원	부채 및 자본의 총계	1,000,000원
└──────────────────────────────────┘

① 보통주를 신규발행하였다.
② 정기주주총회에서 현금배당을 하기로 결의하였다
③ 야근하는 직원들에게 야근수당을 현금으로 지급하였다.
④ 공장에서 사용할 비품을 구입하고 대금은 현금으로 지급하였다.

16

총수익 1,900,000원, 총비용 1,550,000원, 기말자본 700,000원이면 기초자본은 얼마인가?

① 200,000원
② 250,000원
③ 300,000원
④ 350,000원

17

수익과 비용에 대한 설명으로 가장 옳지 않은 것은?

① 수익은 실현주의에 따라 인식한다.
② 비용은 수익비용 대응의 원칙에 따라 인식한다.
③ 수익은 기업의 통상적인 경영활동에서 발생하는 경제적 효익의 총유출을 의미한다.
④ 비용은 기업의 주된 영업활동에서 발생한 비용과 일시적 또는 우연적인 거래로부터 발생하는 손실로 분류된다.

18

손익계산서상 구분표시가 다른 것은?

① 기부금
② 이자비용
③ 외환차손
④ 교육훈련비

19

[보기]의 자료를 근거로 회계처리 할 경우, 감자차익은 얼마인가?

┌─ 보기 ─────────────────────────────┐
| • 감자·주식 수: 100주 |
| • 주당 액면가액: 8,000원 |
| • 주식구입 현금지급액: 500,000원 |
└──────────────────────────────────┘

① 300,000원   ② 500,000원
③ 700,000원   ④ 900,000원

20

[보기]에서 도소매업을 영위하는 기업의 판매비와 관리비로 분류할 수 있는 것은 몇 개인가?

┌─ 보기 ─────────────────────────────┐
| • 기업업무추진비 • 기부금   • 이자비용   • 선급비용 |
| • 교육훈련비   • 수도광열비 • 기타의 대손상각비 |
└──────────────────────────────────┘

① 1개   ② 2개
③ 3개   ④ 4개

실무 시뮬레이션

프로그램 버전	ICUBE 핵심ERP 2024
로그인 정보	• 회사: 1005.회사B • 사원: ERP13A02.김은찬
DB 파일명	[백데이터] 2025 에듀윌 ERP 회계 2급 > PART 04 최신 기출문제_2024년 4회

01

거래처 구분이 '일반'으로 등록된 거래처 중 거래처분류가 '1000. 강남구'로 설정된 거래처는 몇 개인가?

① 1개　　　　　　　② 2개
③ 3개　　　　　　　④ 4개

02

당사의 계정과목등록을 조회하여 보기의 계정과목 중 거래처별로 이월되는 계정과목은?

① 10700.단기매매증권　② 10800.외상매출금
③ 20600.기계장치　　　④ 34200.감자차익

03

다음 사원 중 [전표승인해제] 메뉴를 이용하여 '미결' 전표를 '승인'으로 처리 할 수 없는 사원은?

① ERP13A02.김은찬　② ERP13A03.김종민
③ ERP13A04.신서율　④ ERP13A05.박혜수

04

(주)큐브는 선급비용에 대해서 기간비용을 관리하고 있다. (주)큐브의 2024년 12월 말 결산 시 당기 비용으로 인식해야 할 금액은 얼마인가?

① 611,516원　　　② 1,199,755원
③ 1,200,484원　　④ 2,400,000원

05

(주)큐브는 부문별로 판매비와 관리비 사용내역을 관리하고 있는 도중 '4001.총무부' 부서의 부문이 잘못 등록된 것을 확인하였다. '4001.총무부' 부서의 부문을 '1001.관리부문'으로 변경작업을 진행하고 (주)큐브의 2024년 2분기에 '1001.관리부문'에서 판매비와 관리비로 사용한 차량유지비 금액을 조회하면 얼마인가?

① 160,000원　　　② 500,000원
③ 660,000원　　　④ 1,460,000원

06

(주)큐브는 2024년 6월 말 결산 시 받을어음에 대해 1%의 대손충당금을 설정하려고 한다. 다음 중 회계처리로 옳은 것은 무엇인가?

① 대손상각비　1,450,000원　/　대손충당금　　　1,450,000원
② 대손상각비　2,950,000원　/　대손충당금　　　2,950,000원
③ 대손충당금　1,450,000원　/　대손충당금환입　1,450,000원
④ 대손충당금　2,950,000원　/　대손충당금환입　2,950,000원

07

(주)큐브는 매월 수입 및 지출에 대해 일자별자금계획을 수립하고 있다. 2024년 4월 고정적으로 지출되는 금액은 2024년 3월과 비교하여 얼마나 감소하였는가?

① 600,000원
② 2,000,000원
③ 2,600,000원
④ 9,000,000원

08

(주)큐브의 업무용승용차 '12A 8087.쏘렌토' 차량에 대하여 운행기록부를 작성하였다. 2024년 1월 한 달 동안 해당 차량의 업무사용비율은?

① 65%
② 87%
③ 91%
④ 93%

09

(주)큐브는 지출증빙서류검토표를 작성하던 중 핵심ERP의 증빙을 연결하는 작업에서 '20.현금영수증'과 '40.계산서' 증빙연결이 누락된 것을 확인하였다. 아래 [적격증빙별 전표증빙]과 같이 누락된 증빙 연결 후 2024년 한 해 동안 지출된 각 증빙별 합계금액으로 옳지 않은 것은?

[적격증빙별 전표증빙]
• 20.현금영수증 – 9A.현금영수증
• 40.계산서 – 2.계산서

① 계산서: 680,000원
② 현금영수증: 250,000원
③ 세금계산서: 643,400,000원
④ 신용카드(법인): 3,500,000원

10

(주)큐브의 2024년 11월 30일 발생한 미결 전표를 승인 처리 후 (주)큐브의 2024년 11월 30일 현금 계정의 잔액을 조회하면 얼마인가?

① 422,140,000원
② 422,940,000원
③ 517,025,000원
④ 517,825,000원

11

[보기]의 설명 중 (a) 안에 들어갈 알맞은 계정과목은?

┌ 보기 ┐
• (a) 계정은 재고자산 계정이다.
• (주)큐브의 2024년 1월 (a) 계정의 매입금액은 52,000,000원이다.
• (주)큐브의 2024년 12월 31일 기준 (a) 계정의 잔액은 485,650,000원이다.

① 14600.상품
② 14700.제품
③ 15500.저장품
④ 16400.임대주택자산

12

2024년 (주)큐브의 복리후생비(판매관리비) 계정의 상반기 지출액 대비 하반기 지출액의 증감률은 얼마인가? (단, 증감률 계산 시 소수점 첫째 자리에서 반올림한다)

① 10%
② 17%
③ 23%
④ 33%

13

다음 중 (주)큐브의 2024년 3월 신규 취득한 자산은 무엇인가?

① 건물 – 202003.복지1동
② 건물 – 202005.기숙사
③ 비품 – 21200004.노트북
④ 비품 – 21200005.수납장

14
(주)큐브에서 2024년 1월 한 달 동안 발생한 사무용품비(판매비와 관리비) 중 거래처가 등록되지 않은 전표의 합계액은 얼마인가?

① 100,000원
② 200,000원
③ 350,000원
④ 400,000원

15
(주)큐브의 2024년 1기 부가가치세 확정신고기간에 발생한 신용카드매출액 중 세금계산서가 발급된 금액은 얼마인가?

① 25,000,000원
② 30,000,000원
③ 50,250,000원
④ 66,410,000원

16
(주)큐브의 2024년 1기 부가가치세 예정신고기간에 매입한 자산 중 부가세신고 시 신고서식에 작성되어야 하는 차량운반구의 세액은 얼마인가?

① 2,500,000원
② 3,000,000원
③ 3,500,000원
④ 3,600,000원

17
(주)큐브의 2024년 1기 부가가치세 예정신고기간에 발생한 매입거래 중 매입세액 불공제 거래가 발생하였다. 다음 중 2024년 1기 부가가치세 예정신고기간에 발생한 매입세액 불공제 사유에 해당하지 않는 것은?

① 접대비관련매입세액
② 사업과 관련없는 지출
③ 필요적 기재사항 누락
④ 비영업용소형승용차구입 및 유지

18
(주)큐브의 2024년 1기 부가가치세 예정신고기간에 '00004.(주)형광공업' 거래처에서 수취한 매입세금계산서 중 종이발행 분은 몇 건 인가?

① 1건
② 3건
③ 10건
④ 12건

19
(주)큐브의 2024년 2기 부가가치세 확정신고 시 매입에 대한 예정신고 누락분 2건이 발생하였다. 해당 거래의 세액 합계 금액은?

① 300,000원
② 400,000원
③ 800,000원
④ 1,100,000원

20
(주)큐브의 부가세 신고 시 해당하는 주업종코드는 무엇인가?

① 142101. 광업
② 322001. 제조업
③ 513320. 도매 및 소매업
④ 722000. 정보통신업

기출문제 2024년 3회

이론

01

클라우드 서비스 사업자가 클라우드 컴퓨팅 서버에 ERP소프트웨어를 제공하고, 사용자가 원격으로 접속해 ERP소프트웨어를 활용할 수 있도록 제공하는 서비스를 무엇이라 하는가?

① PaaS(Platform as a Service)
② SaaS(Software as a Service)
③ DaaS(Desktop as a Service)
④ IaaS(Infrastructure as a Service)

02

ERP와 인공지능(AI), 빅데이터(Big Data), 사물인터넷(IoT) 등 혁신기술과의 관계에 대한 설명으로 가장 적절하지 않은 것은?

① 현재 ERP는 기업 내 각 영역의 업무프로세스를 지원하여 독립적으로 단위별 업무처리를 추구하는 시스템으로 발전하고 있다.
② 제조업에서는 빅데이터 분석기술을 기반으로 생산자동화를 구현하고 ERP와 연계하여 생산계획의 선제적 예측과 실시간 의사결정이 가능하다.
③ ERP에서 생성되고 축적된 빅데이터를 활용하여 기업의 새로운 업무개척이 가능해지고, 비즈니스 간 융합을 지원하는 시스템으로 확대가 가능하다.
④ 현재 ERP는 인공지능 및 빅데이터 분석기술과의 융합으로 전략경영 등의 분석도구를 추가하여 상위계층의 의사결정을 지원할 수 있는 지능형시스템으로 발전하고 있다.

03

ERP 도입 기업이 사원들을 위한 ERP 교육을 계획할 때, 고려사항으로 가장 적절하지 않은 것은?

① 지속적인 교육이 필요함을 강조한다.
② 전사적인 참여가 필요함을 강조한다.
③ 최대한 ERP커스터마이징이 필요함을 강조한다.
④ 자료의 정확성을 위한 철저한 관리가 필요함을 강조한다.

04

ERP와 전통적인 정보시스템(MIS) 특성 간의 차이점에 대한 설명으로 가장 적절하지 않은 것은?

① 전통적인 정보시스템의 시스템구조는 폐쇄형이나 ERP는 개방성을 갖는다.
② 전통적인 정보시스템의 업무범위는 단위업무이고, ERP는 통합업무를 처리한다.
③ 전통적인 정보시스템의 업무처리 대상은 Process 중심이나 ERP는 Task 중심이다.
④ 전통적인 정보시스템의 저장구조는 파일시스템을 이용하나 ERP는 관계형 데이터베이스시스템(RDBMS) 등을 이용한다.

05

기업의 외부회계정보이용자들이 합리적인 의사결정을 하는데 도움이 되는 정보를 제공하는 회계 분야는?

① 재무회계
② 세무회계
③ 관리회계
④ 재정회계

06

[보기]의 ( ) 안에 들어갈 내용으로 옳은 것은?

> 보기
> ( )은(는) 순자산으로써 기업실체의 자산에 대한 소유주의 잔여청구권이다.

① 부채
② 자본
③ 자산
④ 당기순이익

07

[보기]의 오류가 당기 손익계산서에 미치는 영향으로 옳은 것은?

> 보기
> 정확한 기말재고금액은 200,000원이지만 180,000원으로 잘못 계상하였다.

	매출원가	당기순이익
①	과대	과대
②	과대	과소
③	과소	과소
④	과소	과대

08
차변과 대변에 기록될 계정과목으로 가장 적절하지 않은 것은?

① (차) 선수금   (대) 선급금
② (차) 미수금   (대) 미지급금
③ (차) 대여금   (대) 차입금
④ (차) 임차보증금 (대) 임대보증금

09
[보기]의 거래내용을 나타내는 계정과목으로 적절한 것은?

― 보기 ―
ⓐ 당좌예금 잔액을 초과하여 발행한 수표 금액(사전약정 체결)
ⓑ 제3자로부터 무상으로 받은 금액

	(a)	(b)
①	당좌차월	자산수증이익
②	배당금수익	기부금
③	매출환입	잡이익
④	주식매수선택권	수수료 수익

10
[보기]의 결합관계로 이루어진 거래로 옳은 것은?

― 보기 ―
(차) 부채의 감소   (대) 자산의 감소

① 은행에서 현금 5,000,000원을 차입하다.
② 외상매입금 300,000원을 현금으로 지급하다.
③ 종업원의 급여 2,000,000원을 현금으로 지급하다.
④ 대여금 300,000원과 그에 대한 이자 20,000원을 현금으로 받다.

11
[보기]에서 현금 및 현금성자산을 계산하면 총 얼마인가?

― 보기 ―
• 현금: 9,000,000원   • 우표: 60,000원
• 타인발행수표: 200,000원 • 송금환: 100,000원
• 미수금: 850,000원   • 수입인지: 150,000원
• 받을어음: 4,000,000원

① 9,200,000원   ② 9,300,000원
③ 13,300,000원   ④ 13,510,000원

12
시장성 있는 (주)생산성의 주식 10주를 단기매매차익의 목적으로 1주당 50,000원에 구입하고, 거래수수료 5,000원을 포함하여 보통예금계좌에서 결제하였다. 일반기업회계기준에 따라 회계처리하는 경우 발생하는 계정과목으로 적절하지 않은 것은?

① 보통예금   ② 수수료비용
③ 단기매매증권   ④ 매도가능증권

13
대손충당금 설정 대상 자산으로 적합한 것은?

① 예수금   ② 선수금
③ 미수금   ④ 전환사채

14
유형자산의 취득원가에 포함되는 부대비용에 해당되지 않는 것은?

① 시운전비
② 운반비용
③ 설치장소를 위한 설치비용
④ 거래처 직원에 대한 기업업무추진비

15
상품 400,000원을 매입하고 대금은 현금 200,000원과 약속어음 200,000원을 발행하여 지급할 경우 발생할 내용으로 적절한 것은?

① 총자산과 총부채가 증가한다.
② 총자산과 총자본이 증가한다.
③ 총자산이 감소하고, 총자본은 감소한다.
④ 총자산이 감소하고, 총부채가 증가한다.

16
[보기]의 자료에서 결산일 현재 재무상태표에 나타난 자본 총액을 계산하면 얼마인가?

- 보기 -
- 보통주 자본금: 300,000원
- 우선주 자본금: 200,000원
- 주식발행초과금: 70,000원
- 자기주식: 30,000원
- 주식할인발행차금: 80,000원

① 270,000원
② 300,000원
③ 380,000원
④ 460,000원

17
(주)생산성은 결산 시 회사자본의 구성내용이 자본금 50,000,000원, 자본잉여금 3,000,000원, 이익준비금 800,000원이었고, 당해 연도의 당기순이익은 600,000원이었다. 현금배당 400,000원을 할 경우 이익준비금으로 적립해야 할 최소 금액은 얼마인가? (단, 이익준비금 적립액은 없다)

① 40,000원
② 50,000원
③ 60,000원
④ 80,000원

18
수익의 인식에 대한 설명으로 옳은 것은?

① 시용판매의 경우 수익의 인식은 구매자가 사용한 날이다.
② 할부판매의 경우 수익의 인식은 항상 구매자에게 대금을 회수하는 시점이다.
③ 위탁판매는 위탁자가 수탁자에게 해당 재화를 판매한 시점에 수익을 인식한다.
④ 예약판매계약의 경우 공사결과를 신뢰성 있게 추정할 수 있을 때에 진행기준을 적용하여 공사수익을 인식한다.

19
[보기]의 자료를 토대로 상품의 11월 매출총이익은 얼마인가?

- 보기 -
- 재고자산평가방법: 선입선출법

날짜	적요	수량	단가
11/1	전월이월	250개	30,000원
11/15	매입	100개	30,000원
11/20	매출	300개	50,000원

① 2,500,000원
② 6,000,000원
③ 9,000,000원
④ 15,000,000원

20
당기순손익에 영향을 미치는 계정과목에 해당하지 않는 것은?

① 재해손실
② 자산수증이익
③ 채무면제이익
④ 매도가능증권평가손익

실무 시뮬레이션

프로그램 버전	ICUBE 핵심ERP 2024
로그인 정보	• 회사: 1002.회사A • 사원: ERP13A02.김은찬
DB 파일명	[백데이터] 2025 에듀윌 ERP 회계 2급 > PART 04 최신 기출문제_2024년 3회

01

당사의 시스템환경설정에 대한 설명으로 옳지 않은 것은? (단, 시스템환경설정은 추가 변경하지 않는다)

① 처분자산은 월할상각 한다.
② 재무제표를 영어로 조회할 수 있다.
③ 전표의 관리항목인 결의부서별로 예산을 통제한다.
④ 전표를 출력할 때 4번 양식을 기본양식으로 사용한다.

02

다음 중 당사의 계정과목에 대한 설명으로 옳지 않은 것은?

① [10900.대손충당금]은 [11000.받을어음]의 차감계정이다.
② [12000.미수금] 계정은 거래처별로 이월하도록 설정하였다.
③ [81100.복리후생비]계정은 세목으로 세분화하여 관리하고 있다.
④ [82600.도서인쇄비]계정은 전표입력 시 증빙을 차변필수 입력하도록 설정하였다.

03

다음 중 당사의 부서등록과 사원등록에 대한 설명으로 옳지 않은 것은?

① ERP를 운용할 수 없는 사원은 총 2명이다.
② 재경부서에 속하는 사원은 모두 관리부문에 소속되어 있다.
③ 전윤호 사원은 승인전표를 승인해제 한 뒤에 금액 수정이 가능하다.
④ 김은찬 사원은 회계입력방식이 수정이므로 대차차액 전표입력시 자동 승인처리된다.

04

2024년 3월 한 달간 현금 입금액과 출금액은 얼마인가?

	입금액	출금액
①	5,000,000원	2,610,000원
②	5,000,000원	4,610,000원
③	7,000,000원	2,610,000원
④	7,000,000원	4,610,000원

05

(주)유명 본점에서 지출증빙서류검토표를 작성하던 중 핵심ERP의 증빙을 연결하는 작업에서 '30.세금계산서'와 '40.계산서' 증빙연결이 누락된 것을 확인하였다. 아래 [적격증빙별 전표증빙]과 같이 누락된 증빙 연결 후 2024년 한 해 동안 지출될 세금계산서증빙과 계산서증빙의 합계금액은 얼마인가?

[적격증빙별 전표증빙]
• 30.세금계산서 – 1.세금계산서
• 40.계산서 – 2.계산서

① 456,000원　　② 1,049,450,000원
③ 1,049,906,000원　　④ 1,054,206,000원

06

(주)유명 본점의 2024년 상반기 중 외상매입금 발생 금액이 가장 큰 달은 언제인가?

① 1월　　② 2월
③ 3월　　④ 4월

07

(주)유명 본점은 사용부서와 프로젝트로 복리후생비(판매관리비)를 관리하고 있다. 2024년 1분기 동안 [1001.재경부] 부서에서 복리후생비(판매관리비)가 가장 많이 증가한 프로젝트는?

① 1000.서울공장　　② 1001.광주공장
③ 1002.부산공장　　④ 1003.울산공장

08

(주)유명 본점의 업무용승용차 [12가 0102.티볼리] 차량에 대하여 운행기록부를 작성하였다. 2024년 1월 한 달간 해당 차량의 업무 사용비율은?

① 77% ② 87%
③ 91% ④ 93%

09

(주)유명 본점은 외상매출금에 대하여 선입선출법 기준으로 채권을 관리하고 있다. 2024년 6월 말 기준으로 3개월 전까지의 채권년령을 확인하여 조회기간 이전 채권잔액이 가장 큰 거래처는?

① (주)성호기업
② (주)주안실업
③ (주)한동테크
④ (주)형광공업

10

당사는 반기 결산을 하는데 2024년 6월 말 결산 시 소모품 기말 재고액은 5,000,000원 이다. 장부의 금액을 확인한 후 결산분개를 입력한다고 할 때, 6월 말 결산 수정 분개로 옳은 것은? (단, 소모품 취득은 자산으로 처리하고 사용은 판관비로 처리했다)

① (차) 소모품   5,000,000원   (대) 소모품비   5,000,000원
② (차) 소모품   5,500,000원   (대) 소모품비   5,500,000원
③ (차) 소모품비   5,000,000원   (대) 소모품   5,000,000원
④ (차) 소모품비   5,500,000원   (대) 소모품   5,500,000원

11

(주)유명 본점의 2024년 상반기 손익계산서에 대한 설명 중 옳지 않은 것은?

① 상품매출액은 897,500,000원이다.
② 당기상품매입액은 321,300,000원이다.
③ 판매관리비가 증가하면 당기순이익은 감소한다.
④ 이자수익이 영업외비용으로 100,000원 발생하였다.

12

다음 [보기]를 참고하여 고정자산등록 메뉴에 입력한 후 비품 자산의 당기 감가상각비 금액을 조회하면 얼마인가?

> ● 보기 ●
> (주)유명 본점은 2024년 4월 15일에 비품자산 [21200009.팩스기]를 취득부대비용 포함하여 4,000,000원에 신규 취득하였다.
> (상각방법 정액법, 내용연수 4년)

① 750,000   ② 768,104
③ 919,104   ④ 1,518,104

13

(주)유명 본점은 계정을 프로젝트별로 관리하고 있다. 2024년 1분기에 외상매출금이 가장 많이 증가한 프로젝트는 무엇인가?

① 1000.서울공장   ② 1001.광주공장
③ 1004.대전공장   ④ 1005.춘천공장

14

2024년 5월 한 달간 (주)유명 본점에서 현금 지출이 가장 많았던 판매관리비 계정과목은 무엇인가?

① 81100.복리후생비   ② 81200.여비교통비
③ 82200.차량유지비   ④ 82900.사무용품비

15

(주)유명 본점은 2024년 1기 부가가치세 예정신고기간에 고정자산을 매입하고 신용카드로 결제한 거래가 발생하였다. 해당 거래의 세액 합계로 올바른 것은?

① 100,000원
② 200,000원
③ 300,000원
④ 400,000원

16

(주)유명 본점의 2024년 1기 부가가치세 예정신고 시 '매입처별 세금계산서합계표'에 반영될 세무구분은 몇 개인가?

① 1개
② 2개
③ 3개
④ 4개

17

(주)유명 본점의 2024년 1기 부가가치세 확정신고 시 매입세액 불공제내역 서식에 작성되지 않은 불공제 사유구분은?

① 접대비관련매입세액
② 필요적 기재사항 누락
③ 토지의 자본적 지출 관련
④ 비영업용소형승용차구입 및 유지

18

(주)유명 본점의 2기 부가가치세 예정신고에 대한 설명으로 옳지 않은 것은?

① 고정자산 매입분은 세금계산서 수취분만 존재한다.
② 신고 업태는 도소매업이며, 종목은 소프트웨어이다.
③ 관할세무서인 서초 세무서에 부가가치세 신고를 한다.
④ 매출세액이 매입세액보다 많으므로 부가세 납부를 해야 한다.

19

(주)유명 본점의 부가가치세 신고유형에 대한 설명으로 옳은 것은?

① 각 사업장별로 신고 및 납부한다.
② 사업자 단위과세자로 신고 및 납부를 주사업장에서 모두 한다.
③ 총괄납부 사업자로 주사업장에서 모두 총괄하여 신고 및 납부한다.
④ 총괄납부 사업자로 각 사업장별로 부가세 신고후 납부는 주사업장에서 총괄하여 납부한다.

20

(주)유명 본점은 부동산임대업을 겸업하고 있어 부가가치세 신고시 간주임대료를 포함하여 신고하려고 한다. 2024년 2기 부가가치세 예정신고 시 다음 [부동산임대내역]의 자료를 입력한 후 보증금이자(간주임대료)를 계산하면 얼마인가? (단, 보증금이자(간주임대료)계산 시 소수점 이하는 절사한다)

[부동산임대내역]
- 동: 1111065000.서울특별시 종로구 혜화동
- 층 / 호수: 지상 5층 / 504호
- 상호(성명): 도민실업(주)
- 면적 / 용도: 300㎡ / 사무실
- 임대기간: 2024/07/01~2025/06/30
- 보증금: 350,000,000원
- 월세: 4,000,000원
- 관리비: 300,000원
(이자율은 2.9%로 계산한다)

① 2,551,366원
② 2,771,458원
③ 2,942,141원
④ 3,011,470원

여러분의 작은 소리
에듀윌은 크게 듣겠습니다.

본 교재에 대한 여러분의 목소리를 들려주세요.
공부하시면서 어려웠던 점, 궁금한 점,
칭찬하고 싶은 점, 개선할 점, 어떤 것이라도 좋습니다.

에듀윌은 여러분께서 나누어 주신 의견을
통해 끊임없이 발전하고 있습니다.

에듀윌 도서몰 book.eduwill.net
- 부가학습자료 및 정오표: 에듀윌 도서몰 → 도서자료실
- 교재 문의: 에듀윌 도서몰 → 문의하기 → 교재(내용, 출간) / 주문 및 배송

2025 에듀윌 ERP 정보관리사 회계 2급 한권끝장+무료특강

발 행 일	2025년 3월 31일 초판
편 저 자	유슬기
펴 낸 이	양형남
개 발	정상욱, 김은재
펴 낸 곳	(주)에듀윌
등록번호	제25100-2002-000052호
주 소	08378 서울특별시 구로구 디지털로34길 55 코오롱싸이언스밸리 2차 3층
I S B N	979-11-360-3703-9(13320)

* 이 책의 무단 인용·전재·복제를 금합니다.

www.eduwill.net
대표전화 1600-6700

100개월, 1663회
베스트셀러 1위

합격비법이 담긴 교재로
합격의 차이를 직접 경험해보세요.

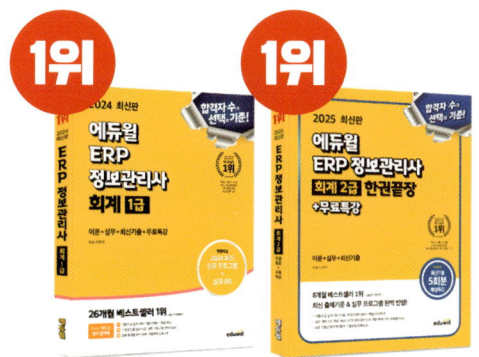

회계 1, 2급

인사 1, 2급

물류 1·2급

생산 1·2급

베스트셀러 1위
합산 기준

*100개월, 1663회: 에듀윌 ERP 정보관리사 YES24 월별/주별, 알라딘 월간/주간 베스트셀러 합산 기준(2016년 1월 1일~2025년 3월 5일)

2025 최신판

에듀윌 ERP 정보관리사
회계 2급 한권끝장
+무료특강

최신 기출문제
정답 및 해설

eduwill

2025 최신판

에듀윌 ERP 정보관리사
회계 2급 한권끝장
+무료특강

에듀윌 ERP 정보관리사

회계 2급 한권끝장+무료특강

정답 및 해설

기출문제 정답 및 해설

2025년 1회

p.250~255

이론

01	③	02	④	03	③	04	①	05	③	06	④	07	③	08	①	09	②	10	②
11	④	12	④	13	③	14	①	15	③	16	②	17	①	18	①	19	④	20	③

01 ③

빅데이터의 주요 특성으로 규모(Volume), 속도(Velocity), 다양성(Variety), 정확성(Veracity), 가치(Value)의 5V를 제시하였다.

02 ④

분산형 데이터베이스의 형태로 데이터를 저장하는 연결구조체는 블록체인(Block Chain)에 대한 설명이다.

03 ③

기존 정보시스템은 수직적으로 업무를 처리하고, ERP는 수평적으로 업무를 처리한다.

04 ①

비즈니스 애널리틱스는 구조화된 데이터(Structured Data)와 비구조화된 데이터(Unstructured Data)를 동시에 이용하도록 지원한다.

05 ③

회계는 일정한 기본가정 하에 작성되는데, 이 중 회계처리 등에 적용되는 기업실체에 대한 설명이다.
- 회계단위: 기업의 경영활동을 기록, 계산하기 위한 장소적 범위(본점, 지점)

06 ④

회계정보의 질적 특성이란 정보이용자의 의사결정에 유용한 재무정보를 제공하기 위하여 회계정보가 갖추어야 할 주요 속성으로, 크게 목적적합성(relevance)과 신뢰성(reliability)으로 분류된다. 이 중 신뢰성의 하부속성에 해당하는 충실성에 대한 설명이다.

07 ③

기말 재고자산이 과대계상되면 매출원가는 30,000원 과소계상, 당기순이익은 30,000원 과대계상된다.

08 ①

선급임차료: 임차료(360,000원) ÷ 12개월 × 7개월 = 210,000원

09 ②

종업원 회식비 500,000원과 총무팀 직원의 피복비 250,000원은 복리후생비에 해당한다.
- 거래처 선물대금: 기업업무추진비
- 인터넷 통신요금: 통신비
- 출장사원 고속도로 통행료: 여비교통비

10 ②

매출환입에 대한 설명이다.

11 ④

기계기구를 구매하고 대금은 1개월 후에 지급하면 자산(기계기구) 및 부채(미지급금)가 증가한다.
(차) 기계장치   (대) 미지급금

12 ④

건물임대수익을 받으면 대변에 임대료 계정을 기입한다.

13 ③

물가가 지속해서 상승하는 경우에는 선입선출법이 매출원가가 적게 계상되므로 당기순이익이 가장 크게 계상된다.
다음으로 이동평균법 〉 총평균법 〉 후입선출법 순이다.

14 ①

건물의 감가상각비: (취득원가 40,000,000원 − 잔존가액 8,000,000원) ÷ 20년 = 1,600,000원

15 ③

무형자산의 상각기간은 예외적인 경우를 제외하고는 20년을 초과할 수 없다.

16 ②

순매출액: 총매출액 600,000원 - 매출환입액 70,000원 - 매출에누리액 50,000원 = 480,000원

17 ①

- 기말자산: 기초자산 300,000원 + 당기자산증가분 180,000원 = 480,000원
- 기말부채: 기초부채 120,000원 - 당기부채감소분 60,000원 = 60,000원
- ∴ 기말자본: 기말자산 480,000원 - 기말부채 60,000원 = 420,000원

18 ①

배당금을 받으면 배당금수익이다.

19 ④

사무실의 수도요금, 전기요금, 가스요금은 수도광열비 계정과목으로 회계처리 한다.

20 ③

매출에누리에 대한 설명이다.

실무 시뮬레이션

01	③	02	④	03	②	04	③	05	④	06	②	07	①	08	②	09	④	10	③
11	③	12	③	13	②	14	④	15	③	16	②	17	④	18	③	19	①	20	④

01 ③

'조회구분: 0.전체'로 조회한다. 전표복사사용여부는 '1.사용'으로 등록되어 있으므로 전표를 입력 후 전표 복사 기능을 사용할 수 있다.

📍 [시스템관리] – [회사등록정보] – [시스템환경설정]

시스템환경설정

조회구분 0. 전체   환경요소

구분	코드	환경요소명	유형구분	유형설정	선택범위	비고
공통	01	본지점회계여부	여부	0	0.미사용 1.사용	
공통	02	수량소숫점자리수	자리수	2	선택범위:0~6	
공통	03	원화단가소숫점자리수	자리수	2	선택범위:0~4	
공통	04	외화단가소숫점자리수	자리수	2	선택범위:0~4	
공통	05	비율소숫점자리수	자리수	0	선택범위:0~6	
공통	06	금액소숫점자리수	자리수	0	선택범위:0~4	
공통	07	외화소숫점자리수	자리수	2	선택범위:0~4	
공통	08	환율소숫점자리수	자리수	3	선택범위:0~6	
공통	10	끝전 단수처리 유형	유형	1	0.반올림, 1.절사, 2 절상	
공통	11	비율%표시여부	여부	0	여:1 부:0	
공통	14	거래처코드도움창	유형	0	0. 표준코드도움 1.대용량코드도움	
회계	20	예산통제구분	유형	1	0.결의부서 1.사용부서 2.프로젝트	
회계	21	예산관리여부	여부	1	여:1 부:0	
회계	22	입출금전표사용여부	여부	1	여:1 부:0	
회계	23	예산관리개시월	유형	01	예산개시월:01~12	
회계	24	거래처등록보조화면사용	여부	1	여:1 부:0	
회계	25	거래처코드자동부여	여부	0	0-사용않함, 3~10-자동부여자릿수	
회계	26	자산코드자동부여	여부	0	여:1 부:0	
회계	27	전표 출력기본양식	유형	4	전표 출력기본양식 1~15	
회계	28	다국어재무제표 사용	유형	1	0.사용안함 1.영어 2.일본어 3.중국어	
회계	29	등록자산상각방법	유형	2	1.상각안함 2.월할상각 3.반년법상각	
회계	30	처분자산상각방법	유형	2	1.상각안함 2.월할상각	
회계	31	부가가치세 신고유형	유형	0	0.사업장별 신고 1.사업자단위 신고(폐…	
회계	32	전표입력 품의내역검색 조회…	여부	0	0-사용자 조회권한 적용,1-미적용	
회계	34	전표복사사용여부	여부	1	0.미사용 1.사용	
회계	35	금융CMS연동	유형	88	00.일반,03.기업,05.KEB하나(구.외환 CM…	
회계	37	거래처코드자동부여 코드값…	유형	0	0 - 최대값 채번, 1 - 최소값 채번	
회계	39	고정자산 비망가액 존재여부	여부	1	여:1 부:0	

02 ④

'84800.잡비' 계정과목의 '증빙필수입력여부'를 확인한다.

🔍 [시스템관리] – [기초정보관리] – [계정과목등록]

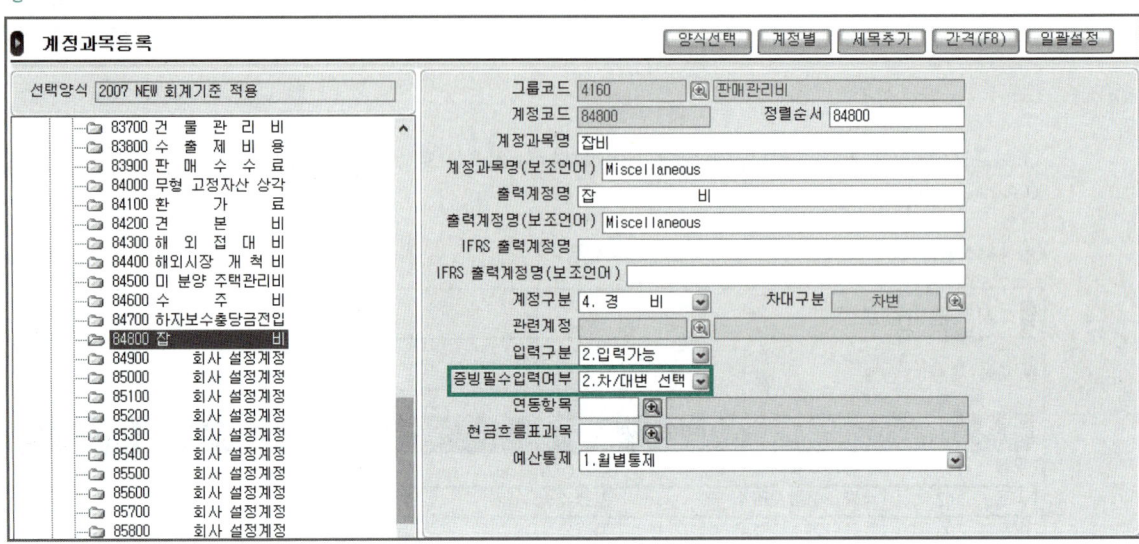

03 ②

당사에 등록된 부문은 관리부문, 영업부문, 제조부문, 구매자재부문 4개이다.

🔍 [시스템관리] – [회사등록정보] – [부서등록]

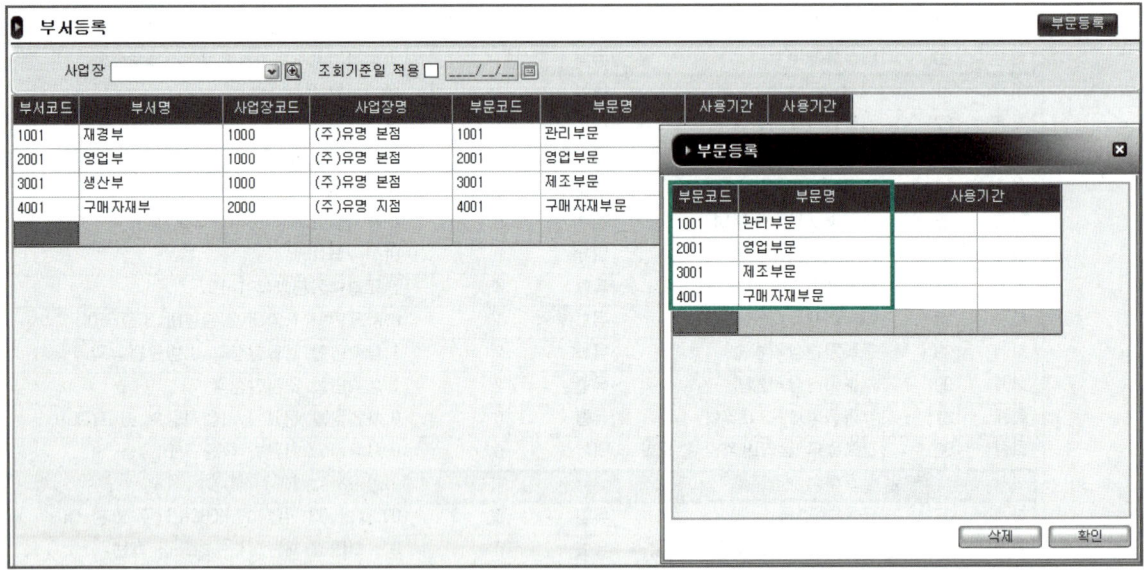

해당 사원들의 '사용자여부', '회계입력방식', '조회권한'을 확인한다.

◉ [시스템관리] – [회사등록정보] – [사원등록]

04 ③

'기간: 2025/01~2025/04', '계정과목: 1.계정별, 40100.상품매출'로 조회한다.

◉ [회계관리] – [전표/장부관리] – [총계정원장] – 월별 탭

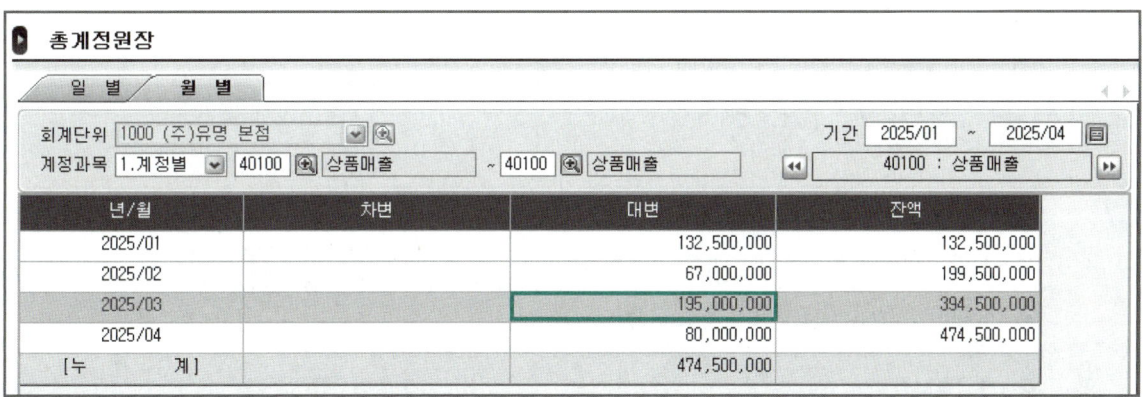

05 ④

'원가구분: 1.800번대'로 조회한다.

◉ [회계관리] – [업무용승용차관리] – [업무용승용차 차량등록]

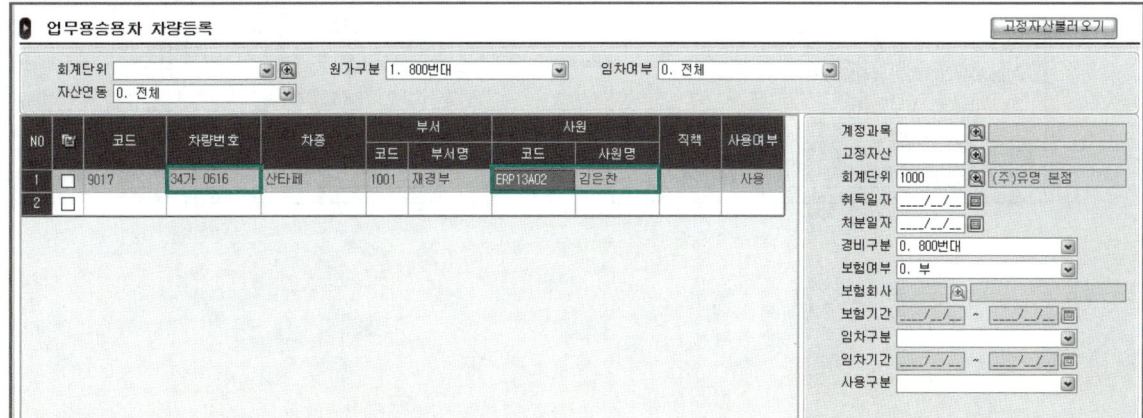

06 ②

- '기간: 1/4분기~4/4분기'로 조회한다.
- 판매관리비의 복리후생비 계정이 가장 많이 발생한 분기는 2/4분기이다.

[회계관리] – [결산/재무제표관리] – [기간별손익계산서] – 분기별 탭

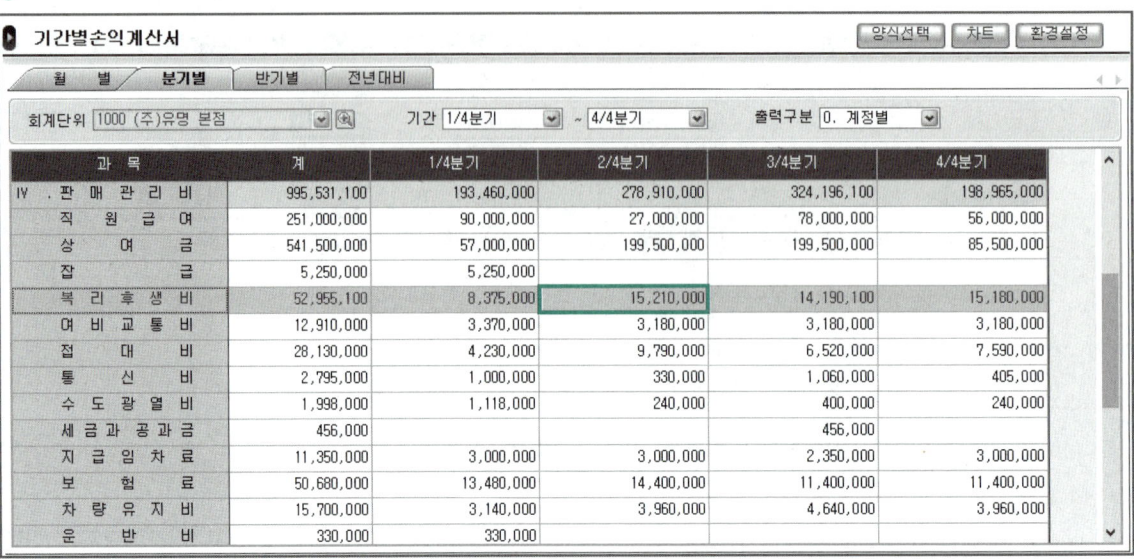

* 프로그램 DB 특성상 현재 '기업업무추진비' 계정은 '접대비'로 조회된다.

07 ①

'기표기간: 2025/04/01~2025/04/30'로 조회한다.

[회계관리] – [전표/장부관리] – [현금출납장] – 전체 탭

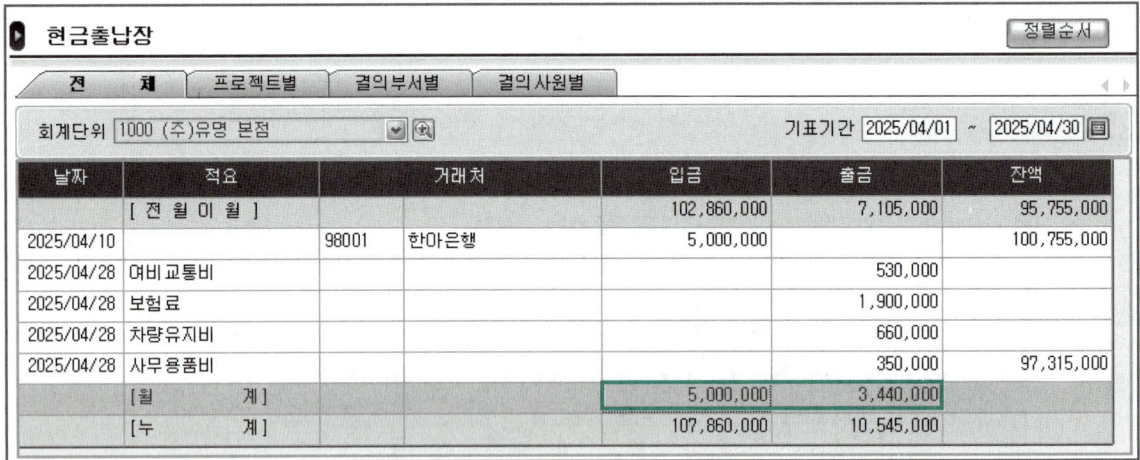

08 ②

- '기표기간: 2025/01/01~2025/12/31', '계정과목: 10302.외화예금'으로 조회한다.
- 외화환산손실: (1,100원/달러 − 1,130원/달러)×2,500달러 = − 75,000원

◉ [회계관리] - [전표/장부관리] - [외화명세서] - 원장 탭

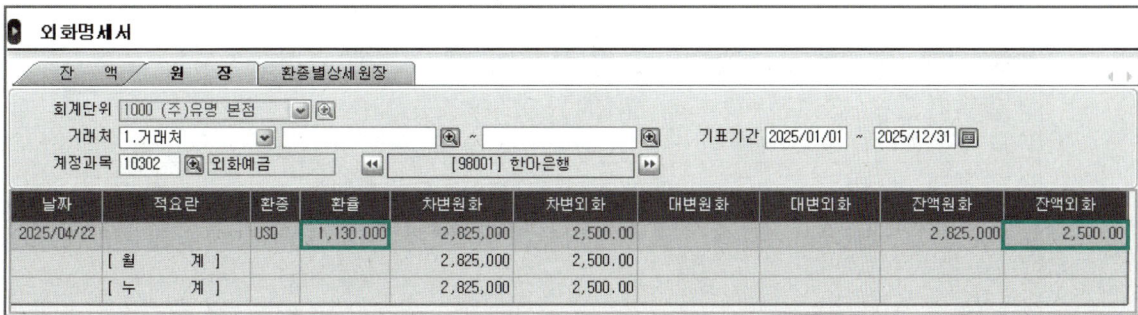

09 ④

'관리항목1: C1.사용부서', '관리내역: 1001.재경부', '관리항목2: D1.프로젝트', '관리내역: 1000.서울공장~1004.대전공장', '기표기간: 2025/01/01~2025/06/30', '계정과목: 1.계정별, 81100.복리후생비'로 조회한다.

◉ [회계관리] - [전표/장부관리] - [관리내역현황] - 잔액 탭

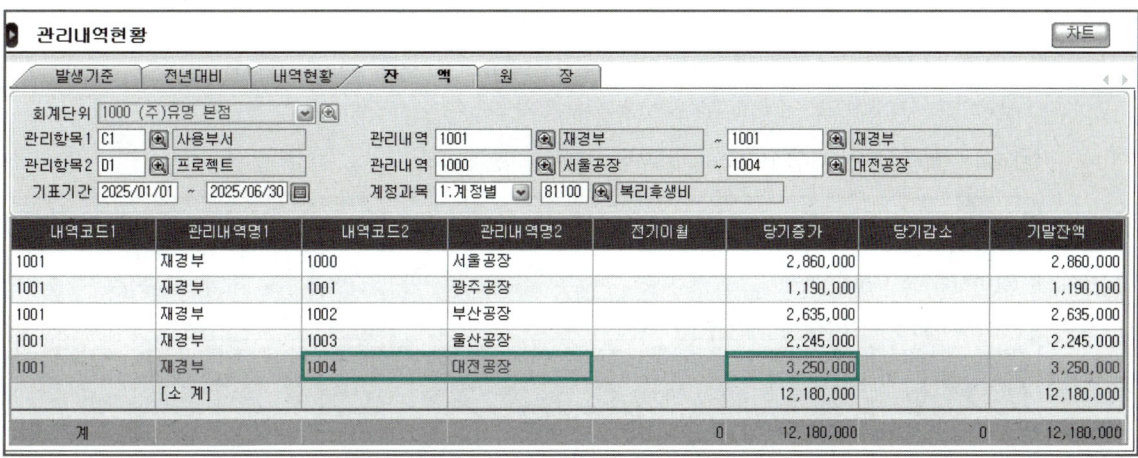

10 ③

'사용기간(과세기간): 2025/01/01~2025/01/31'로 조회한다.

📍 [회계관리] - [업무용승용차관리] - [업무용승용차 운행기록부]

11 ③

- '기간: 2025/06/30'로 조회한다.
- 당기 소모품 자산으로 조회되는 금액은 10,500,000원이다.
- 사용액: 소모품 10,500,000원 - 기말재고액(미사용액) 6,500,000원 = 4,000,000원
- 사용액 4,000,000원은 차변에 소모품비(비용)로 인식한다.

📍 [회계관리] - [결산/재무제표관리] - [재무상태표] - 관리용 탭

12 ③

- '기간: 2025/06/30'로 조회한다.
- 판매관리비가 감소하면 매출총이익에서 차감되는 비용이 적어져 당기순이익이 증가한다.

📍 [회계관리] – [결산/재무제표관리] – [손익계산서] – 관리용 탭

과 목	제 22 (당)기		제 21 (전)기	
	금 액		금 액	
Ⅰ. 매 출 액		897,500,000		2,937,500,000
상 품 매 출	897,500,000		2,150,500,000	
제 품 매 출			787,000,000	
Ⅱ. 매 출 원 가				
상 품 매 출 원 가				
기초 상품 재고액	2,924,900,000		1,952,600,000	
당기 상품 매 입 액	321,300,000		972,300,000	
기말 상품 재고액	3,246,200,000		2,924,900,000	
Ⅲ. 매 출 총 이 익		897,500,000		2,937,500,000
Ⅳ. 판 매 관 리 비		472,370,000		995,531,100
직 원 급 여	117,000,000		251,000,000	
상 여 금	256,500,000		541,500,000	
잡 급	5,250,000		5,250,000	
복 리 후 생 비	23,585,000		52,955,100	
여 비 교 통 비	6,550,000		12,910,000	
접 대 비	14,020,000		28,130,000	
통 신 비	1,330,000		2,795,000	
수 도 광 열 비	1,358,000		1,998,000	
세 금 과 공 과 금			456,000	
지 급 임 차 료	6,000,000		11,350,000	
보 험 료	27,880,000		50,680,000	
차 량 유 지 비	7,100,000		15,700,000	
운 반 비	330,000		330,000	
사 무 용 품 비	5,450,000		20,460,000	
지 급 수 수 료	17,000		17,000	
Ⅴ. 영 업 이 익		425,130,000		1,941,968,900
Ⅵ. 영 업 외 수 익		100,000		100,000
이 자 수 익	100,000		100,000	
Ⅶ. 영 업 외 비 용		200,000		200,000
이 자 비 용	200,000		200,000	
Ⅷ. 법인세비용차감전순이익		425,030,000		1,941,868,900
Ⅸ. 법 인 세 비 용				
Ⅹ. 당 기 순 이 익		425,030,000		1,941,868,900

13 ②

'기간: 2025/01~2025/03'로 조회한다.

📍 [회계관리] - [전표/장부관리] - [일월계표] - 월계표 탭

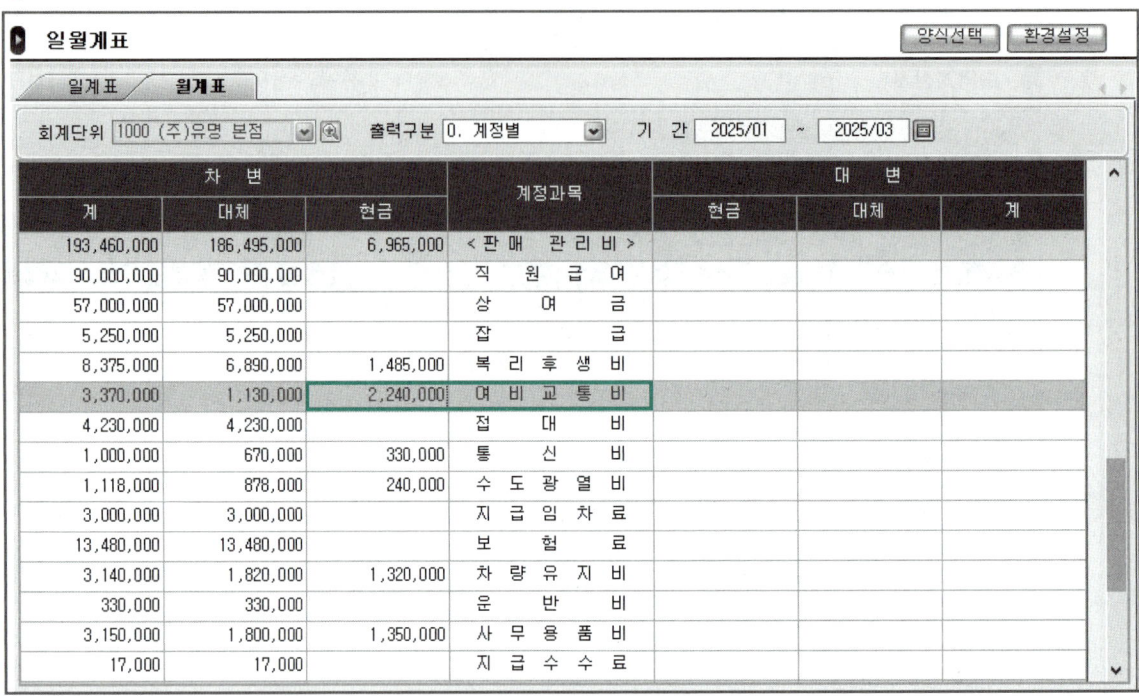

14 ④

'자산유형: 21200.비품'에 [보기]의 고정자산 자료를 입력한다.

[회계관리] – [고정자산관리] – [고정자산등록]

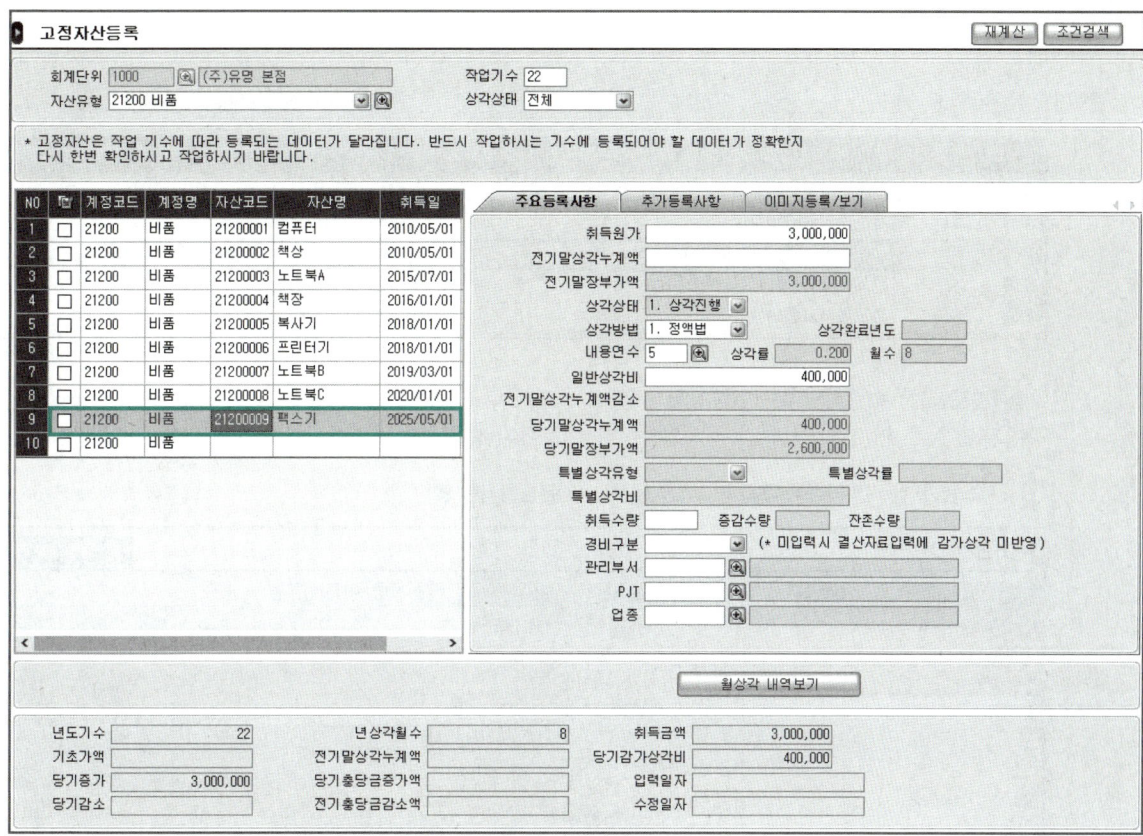

'경비구분: 전체', '기간: 2025/01~2025/12'로 조회한다.

[회계관리] – [고정자산관리] – [감가상각비현황] – 총괄 탭

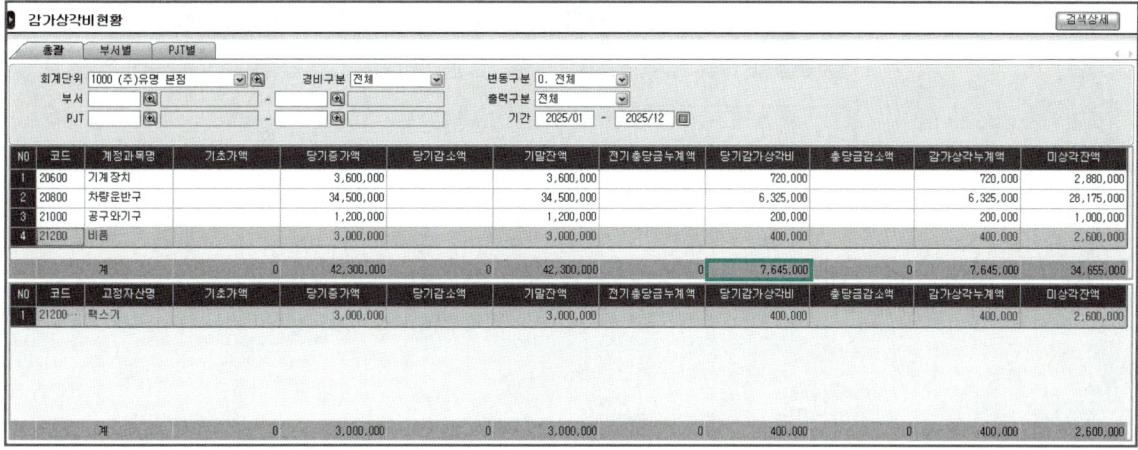

15 ③

'조회구분: 2.회계'로 조회한다. 부가가치세 신고유형 유형설정이 '0.사업장별 신고'로 등록되어 있으므로 각각 신고한다.

◉ [시스템관리] – [회사등록정보] – [시스템환경설정]

오른쪽 상단의 '주(총괄납부)사업장등록' 버튼을 클릭하여 조회한다. [사업장등록] 메뉴에 '주(총괄납부)사업장등록'이 등록된 경우 주사업장총괄납부 적용 사업자이며, 미등록된 경우 사업장별 과세원칙 적용 사업자이다.

◉ [시스템관리] – [회사등록정보] – [사업장등록] – 기본등록사항 탭

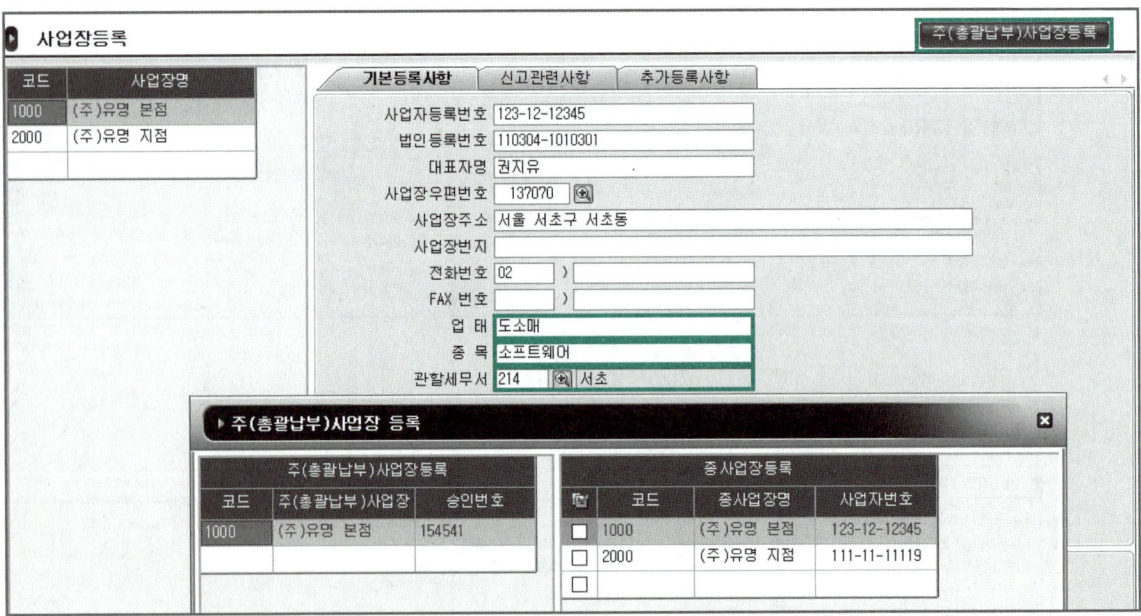

16 ②

'기간: 2025/10~2025/12', '구분: 2.매입'을 입력한 후 오른쪽 상단의 '불러오기' 버튼을 클릭한다.
정우실업(유) 거래처에서 수취한 세금계산서는 전자세금계산서분 8매, 전자세금계산서외 1매 총 9매이다.

📍 [회계관리] – [부가가치세관리] – [세금계산서합계표] – 전자세금계산서분(11일이내 전송분) 탭

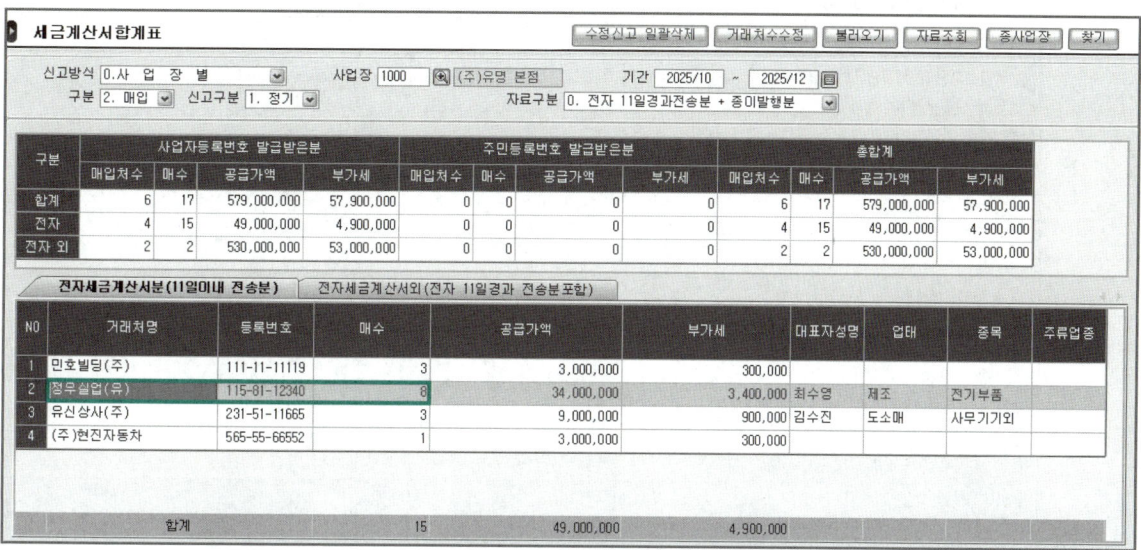

📍 [회계관리] – [부가가치세관리] – [세금계산서합계표] – 전자세금계산서외(전자 11일경과 전송분포함) 탭

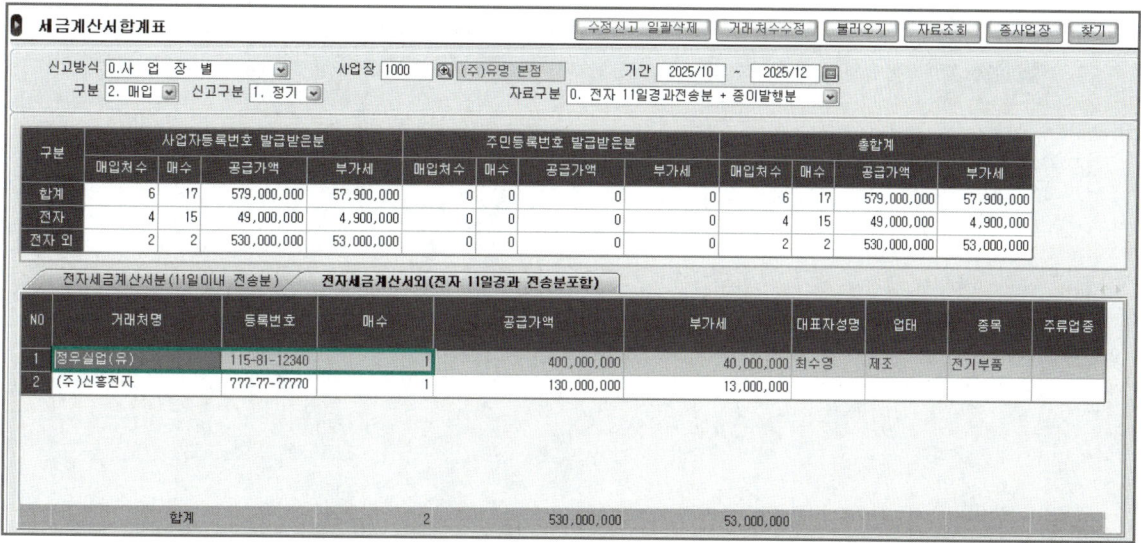

17 ④

'기간: 2025/01~2025/03'로 조회하고 오른쪽 상단의 '불러오기' 버튼을 클릭한다.

[회계관리] – [부가가치세관리] – [신용카드발행집계표/수취명세서] – 신용카드발행집계표 탭

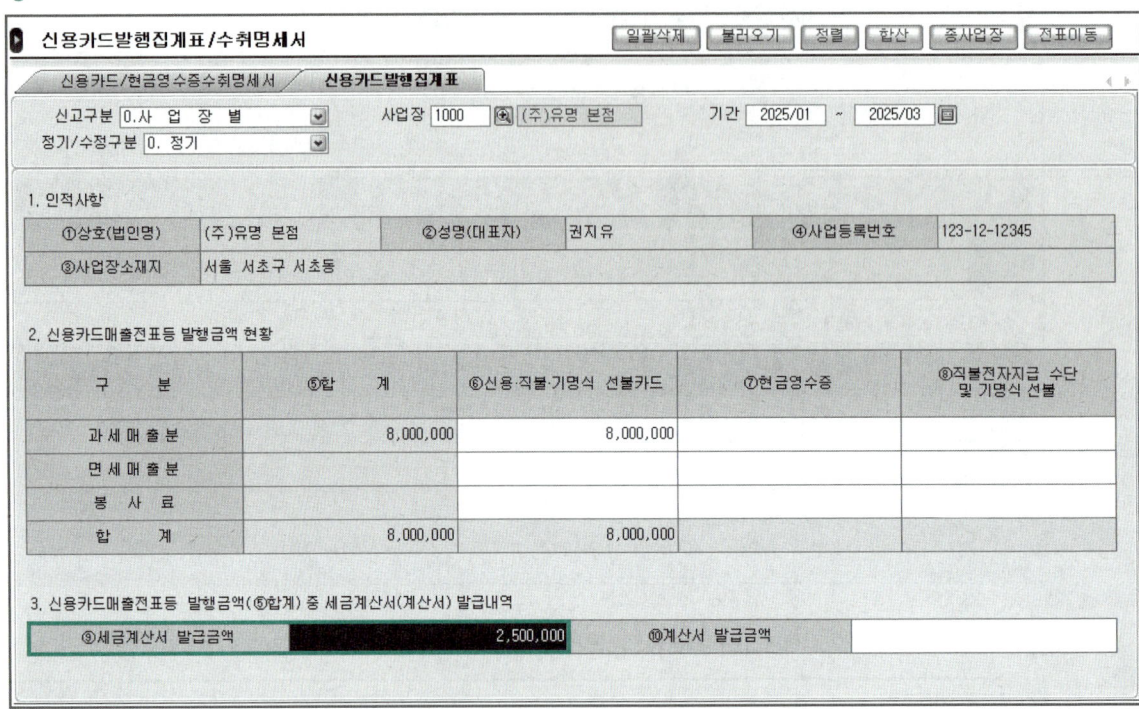

TIP '데이터가 존재하지 않습니다. 전표에서 데이터를 불러오시겠습니까' 창이 뜨면 '예'를 클릭한다.

18 ③

'기간: 2025/04/01~2025/06/30'로 조회하고 오른쪽 상단의 '불러오기' 버튼을 클릭한다.
과세표준 매출세액의 부가세 합계액은 34,700,000원이다.

📍 [회계관리] – [부가가치세관리] – [부가세신고서] – 일반과세 탭

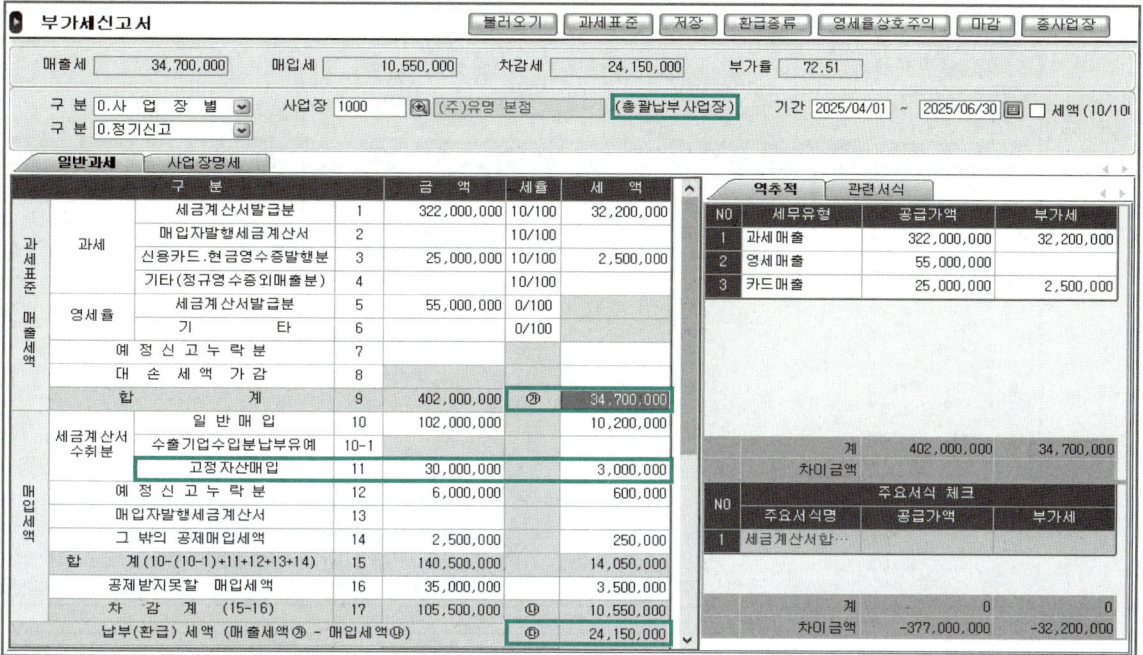

19 ①

'과세기간: 2025/10~2025/12'로 조회하고 자료를 입력하여 보증금이자(간주임대료)를 계산한다.

📍 [회계관리] – [부가가치세관리] – [부동산임대공급가액명세서]

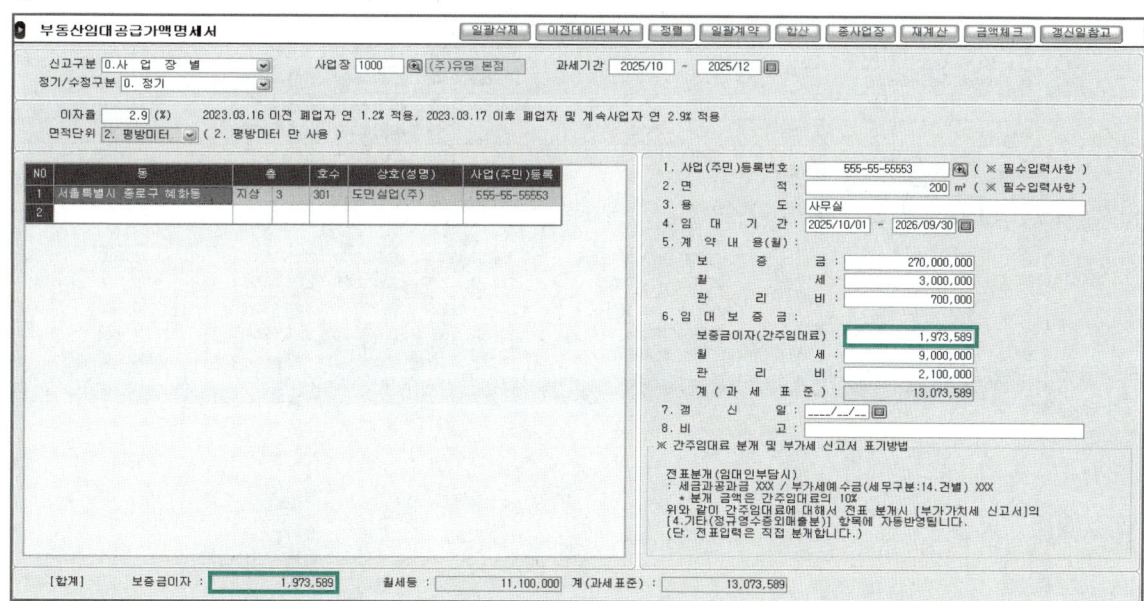

20 ④

'조회기간: 2025/07/01~2025/09/30', '출력구분: 전체'로 조회한다.

[회계관리] – [전표/장부관리] – [매입매출장] – 세무구분별 탭

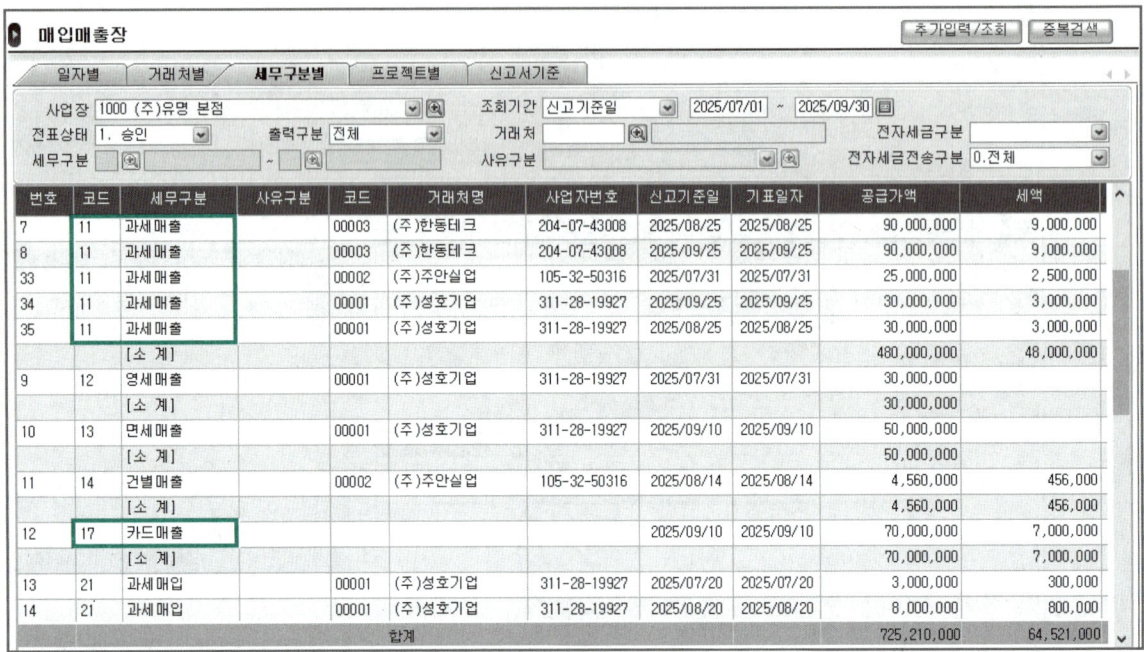

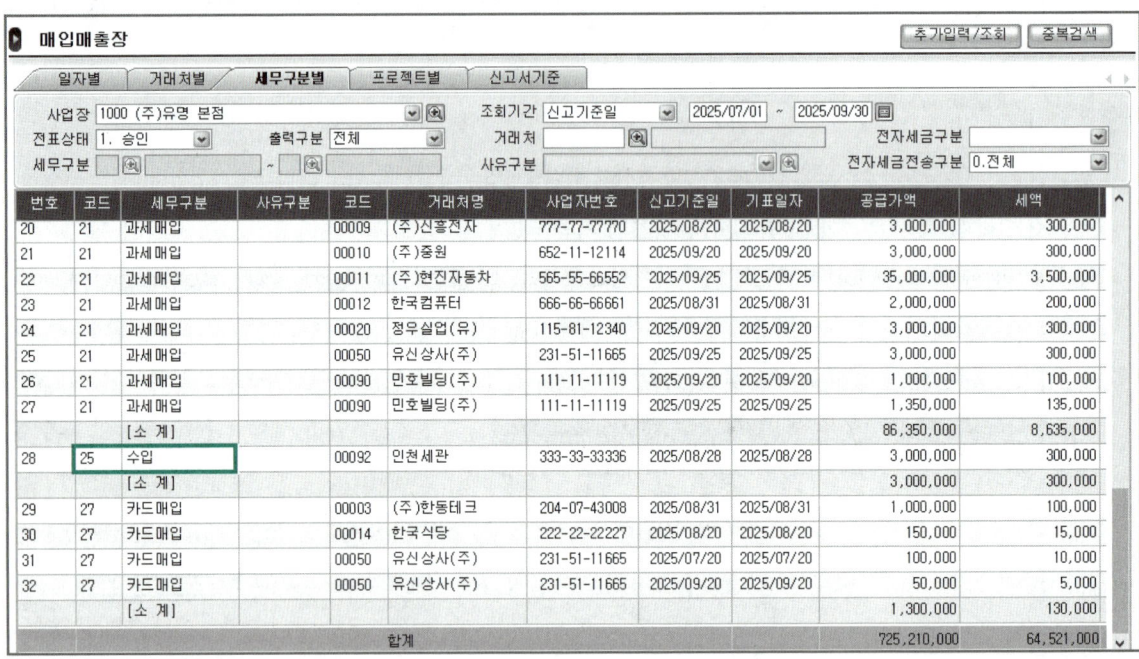

2024년 6회

이론

01	②	02	①	03	③	04	②	05	③	06	②	07	②	08	②	09	①	10	③
11	③	12	③	13	①	14	②	15	②	16	③	17	④	18	③	19	②	20	④

01 ②

텍스트마이닝은 자연어(Natural Language) 형태로 구성된 비정형 또는 반정형 텍스트데이터에서 패턴 또는 관계를 추출하여 의미 있는 정보를 찾아내는 기법으로 자연어처리(Natural Language Processing)가 핵심기술이다.

02 ①

RPA(Robotic Process Automation, 로봇 프로세스 자동화)는 1단계 기초프로세스 자동화, 2단계 데이터 기반의 머신러닝 활용, 3단계 인지자동화로 되어 있다. 업무 프로세스를 스스로 학습하면서 자동화하며, 빅데이터 분석을 통해 사람이 수행하는 더 복잡한 작업과 의사결정을 내리는 수준은 3단계 인지자동화 단계이다.

03 ③

ERP는 기업의 모든 부문을 하나로 통합하여 중복된 작업과 정보의 단절을 제거하고 효율성, 정확성, 협업을 강화하기 위해 설계되었으며 독립적인 업무 처리가 아닌 통합 처리 방식이다.

04 ②

BPR이 급진적으로 비즈니스 프로세스를 재설계하는 방식인 반면, BPI는 점증적으로 비즈니스 프로세스를 개선하는 방식이다.

05 ③

기간을 일정한 단위로 분할하는 것은 기간별 보고의 가정에 대한 설명이다.

06 ②

영업외비용에 해당하는 이자비용이 증가하였기 때문이다. 매출원가 및 판매관리비에 해당하는 급여, 여비교통비는 영업이익과 당기순이익에 영향을 주지만 이자비용은 영업외비용으로 영업이익에는 영향을 주지 않고 당기순이익에 영향을 준다.

07 ②

분개장이란 모든 거래 내용을 발생한 순서대로 분개를 기입하는 장부로, 총계정원장에 전기하는데 기초가 되는 장부이다.

08 ②

결산의 결산수정분개에서 발생할 수 있는 사항이다. 미수수익 장부기장을 누락하면 자산과 수익이 과소계상된다. 따라서 수익이 과소계상되면 결과적으로 자본이 과소계상된다.

(차) 미수수익(자산) (대) 수익

09 ①

회사 직원의 경우 복리후생비이고, 거래처 직원의 경우는 기업업무추진비이다.

10 ③

- 2025.07.02.
  (차) 가지급금 400,000원 (대) 현금 400,000원
- 2025.07.31.
  (차) 여비교통비 310,000원 (대) 가지급금 400,000원
  　　현금 90,000원

11 ③

- 차입 시(2025.9.10)
  외화장기차입금 : $20,000×₩1,100/$=22,000,000원
- 결산 시(2025.12.31)
  (차) 외화장기차입금 2,000,000원 (대) 외화환산이익 2,000,000원
  $20,000×(₩1,100/$−₩1,000/$)=2,000,000원

12 ③

단기매매증권 취득 시 발생한 수수료는 별도의 비용으로 처리하고, 건물 취득 시 발생한 취득세는 건물의 원가에 포함한다.

13 ①

당기순이익이 과대계상된다.

- 물가상승 시 기말재고(당기순이익)의 크기
  선입선출법 > 이동평균법 ≥ 총평균법 > 후입선출법
- 물가상승 시 매출원가의 크기
  선입선출법 < 이동평균법 ≤ 총평균법 < 후입선출법

14 ②

만기보유증권은 만기가 확정된 채무증권으로 상환금액이 확정되거나 확정이 가능하며 만기까지 보유할 적극적인 의도와 능력이 있는 것으로, 만기까지 보유할 경영자의 적극적인 의도와 기업의 보유 능력을 필요조건으로 한다. 지분법적용투자주식은 타 기업을 지배, 통제할 목적으로 타사 발행 의결권 있는 주식의 20% 이상 취득 시 당해 주식을 말한다.

15 ②

취득세, 등록세는 취득원가에 포함한다. 영업용 건물의 구매 과정에서 발생한 것으로 건물로 처리한다.

16 ③

무형자산: 기존 다른 기업이 가지고 있는 상표권 구입 비용 10,000,000원 + 신제품 특허권 취득 비용 20,000,000원 = 30,000,000원
- 연구단계에서 발생한 재료비는 비용으로 처리한다.

17 ④

사채를 발행하면 대변은 사채 계정이다.

18 ③

- 자산: 현금 50,000원 + 매출채권 30,000원 + 비품 80,000원 + 재고자산 65,000원 = 225,000원
- 부채: 매입채무 35,000원 + 차입금 45,000원 = 80,000원
∴ 자본: 자산 225,000원 − 부채 80,000원 = 145,000원

19 ②

(차) 상품(자산의증가)	500,000원	(대) 현금(자산의감소)	250,000원
		지급어음(부채의 증가)	250,000원

- 총자산과 총부채가 250,000원 증가한다.

20 ④

- 자본차감계정: 자기주식, 감자차손, 자기주식처분손실, 주식할인발행차금
- 자본가산계정: 미교부주식배당금, 주식매수선택권, 신주청약증거금

실무 시뮬레이션

| 01 | ② | 02 | ② | 03 | ④ | 04 | ① | 05 | ① | 06 | ② | 07 | ③ | 08 | ③ | 09 | ② | 10 | ④ |
| 11 | ④ | 12 | ① | 13 | ③ | 14 | ④ | 15 | ② | 16 | ④ | 17 | ① | 18 | ② | 19 | ② | 20 | ③ |

01 ②

'ERP13A06.박선우' 사원은 '2001.영업부' 소속으로 동일한 소속이 아니다.

◉ [시스템관리] – [회사등록정보] – [사원등록]

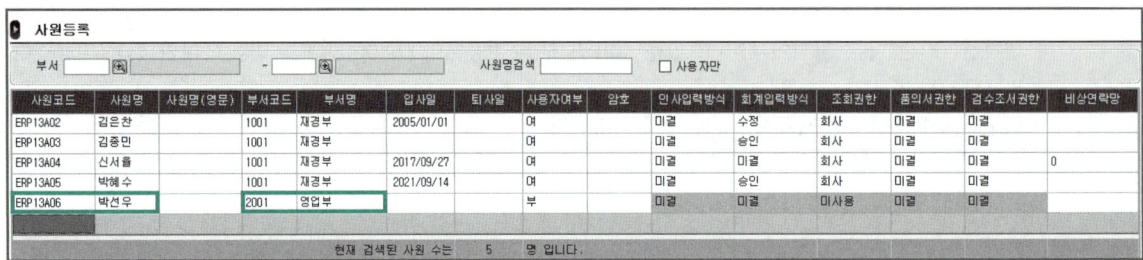

02 ②

'조회구분: 2.회계'로 조회한다. 예산통제구분은 유형설정이 '1.사용부서'로 등록되어 있다.

◉ [시스템관리] – [회사등록정보] – [시스템환경설정]

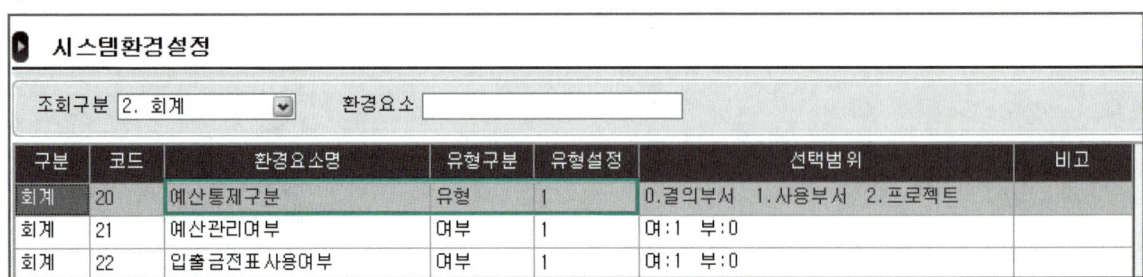

03 ④

'모듈구분: A.회계관리'로 조회하여 김종민 사원의 '사용가능한메뉴'를 확인한다.

◎ [시스템관리] – [회사등록정보] – [사용자권한설정]

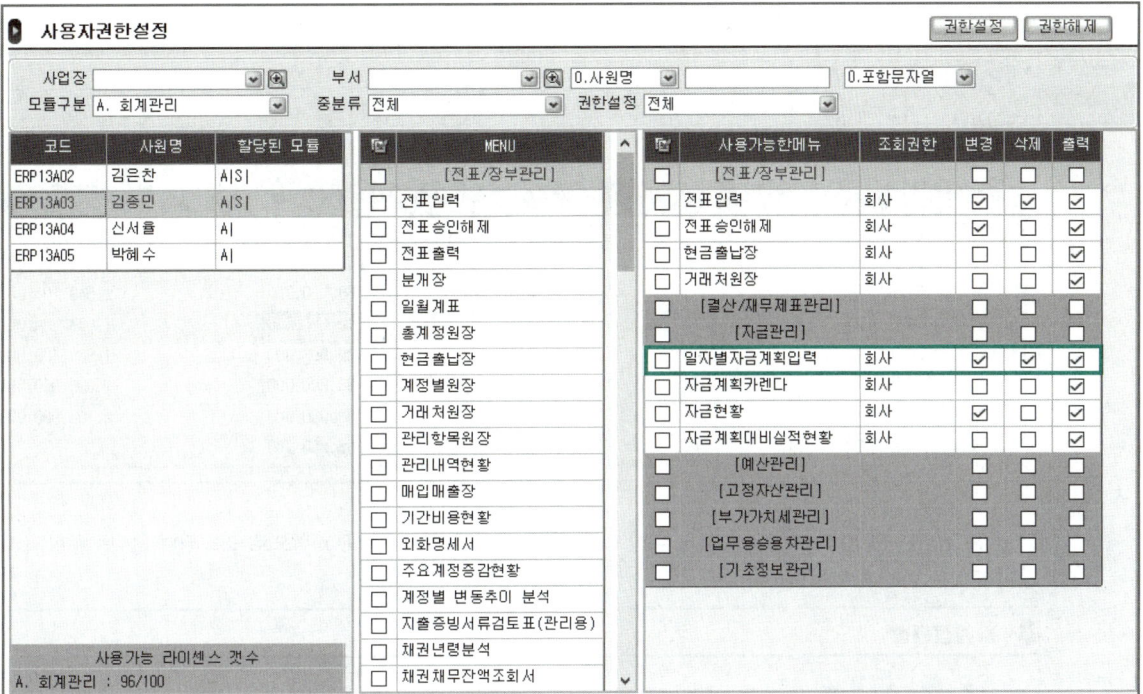

04 ①

'전표상태: 미결', '결의기간: 2024/11/01~2024/11/30'로 조회한다.

◎ [회계관리] – [전표/장부관리] – [전표승인해제]

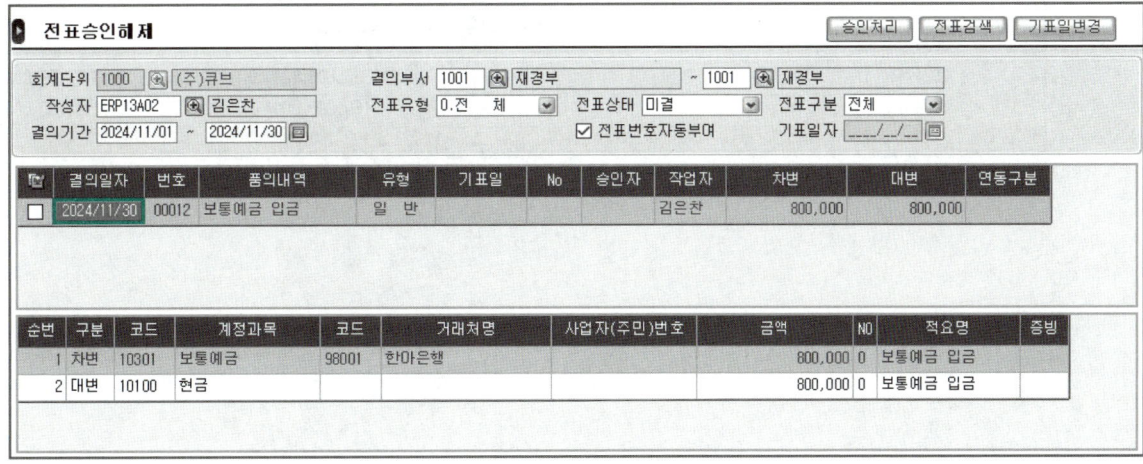

05 ①

'기간: 2024/07~2024/12', '계정과목: 1.계정별, 40100.상품매출'로 조회한다.

📍 [회계관리] - [전표/장부관리] - [총계정원장] - 월별 탭

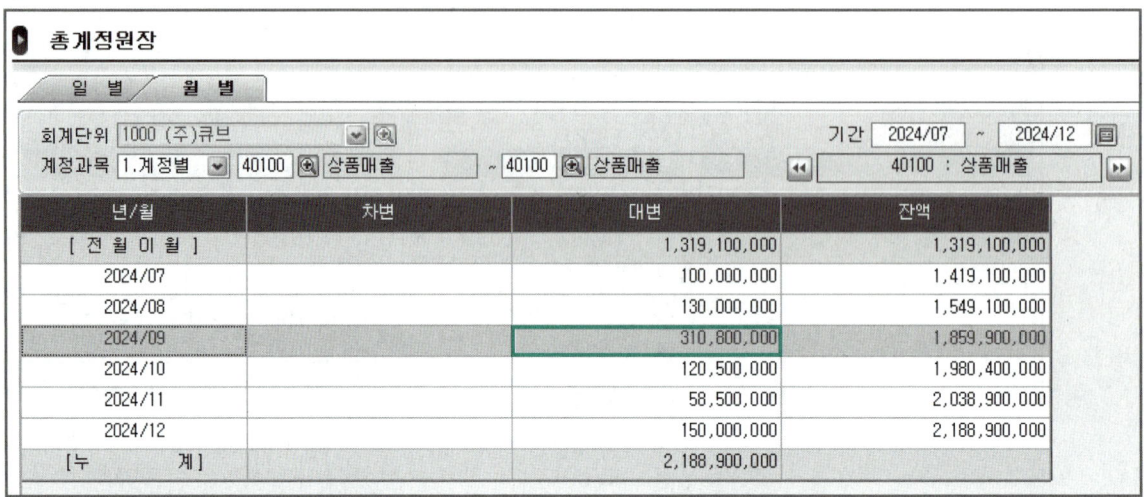

17번 문항의 [전표입력] 메뉴에 등록하지 않으면 9월의 금액은 300,000,000원으로 조회된다. 17번 문항의 입력과 관계없이 정답은 ①번으로 동일하다.

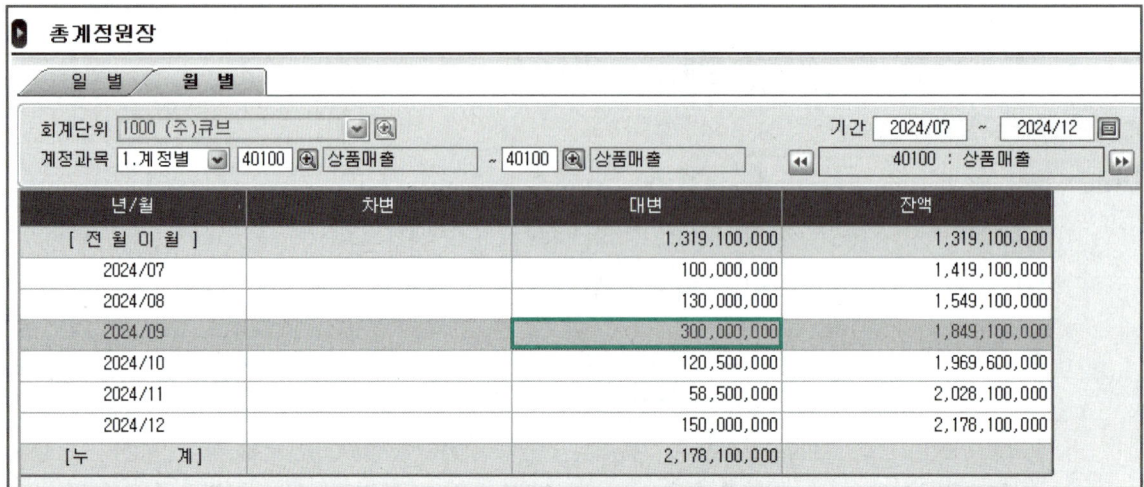

06 ②

📍 [회계관리] - [업무용승용차관리] - [업무용승용차 차량등록]

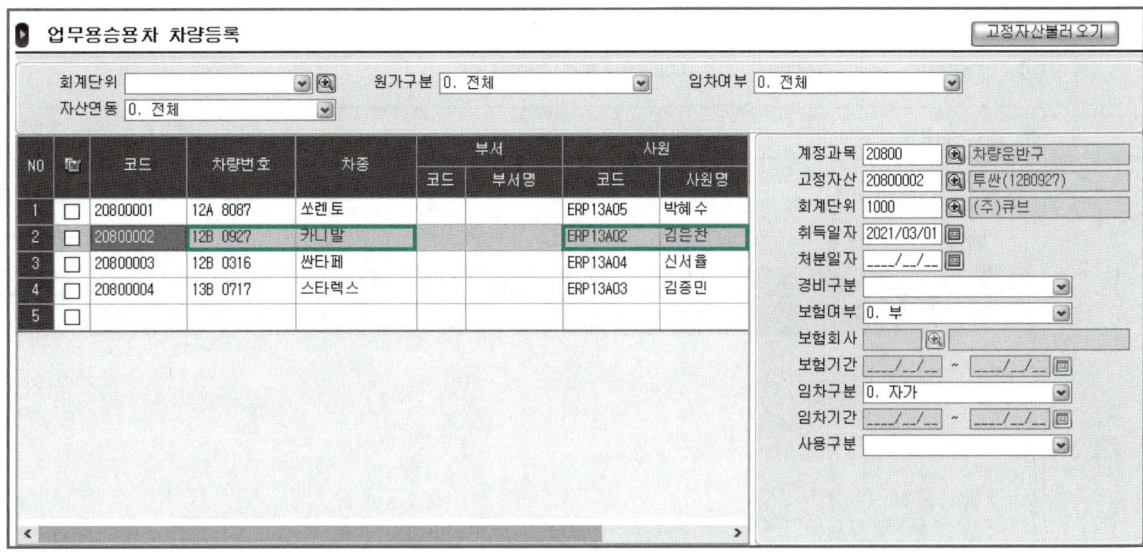

07 ③

'구분: 1.재무상태표'에서 '12000.미수금'을 조회한다.

📍 [시스템관리] - [초기이월관리] - [회계초기이월등록]

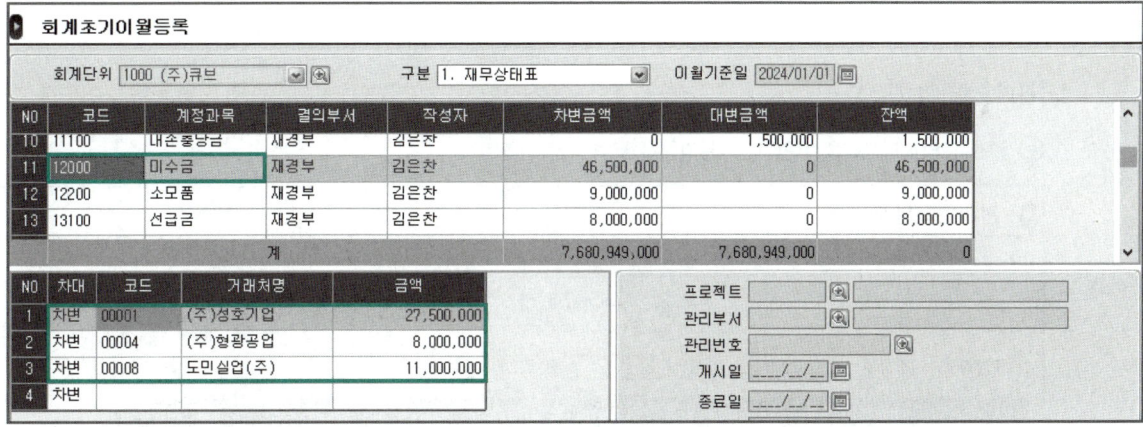

08 ③

- '기간: 2024/08/31'로 조회한다.
- 외상매출금의 대손충당금 계정 잔액을 조회한다.

📍 [회계관리] – [결산/재무제표관리] – [재무상태표] – 관리용 탭

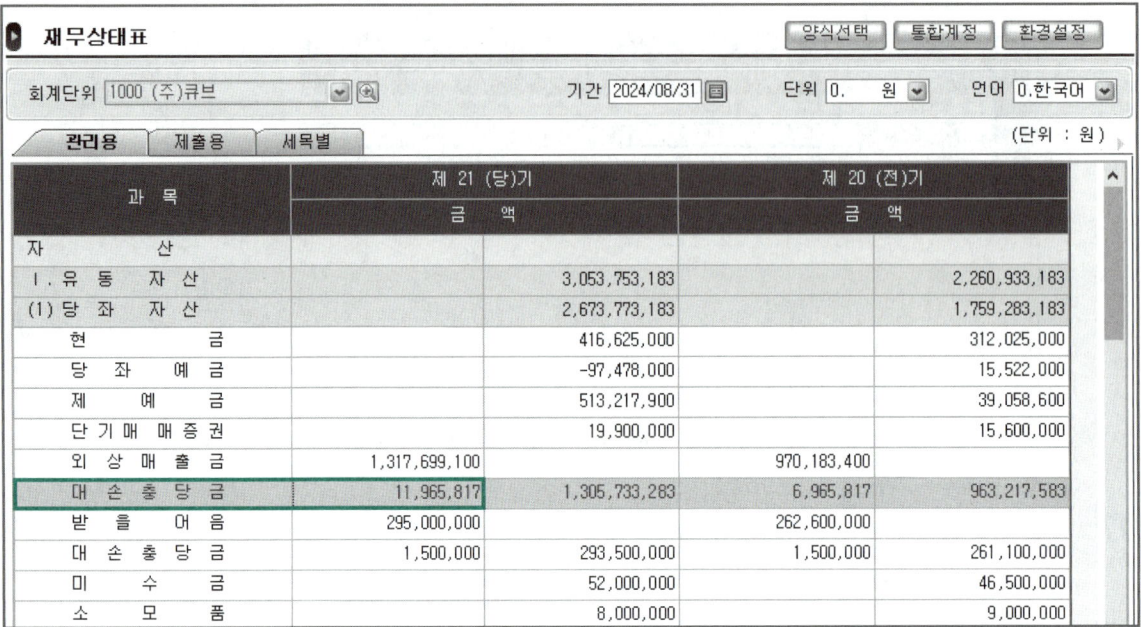

09 ②

'관리항목: C1.사용부서', '기표기간: 2024/07/01~2024/12/31', '계정과목: 1.계정별, 82200.차량유지비'로 조회한다.

📍 [회계관리] – [전표/장부관리] – [관리항목원장] – 잔액 탭

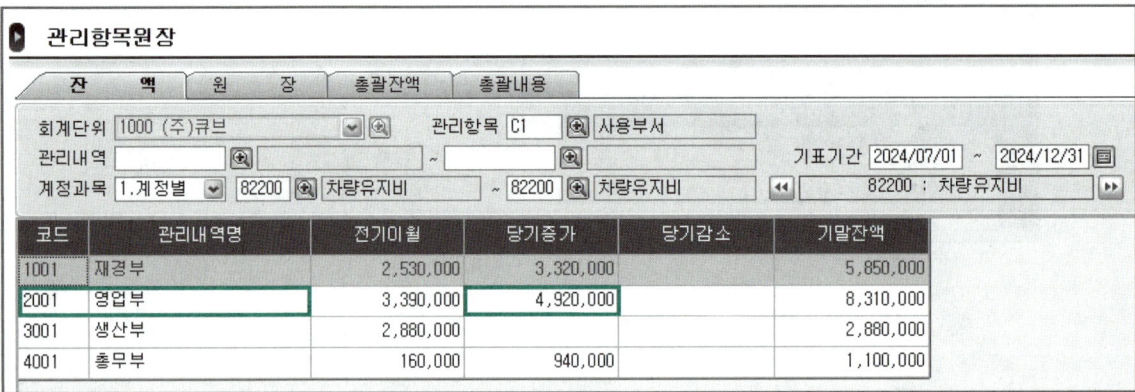

10 ④

'자산유형: 20800.차량운반구'에 '20800001.쏘렌토(12A8087)'의 추가등록사항 탭을 확인한다.

◎ [회계관리] - [고정자산관리] - [고정자산등록] - 추가등록사항 탭

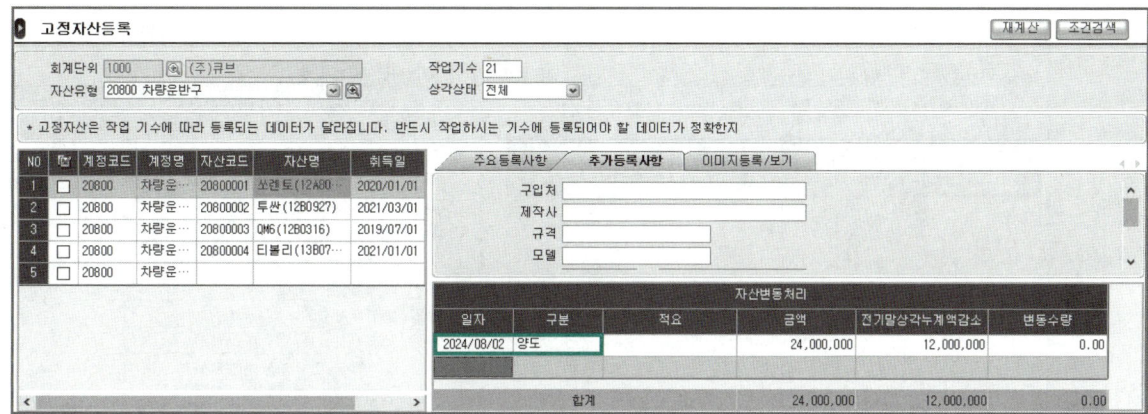

'기간: 2024/01~2024/12'로 조회한다.

◎ [회계관리] - [고정자산관리] - [고정자산변동현황]

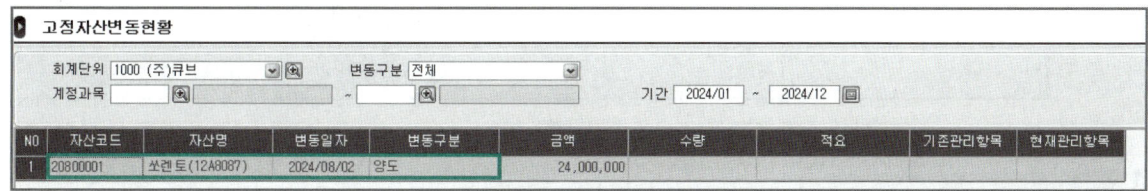

11 ④

'조회기간: 2024/04~2024/06', '집행방식: 2.승인집행', '관리항목: 0.부서별, 1001.재경부'로 조회한다.

◎ [회계관리] - [예산관리] - [예산초과현황]

코드	계정과목	신청예산	편성예산	실행예산	집행실적	차이	집행율(%)
80200	직원급여	120,000,000	120,000,000	120,000,000	156,000,000	-36,000,000	130
81100	복리후생비	9,000,000	9,000,000	9,000,000	5,470,000	3,530,000	61
81200	여비교통비	6,000,000	6,000,000	6,500,000	1,590,000	4,910,000	24
81300	접대비	9,000,000	9,000,000	9,000,000	5,660,000	3,340,000	63
81400	통신비	1,500,000	2,100,000	2,100,000		2,100,000	0
81500	수도광열비	1,500,000	1,500,000	1,500,000		1,500,000	0
82100	보험료	7,590,000	7,590,000	7,590,000		7,590,000	0
82200	차량유지비	900,000	900,000	900,000	1,300,000	-400,000	144
82500	교육훈련비	6,000,000	6,000,000	6,000,000		6,000,000	0
82900	사무용품비	1,800,000	1,800,000	1,800,000	690,000	1,110,000	38
83000	소모품비	9,000,000	9,000,000	9,000,000	4,850,000	4,150,000	54

12 ①

'조회구분: 2.만기일, 2024/07/20~2024/07/20'로 조회한다.

[회계관리] – [자금관리] – [받을어음명세서] – 어음조회 탭

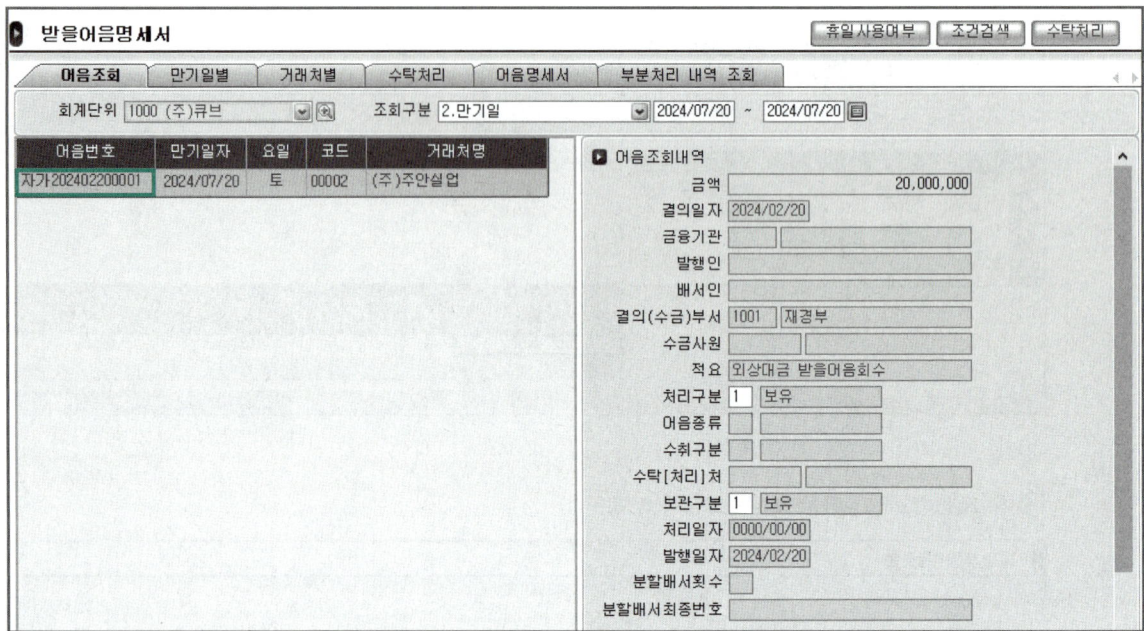

13 ③

'기간: 1/4분기~4/4분기'로 조회한다.

[회계관리] – [결산/재무제표관리] – [기간별손익계산서] – 분기별 탭

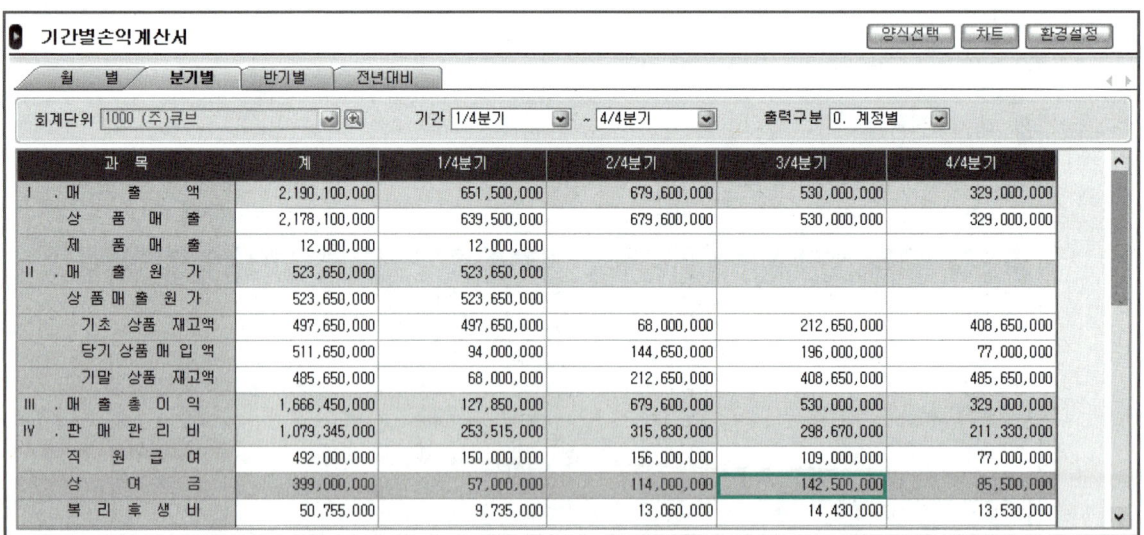

14 ④

- '기간: 2024/12/31'로 조회한다.
- 당기 소모품 자산으로 조회되는 금액은 8,000,000원이다.
- 사용액: 소모품 8,000,000원 - 기말재고액(미사용액) 2,000,000원 = 6,000,000원
- 사용액 6,000,000원은 차변에 소모품비(비용)로 인식한다.

[회계관리] - [결산/재무제표관리] - [재무상태표] - 관리용 탭

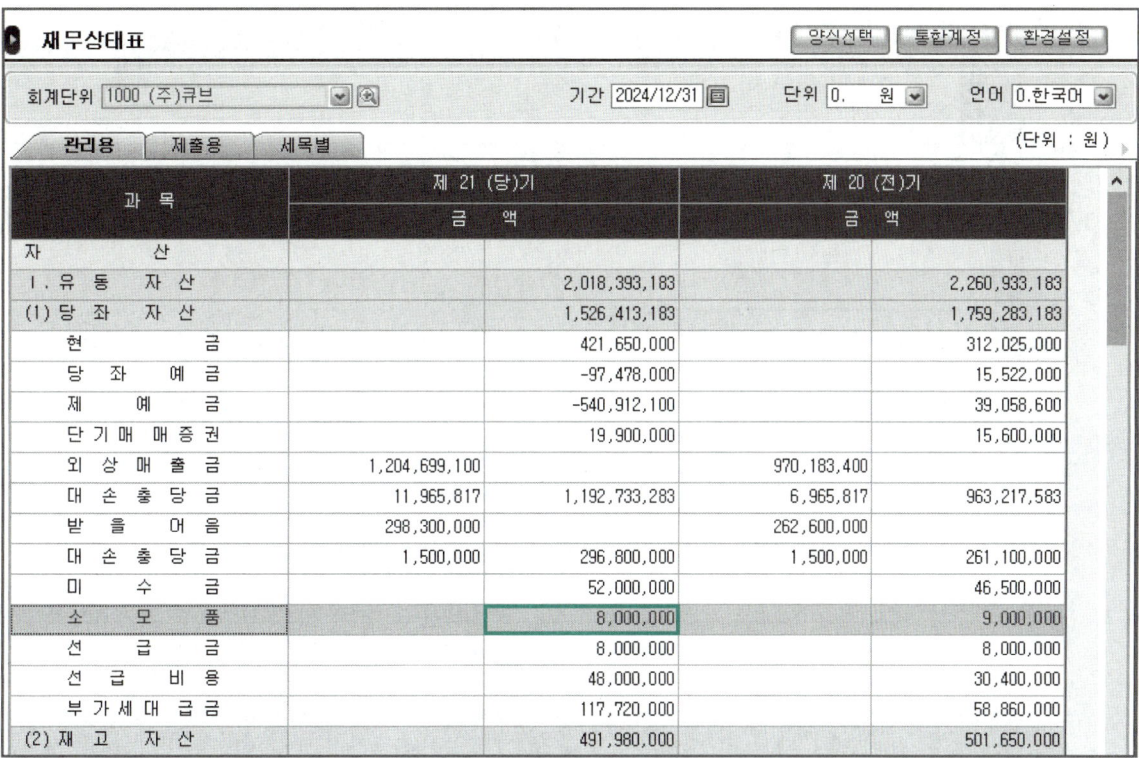

17번 문항을 먼저 입력한 경우 유동자산의 금액은 2,029,193,183원으로 조회된다. 소모품의 금액은 8,000,000원으로 동일하게 조회되므로 정답은 동일하다.

15 ②

'기간: 2024/10~2024/12', '구분: 1.매출'을 입력한 후 오른쪽 상단의 '불러오기' 버튼을 클릭한다.

📍 [회계관리] - [부가가치세관리] - [세금계산서합계표] - 전자세금계산서분(11일이내 전송분) 탭

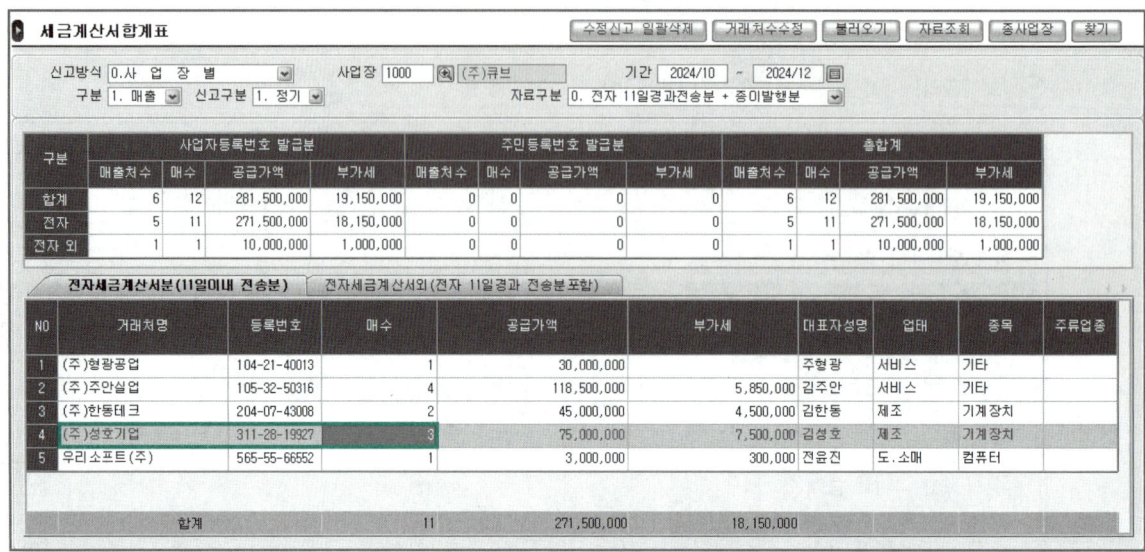

'기간: 2024/10~2024/12', '구분: 2.매입'을 입력한 후 오른쪽 상단의 '불러오기' 버튼을 클릭한다.

📍 [회계관리] - [부가가치세관리] - [세금계산서합계표] - 전자세금계산서분(11일이내 전송분) 탭

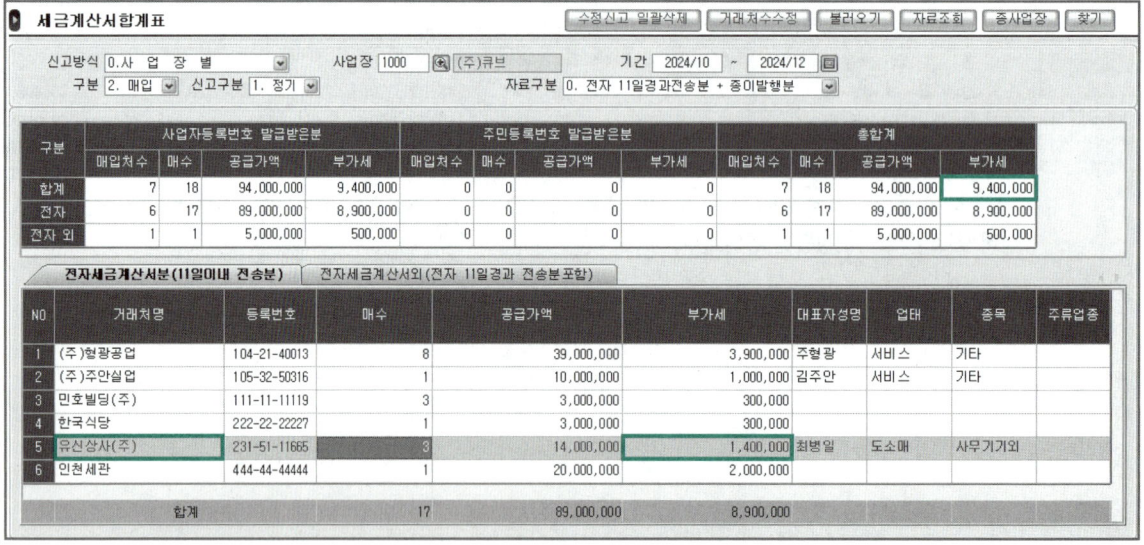

📍 [회계관리] – [부가가치세관리] – [세금계산서합계표] – 전자세금계산서외(전자 11일경과 전송분 포함) 탭

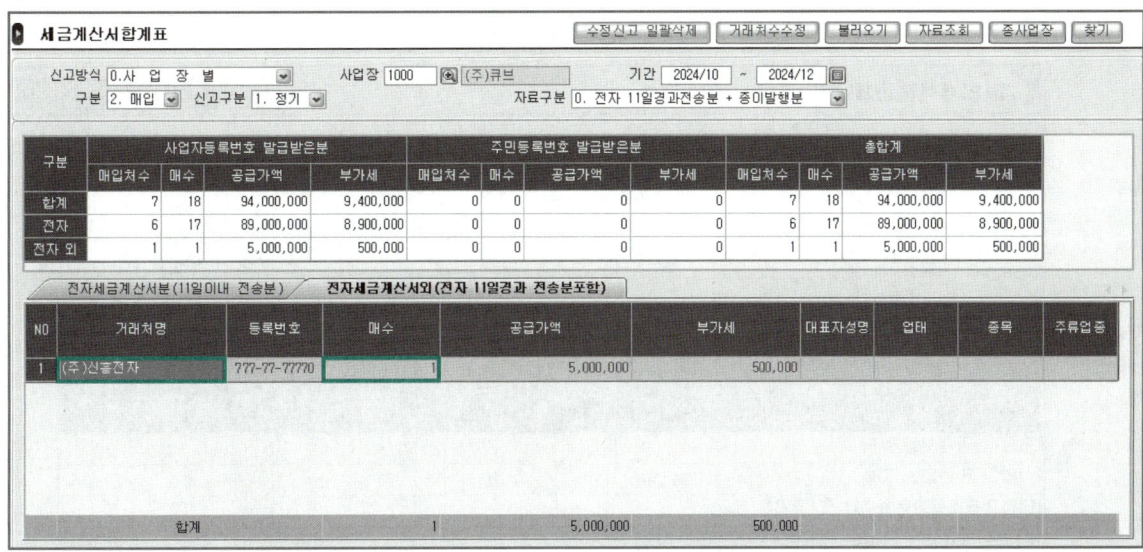

16 ④

'조회기간: 신고기준일, 2024/10/01~2024/12/31'로 조회한다.

📍 [회계관리] – [전표/장부관리] – [매입매출장] – 일자별 탭

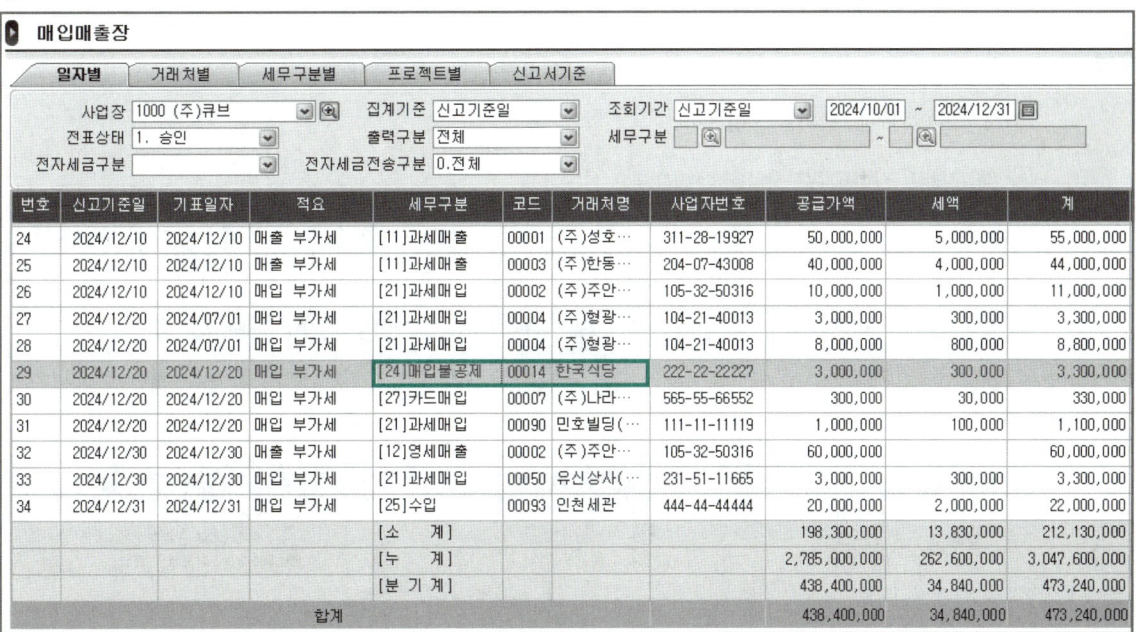

'기간: 2024/10~2024/12'로 조회하고 오른쪽 상단의 '불러오기' 버튼을 클릭한다.

📍 [회계관리] – [부가가치세관리] – [매입세액불공제내역]

17 ①

'2024/09/13'에 [보기] 자료를 입력한다.

📍 [회계관리] – [전표/장부관리] – [전표입력]

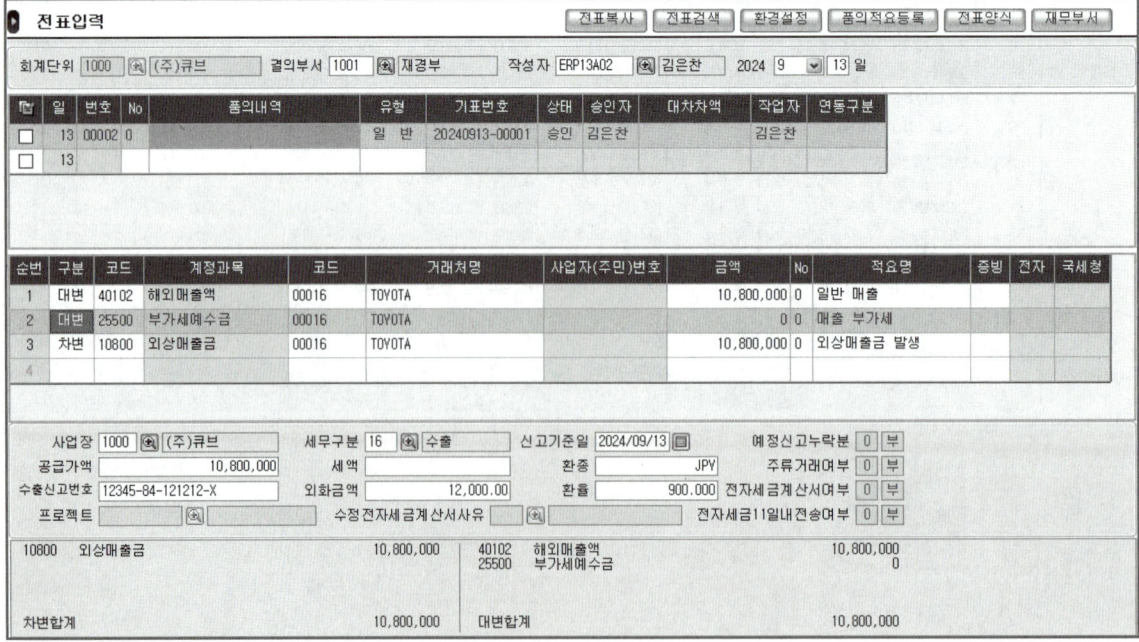

'거래기간: 2024/07~2024/09'로 조회하고 오른쪽 상단의 '불러오기' 버튼을 클릭한다.

📍 [회계관리] – [부가가치세관리] – [수출실적명세서]

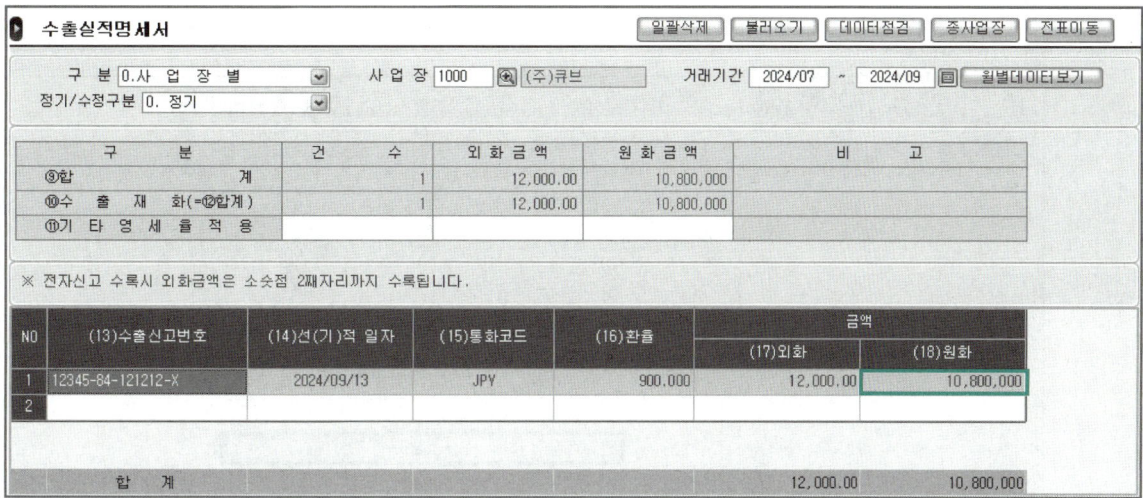

18 ②

- '기간: 2024/10/01~2024/12/31'로 조회하고 오른쪽 상단의 '불러오기' 버튼을 클릭한다.
- '12.예정신고누락분' 금액란을 더블클릭하여 세액 합계를 확인한다.

📍 [회계관리] – [부가가치세관리] – [부가세신고서] – 일반과세 탭

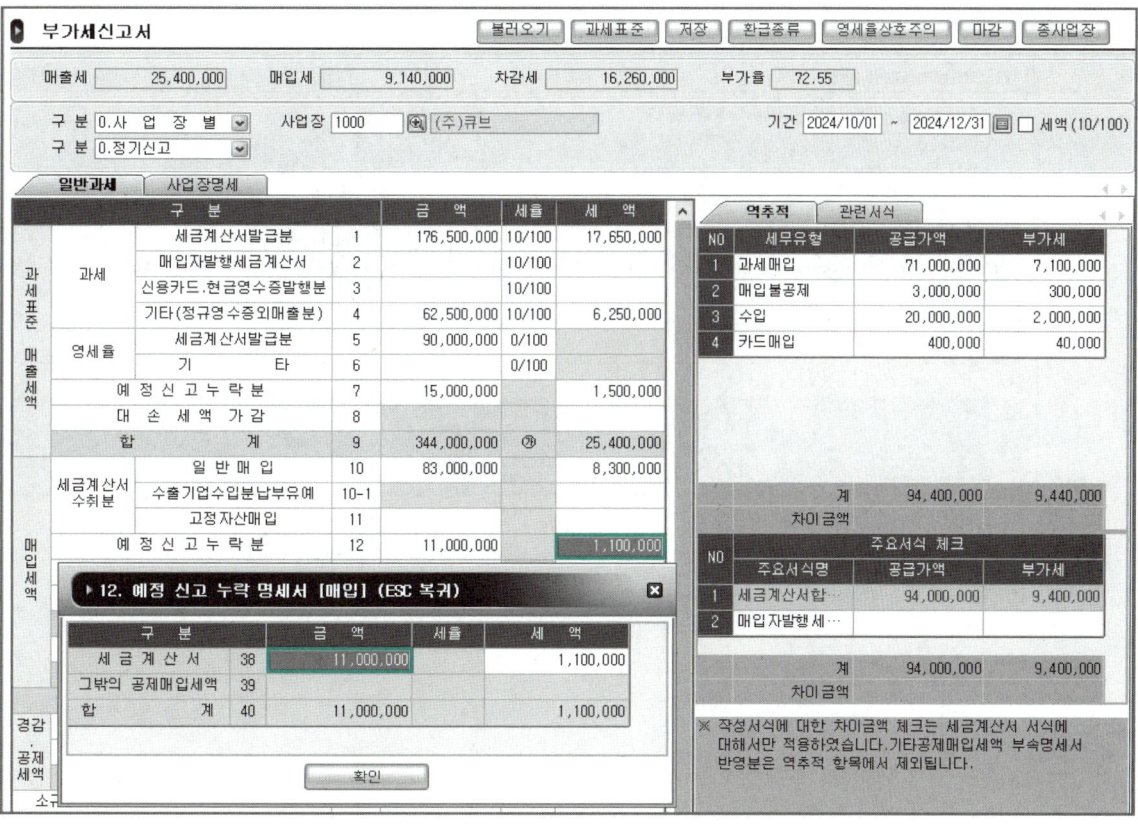

19 ②

[시스템관리] - [회사등록정보] - [사업장등록] - 기본등록사항 탭

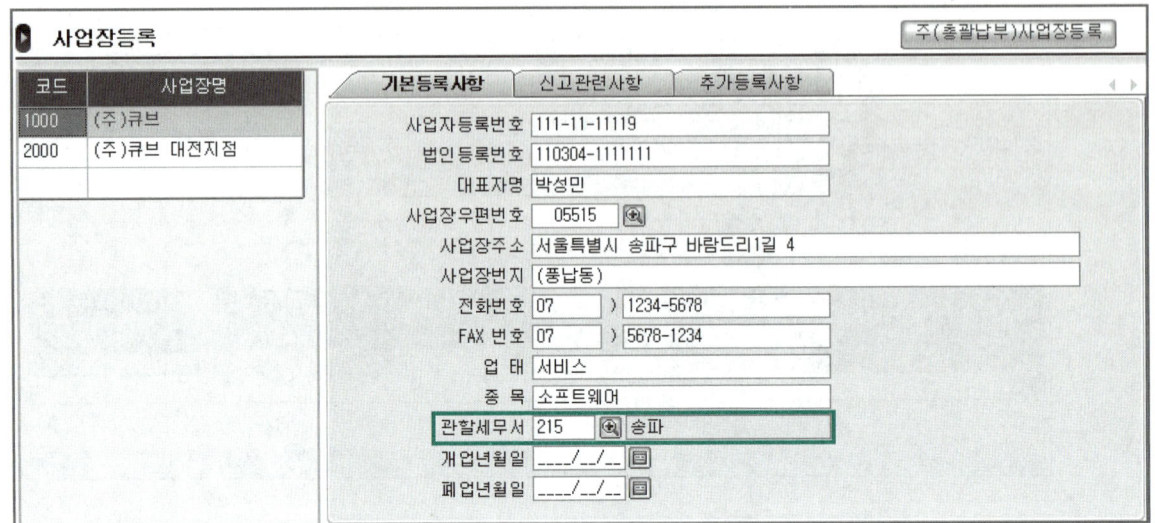

20 ③

- '기간: 2024/10~2024/12'로 조회하고 오른쪽 상단의 '불러오기' 버튼을 클릭한다.
- 신용카드 매입이 발생한 거래처는 총 3개 거래처이다.

[회계관리] - [부가가치세관리] - [신용카드발행집계표/수취명세서] - 신용카드/현금영수증수취명세서 탭

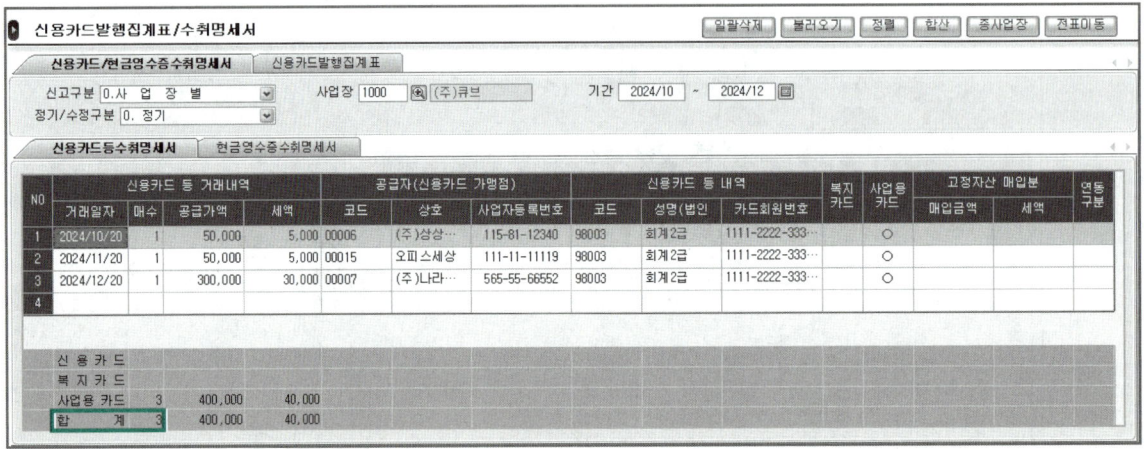

2024년 5회

p.262~267

이론

01	①	02	②	03	④	04	③	05	①	06	①	07	④	08	①	09	③	10	④
11	③	12	③	13	③	14	③	15	④	16	②	17	②	18	①	19	②	20	③

01 ①
비즈니스 애널리틱스는 구조화된 데이터(Structured Data)와 비구조화된 데이터(Unstructured Data)를 동시에 이용한다.

02 ②
SaaS(Software as a Service)란 클라우드 컴퓨팅 서비스 사업자가 클라우드 컴퓨팅 서버에 소프트웨어를 제공하고, 사용자가 원격으로 접속하여 해당 소프트웨어를 활용하는 모델이다.

03 ④
IT 아웃소싱 업체에 종속성(의존성)이 생길 수 있다.

04 ③

| 오답 풀이 |
① ERP 시스템은 현재 업무처리 방식이 아닌 업무 혁신을 할 새로운 방식을 도입한다.
② TFT는 최고의 엘리트 사원으로 구성해야 한다.
④ 최고 경영층이 프로젝트에 적극적 관심을 갖도록 유도한다.

05 ①
- 외부 이해관계자: 투자자, 채권자, 정부기관, 고객, 금융기관, 공급업자
- 내부 이해관계자: 경영자, 종업원

06 ①
- 재무회계는 외부이용자에게 재무정보를 제공하는 회계를 의미하며, 일반적으로 인정된 회계원칙의 형식에 따라 일반목적의 재무보고서를 작성한다. 현재는 IFRS의 적용을 받는다.
- 관리회계는 내부정보이용자에게 재무정보를 제공하는 회계를 의미하며, 의사결정의 특성에 따라 다양한 방법으로 정보를 제공하므로 반드시 지켜야 할 일반적인 규범이 존재하지 않는다.

07 ④

- 기초자본: 기초자산 300,000원 − 기초부채 130,000원 = 170,000원
- 당기순이익: 기말자본 230,000원 − 기초자본 170,000원 = 60,000원
- 비용총액: 수익총액 140,000원 − 당기순이익 60,000원 = 80,000원

08 ①

기업업무추진비와 지급수수료는 손익계산서의 계정과목이다.

09 ③

가지급금이란 현금지출이 발생했지만, 거래 내용이 불명확하여 임시로 처리한 임시계정으로 계정과목과 금액이 확정되는 즉시 확정계정으로 대체하여 정리한다.

10 ④

외상매입금은 일반적인 상거래에서 발생하는 부채이다. 기계기구 즉 기계장치는 유형자산에 해당하는 것으로 외상 거래 시 미지급금을 사용한다.

11 ③

대여금(자산)의 대변 기재는 자산의 감소이므로 대여금이 회수된 것을 의미하고, 이자수익 계정의 대변이 증가한 것은 수익의 발생을 의미한다.

12 ③

- 현금 및 현금성자산: 현금, 보통예금, 당좌예금
- 매출채권: 받을어음
- 단기투자자산: 단기매매증권 200,000원 + 단기대여금 220,000원 = 420,000원

13 ③

선수임대료의 누락은 부채의 과소계상과 임대료 수익계정의 과대계상으로 당기순이익이 과대 계상된다. 따라서 누락된 선수임대료를 계상하면 당기순이익이 감소해야 한다.

(차) 임대료　　　　　　　　　　6,000원　　(대) 선수임대료　　　　　　　　6,000원

14 ③

- 단기매매증권 취득 시 부대비용은 취득원가에 포함되지 않으므로 수수료 비용은 제외한다.

　(차) 단기매매증권　　　　　15,000,000원　　(대) 현금 등　　　　　　　15,800,000원
　　　수수료비용　　　　　　　 800,000원

- 매도가능증권 및 만기보유증권은 취득 시 부대비용을 취득원가에 포함한다.

15 ④

감가상각비: (기계장치 4,000,000원 − 잔존가치 400,000원) ÷ 10년 × 5/12 = 150,000원

16 ②

| 풀이 1 |

감가상각누계액: 취득가액 650,000원 + 유형자산처분이익 450,000원 − 처분가액 650,000원 = 450,000원

| 풀이 2 |

(차) 감가상각누계액　　　　　　　　?　　　　(대) 기계장치　　　　　　　650,000원
　　　현금 등　　　　　　　　　650,000원　　　　　　유형자산처분이익　　　450,000원

차변과 대변의 합계가 일치되어야 하므로 감가상각누계액은 450,000원이다.

17 ②

무형자산의 종류로 개발비는 신제품과 신기술 등의 개발활동과 관련하여 발생한 지출로서 미래경제적 효익의 유입가능성이 높으며, 취득원가를 신뢰성 있게 측정할 수 있는 것을 말한다. 예를 들면 신제품, 신기술 개발과 관련된 지출 자산처리는 개발비(무형자산)으로 처리한다.

18 ①

매출액: 총매출액 500,000원 − 매출할인 50,000원 − 매출에누리와 환입 150,000원 = 300,000원

19 ②

(차) 현금　　　　　　　　　500,000원　　　　(대) 단기차입금　　　　　　500,000원

20 ③

- 자본 차감계정: 자기주식, 감자차손, 자기주식처분손실, 주식할인발행차금
- 자본 가산계정: 미교부주식배당금, 주식매수선택권, 신주청약증거금

실무 시뮬레이션

| 01 | ② | 02 | ③ | 03 | ④ | 04 | ① | 05 | ① | 06 | ② | 07 | ① | 08 | ① | 09 | ③ | 10 | ④ |
| 11 | ① | 12 | ③ | 13 | ② | 14 | ④ | 15 | ③ | 16 | ③ | 17 | ④ | 18 | ① | 19 | ② | 20 | ② |

01 ②

'조회구분: 2.회계'로 조회한다. 고정자산 비망가액 존재여부는 '1.여'로 등록되어 있으므로 고정자산 상각 시 비망가액이 적용된다.

📍 [시스템관리] – [회사등록정보] – [시스템환경설정]

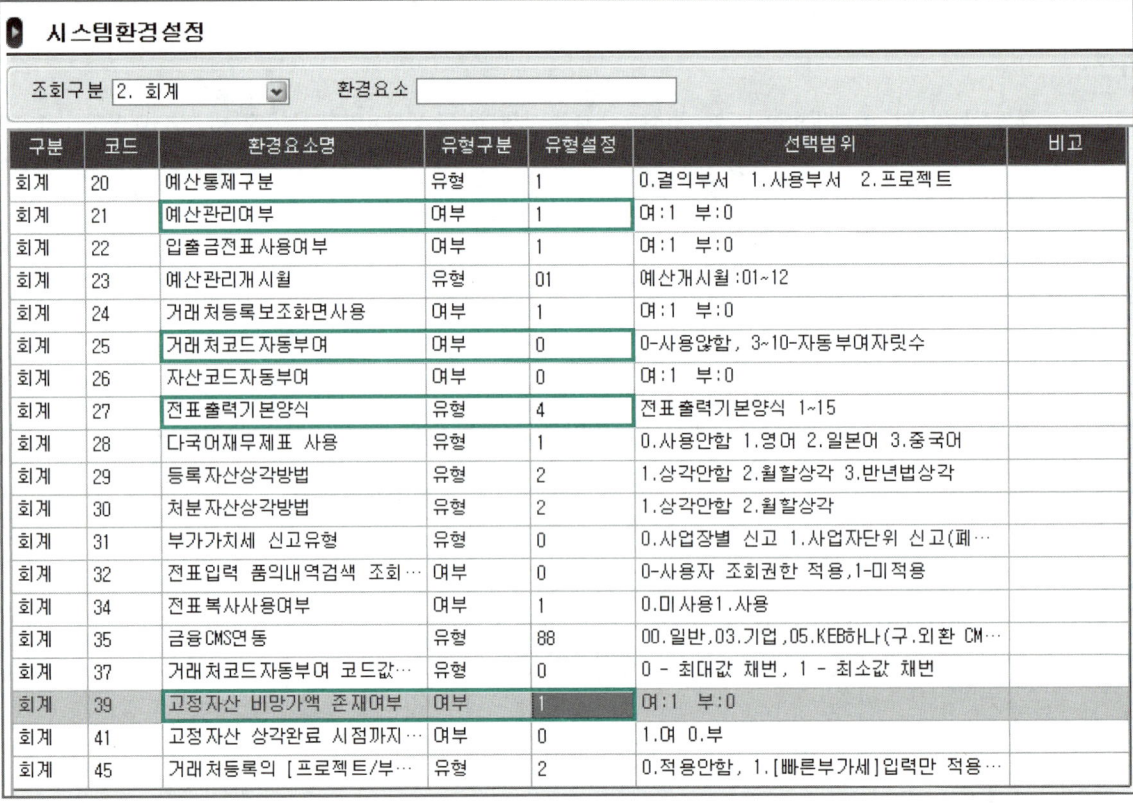

02   ③

'83700.건물관리비' 계정은 '관리항목명: D1.프로젝트'의 이월항목(해제) 선택에 체크가 되어 있지 않아 프로젝트별로 이월되지 않는다.

📍 [시스템관리] - [기초정보관리] - [계정과목등록]

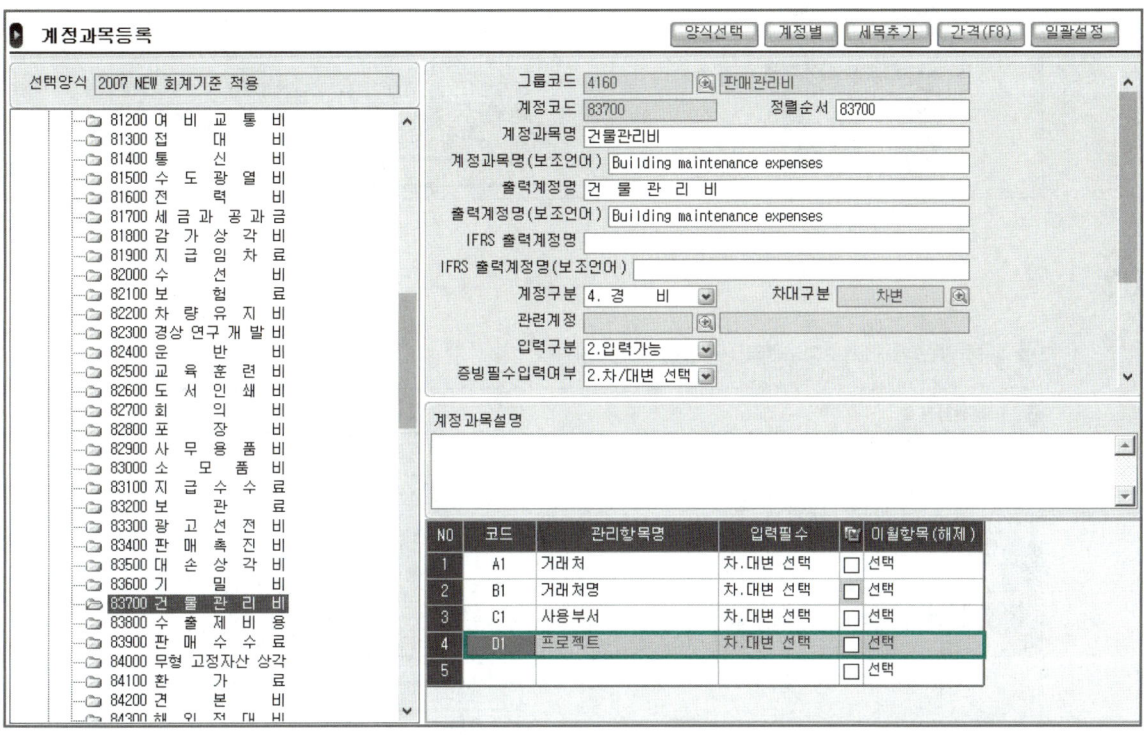

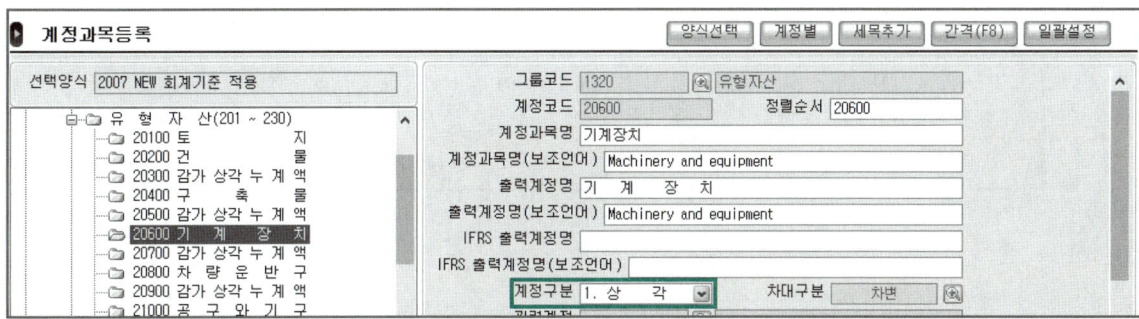

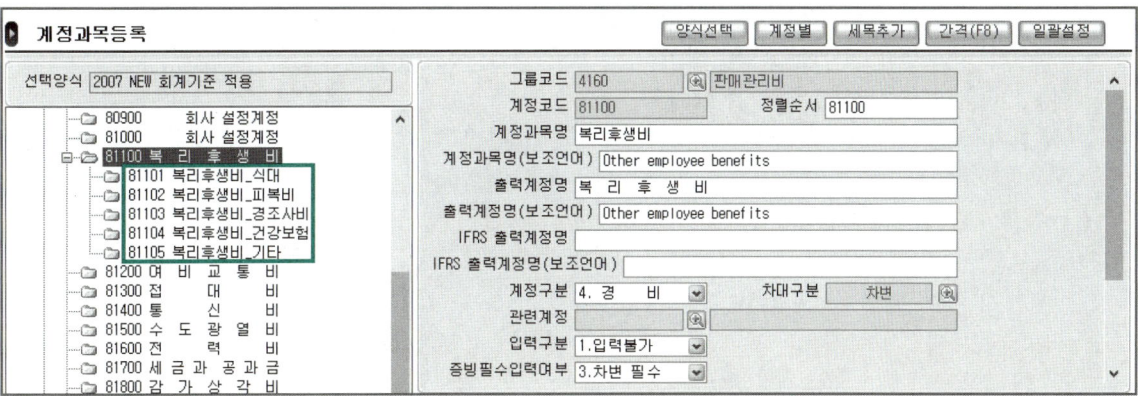

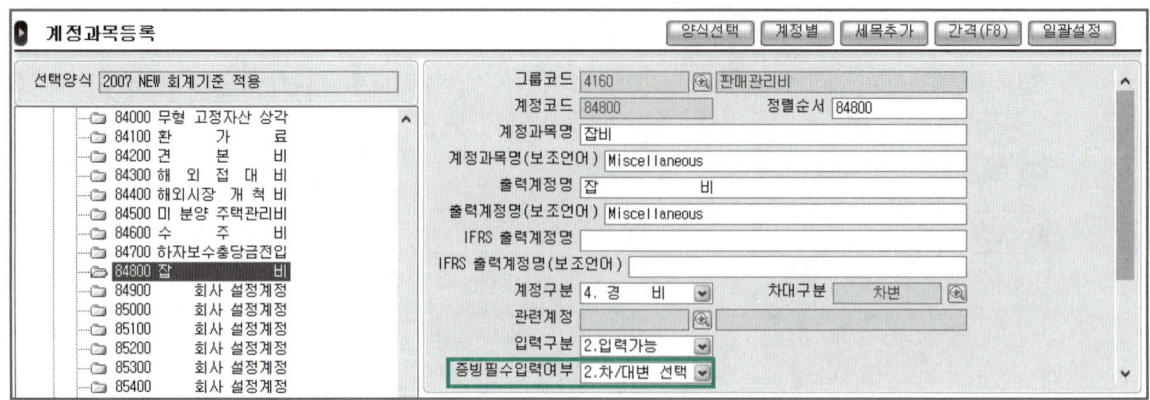

03 ④

[시스템관리] – [기초정보관리] – [프로젝트등록]

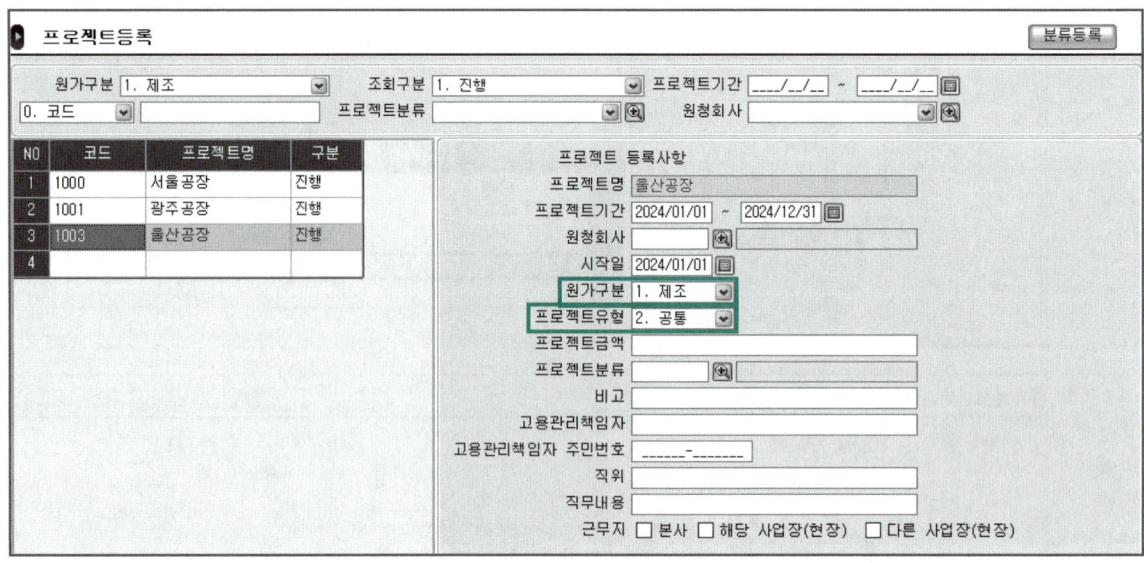

04 ①

'기간: 2024/01~2024/04', '계정과목: 1.계정별, 82200.차량유지비'로 조회한다.

◉ [회계관리] - [전표/장부관리] - [총계정원장] - 월별 탭

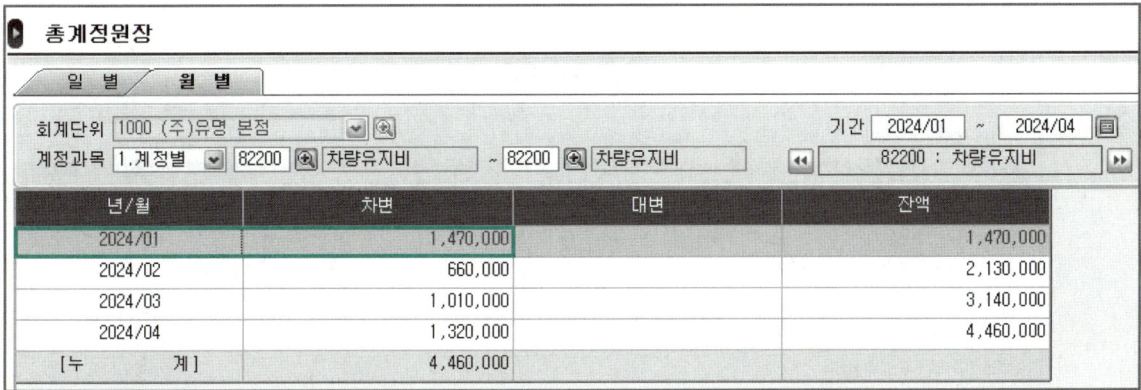

05 ①

'조회기간: 2024/01~2024/03', '집행방식: 2.승인집행', '관리항목: 0.부서별, 1001.재경부'로 조회한다.

◉ [회계관리] - [예산관리] - [예산초과현황]

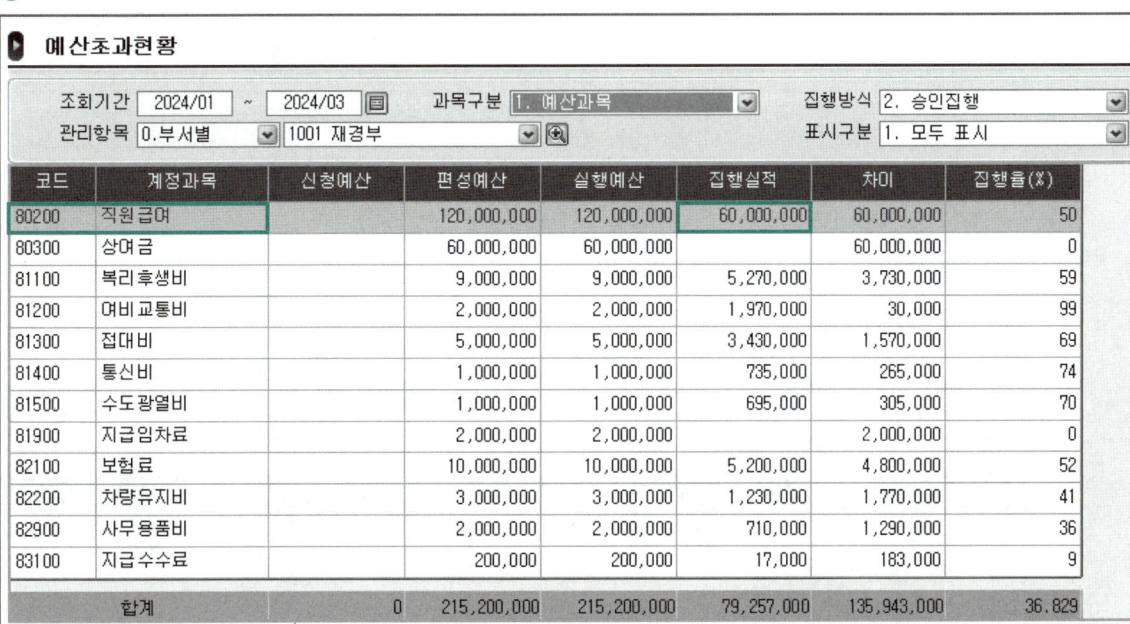

06 ②

'기표기간: 2024/03/01~2024/03/31'로 조회한다.

📍 [회계관리] - [전표/장부관리] - [현금출납장] - 전체 탭

날짜	적요	거래처코드	거래처	입금	출금	잔액
	[전 월 이 월]			97,860,000	2,495,000	95,365,000
2024/03/20		98001	한아은행	5,000,000		
2024/03/20	외상매입금 발생	00015	오피스세상		110,000	100,255,000
2024/03/25	사무용품비				250,000	
2024/03/25	여비교통비				1,160,000	
2024/03/25	복리후생비				960,000	
2024/03/25	통신비	00013	아이텔레콤(주)		330,000	
2024/03/25	수도광열비				240,000	
2024/03/25	여비교통비				20,000	97,295,000
2024/03/28	여비교통비				530,000	
2024/03/28	차량유지비				660,000	
2024/03/28	사무용품비				350,000	95,755,000
	[월 계]			5,000,000	4,610,000	
	[누 계]			102,860,000	7,105,000	

07 ①

- '채권잔액일자: 2024/06/30', '전개월수: 3', '계정과목: 1.계정별, 10800.외상매출금'으로 조회한다.
- 조회기간 이전 금액이 259,866,000원으로 (주)성호기업이 가장 크다.

📍 [회계관리] - [전표/장부관리] - [채권년령분석]

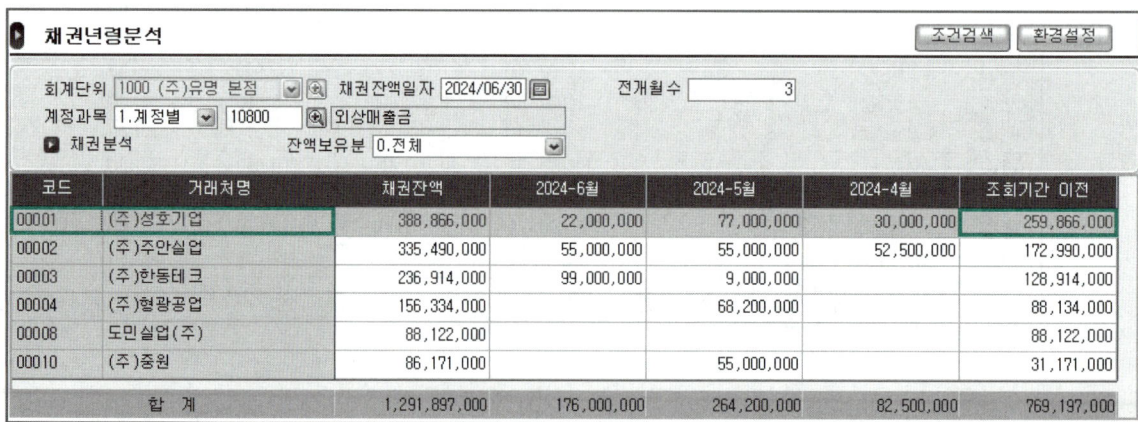

08 ①

'기간: 2024/08~2024/08'로 조회한다.

📍 [회계관리] – [전표/장부관리] – [일월계표] – 월계표 탭

차 변			계정과목	대 변		
계	대체	현금		현금	대체	계
109,916,100	104,966,100	4,950,000	< 판 매 관 리 비 >			
9,000,000	9,000,000		직 원 급 여			
85,500,000	85,500,000		상 여 금			
5,220,100	2,140,100	3,080,000	복 리 후 생 비			
1,060,000	530,000	530,000	여 비 교 통 비			
2,530,000	2,530,000		접 대 비			
330,000		330,000	통 신 비			
456,000	456,000		세 금 과 공 과 금			
3,800,000	3,800,000		보 험 료			
1,320,000	660,000	660,000	차 량 유 지 비			
700,000	350,000	350,000	사 무 용 품 비			
730,931,100	722,666,100	8,265,000	< 금 월 소 계 >	6,000,000	722,666,100	728,666,100
94,310,000		94,310,000	< 금월잔고/전월잔고 >	96,575,000		96,575,000
825,241,100	722,666,100	102,575,000	<< 합 계 >>	102,575,000	722,666,100	825,241,100

09 ③

- 오른쪽 상단의 '증빙설정' 버튼을 클릭하여 '증빙 설정' 창에서 '10.신용카드(법인): 8.신용카드매출전표(법인)', '11.신용카드(개인): 8A.신용카드매출전표(개인)'을 설정한 후 '기간: 2024/01/01~2024/12/31'로 조회한다.
- 신용카드의 손익계산서 합계 금액: 신용카드(법인) 1,630,000원 + 신용카드(개인) 1,670,000원 = 3,300,000원

📍 [회계관리] – [전표/장부관리] – [지출증빙서류검토표(관리용)] – 집계 탭

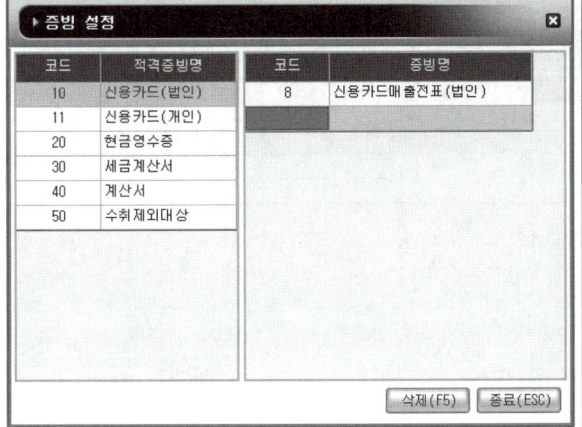
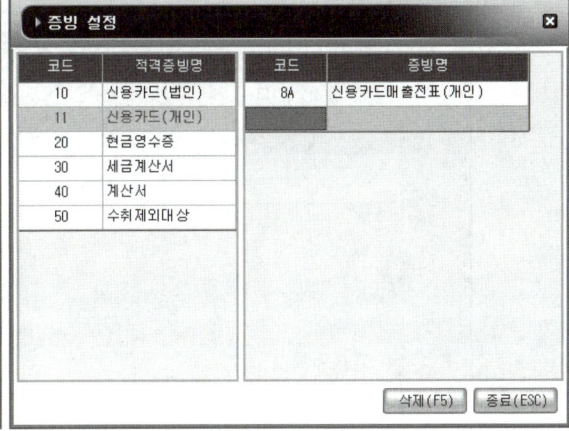

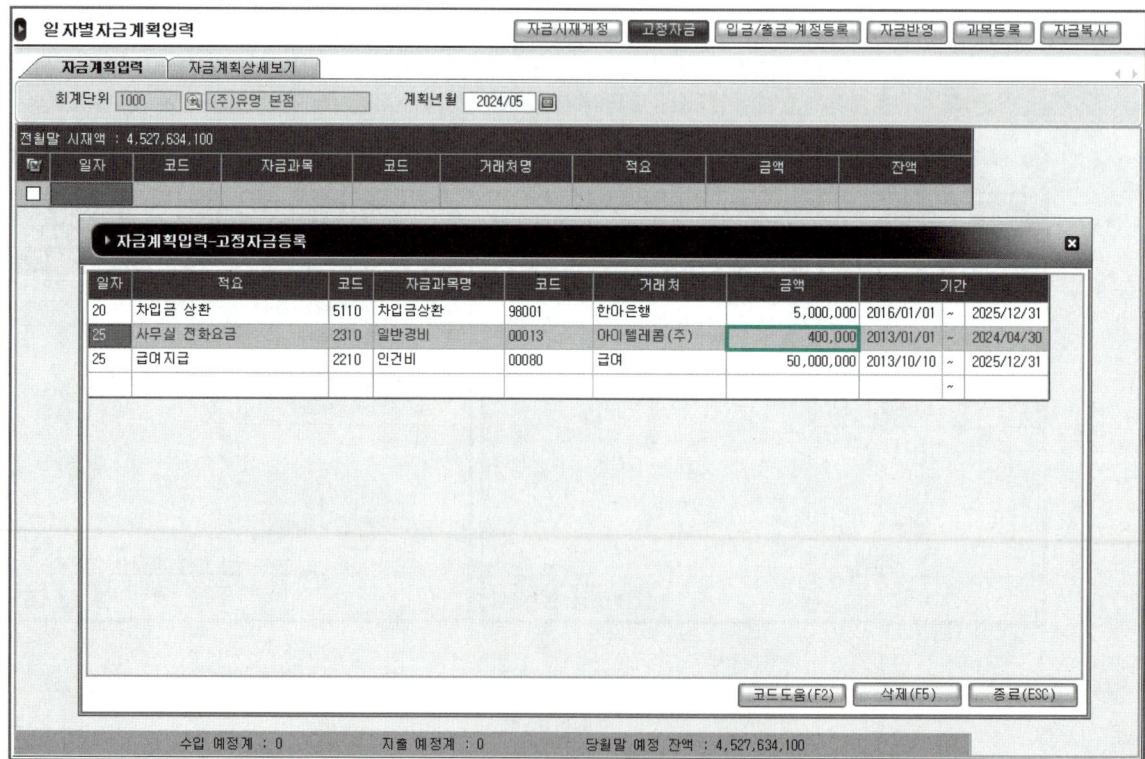

10 ④

오른쪽 상단의 '고정자금' 버튼을 클릭하여 '자금계획입력 – 고정자금등록' 창에서 등록된 지출내역을 확인한다. '2310. 일반경비'는 2024년 4월 30일에 고정자금 지출이 종료된다.

[회계관리] – [자금관리] – [일자별자금계획입력] – 자금계획입력 탭

11 ①

'기간: 1/4분기~4/4분기'로 조회한다.

[회계관리] – [결산/재무제표관리] – [기간별손익계산서] – 분기별 탭

과목	계	1/4분기	2/4분기	3/4분기	4/4분기
I. 매 출 액	2,937,500,000	394,500,000	503,000,000	630,000,000	1,410,000,000
상 품 매 출	2,150,500,000	394,500,000	503,000,000	630,000,000	623,000,000
제 품 매 출	787,000,000				787,000,000
II. 매 출 원 가					
상품매출원가					
기초 상품 재고액	2,924,900,000	2,924,900,000	3,118,900,000	3,246,200,000	3,294,200,000
당기 상품 매입액	972,300,000	194,000,000	127,300,000	48,000,000	603,000,000
기말 상품 재고액	3,897,200,000	3,118,900,000	3,246,200,000	3,294,200,000	3,897,200,000
III. 매 출 총 이 익	2,937,500,000	394,500,000	503,000,000	630,000,000	1,410,000,000
IV. 판 매 관 리 비	995,531,100	193,460,000	278,910,000	324,196,100	198,965,000
직 원 급 여	251,000,000	90,000,000	27,000,000	78,000,000	56,000,000
상 여 금	541,500,000	57,000,000	199,500,000	199,500,000	85,500,000
잡 급	5,250,000	5,250,000			
복 리 후 생 비	52,955,100	8,375,000	15,210,000	14,190,100	15,180,000
여 비 교 통 비	12,910,000	3,370,000	3,180,000	3,180,000	3,180,000
접 대 비	28,130,000	4,230,000	9,790,000	6,520,000	7,590,000
통 신 비	2,795,000	1,000,000	330,000	1,060,000	405,000
수 도 광 열 비	1,998,000	1,118,000	240,000	400,000	240,000
세 금 과 공 과 금	456,000			456,000	
지 급 임 차 료	11,350,000	3,000,000	3,000,000	2,350,000	3,000,000
보 험 료	50,680,000	13,480,000	14,400,000	11,400,000	11,400,000
차 량 유 지 비	15,700,000	3,140,000	3,960,000	4,640,000	3,960,000
운 반 비	330,000	330,000			
사 무 용 품 비	20,460,000	3,150,000	2,300,000	2,500,000	12,510,000
지 급 수 수 료	17,000	17,000			
V. 영 업 이 익	1,941,968,900	201,040,000	224,090,000	305,803,900	1,211,035,000

12 ③

'기간: 2024/07/31'로 조회한다.

📍 [회계관리] – [결산/재무제표관리] – [재무상태표] – 제출용 탭

재무상태표

과 목	제 21 (당)기 금액	제 20 (전)기 금액
자 산		
Ⅰ. 유 동 자 산	12,701,831,385	11,825,097,385
(1) 당 좌 자 산	9,428,031,385	8,888,997,385
현금및현금성자산	4,900,294,100	4,867,225,500
정 기 예.적 금	200,000,000	200,000,000
기타 단기금융 상품	1,300,000,000	1,300,000,000
단 기 매 매 증 권	248,000,000	194,000,000
매 출 채 권	2,626,013,000	2,210,173,000
대 손 충 당 금	(5,271,310)	(5,271,310)
소 모 품	10,500,000	10,500,000
선 급 비 용	7,643,995	7,643,995
부 가 세 대 급 금	140,790,000	104,680,000
선 납 세 금	61,600	46,200

재무상태표

과 목	제 21 (당)기 금액	제 20 (전)기 금액
부 채 총 계	9,418,104,000	8,941,225,000
자 본		
Ⅰ. 자 본 금	100,000,000	100,000,000
자 본 금	100,000,000	100,000,000
Ⅱ. 자 본 잉 여 금		
Ⅲ. 자 본 조 정		
Ⅳ. 기타포괄손익누계액		
Ⅴ. 이 익 잉 여 금	4,777,345,055	4,291,315,055
미처분 이익 잉여금	4,777,345,055	4,291,315,055
(당 기 순 이 익)		
당기 : 486,030,000		
전기 : 1,941,868,900		
자 본 총 계	4,877,345,055	4,391,315,055

13 ②

- '기간: 2024/06/30'로 조회한다.
- 판매관리비가 증가하면 매출총이익에서 차감되는 비용이 많아져 당기순이익이 감소한다.

[회계관리] – [결산/재무제표관리] – [손익계산서] – 관리용 탭

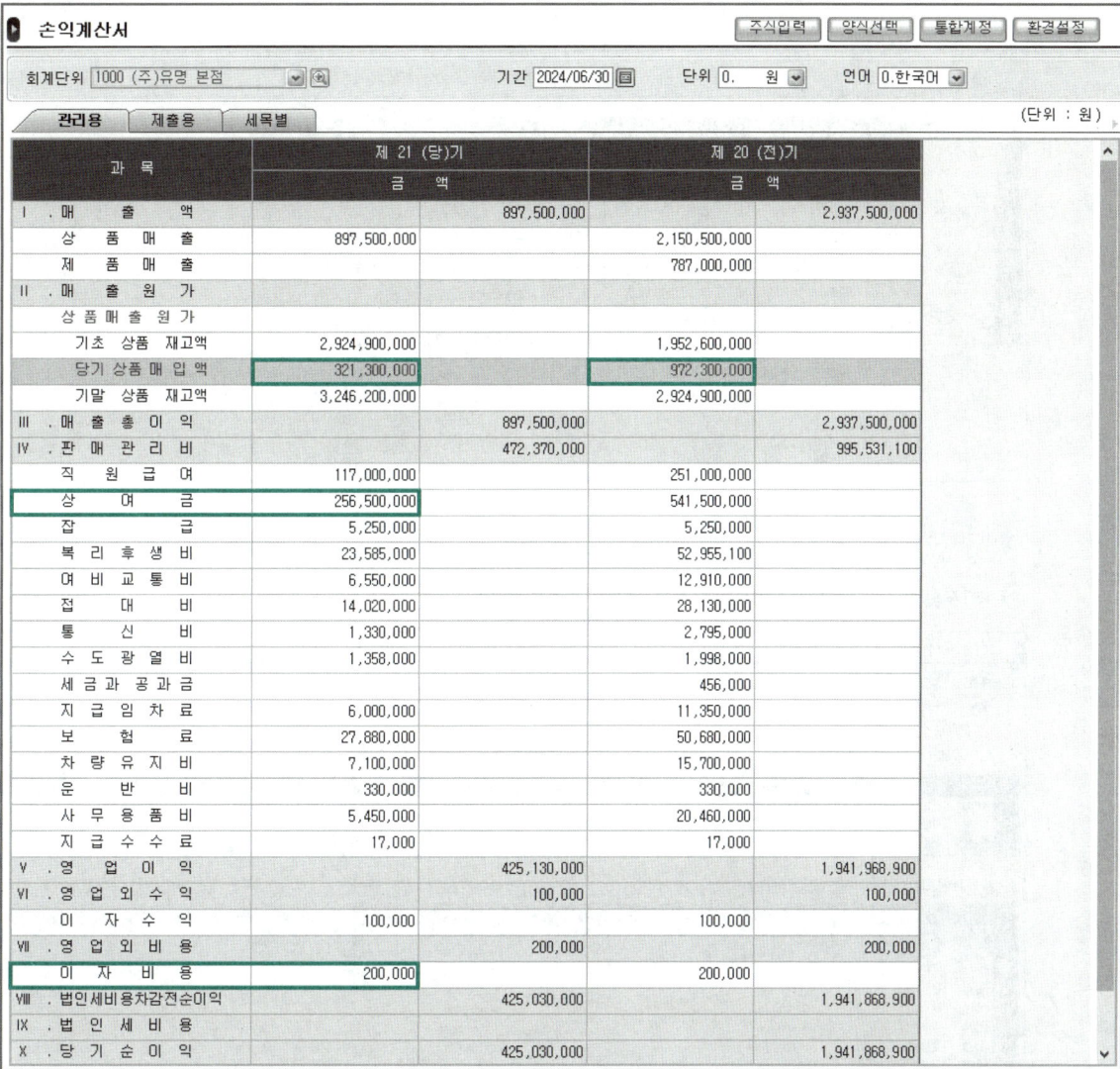

14 ④

'자산유형: 21200.비품'에 [보기]의 고정자산 자료를 입력하고 일반상각비 금액을 확인한다.

🔍 [회계관리] – [고정자산관리] – [고정자산등록]

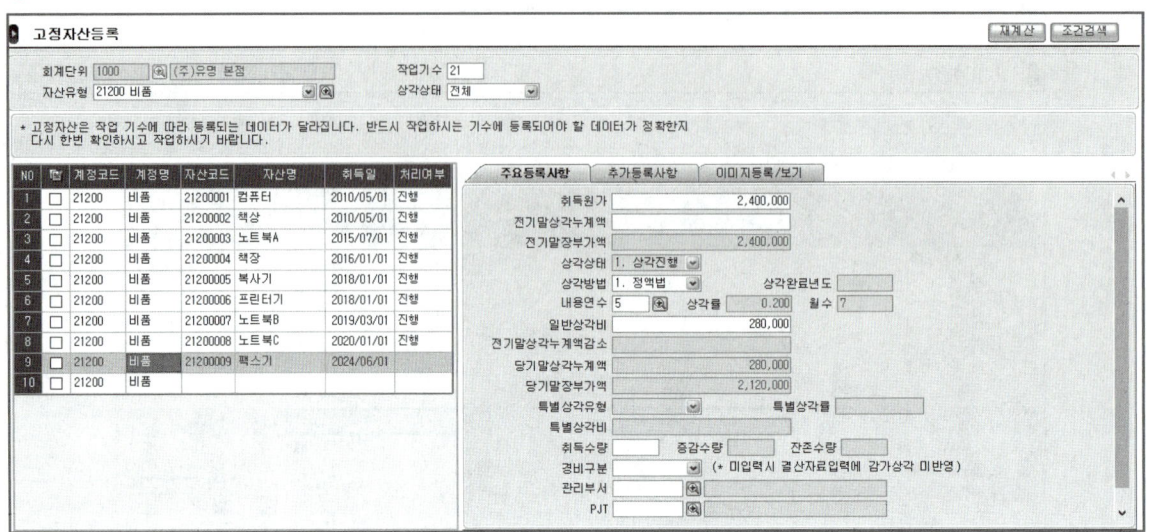

'경비구분: 전체', '기간: 2024/01~2024/12'로 조회한다.

🔍 [회계관리] – [고정자산관리] – [감가상각비현황] – 총괄 탭

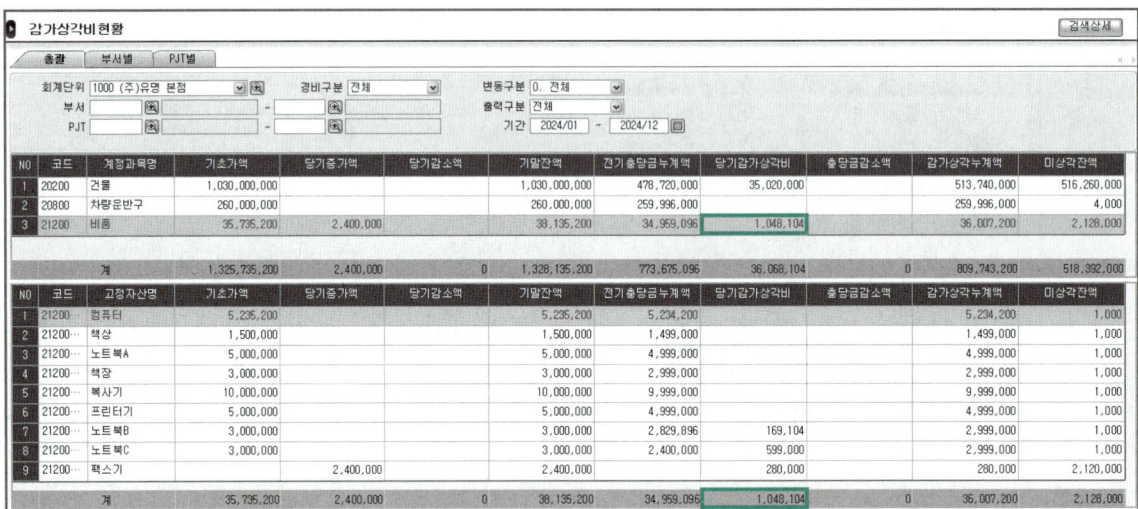

15 ③

'조회구분: 2.회계'로 조회한다. 부가가치세 신고유형은 유형설정이 '0.사업장별 신고'로 등록되어 있으므로 각각 신고한다.

📍 [시스템관리] – [회사등록정보] – [시스템환경설정]

오른쪽 상단의 '주(총괄납부)사업장등록' 버튼을 클릭하여 조회한다. [사업장등록] 메뉴에 '주(총괄납부)사업장등록'이 등록된 경우 주사업장총괄납부 적용 사업자이며, 미등록된 경우 사업장별 과세원칙 적용 사업자이다.

📍 [시스템관리] – [회사등록정보] – [사업장등록] – 기본등록사항 탭

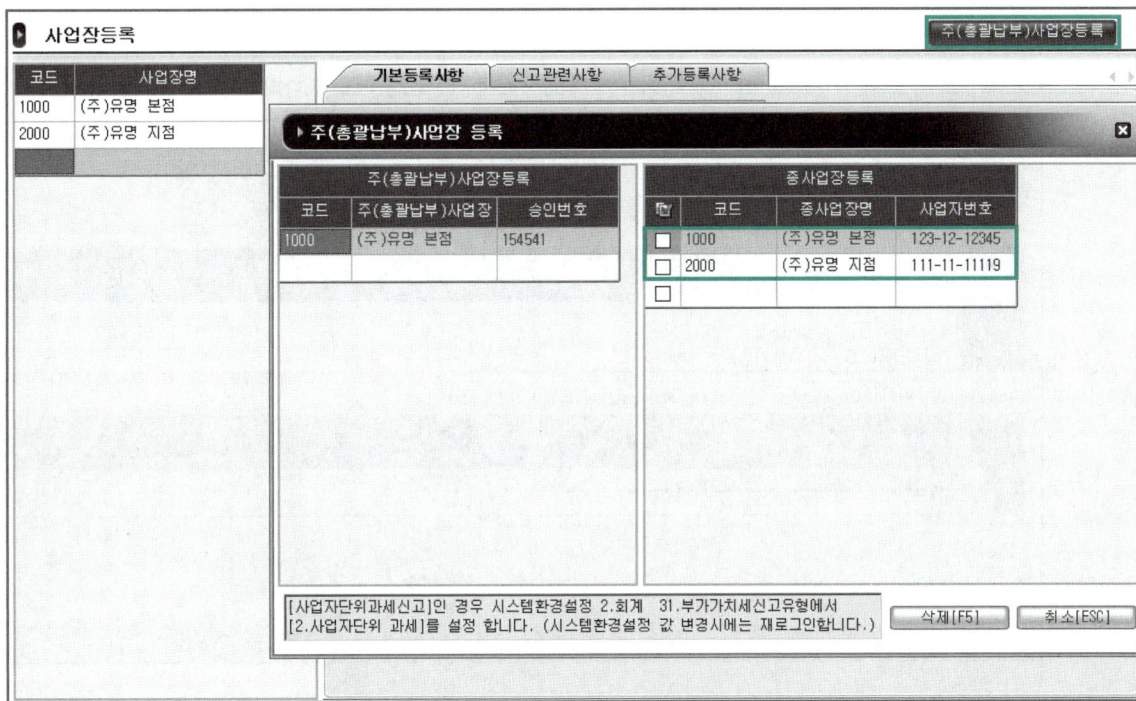

16 ③

'기간: 2024/07~2024/09', '구분: 2.매입'을 입력한 후 오른쪽 상단의 '불러오기' 버튼을 클릭한다. 민호빌딩(주)의 매입세금계산서는 전자세금계산서분 1매, 전자세금계산서외 1매 총 2매이다.

📍 [회계관리] - [부가가치세관리] - [세금계산서합계표] - 전자세금계산서분(11일이내 전송분 탭)

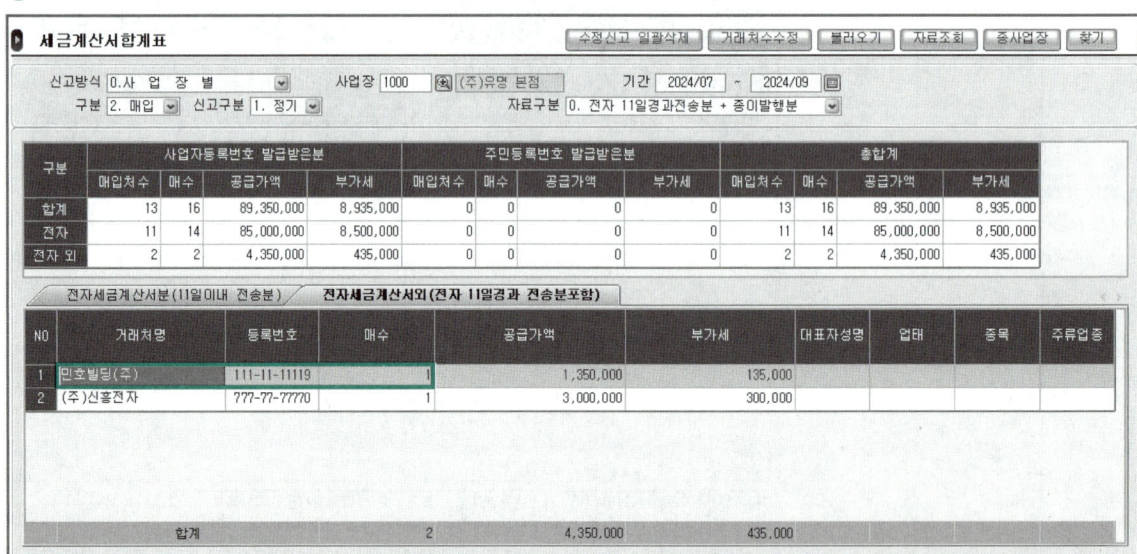

📍 [회계관리] - [부가가치세관리] - [세금계산서합계표] - 전자세금계산서외(전자 11일경과 전송분포함 탭)

17 ④

'기간: 2024/04~2024/06'로 입력한 후 오른쪽 상단의 '불러오기' 버튼을 클릭한다.

[회계관리] – [부가가치세관리] – [매입세액불공제내역]

18 ①

'조회기간: 신고기준일, 2024/01/01~2024/03/31', '출력구분: 2.매입', '세무구분: 27.카드매입'으로 조회한다.

[회계관리] – [전표/장부관리] – [매입매출장] – 세무구분별 탭

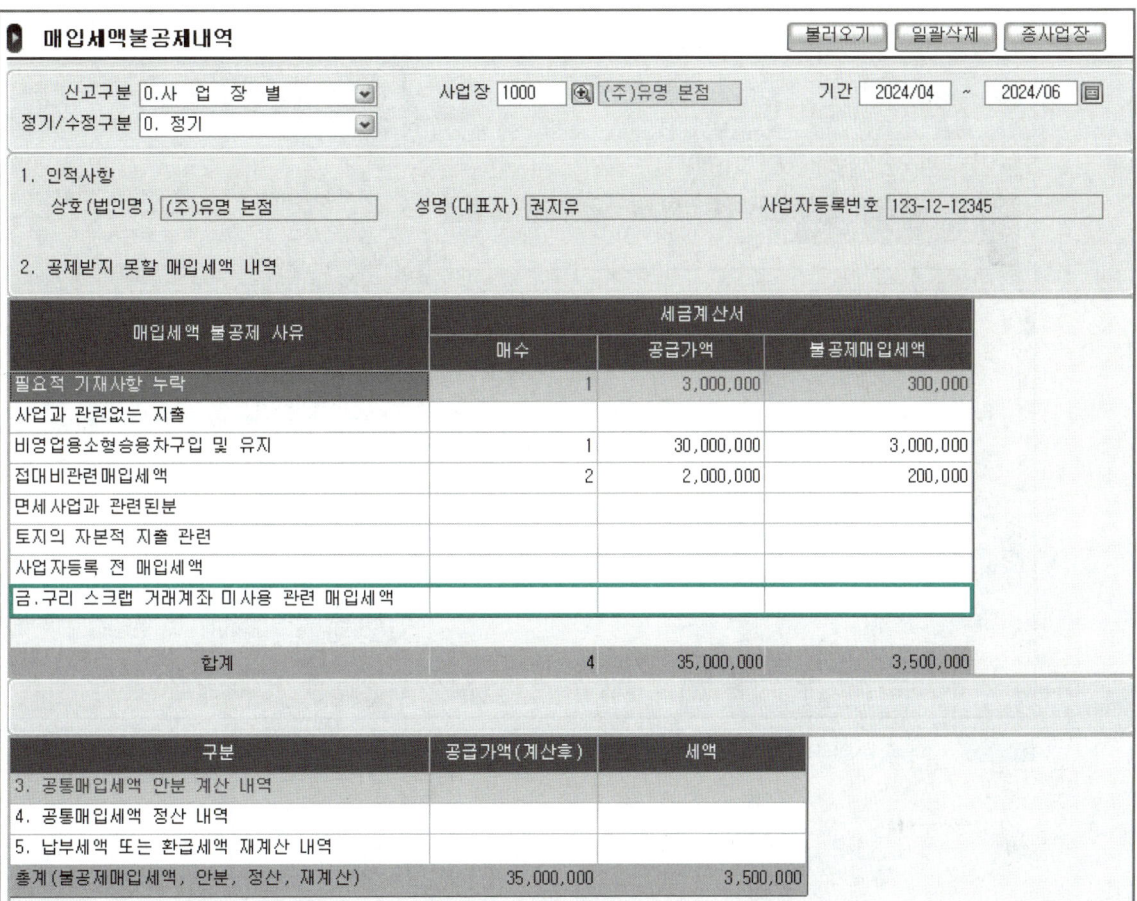

19 ②

'과세기간: 2024/10~2024/12'로 조회하고 자료를 입력하여 보증금이자(간주임대료)를 계산한다.

[회계관리] - [부가가치세관리] - [부동산임대공급가액명세서]

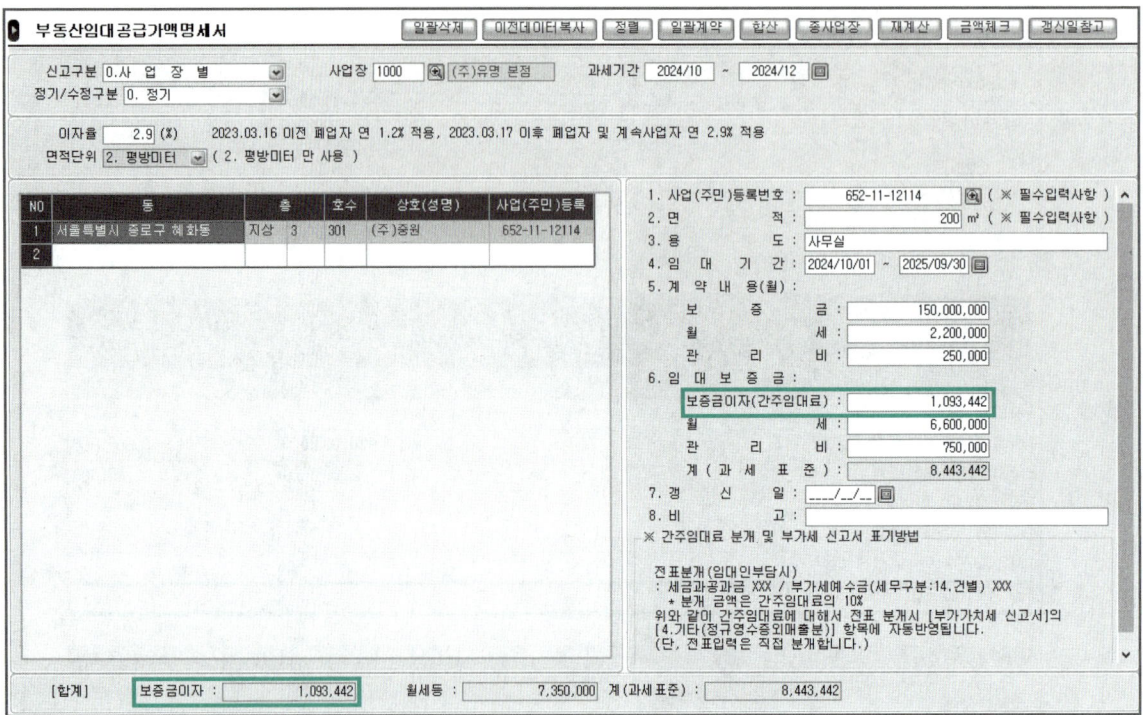

TIP '데이터가 존재하지 않습니다. 이전 데이터를 복사하겠습니까?' 창이 뜨면 '예' 버튼을 누르고 실행되는 '복사' 보조창을 닫는다.

20 ②

'기간: 2024/01~2024/03'로 조회하고 오른쪽 상단의 '불러오기' 버튼을 클릭한다.

[회계관리] – [부가가치세관리] – [신용카드발행집계표/수취명세서] – 신용카드발행집계표 탭

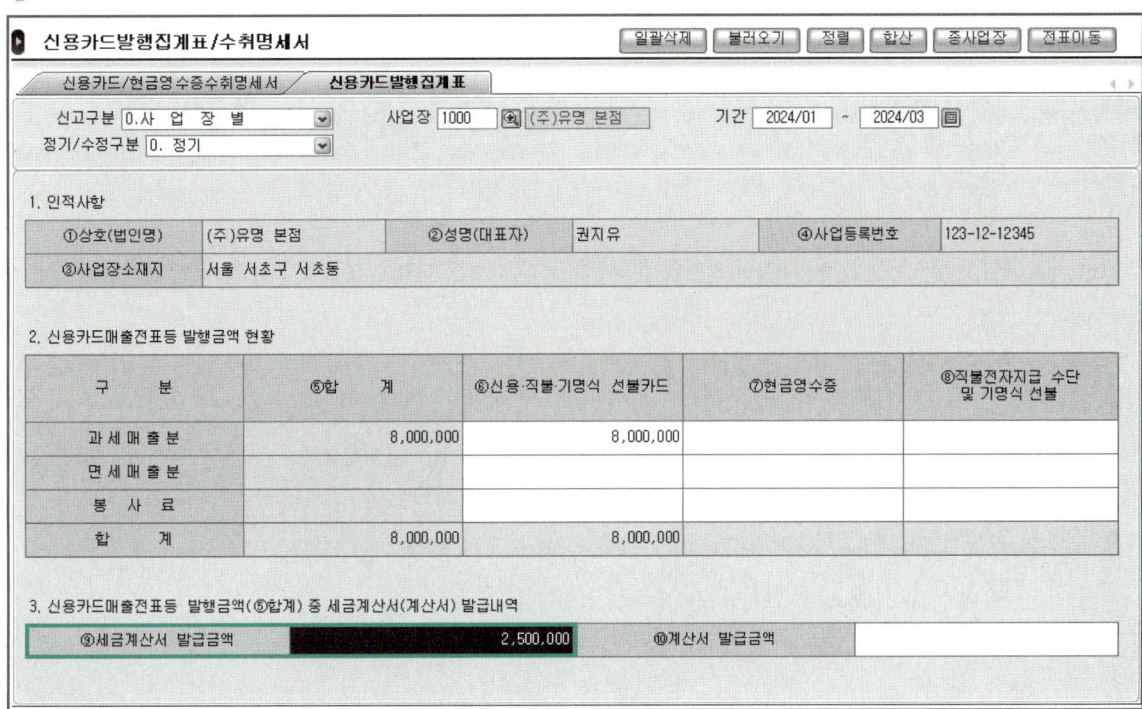

TIP '데이터가 존재하지 않습니다. 전표에서 데이터를 불러오시겠습니까?' 창이 뜨면 '예' 버튼을 누른다.

2024년 4회

이론

01	④	02	①	03	③	04	③	05	②	06	③	07	①	08	④	09	①	10	④
11	③	12	③	13	①	14	③	15	①	16	④	17	③	18	④	19	①	20	③

01 ④

고객과의 상호작용을 자동화하여 기업의 효율성을 높이고 고객 경험을 개선하기 위한 CRM(고객관계관리) 시스템에 대한 설명이다.

02 ①

Open 형태는 특정 H/W 업체에만 의존하지 않고 다양한 H/W 업체를 이용한다.

03 ③

총소유비용(Total Cost of Ownership)에 대한 설명이다.

04 ③

ERP 시스템의 구축 절차는 '분석단계 – 설계단계 – 구축단계 – 구현단계'의 순으로 이루어진다.

05 ②

유형자산은 건물 1,500,000원이다.

① 자본: 자본금 1,200,000원 + 이익잉여금 50,000원 = 1,250,000원
③ 유동자산: 현금 및 현금성자산 50,000원 + 매출채권 700,000원 + 상품 400,000원 = 1,150,000원
④ 비유동부채: 장기차입금 1,000,000원 + 퇴직급여충당부채 200,000원 = 1,200,000원

06 ③

재무상태표는 일정시점의 재무상태를 나타내는 재무보고서이다.

07 ①

감가상각비는 판매비 및 일반관리비에 해당한다.

08 ④

기초잔액이 대변에 기록되는 항목은 부채 또는 자본이므로 미지급금이다.

09 ①

단식부기는 재산의 증감만을 기록하며 손익의 기록을 하지 않는 방법이다.

10 ④

외상매입금은 일반적인 상거래에서 발생하는 부채이다. 비품은 유형자산으로 외상매입금이 아닌 미지급금을 사용한다.

11 ③

당좌차월에 대한 설명이며, 당좌차월 계정은 재무제표에는 단기차입금 계정으로 표기된다.

12 ③

(차) 받을어음	300,000원	(대) 상품매출	500,000원
외상매출금	200,000원		

∴ 매출채권: 받을어음 300,000원 + 외상매출금 200,000원 = 500,000원

13 ①

감가상각비: (취득원가 2,000,000원 − 잔존가치 200,000원) ÷ 10년 × 5/12 = 75,000원

14 ③

매입채무 잔액: 기초 매입채무 50,000 + 외상매입액 500,000원 − 외상대금 현금상환액 200,000원 − 외상대금 조기상환에 따른 할인액 10,000원 = 340,000원

15 ①

보통주를 신규 발행하면 자본금이 증가한다.

16 ④

기초자본: 기말자본 700,000원 − (총수익 1,900,000원 − 총비용 1,550,000원) = 350,000원

17 ③

수익은 기업의 통상적인 경영활동에서 발생하는 경제적 효익의 총유입을 의미한다.

18 ④

교육훈련비는 판매비 및 일반관리비이며, 그 이외에는 모두 영업외비용이다.

19 ①

감자차익: 감자할 자본금 800,000원 − 감자할 주식매입액 500,000원 = 300,000원

(차) 자본금	800,000원	(대) 현금	500,000원
		감자차익	300,000원

20 ③

- 판매비와 관리비: 기업업무추진비, 교육훈련비, 수도광열비
- 영업외비용: 기타의 대손상각비, 이자비용, 기부금

실무 시뮬레이션

| 01 | ③ | 02 | ② | 03 | ④ | 04 | ② | 05 | ④ | 06 | ① | 07 | ① | 08 | ① | 09 | ② | 10 | ① |
| 11 | ① | 12 | ③ | 13 | ② | 14 | ③ | 15 | ② | 16 | ① | 17 | ③ | 18 | ② | 19 | ④ | 20 | ④ |

01 ③

오른쪽 상단의 '조건검색' 버튼을 클릭하여 '거래처구분: 1.일반', '거래처분류: 1000.강남구'를 조회한다.

📍 [시스템관리] – [기초정보관리] – [일반거래처등록]

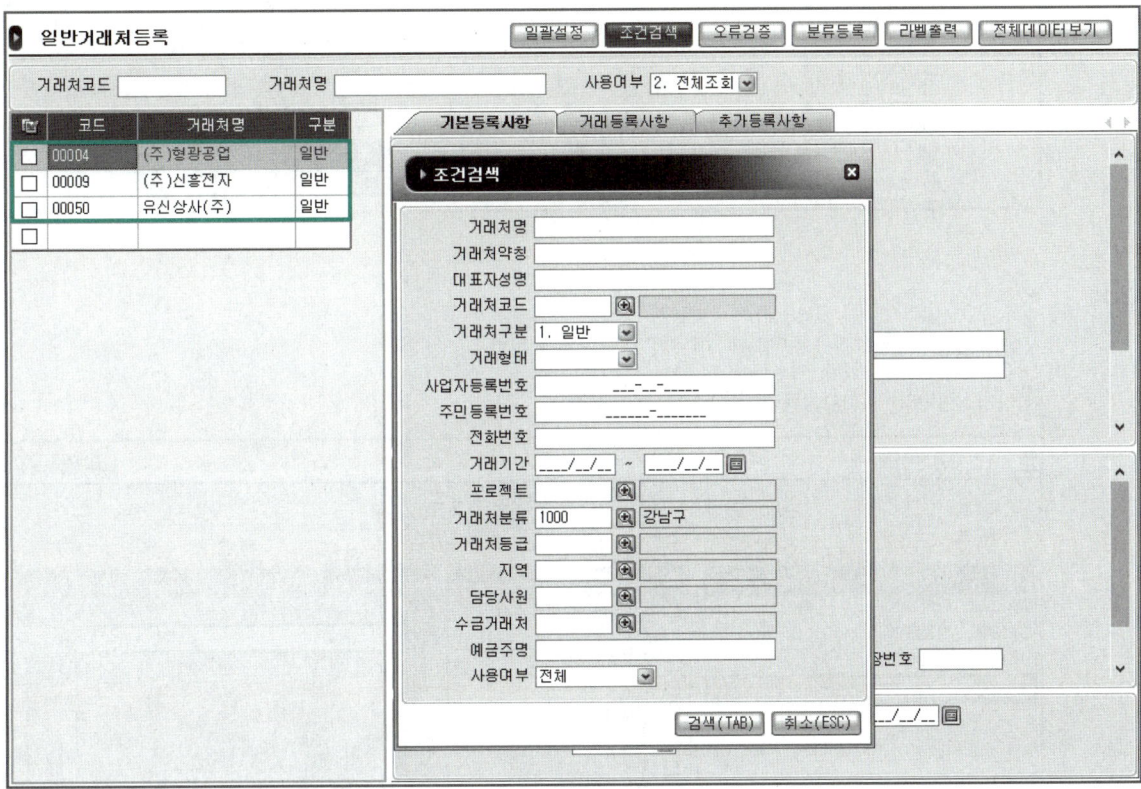

02 ②

'10800.외상매출금' 계정은 '관리항목명: A1.거래처'의 이월항목(해제) 선택에 체크가 되어 있다.

[시스템관리] – [기초정보관리] – [계정과목등록]

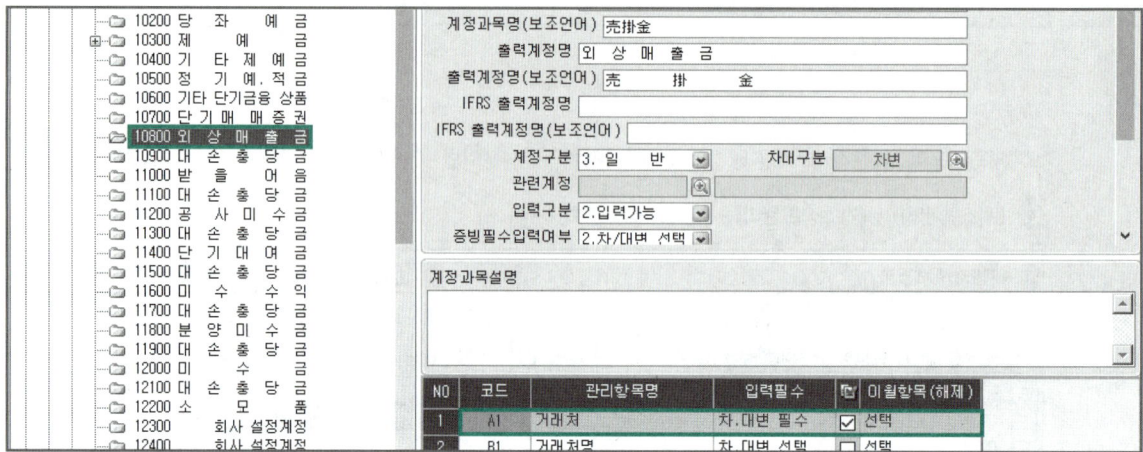

03 ④

사용가능한 메뉴에 '전표승인해제' 메뉴가 조회되지 않는다.

[시스템관리] – [회사등록정보] – [사용자권한설정]

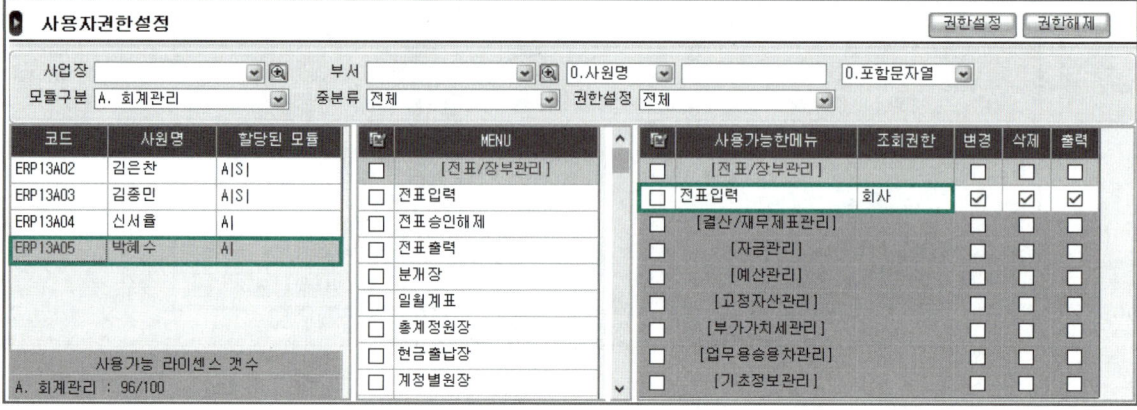

04 ②

'계약기간: 2024/01~2024/12'로 조회하여 조회기간 비용을 확인한다.

[회계관리] – [전표/장부관리] – [기간비용현황] – 기간비용현황 탭

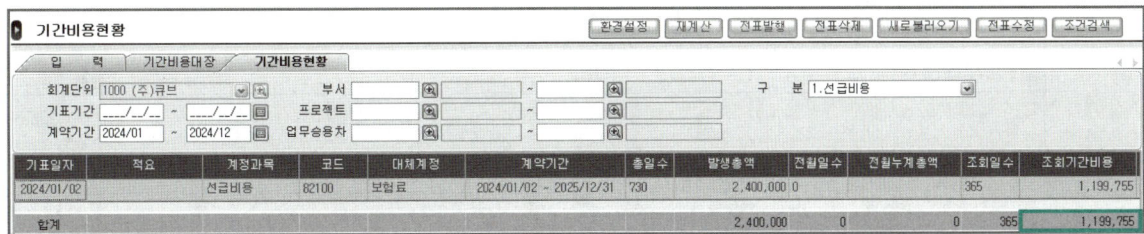

05 ④

[시스템관리] – [회사등록정보] – [부서등록]

부서코드	부서명	사업장코드	사업장명	부문코드	부문명	사용기간	사용기간
1001	재경부	1000	(주)큐브	1001	관리부문	2008/01/01	
2001	영업부	1000	(주)큐브	2001	영업부문	2008/01/01	
3001	생산부	1000	(주)큐브	3001	제조부문	2013/01/01	
4001	총무부	1000	(주)큐브	1001	관리부문	2022/01/01	

'기간: 2024/04/01~2024/06/30'로 조회한다.

[회계관리] – [결산/재무제표관리] – [관리항목별손익계산서] – 부문별 탭

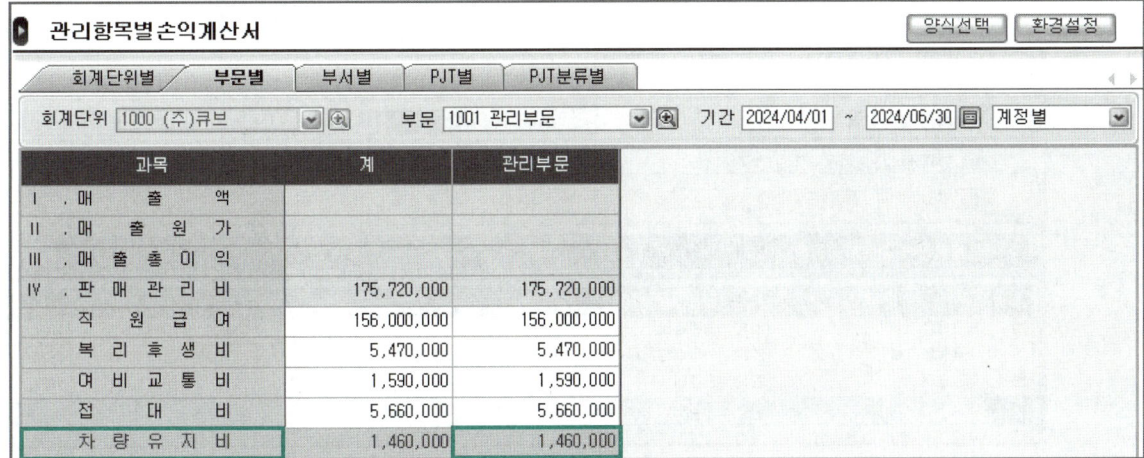

06 ①

- '기간: 2024/06/30'로 조회한다.
- 대손상각비: (받을어음 295,000,000원×1%) − 대손충당금 1,500,000원 = 1,450,000원

📍 [회계관리] − [결산/재무제표관리] − [재무상태표] − 관리용 탭

07 ①

오른쪽 상단의 '고정자금' 버튼을 클릭하여 '자금계획입력−고정자금등록' 창에서 등록된 지출내역을 확인한다.
- 2024년 3월: 인건비 30,000,000원 + 사무실임차료 2,000,000 + 일반경비 600,000 = 32,600,000원
- 2024년 4월: 인건비 30,000,000원 + 사무실임차료 2,000,000 = 32,000,000원

∴ 32,600,000원 − 32,000,000원 = 600,000원

📍 [회계관리] − [자금관리] − [일자별자금계획입력] − 자금계획입력 탭

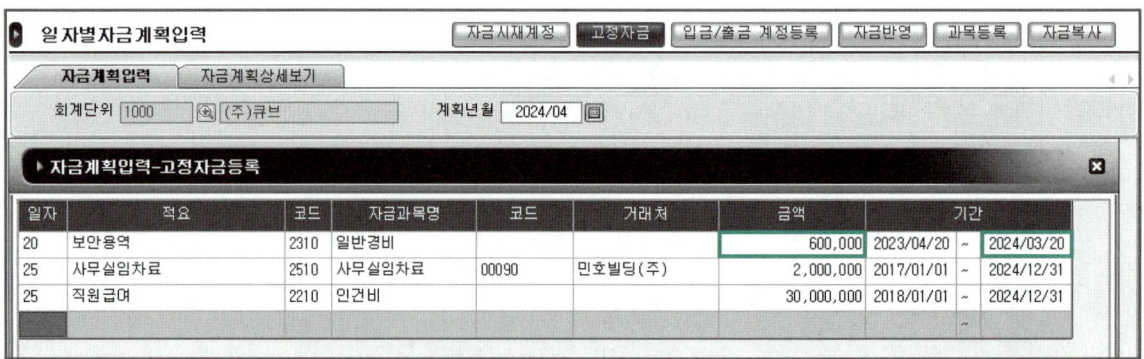

08 ①

'사용기간(과세기간): 2024/01/01~2024/01/31'로 조회한다.

◉ [회계관리] - [업무용승용차관리] - [업무용승용차 운행기록부]

09 ②

- 오른쪽 상단의 '증빙설정' 버튼을 클릭하여 '증빙 설정'창에서 '20.현금영수증: 9A.현금영수증', '40.계산서: 2.계산서'를 설정한 후 '기간: 2024/01/01~2024/12/31'로 조회한다.
- 현금영수증은 85,000원이다.

◉ [회계관리] - [전표/장부관리] - [지출증빙서류검토표(관리용)] - 집계 탭

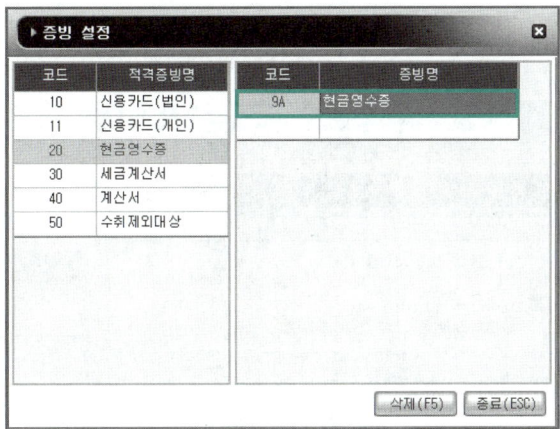
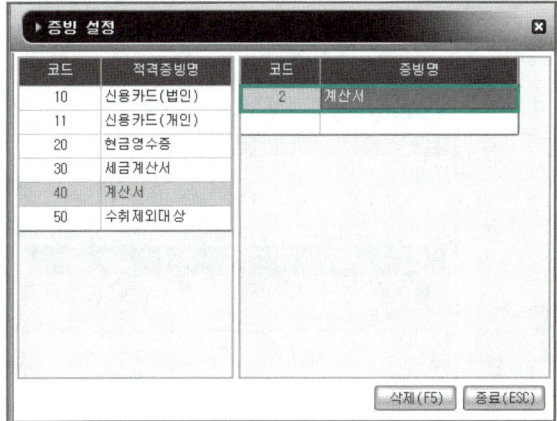

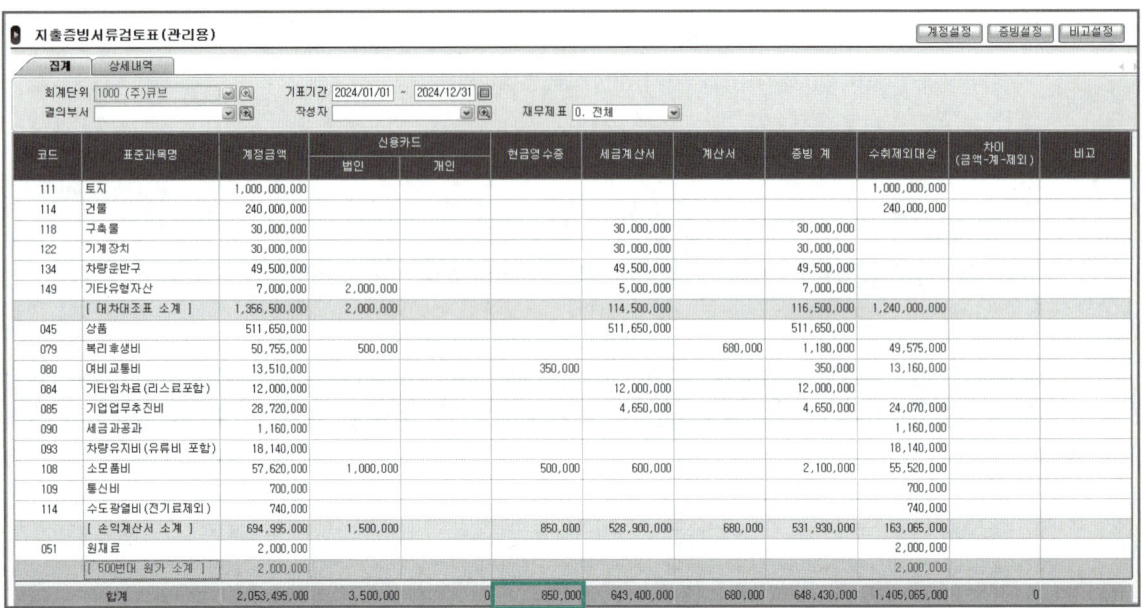

10 ①

'전표상태: 미결', '결의기간: 2024/11/30~2024/11/30'로 조회하고 미결 전표를 선택하여 오른쪽 상단의 '승인처리' 버튼을 클릭한다.

📍 [회계관리] – [전표/장부관리] – [전표승인해제]

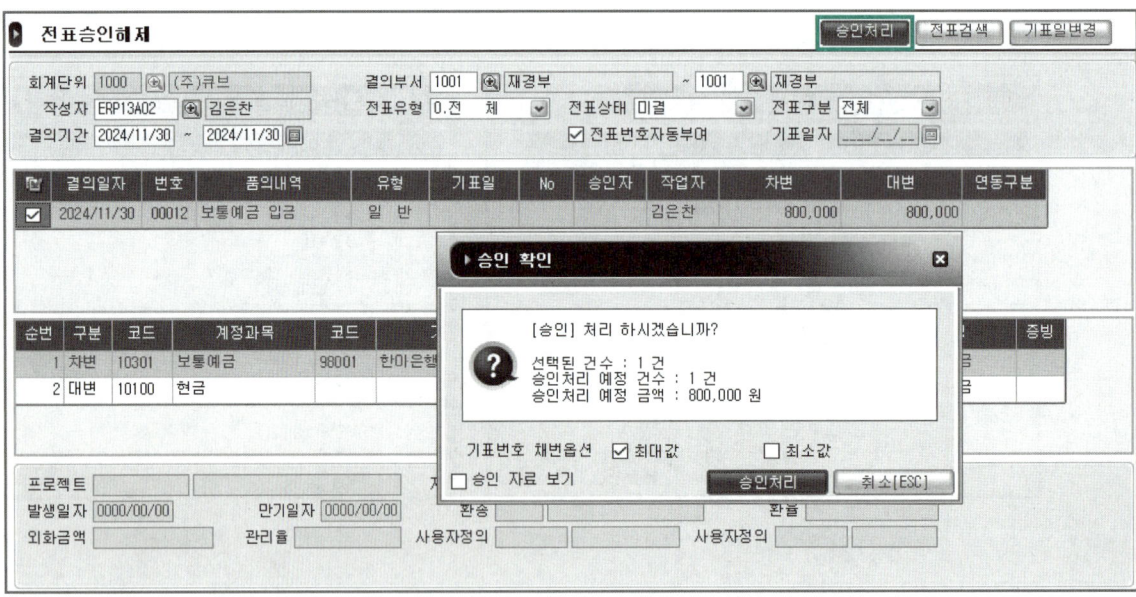

현금 계정 확인을 위해 합계잔액시산표에서 '기간: 2024/11/30'로 조회한다.

[회계관리] – [결산/재무제표관리] – [합계잔액시산표] – 계정별 탭

차 변		계정과목	대 변	
잔 액	합 계		합 계	잔 액
9,393,999,000	13,026,563,300	<< 자 산 >>	4,448,649,403	816,085,103
3,633,949,000	7,266,513,300	[유 동 자 산]	3,646,030,117	13,465,817
3,174,969,000	6,283,883,300	< 당 좌 자 산 >	3,122,380,117	13,465,817
422,140,000	517,025,000	현 금	94,885,000	

11 ①

- '기간: 2024/12/31'로 조회한다.
- 상품계정의 금액을 더블클릭하여 원장을 조회한다.

[회계관리] – [결산/재무제표관리] – [재무상태표] – 관리용 탭

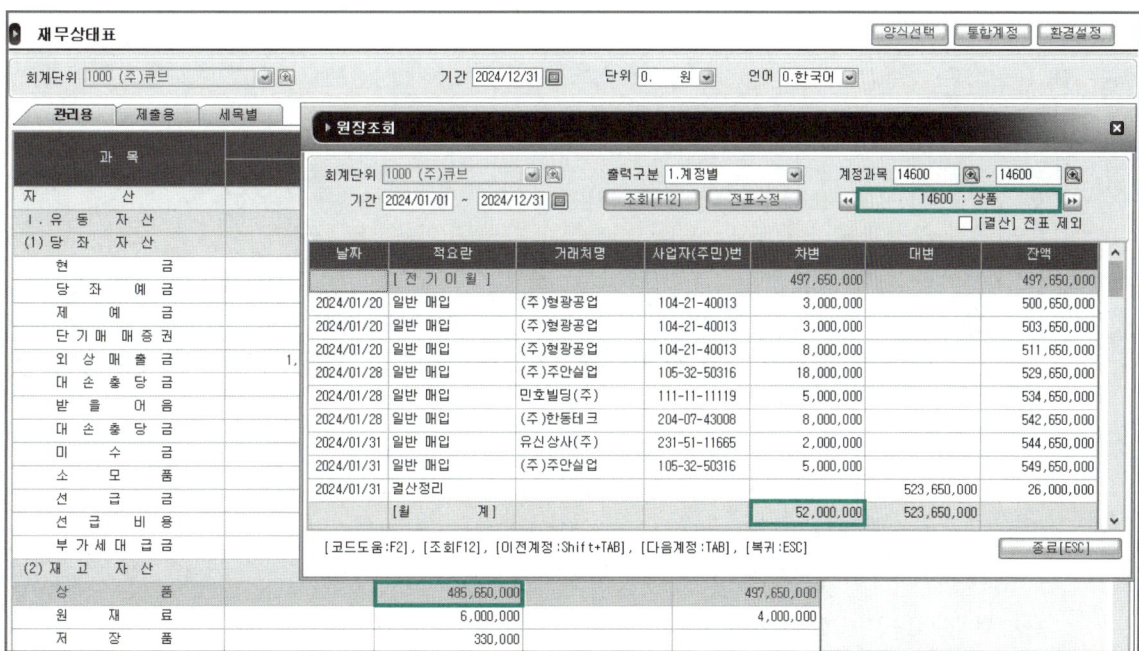

12 ③

기간: '상반기~하반기'로 조회한다.

📍 [회계관리] - [결산/재무제표관리] - [기간별손익계산서] - 반기별 탭

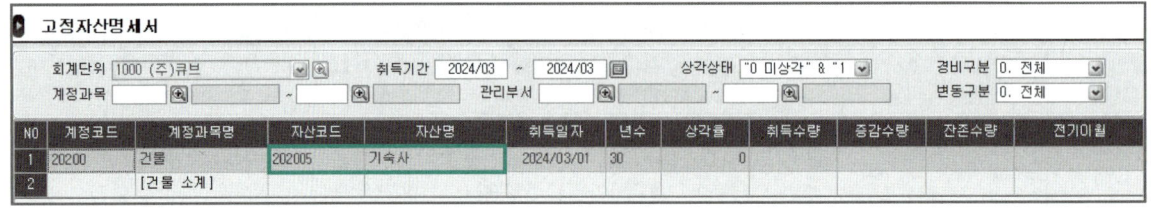

13 ②

'취득기간: 2024/03~2024/03'로 조회한다.

📍 [회계관리] - [고정자산관리] - [고정자산명세서]

14 ③

'계정과목: 1.계정별, 82900.사무용품비', '기표기간: 2024/01/01~2024/01/31', '1.거래처: 빈칸'으로 조회한다.

📍 [회계관리] - [전표/장부관리] - [거래처원장] - 잔액 탭

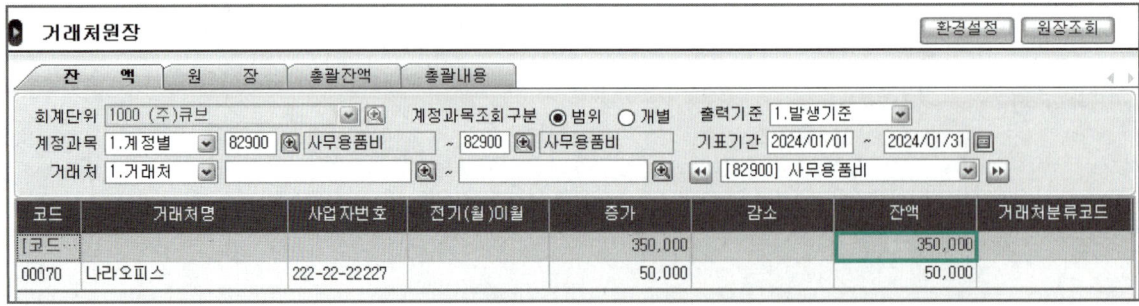

15 ②

'기간: 2024/04~2024/06'로 조회하고 오른쪽 상단의 '불러오기' 버튼을 클릭한다.

◎ [회계관리] – [부가가치세관리] – [신용카드발행집계표/수취명세서] – 신용카드발행집계표 탭

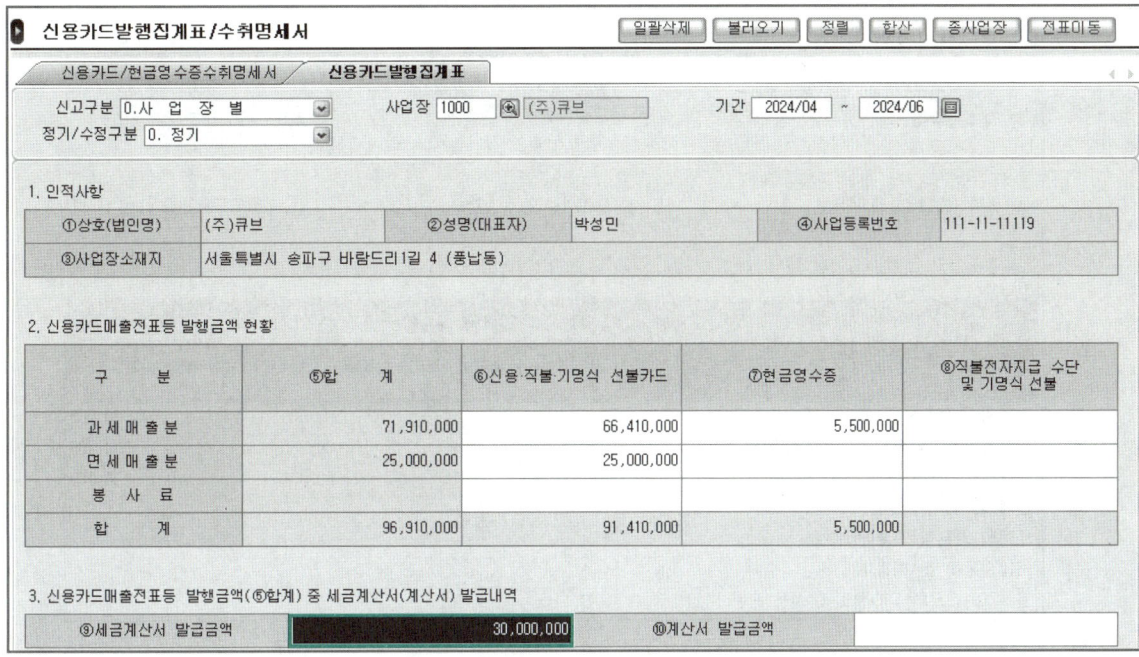

16 ①

'기간: 2024/01~2024/03'로 조회하고 오른쪽 상단의 '불러오기' 버튼을 클릭한다.

◎ [회계관리] – [부가가치세관리] – [건물등감가상각자산취득명세서]

17 ③

'기간: 2024/01~2024/03'를 입력한 후 오른쪽 상단의 '불러오기' 버튼을 클릭한다.

[회계관리] – [부가가치세관리] – [매입세액불공제내역]

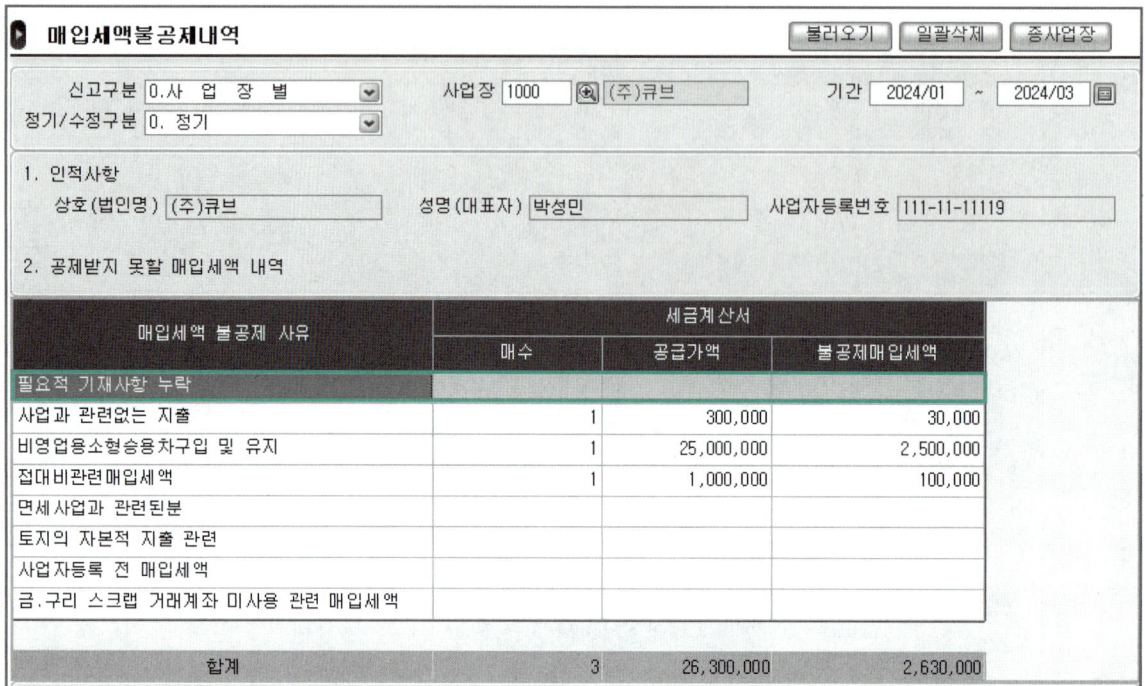

18 ②

'조회기간: 2024/01/01~2024/03/31', '출력구분: 2.매입', '전자세금구분: 4.종이발행', '거래처: 00004.(주)형광공업'으로 조회한다.

[회계관리] – [전표/장부관리] – [매입매출장] – 거래처별 탭

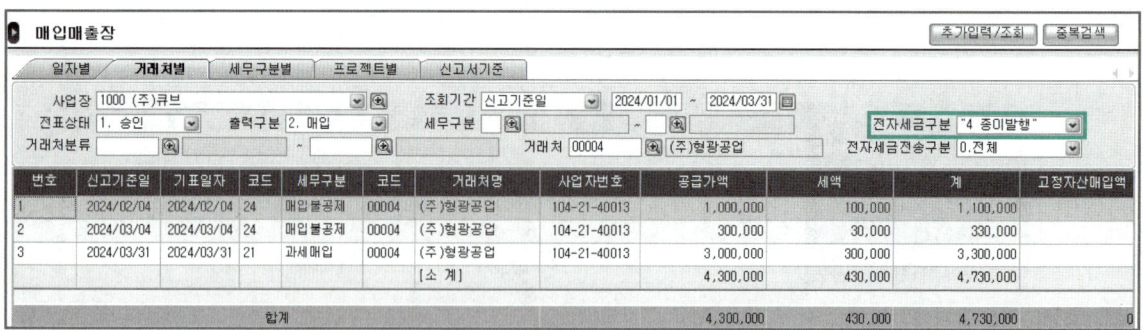

19 ④

'조회기간: 2024/10/01~2024/12/31', '출력구분: 2.매입'을 입력한 후 오른쪽 상단의 '예정신고누락분 조회' 버튼을 클릭하여 예정신고누락분을 조회한다.

[회계관리] – [전표/장부관리] – [매입매출장] – 신고서기준 탭

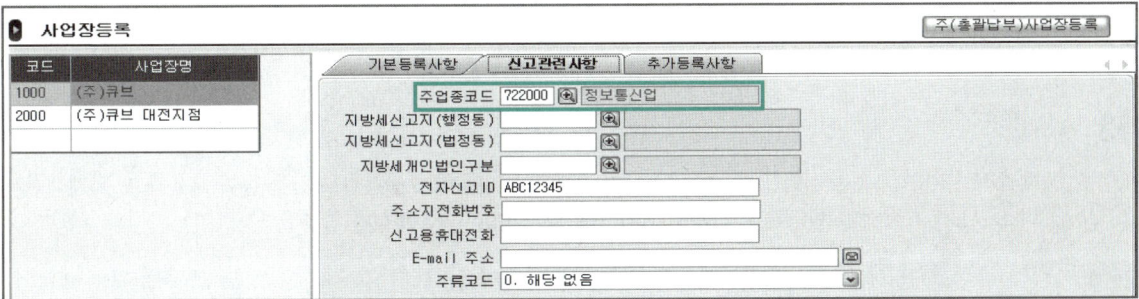

20 ④

[시스템관리] – [회사등록정보] – [사업장등록] – 신고관련사항 탭

- '기간: 2024/10/01~2024/12/31'로 조회하고 오른쪽 상단의 '불러오기' 버튼을 클릭한다.
- 오른쪽 상단의 '과세표준' 버튼을 클릭하여 과세표준명세에 코드번호를 확인한다.

[회계관리] – [부가가치세관리] – [부가세신고서] – 일반과세 탭

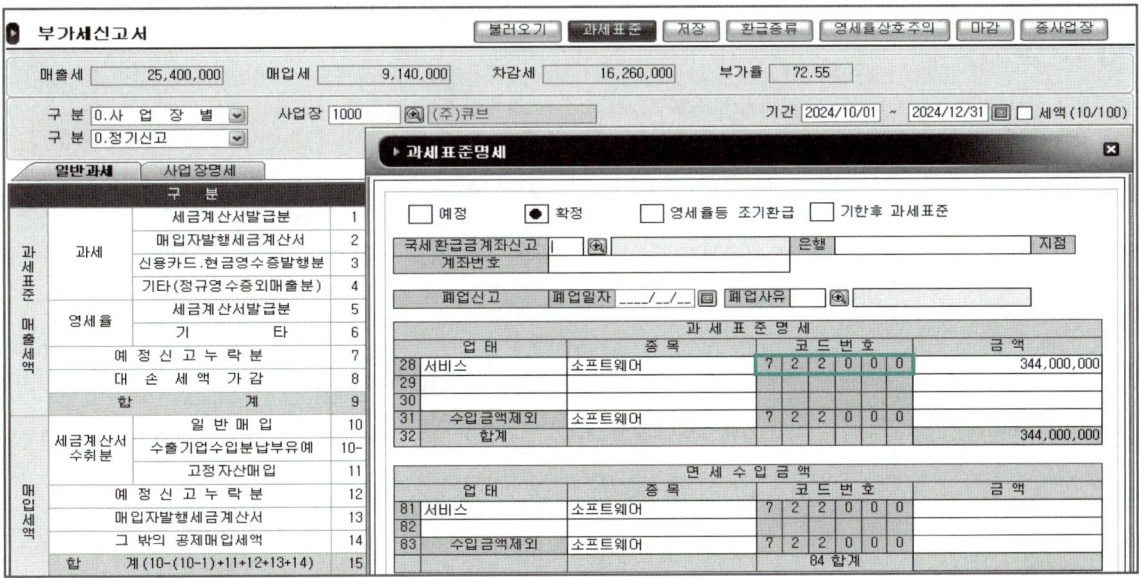

2024년 3회

이론

01	②	02	①	03	③	04	③	05	①	06	②	07	②	08	①	09	①	10	②
11	②	12	④	13	③	14	④	15	①	16	④	17	①	18	④	19	②	20	④

01 ②

SaaS(Software as a Service)란 클라우드 컴퓨팅 서비스 사업자가 클라우드 컴퓨팅 서버에 소프트웨어를 제공하고, 사용자가 원격으로 접속하여 해당 소프트웨어를 활용하는 모델이다.

02 ①

ERP는 모든 기업의 업무 프로세스를 개별 부서원들이 분산 처리함과 동시에 중앙에서 개별 기능들을 통합적으로 관리할 수 있다.

03 ③

효과적인 ERP 교육을 계획할 때는 교육도구를 다양하게 사용하여 충분한 시간을 들여 교육하고, 트랜잭션이 아닌 비즈니스 프로세스에 초점을 맞춰 진행해야 한다. 커스터마이징은 최소화함을 강조한다.

04 ③

전통적인 정보시스템의 업무처리 대상은 Task 중심이나 ERP는 Process 중심이다.
Task 중심의 업무처리 방식은 개인이나 조직이 특정 목표나 결과를 달성하기 위해 업무를 개별적인 작업단위로 분리하여 관리하는 접근 방식이며, ERP는 통합적으로 관리하는 방식이다.

05 ①

외부회계정보이용자들이 합리적인 의사결정을 하는데 도움이 되는 정보를 제공하는 분야는 재무회계이다.

06 ②

자본이란 기업실체의 자산총액에서 부채총액을 차감한 잔여액 또는 순자산으로써 기업실체의 자산에 대한 소유주의 잔여청구권을 나타낸다.

07 ②

기말 재고자산이 20,000원 과소계상되면 매출원가는 20,000원 과대계상, 당기순이익은 20,000원 과소계상된다.

08 ①

선수금은 부채로 대변, 선급금은 자산으로 차변에 기록한다.

09 ①

ⓐ 당좌예금 잔액을 초과하여 발행한 수표 금액(사전약정 체결)은 당좌차월이다.
ⓑ 제3자로부터 무상으로 받은 금액은 자산수증이익이다.

10 ②

(차) 외상매입금(부채의 감소)　　　　　　　　(대) 현금(자산의 감소)

자산은 차변에 기록되면 증가이고, 대변에 기록되면 감소이다. 부채의 경우는 자산과 반대로 차변에 기록되면 감소이고, 대변에 기록되면 증가이다.

| 오답 풀이 |
① (차) 현금(자산의 증가)　　　　　　　　　　(대) 차입금(부채의 증가)
③ (차) 급여(비용의 발생)　　　　　　　　　　(대) 현금(자산의 감소)
④ (차) 현금(자산의 증가)　　　　　　　　　　(대) 대여금(자산의 감소)
　　　　　　　　　　　　　　　　　　　　　　　　이자수익(수익의 발생)

11 ②

현금 및 현금성자산: 현금 9,000,000원 + 송금환 100,000원 + 타인발행수표 200,000원 = 9,300,000원

12 ④

(차) 단기매매증권　　　　　　500,000원　　　(대) 보통예금　　　　　　505,000원
　　 수수료비용(영업외비용)　　5,000원

13 ③

예수금, 선수금, 전환사채는 부채계정으로 대손충당금 설정 대상이 아니다.

14 ④

유형자산의 취득원가는 원칙적으로 그 취득으로부터 사용 가능한 상태가 되기까지의 매입가격에 부대비용을 포함한다. 따라서 구입한 자산 가액에 중개수수료·등록비·정리비용·배수공사비 등이 포함된다. 거래처 직원에 대한 기업업무추진비는 별도의 비용으로 인식한다.

15 ①

(차) 상품(자산의증가)　　　　400,000원　　　(대) 현금(자산의감소)　　　200,000원
　　　　　　　　　　　　　　　　　　　　　　　　지급어음(부채의 증가)　200,000원

총자산과 총부채가 증가한다.

16 ④

자본총액: 보통주 자본금 300,000원 + 우선주 자본금 200,000원 + 주식발행초과금 70,000원 − 자기주식 30,000원 − 주식할인발행차금 80,000원 = 460,000원

17 ①

회사는 그 자본의 2분의 1에 달할 때까지 매 결산기의 금전에 의한 이익배당액의 10분의 1 이상의 금액을 이익준비금으로 적립하여야 한다.
- 이익준비금 : 현금배당 400,000원 × 1/10 = 40,000원

18 ④

|오답 풀이|
① 시용판매의 경우 구매자의 구매의사 표시일에 수익을 인식한다.
② 할부판매의 경우 이자부분을 제외한 판매가격에 해당하는 수익을 판매한 시점에 수익을 인식한다.
③ 위탁판매는 위탁자가 수탁자에게 판매한 후 수탁자가 해당 재화를 제3자에게 판매한 시점에 수익을 인식한다.

19 ②

- 매출원가: (250개 × 30,000원) + (50개 × 30,000원) = 9,000,000원
∴ 매출총이익: 매출액 15,000,000원 − 매출원가 9,000,000원 = 6,000,000원

20 ④

매도가능증권평가손익 계정과목은 자본의 기타포괄손익누계액에 해당한다.
① 재해손실(영업외비용), ② 자산수증이익(영업외수익), ③ 채무면제이익(영업외수익)

실무 시뮬레이션

01	③	02	①	03	④	04	②	05	③	06	③	07	③	08	②	09	①	10	④
11	④	12	④	13	②	14	①	15	③	16	④	17	③	18	①	19	④	20	①

01 ③

예산통제구분은 '1.사용부서'로 설정이 되어 사용부서별로 예산을 통제한다.

◉ [시스템관리] – [회사등록정보] – [시스템환경설정]

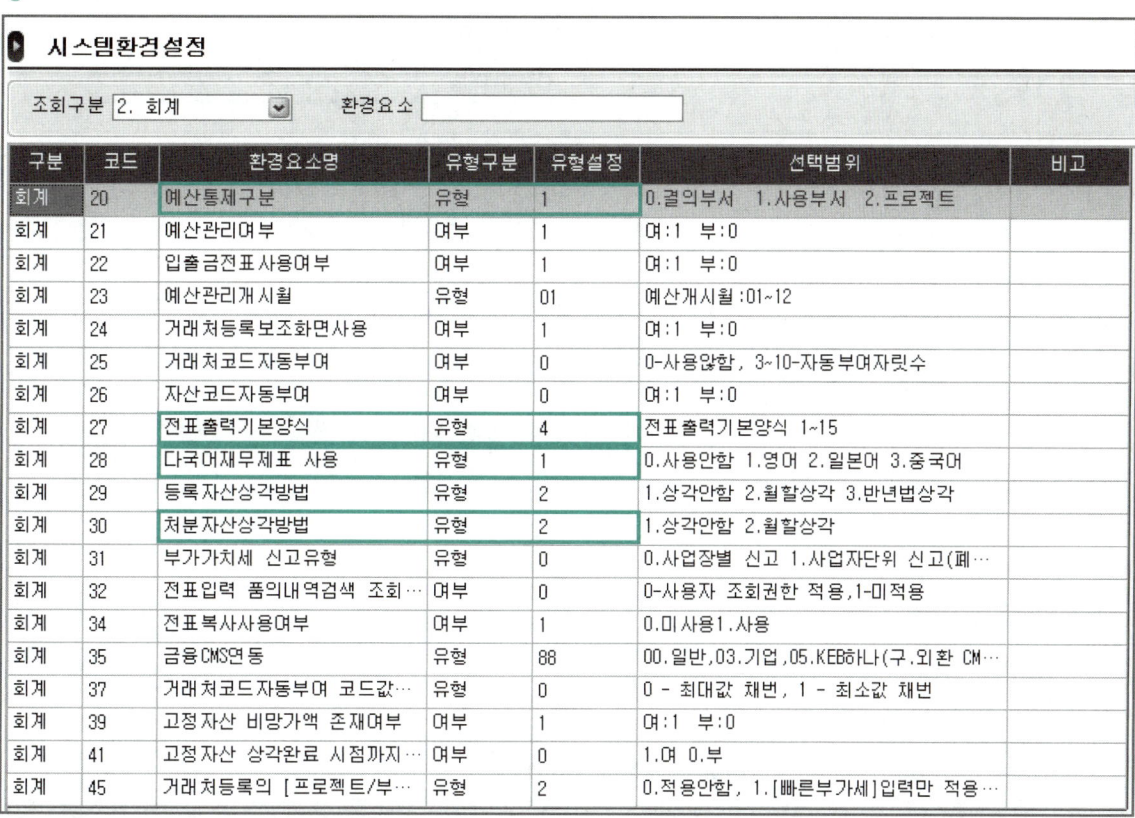

02 ①

'10900.대손충당금'은 '10800.외상매출금'의 차감계정이다.

[시스템관리] – [기초정보관리] – [계정과목등록]

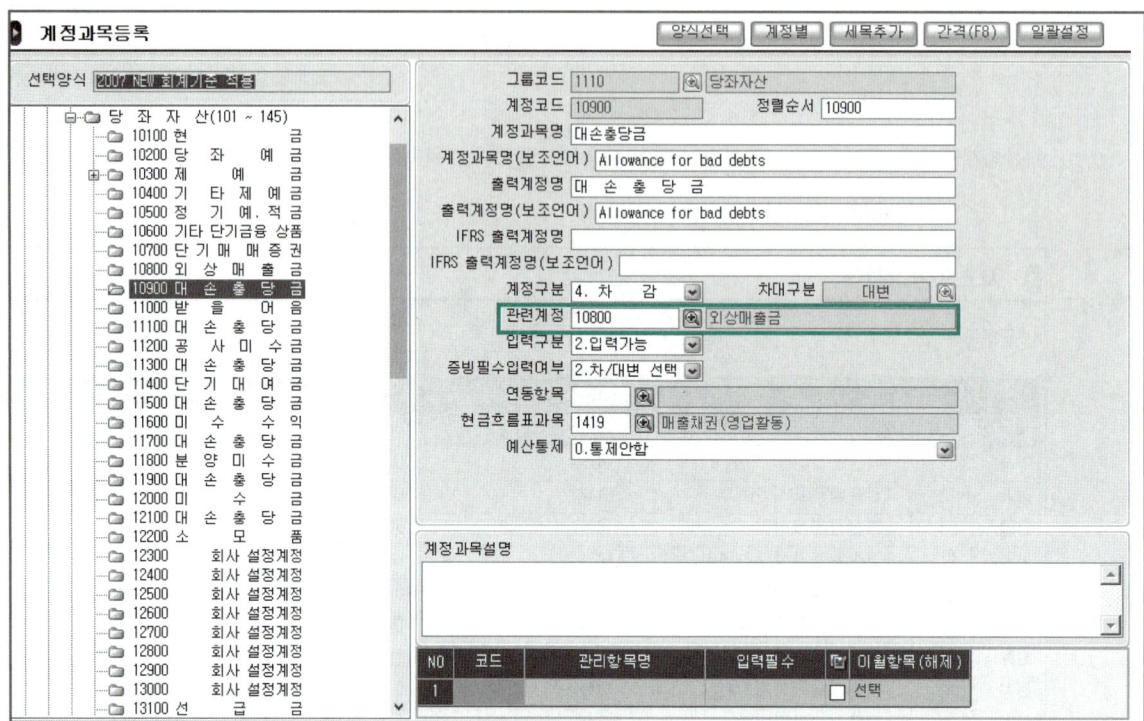

03 ④

회계입력방식이 '수정'으로 설정되어 있더라도 대차차액이 발생하는 전표를 입력할 경우 '미결'로 처리된다.

[시스템관리] – [회사등록정보] – [사원등록]

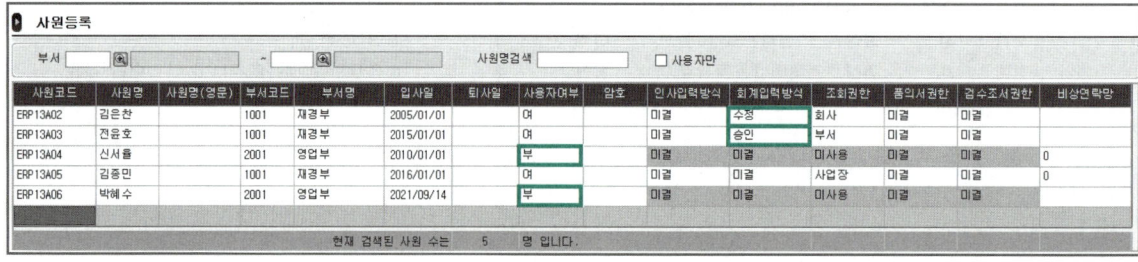

📍 [시스템관리] – [회사등록정보] – [부서등록]

부서코드	부서명	사업장코드	사업장명	부문코드	부문명	사용기간	사용기간
1001	재경부	1000	(주)유명 본점	1001	관리부문		
2001	영업부	1000	(주)유명 본점	2001	영업부문		
3001	생산부	1000	(주)유명 본점	3001	제조부문		
4001	구매자재부	2000	(주)유명 지점	4001	구매자재부문		

04 ②

'기표기간: 2024/03/01~2024/03/31'로 조회한다.

📍 [회계관리] – [전표/장부관리] – [현금출납장] – 전체 탭

날짜	적요	거래처	입금	출금	잔액
2024/03/25	수도광열비			240,000	
2024/03/25	여비교통비			20,000	97,295,000
2024/03/28	여비교통비			530,000	
2024/03/28	차량유지비			660,000	
2024/03/28	사무용품비			350,000	95,755,000
	[월 계]		5,000,000	4,610,000	
	[누 계]		102,860,000	7,105,000	

05 ③

- '기간: 2024/01/01~2024/12/31'로 조회한다.
- 세금계산서증빙과 계산서증빙의 합계 금액은 1,049,906,000원이다.

📍 [회계관리] – [전표/장부관리] – [지출증빙서류검토표(관리용)] – 집계 탭

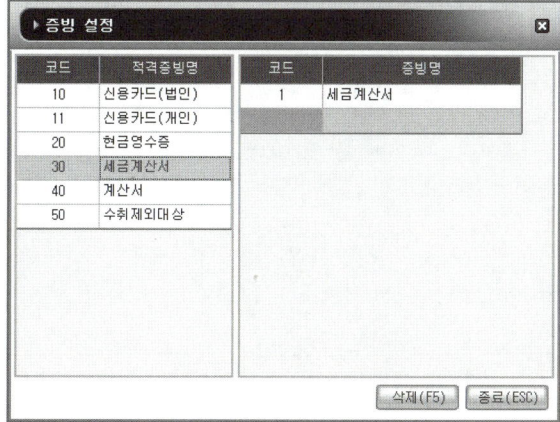

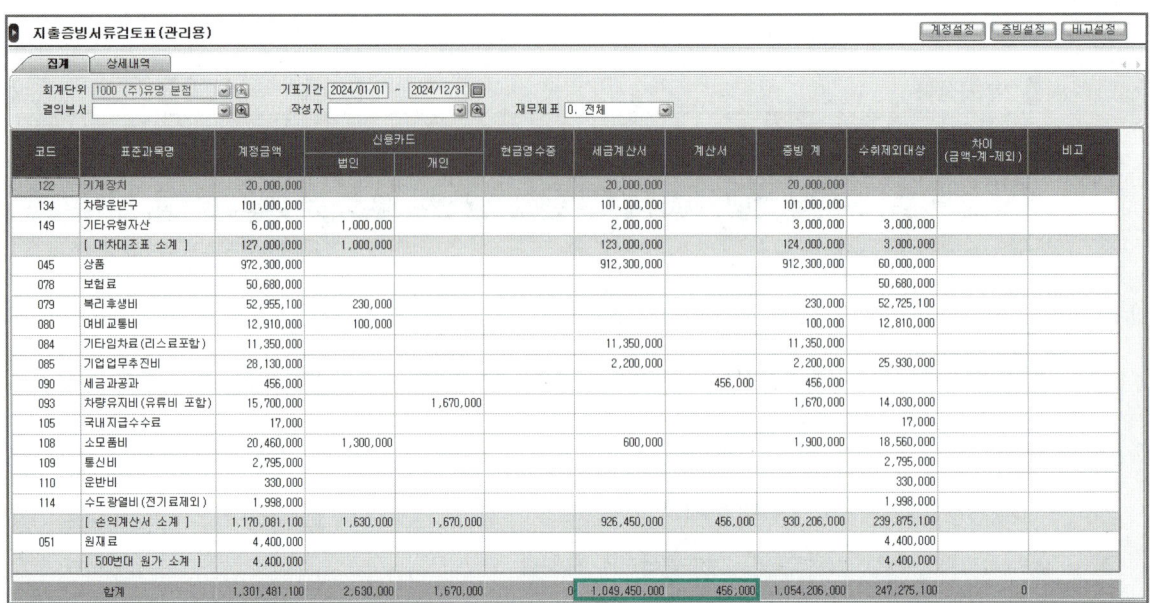

06 ③

'기간: 2024/01~2024/06', '계정과목: 1.계정별, 25100.외상매입금'으로 조회한다.

📍 **[회계관리] – [전표/장부관리] – [총계정원장] – 월별 탭**

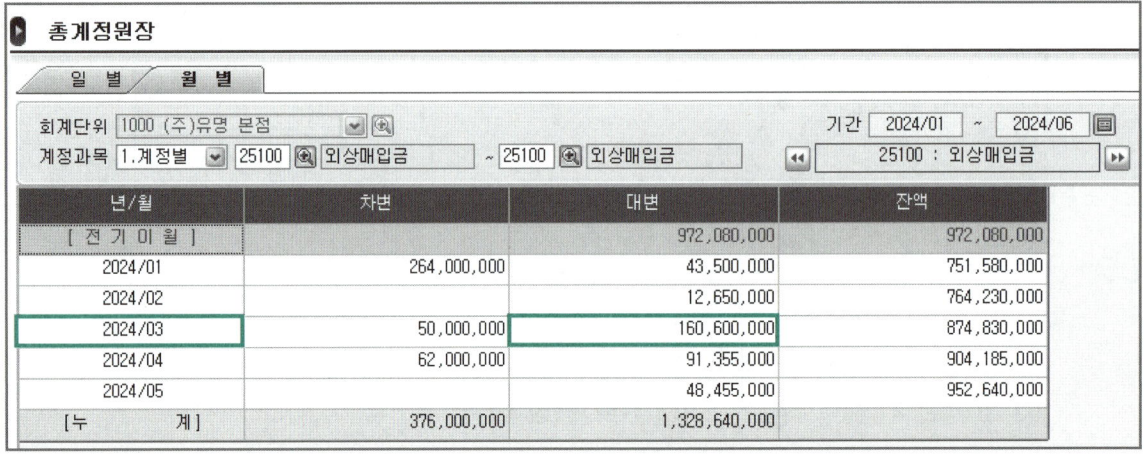

07 ③

'관리항목1: C1.사용부서', '관리내역: 1001.재경부', '관리항목2: D1.프로젝트', '관리내역: 1000.서울공장~1005.춘천공장', '기표기간: 2024/01/01~2024/03/31', '계정과목: 1.계정별, 81100.복리후생비'로 조회한다.

[회계관리] – [전표/장부관리] – [관리내역현황] – 잔액 탭

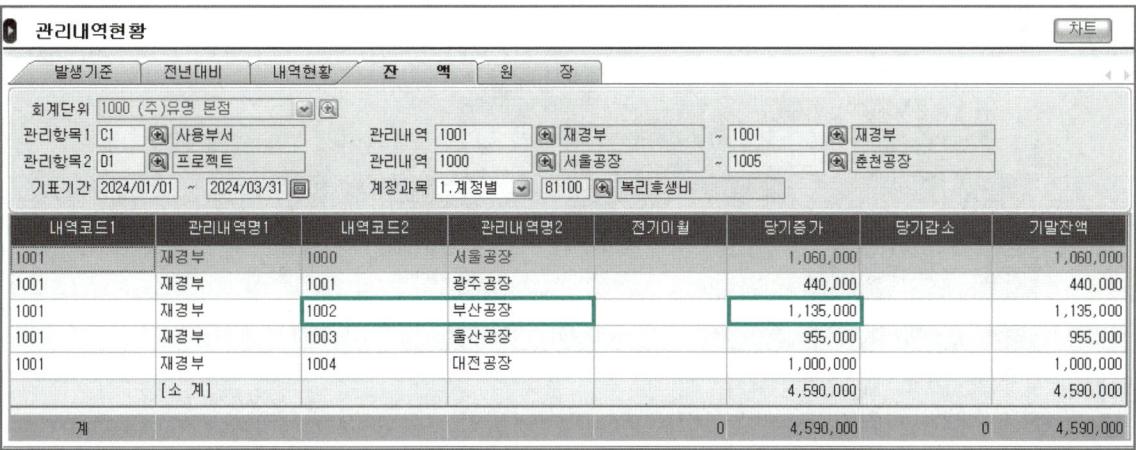

08 ②

'사용기간(과세기간): 2024/01/01~2024/01/31'로 조회한다.

[회계관리] – [업무용승용차관리] – [업무용승용차 운행기록부]

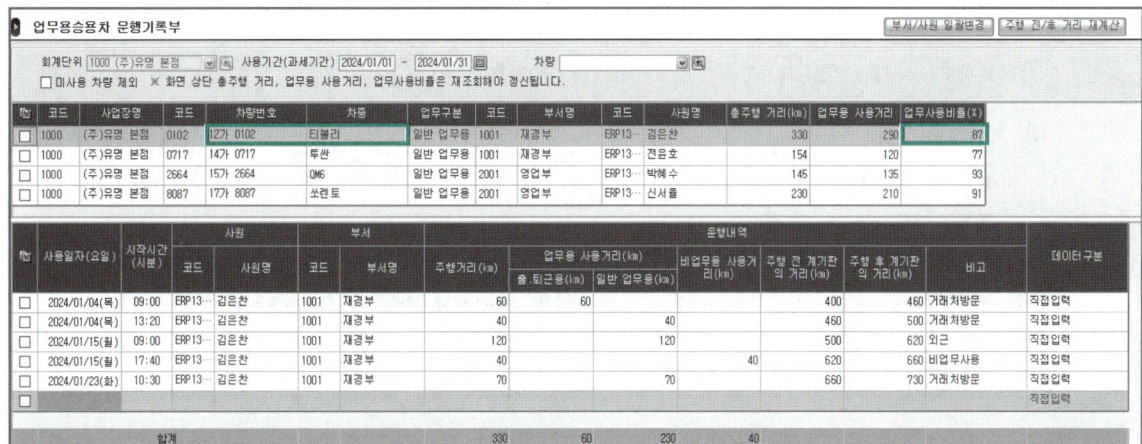

09 ①

- '채권잔액일자: 2024/06/30', '전개월수: 3', '계정과목: 1.계정별, 10800.외상매출금'으로 조회한다.
- 조회기간 이전 금액 259,866,000원으로 (주)성호기업의 잔액이 가장 크다.

[회계관리] – [전표/장부관리] – [채권년령분석]

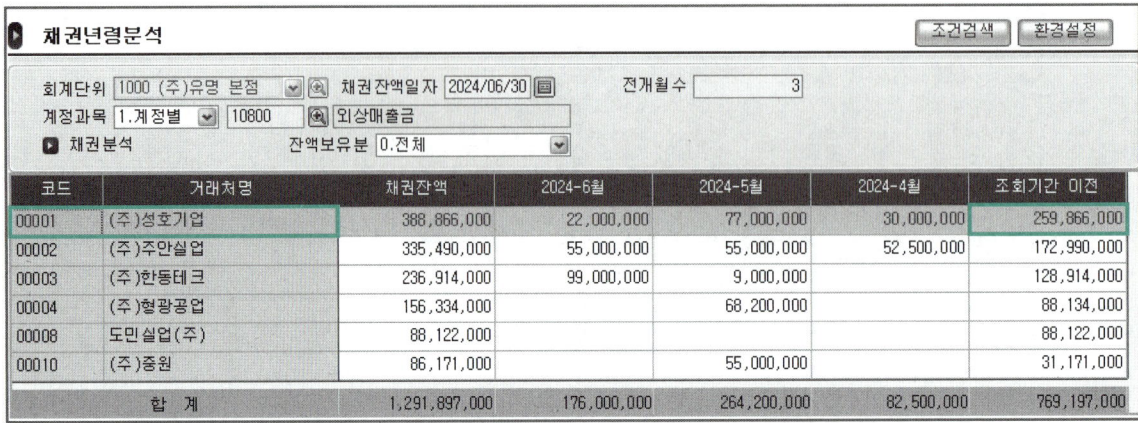

10 ④

- '기간: 2024/06/30'로 조회한다.
- 당기 소모품 자산으로 조회되는 금액은 10,500,000원이다.
- 사용액: 소모품 10,500,000원 – 기말재고액(미사용액) 5,000,000원 = 5,500,000원
- 사용액 5,500,000원은 차변에 소모품비(비용)로 인식한다.

[회계관리] – [결산/재무제표관리] – [재무상태표] – 관리용 탭

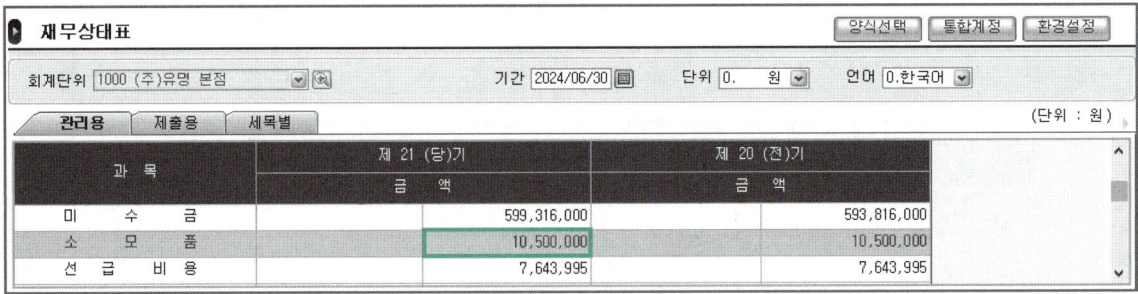

11 ④

- '기간: 2024/06/30'로 조회한다.
- 이자수익이 영업외수익으로 100,000원 발생하였다.

[회계관리] – [결산/재무제표관리] – [손익계산서] – 관리용 탭

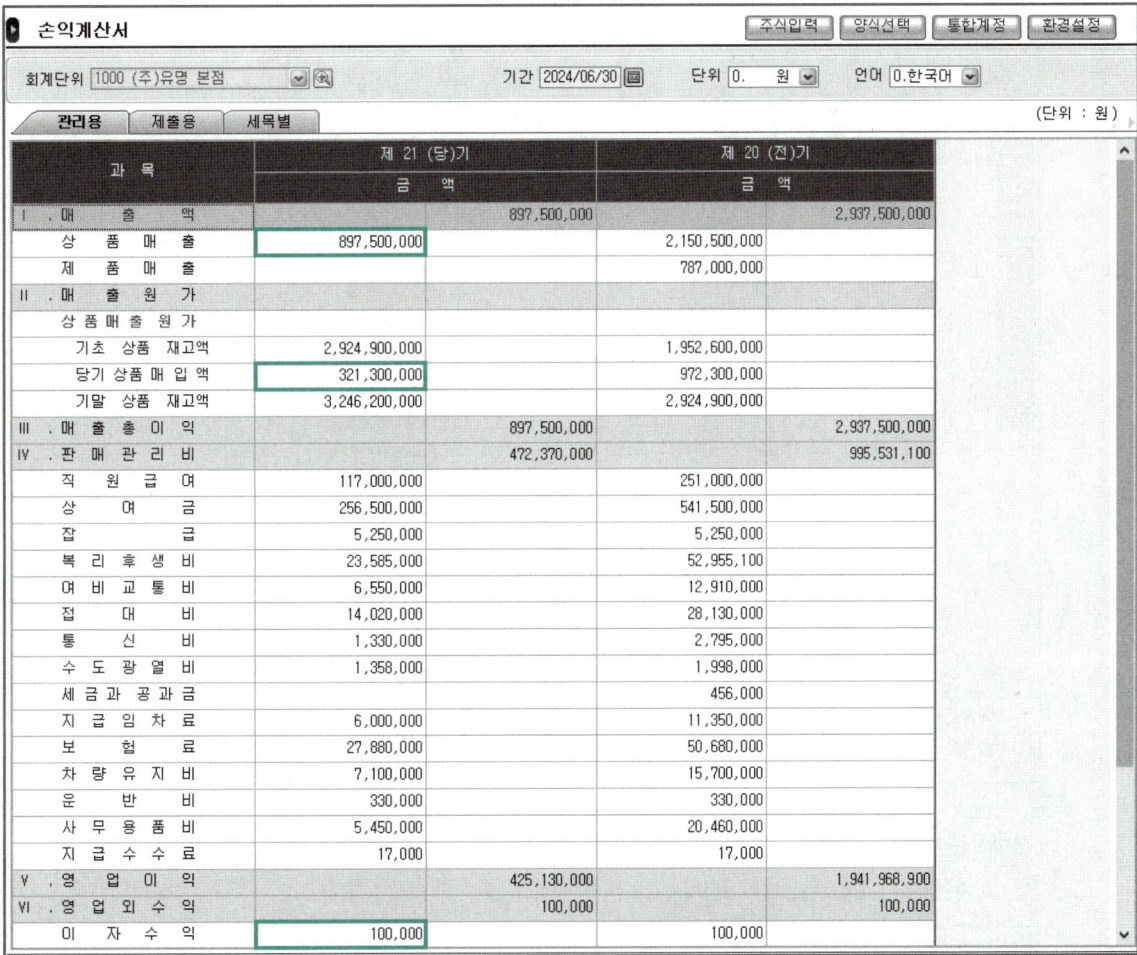

12 ④

'자산유형: 21200.비품'에 [보기]의 고정자산 자료를 입력하고 일반상각비 금액을 확인한다.

📍 [회계관리] – [고정자산관리] – [고정자산등록]

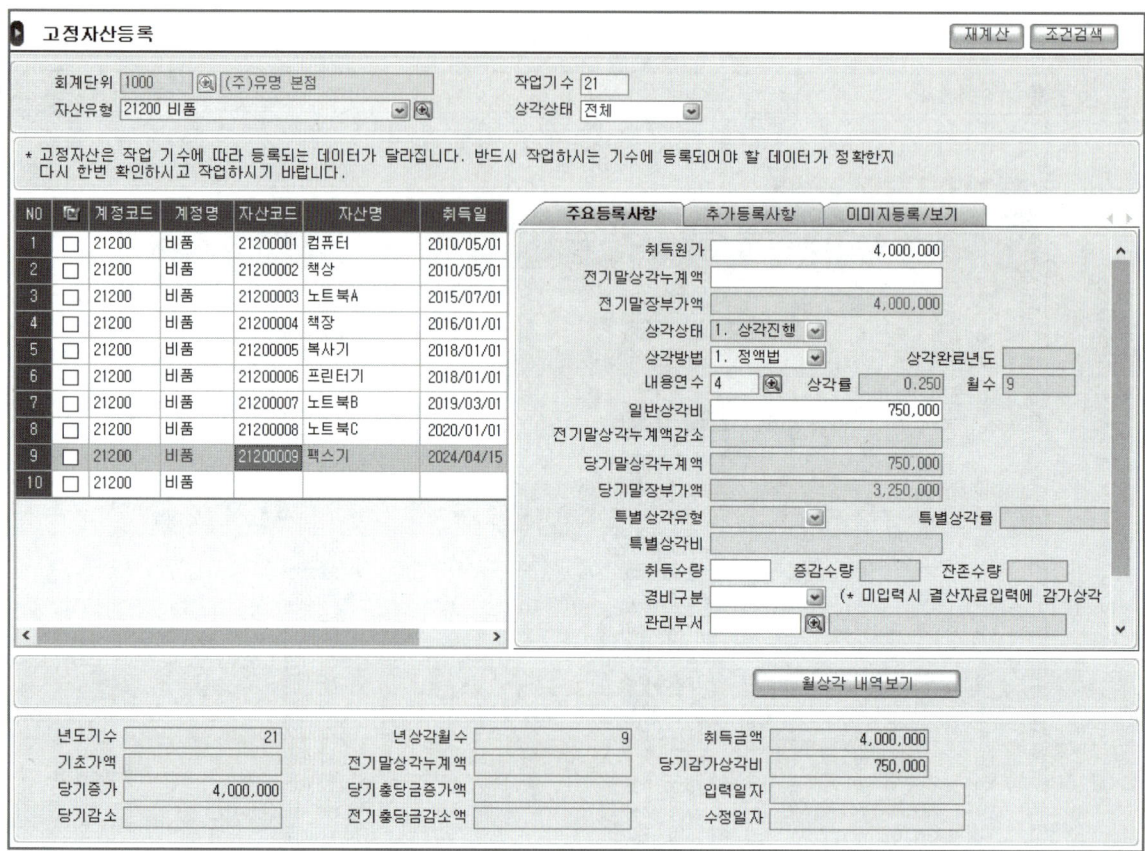

'경비구분: 전체', '기간: 2024/01~2024/12'로 조회한다.

📍 [회계관리] – [고정자산관리] – [감가상각비현황] – 총괄 탭

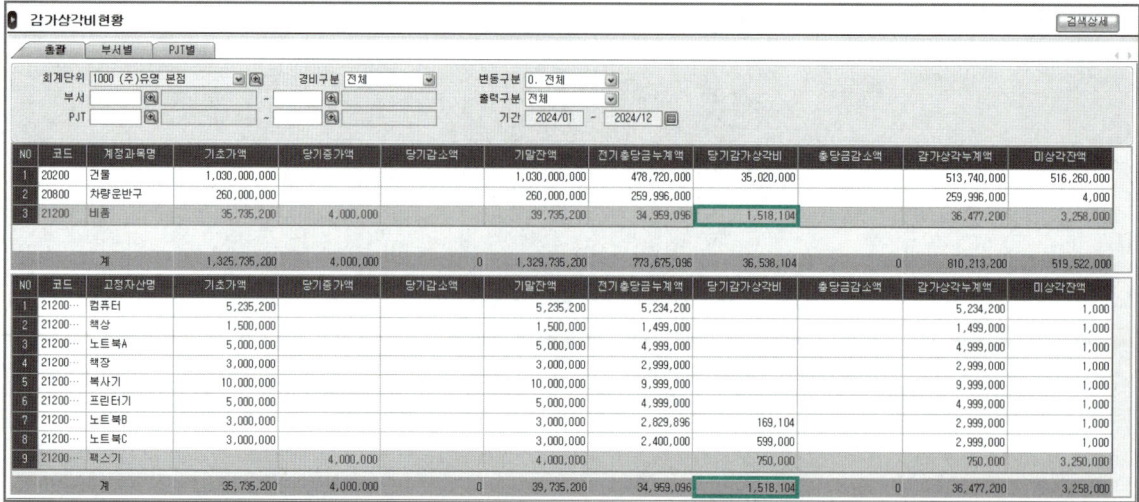

13 ②

'관리항목: D1.프로젝트', '관리내역: 1000.서울공장~1005.춘천공장', '기표기간: 2024/01/01~2024/03/31', '계정과목: 1.계정별, 10800.외상매출금'으로 조회한다.

[회계관리] – [전표/장부관리] – [관리항목원장] – 잔액 탭

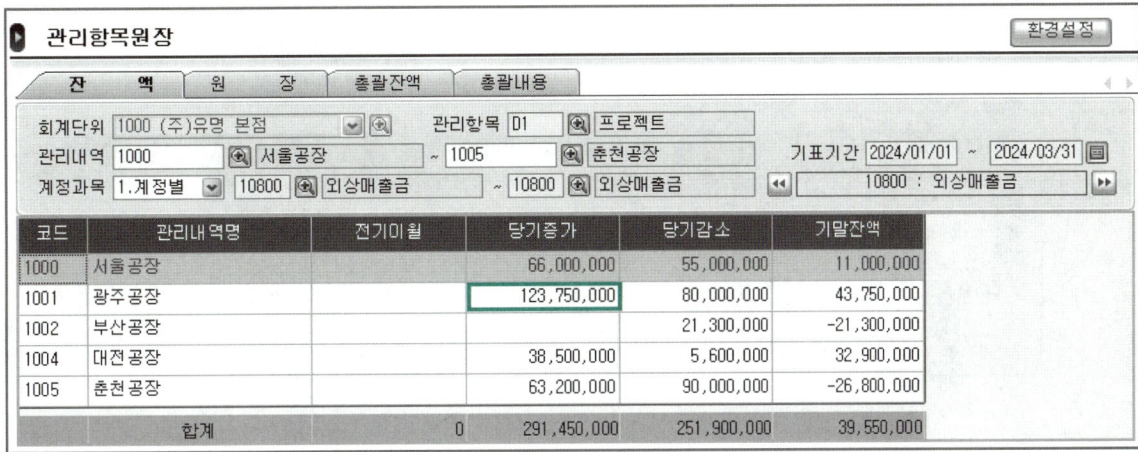

14 ①

'기간: 2024/05~2024/05'로 조회한다.

[회계관리] – [전표/장부관리] – [일월계표] – 월계표 탭

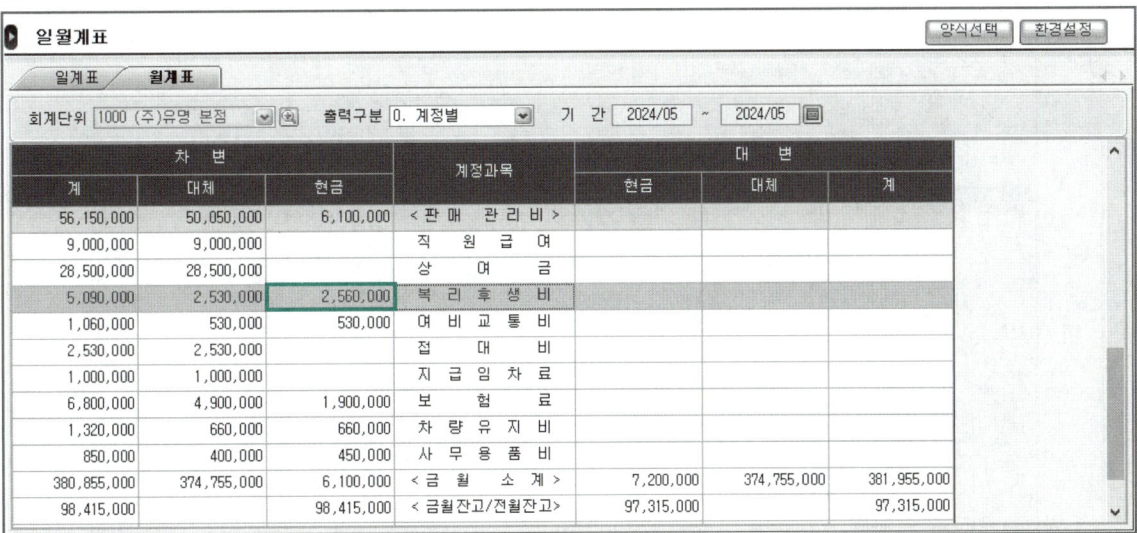

15 ③

'기간: 2024/01~2024/03'로 조회하고 오른쪽 상단의 '불러오기' 버튼을 클릭한다.

◉ [회계관리] – [부가가치세관리] – [신용카드발행집계표/수취명세서] – 신용카드/현금영수증수취명세서 탭

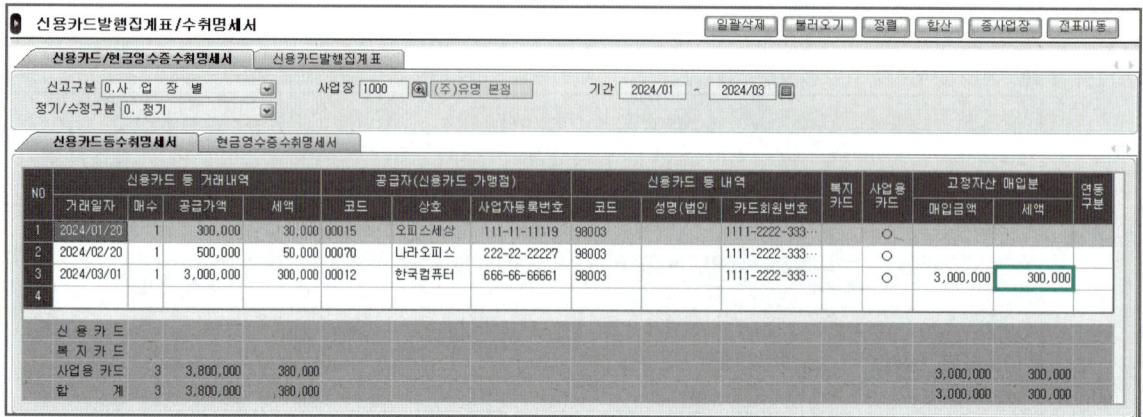

16 ④

- '조회기간: 2024/01/01~2024/03/31', '출력구분: 2.매입', '세무구분: 21.과세매입~25.수입'으로 조회한다.
- 매입처별 세금계산서합계표에는 '21.과세매입', '22.영세매입', '24.매입불공제', '25.수입 세무구분'의 내역이 반영된다. 2024년 1기 예정신고기간에 발생된 세무구분은 4개이다.

◉ [회계관리] – [전표/장부관리] – [매입매출장] – 세무구분별 탭

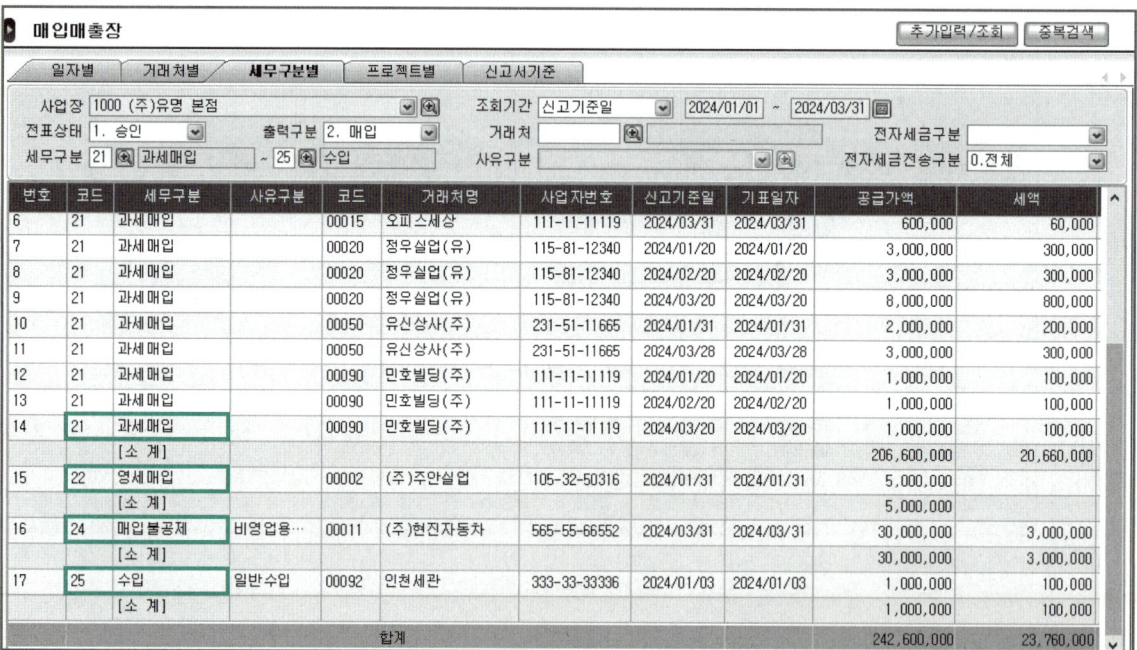

17 ③

'기간: 2024/04~2024/06'를 입력한 후 오른쪽 상단의 '불러오기' 버튼을 클릭한다.

[회계관리] – [부가가치세관리] – [매입세액불공제내역]

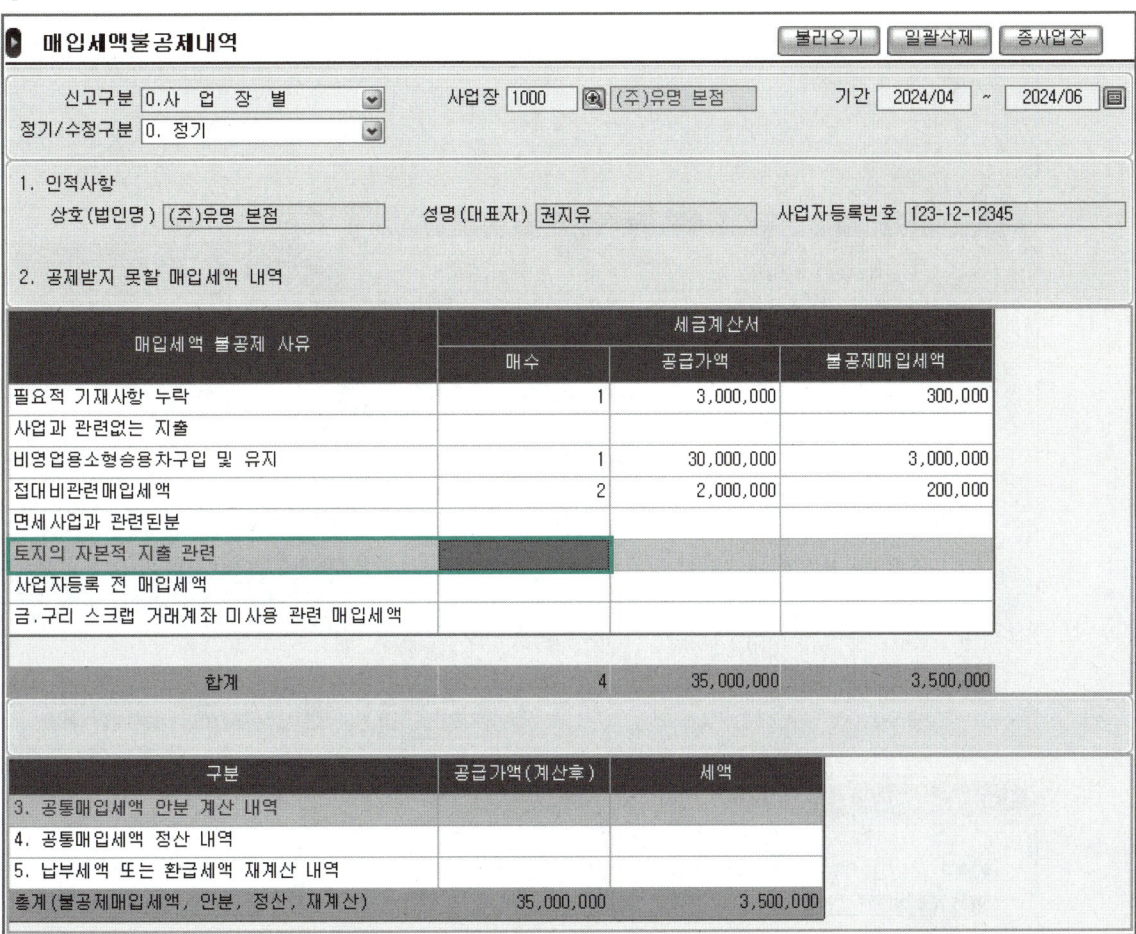

18 ①

'기간: 2024/07/01~2024/09/30'로 조회하고 오른쪽 상단의 '불러오기' 버튼을 클릭한다.

📍 [회계관리] – [부가가치세관리] – [부가세신고서] – 일반과세 탭

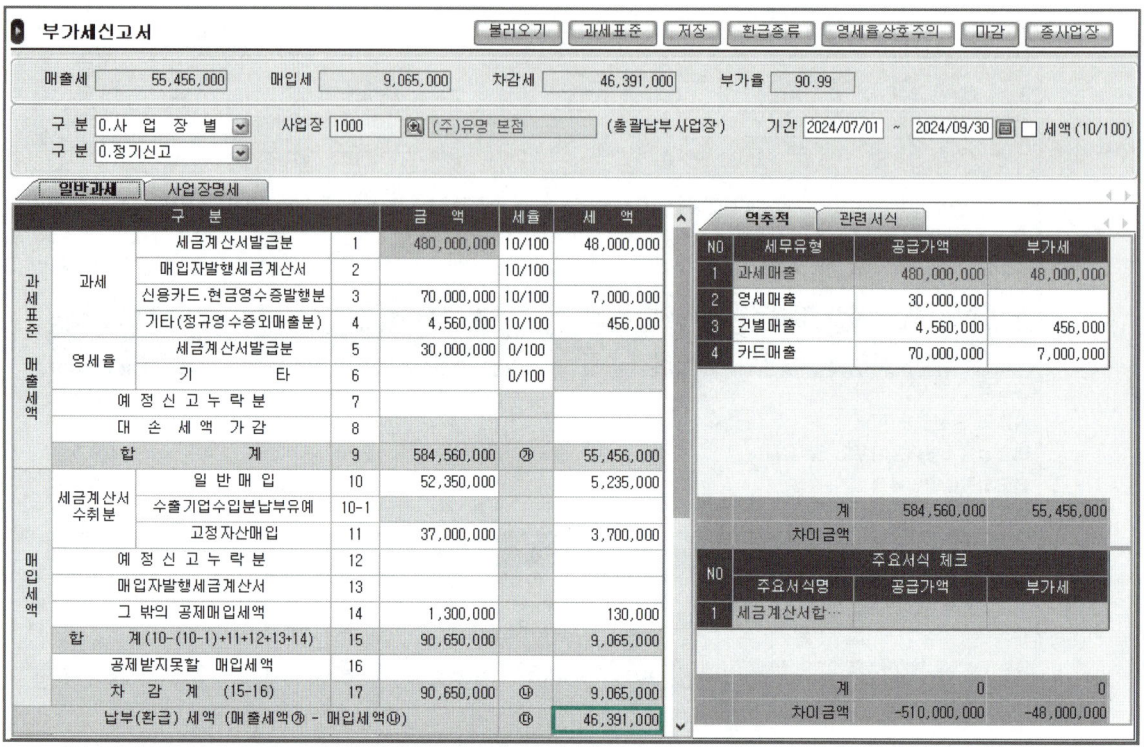

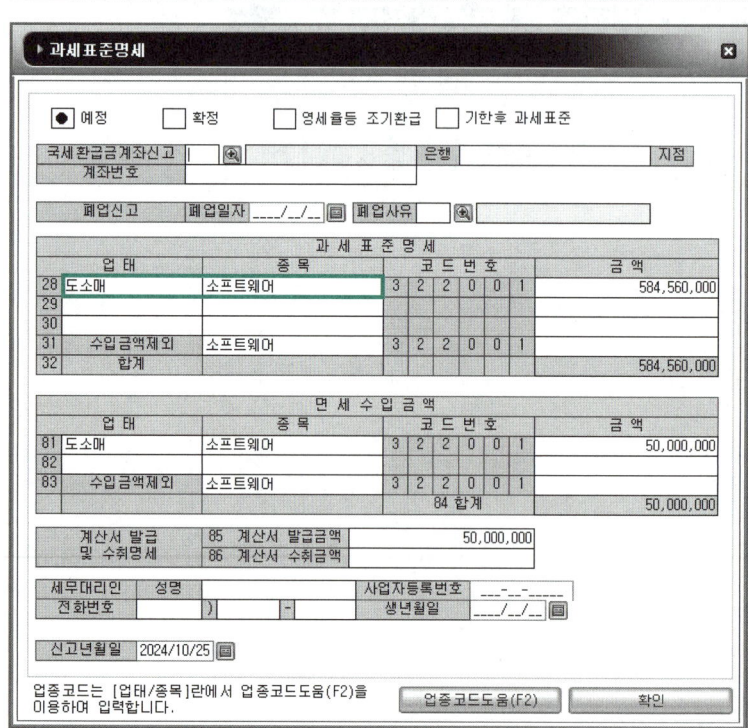

'14.그 밖의 공제 매입세액' 금액란을 더블클릭하여 고정자산매입을 확인한다.

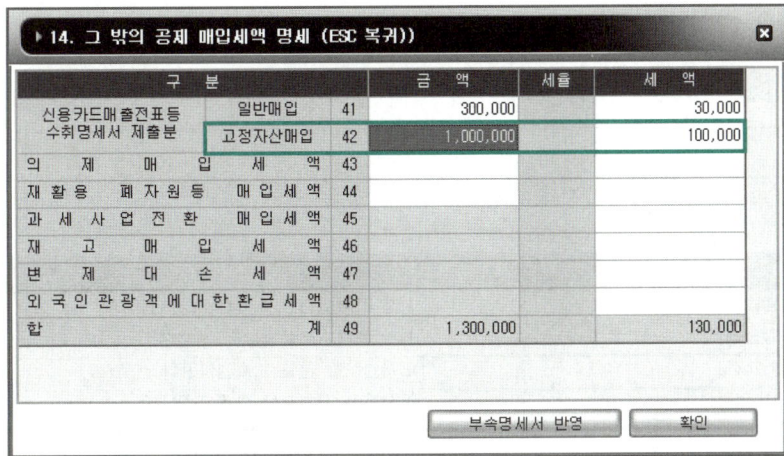

📍 [회계관리] - [부가가치세관리] - [부가세신고서] - 사업장명세 탭

19 ④

'조회구분: 2.회계'로 조회한다. 부가가치세 신고유형은 유형설정이 '0.사업장별 신고'로 등록되어 있으므로 각각 신고한다.

[시스템관리] - [회사등록정보] - [시스템환경설정]

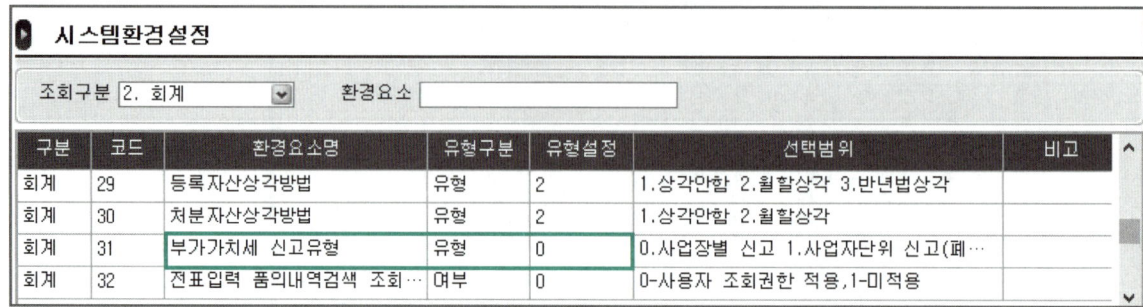

오른쪽 상단의 '주(총괄납부)사업장등록' 버튼을 클릭하여 조회한다. [사업장등록] 메뉴에 '주(총괄납부)사업장등록'이 등록된 경우 주사업장총괄납부 적용 사업자이며, 미등록된 경우 사업장별 과세원칙 적용 사업자이다.

[시스템관리] - [회사등록정보] - [사업장등록] - 신고관련사항 탭

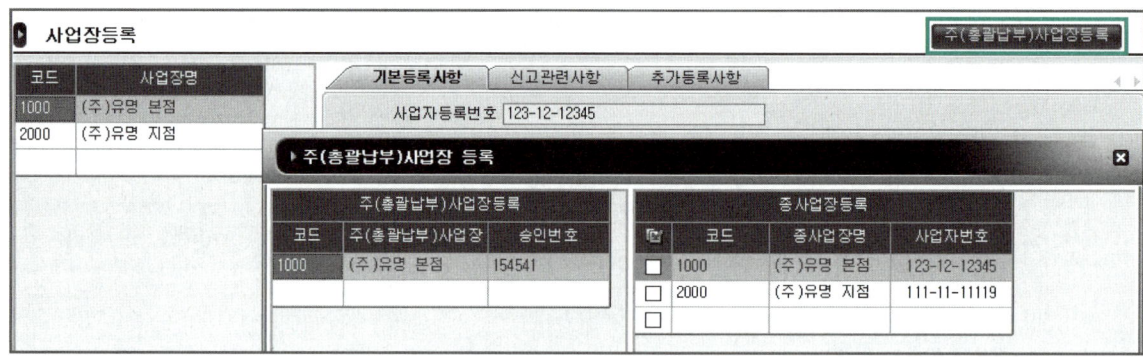

20 ①

'과세기간: 2024/07~2024/09'로 조회하고 자료를 입력하여 보증금이자(간주임대료)를 계산한다.

◉ [회계관리] – [부가가치세관리] – [부동산임대공급가액명세서]

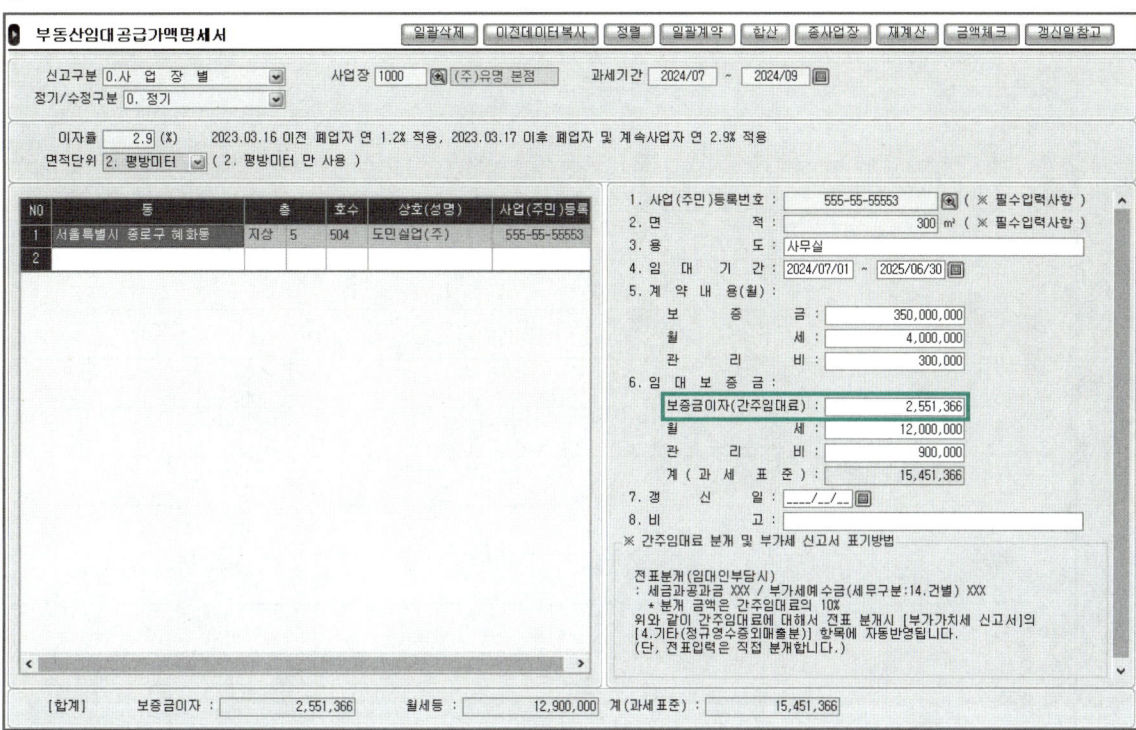

TIP '데이터가 존재하지 않습니다. 이전 데이터를 복사하겠습니까?' 창이 뜨면 '예' 버튼을 누르고 실행되는 '복사' 보조창을 닫는다.

memo

memo

여러분의 작은 소리
에듀윌은 크게 듣겠습니다.

본 교재에 대한 여러분의 목소리를 들려주세요.
공부하시면서 어려웠던 점, 궁금한 점,
칭찬하고 싶은 점, 개선할 점, 어떤 것이라도 좋습니다.

에듀윌은 여러분께서 나누어 주신 의견을
통해 끊임없이 발전하고 있습니다.

에듀윌 도서몰 book.eduwill.net
- 부가학습자료 및 정오표: 에듀윌 도서몰 → 도서자료실
- 교재 문의: 에듀윌 도서몰 → 문의하기 → 교재(내용, 출간) / 주문 및 배송